明大风云300年

吴晗 著

广东旅游出版社
GUANGDONG TRAVEL & TOURISM PRESS
悦读书·悦旅行·悦享人生

中国·广州

图书在版编目（CIP）数据

大明风云300年：吴晗讲明朝的那些事儿 / 吴晗著.
广州：广东旅游出版社，2025. 1（2025. 7重印）. -- ISBN 978-7
-5570-3486-3

Ⅰ. K248.09

中国国家版本馆CIP数据核字第2024VE5285号

出　版　人：刘志松
责任编辑：张晶晶　　夏于棋
责任校对：李瑞苑
责任技编：冼志良

大明风云300年：吴晗讲明朝的那些事儿
DAMING FENGYUN 300 NIAN：WUHAN JIANG MINGCHAO DE NAXIESHIR

广东旅游出版社出版发行
（广州市荔湾区沙面北街71号首层、二层　邮编：510130）
电话：020-87347732（总编室）
020-87348887（销售热线）
投稿邮箱：2026542779@qq.com
印刷：天宇万达印刷有限公司
（河北省衡水市故城县金宝大道东侧中兴路）
670毫米×950毫米　16开　26印张　330千字
2025年1月第1版　2025年7月第2次印刷
定价：68.00元

编辑说明

吴晗（1909—1969），字辰伯，浙江义乌人。是著名的历史专家，现代明史研究的开拓者和奠基者。吴晗写过两部明史，一部是未完稿《明史》，一部是《明史简述》。

二十世纪四十年代，吴晗应重庆国立编译馆邀请，写一部明史。当时吴晗写了四章后交馆审稿，编译馆建议将"红军"改成"民军"。吴晗尊重历史、同情农民起义，拒绝修改，因而放弃出版该书。吴晗生前，该书一直未出版。吴晗去世后，后人在返还的被查抄的吴晗遗物中发现了该书手稿的复印件，可惜第四章《军与兵》已经遗失，仅存前三章。从前三章的内容看，这三章曾作为专论在二十世纪三十年代发表过，吴晗是又对它们进行了修改，以组成书稿的各章。因而对于遗失的第四章，编者将吴晗1937年6月发表在《中国社会经济史集刊》第五卷第二期的《明代的军兵》作为补充，自揣不失吴晗本意。然而如此，也只能看到前四章的面貌。作为一位明史大家，吴晗生前未能完成其矢志撰写的《明史》巨著，而后人也失去了一睹他对明朝的全面剖析的机会，不可不谓憾事！

《明史简述》是1962年吴晗应中共中央党校的邀请，在该校讲授明史的记录稿，当时的讲座名叫"明史讲座"。后来，吴晗对讲座的记录稿校阅整理后，成了一部完整的书稿。1979年，该书稿由《北京师范学院学报》发表；1980年，中华书局改名为《明史简述》加以出版。

这两部作品是以专题的形式，系统地论述了明朝的一些重要问题，例如元朝的灭亡、明太祖朱元璋的成功、明初的分封制、靖难之役、迁都北京、明代卫所制度的崩溃、郑和下西洋、资本主义萌芽等，涵盖政治、军事、外交、经济等方方面面。每一问题均有深刻洞察与剖析，观点富有深度和启发性，是明史研究的佳作。本次将两部作品合集出版，并统一按照章节顺序编排，从第一章至第四章是未完稿《明史》，第五章、第六章是《明史简述》（《明史简述》前原有一篇前言，本书没有选录）。

本书除了出版吴晗的两部明史作品外，还另外选录了他的几篇文章，作为后续各章。这些文章有的可作为两部明史中所提到的问题的补充，有的是明代其他方面的问题的论述，在此一起放在书后，帮助读者进一步了解明朝。

目 录

第一章 元帝国之崩溃与明太祖之建国

一、从政治革命转变到民族革命

十四世纪中叶勃发的民族革命，经过了二十年（1348—1368）的长期战争，方才结束。战争所波及的地带，北至和林，东至高丽，南至两广，西至陕甘，无一地不受蹂躏。战争的主角最初是被统治的南人、汉人向统治者的蒙古人、色目人进攻，夺取当地的政权，形成群雄割据的局面。后来这些割据者的向外发展，引起各个军事集团利益的冲突，陷于混乱的、互相残杀的吞并战中；同时元的统治阶层也发生内部的政变，也同样的互相吞并，发生内战。这样，一方面是统治者和被统治者不断地在苦战，另一方面统治者因内部分化而发生内战，被统治者也因个别发展而互相吞并，结果，双方的实力俱因内战、外战而削弱，许多有势力的军事领袖都自然地被淘汰、被吞并，形成一个混乱的分裂的局面。最后，元统治者因内讧而失去抵抗的能力，被统治者的无数军事集团则为一后起的有力的革命领袖所吞并，一蹴而将盘踞中国百余年的外族逐出塞外，建立了一个统一的汉族自治的大帝国。这一次大混战的原因是人民大众不堪经济的、政治的压迫而要求政权的让与，最后才一转而喊出民族革命的口号。在革命开始时，外表上蒙着极浓厚的宗教的迷信的外衣，绝大多数的革命领袖和群众都是白莲教和弥勒教的信徒，举行种种仪式，宣传弥勒下世救民疾苦的口号。一方面又假托是宋的后人，把这次革命解释为宋的复国运动。直到朱元璋出来，他本人及其军队虽然曾隶属于上述的团体，可是到了能独立行动的时候，他便决然地舍弃这多重的矛盾的策略——肤浅的、欺骗的神话宣传和已经失去时效的、冒牌的复宋掩护旗帜，进一步赤裸裸地提出这一次革命的目标是民族的解放，汉族应由汉人治理。这一鲜明的转变，更掀起了过去一百多年被剥削被压迫的民族仇恨，得到知识分子和一般民众的深切同情，像地主们也因利益的保全而加入合作，十年中便完成了他们的使命，把整个汉族从蒙古族铁蹄之下解放出来。可是从另一方面看，二十年混战的结果虽然完成了民族革命的伟业，而在实质上，分析双方的阶级成分，官吏、地主、商人完全拥护旧势力，和蒙古皇室及贵族站在同一战线。在反面，革命的领袖及其群众却完全是另一阶级，主要是以贫农、佃户、流民为基础组成了以推翻统治者为共同目标的革命势力。阶级意识的对立性划分了双方的群众，农民和地主冲突的尖锐化导致了这一次战争。统治者是代表地主利益的，革命集团所代表的却是农民的利益，所以在表面上，尽管是揭示出政治的、民族的解放口号，而在实质上，却完全是农民和地主的斗争。到后期民族意识被特别提出强调，使革命集团的口号从政治经济的被压迫，转而侧重于民族地位的歧视方面，这种转变，曾使民族革命取得成功，但是，胜利以后，这一群领导者却已忘记了当初起事时的动机和目标，外族的压迫虽已解除，同族同种间的、不合理的经济社会组织，却并未因之而有所改变。并且，这一群成功的领袖，都因他们的劳绩从下层爬到最上层，从平民变成新贵族，从农民变成大地主，代替被他们所打倒的蒙古人、色目人的贵族地主的地位，以暴易暴，农民所受的剥削，日累月积，愈来愈厉害；统治者的榨取技术，经过长时期的训练，却愈来愈高明。因此，从历史发展来看，这一口号的转变，虽然在当时是革命成功的主要手段，可是，同时也因为这转变，忽略了革命之所以发生的背景和最初所指出的社会不合理现象，不可能对最切要的土地问题加以彻底地解决，这是一个重要的失败。

二、元帝国的崩溃

元朝覆灭，被逐出中国，是被汉族用武力推翻的结果，是元帝国的自然崩溃的必然结局。

元代的社会组织，是不合理的、不健全的。在文化方面，蒙古族比汉族落后，落后的控制先进的；在人口方面，蒙古族人数很少，汉族却人口众多，以少数统治多数。元的皇室、贵族、僧侣、官吏、商人、地主所组成的统治阶级，和用以维持政权的庞大军队，一切的费用均由被征服的汉人、南人负担。汉人、南人的生命、财产由统治者任意处分，在政治上享受差别待遇，在同为被征服者的色目人之下。汉人、南人的一部分被强迫做奴隶，世世子孙都为政府及其主人服役。统治阶级一方面是大地主，拥有全国最大部分的土地；汉人、南人除一小部分外，大多被迫失去土地降为贫农及佃户。国内最大的商业经营操纵在回鹘人手中，他们还替蒙古贵族经营惊人的高利贷，挤取汉人、南人的血汗。元政府并下令没收汉人、南人的军器马匹，不许汉人、南人集党结会，各地遍驻戍军，武装弹压，用以防止汉人、南人的叛乱。[1]

---

[1] 详见拙著《元代之社会》，载清华大学《社会科学》第1卷第3期。

对汉人、南人实行军事统治的后果，一方面不待说种下民族间的深刻仇恨，同时统治者也因之松懈了警备征服地的情绪，耽溺于生活服用之享受，日渐腐化，替自己掘下待终的坟墓。

元世祖（1260—1294）继承成吉思汗的事业，继续用武力征服南宋国，建立元帝国。这个帝国的规模是由他开始奠定的。他在位的几十年是元代的极盛时代，同时也由他的登基而种下元帝国崩溃和覆亡的因素。

按蒙古族的习惯，合罕（即皇帝）的产生须由库利尔台（Khuriltai）选举。库利尔台在蒙古语中为聚会之义，凡国家有重大事件，须召集贵族大臣开库利尔台决定之。除选举合罕外，凡出征外国、颁布法令均有召集库利尔台之举。据可信记载，蒙古族自俺巴孩（Ambakhai）合罕以来即用选举制度。前合罕对其后继者有指名之惯例，但无左右库利尔台之权力。合罕之位，不但非父子世袭，即前合罕发表其所希望之后继者时，亦不必由己子中选之，而由其他皇族选出的。1189年铁木真（Temudjin）由库利尔台选举为蒙古合罕，始称成吉思合罕（Chingis Khaghan）。1206年统一北方民族，敖嫩河源地所开之库利尔台，同样尊号，举行第二次即位礼。成吉思合罕生前，指定第三子斡哥歹（Ogede）为后继人。成吉思合罕死后，1229年秋于怯绿涟河曲雕阿拉（即Kerülen河之Kodeghü–aral，Kodeghü为荒野草原之意，aral为岛之意）召开库利尔台，推戴斡哥歹为合罕。斡哥歹合罕（即太宗）初指定其子曲出（Guchu）为后继人，曲出死，更指定曲出之子失烈门（Shiramun）。但斡哥歹合罕死后，皇后朵咧格捏（Döregene）称制，召开库利尔台，不依指定，改选己子贵由即定宗为合罕。不为皇族中最有势力之拔都大王所赞同。定宗死，拔都以与太宗后人不合之故，拥立成吉思合罕第四子拖雷（Tului）之子蒙哥（Müngge），虽经成吉思合罕儿子察阿歹（Changhadai）系及太宗后人之反对，卒召开库利尔台立为合罕，是为宪宗。即位后对反对派大加屠杀，由此察阿歹汗国及斡哥歹汗国始不附。宪宗崩时，末弟阿里不哥（Arigu Bukha）居守和林，中弟忽必烈（Khubilai）率师征宋，得宪宗死的消息，即回军在开平开库利尔台，即蒙古合罕之位。阿里不哥亦于漠北开库利尔台自立，内乱以起。宪宗诸子及察阿歹系诸王均附阿里不哥，太宗孙合失大王子海都（Khaitu）亦起兵助之，阿里不哥虽于至元元年（1264年）势蹙来降，但海都仍拥兵与察阿歹后王笃哇联合抗中央。至元二十四年（1287年）诸王乃颜叛于辽东，诸王哈丹等应之。由此钦察汗国、斡哥歹汗国、察阿歹汗国联为一系以与中央作战，数十年中兵祸相仍，蒙古大帝国在事实上已经瓦解了，忽必烈合罕（世祖）及其子孙所领有的只是东方一部分的土地而已。[①]

世祖即位以后，库利尔台的形式虽然保存，但在实质上则已完全废弃，改选举制为世袭，采用汉人制度预立太子。至元十年（1273年）二月立嫡长子真金（Chinkin）为皇太子，在册命中指明过去的内乱的原因是库利尔台制度的失败，他说：

> 仰惟太祖皇帝遗训，嫡子中有克嗣服继统，预选定之，是用立太宗英文皇帝，以绍隆丕构。自时厥后，为不显立冢嫡，遂启争端。[②]

制度虽然改变，但贵族大臣的势力仍足以左右帝室，成宗以后诸帝全由大臣拥立，再照例由库利尔台通过。世祖太子真金早薨，未及即位，真金子成宗（铁穆耳）方抚军北边，玉昔帖木儿拥之即位。成宗崩，丞相哈剌哈孙拥真金孙武宗、仁宗相继即位。仁宗立英宗为皇太子，英宗后为铁失所弑，拥立世祖长孙晋王甘麻剌子也孙铁木儿为泰定帝。泰定帝崩于上都，丞相倒

---

① 参见箭内亘《蒙古库利尔台之研究》，《元史纪事本末》二《北边诸王之乱》，赵翼《廿二史札记》卷二九《元代叛王》。
② 《元史》卷一一五《裕宗传》。

剌沙立其皇太子阿剌吉八为皇帝，枢密使燕铁木儿则立武宗子文宗，力战破上都军。文宗后让位其兄明宗，燕铁木儿弑明宗，仍立文宗。后文宗、宁宗相继死，皇后卜答失里已遣人迎明宗长子妥懽帖睦尔入京，欲付以位，而燕铁木儿不愿，遂不得立，燕铁木儿死，元顺帝始立。[①]政变内乱，相继不已，帝位的继承，全由权臣操纵，引起帝国的分裂和统治权之动摇，元统治集团核心的内部矛盾日益尖锐，终至崩溃而不可收拾。

世祖自平宋后，即从事于海外之侵略。至元十九年（1282年）命阿塔海、范文虎、忻都、洪茶丘等率兵十万出海征日本，遇飓风破舟，丧师而还。帝大怒，欲再征日本，遣王积翁往招谕，为舟人杀于途，始终不得要领乃止。又兴安南之役、占城之役、缅甸之役、爪哇之役。安南用兵三次（1284—1294）最后师还，几为所邀截，从间道始得归。出兵缅甸两次（1282—1287）丧失了七千军队。打占城（1282—1284）时舟为风涛所碎者十之七八，深入为所截，力战始得归。打爪哇（1292年）也占不到便宜。统计数十年中，无岁不用兵。用兵的军费无从设法，就从百姓头上打主意，任用善于剥削的商人做财政官，中统三年（1262年）即以财赋之任委阿合马，典铁冶，增盐税，小有成效，拜平章中书政事。又立制国用使司，以阿合马领使事。已复罢制国用使司，立尚书省，以阿合马平章尚书省事。奏括天下户口，下至药材榷茶，亦纤屑不遗，其所设施，专以掊克敛财为事。逋赋不蠲，征敛愈急，天下之人，无不思食其肉。阿合马死，又用卢世荣，亦以增多岁入为能，盐铁、榷酤、商税、田课凡可以弄到钱的都千方百计搜括。世荣诛死后，又用桑哥，再立尚书省，改行中书省为行尚书省，六部为尚书六部，以丞相领尚书兼统制使，奏遭忻都、阿散等十二人理算六省钱谷，以刑

① 《廿二史札记》卷二九《元诸帝多由大臣拥立》，《元史纪事本末》卷一九至二二。

爵为贩卖，天下骚然，至元二十八年（1291年）始伏诛。总之，世祖在位的三十九年，几乎和这三位财政家相终始。[①]因侵略海外而极力搜括民财，任用以理财见长的官吏，造成一种贪污刻薄的吏治空气。

除用兵外，对于诸王和僧侣的负担，也对促进元统治集团的崩溃起了作用。

上文曾说过合罕之举出须经库利尔台的同意，而库利尔台之最主要人物即为帝室同族的诸王及贵族重臣。诸王贵族例有岁赐，如察阿歹大王位岁赐银一百锭（锭五十两），缎三百匹，绵六百二十五万，常课金六锭六两。斡真那颜位岁赐银一百锭，绢五千九十八匹，绵五千九十八斤，缎三百匹，诸物折中统钞一百二十锭，羊皮五百张，金一十六锭四十五两，又有岁例外之赐予，如中统四年（1263年）赐公主巴古银五万两。至元二年（1265年）赐诸王只必帖木儿银二万五千两，钞千锭。至元四年（1267年）赐诸王玉龙答失银五千两，币三百，岁以为常。其非时之赐予，如武宗以金二千七百五十两，银十二万九千二百两，钞万锭，币帛二万二千二百八十四匹奉兴圣宫，赐皇太子（弟仁宗）亦如之。又有朝会之赐予，元贞二年（1296年）定太祖位下金千两，银七万五千两；世祖位下金各五百两，银二万五千两，余各有差。成吉思合罕的宗族后人遍布欧亚，这几笔开支的数目是无法计算的。单就库利尔台会后一项赐予算，如武宗至大元年（1308年）中书省臣言朝会应赐予者为钞总三百五十万锭，已给者百七十万，未给者犹百八十余万，两都所储已罄。至大四年（1311年）仁宗即位时的赐予总数是金三万九千六百五十两，银百八十四万九千五十

---

① 参见《廿二史札记》卷三〇《元世祖嗜利黩武》，《元史纪事本末》卷七《阿合马、桑、卢之奸》，《元史》卷二〇五《奸臣传》。

两，钞二十二万三千二百七十九锭，币帛四十七万二千四百八十八匹。[①] 这一年的额外赏赐是钞三百余万锭。[②] 僧侣的费用也占国家支出之大部。赵翼记：

> 古来佛事之盛，未有如元朝者。邵戒三谓元起朔方，本尚佛教，及得西域，世祖欲因其俗以柔其人，乃即其地设官分职，尽领之帝师。初立宣政院，正使而下，必以僧为副，帅臣而下亦必僧俗并用。于是帝师授玉印，国师授金印，其宣命所至，与朝廷诏敕并行，自西土延及中夏，务屈法以顺其意，延及数世，浸以成俗，至于积重而不可挽……帝师体制之僭，虽亲王太子不及也……仗卫之侈，虽郊坛卤簿不过也……土木之费，虽离宫别馆不过也……供养之费，虽官俸兵饷不及也……财产之富，虽藩王国戚不及也……威势之横，虽强藩悍相不过也。[③]

并且时代愈后，僧侣势力愈大，费用也愈多。至大三年（1310年）张养浩上疏言僧侣之病国云：

> 古者十农夫而闲民或一，今也十闲民而农夫仅一焉。欲民无饥寒之道邈矣。今释老二氏之徒，畜妻育子，饮醇啖腴，革逋逃游惰之民，为暖食饱衣之计，使吾民日羸月瘵，曾不得糠秕蓝缕以实腹盖体焉。今日诵藏经，明日排好事，今日造某殿，明日构某宫，凡天下人迹所到，精蓝胜观，栋宇相望，使吾民穴居露处，曾不得茎茅撮土以覆顶托足焉……谬论生死，簧鼓流俗，聚徒结党，使人施五谷以为之食，奉丝枲以为之衣，纳子弟以为之童仆，构木石以为之庐室，而人见

---

① 参见《新元史》卷七八《食货志·赐赉下》。
② 参见《元史》卷二四《仁宗本纪》。
③ 《陔余丛考》卷一九《元时崇奉释教之滥》。

其不蚕不稼，不赋不征，声色自如，而又为世所钦，为国家所重，则莫不望风奔效，髡首漫游，所以奸民日繁，实本于此。臣尝略会国家经费三分为率，僧居二焉。以之犒军则卒有余粮，以之赈民则民有余粟，以之裕国则国有余资。①

僧侣的耗费竟占国家经费的三分之二，可能夸大了一些，但毕竟是一个很大的支出。试以具体的事实作证，以内廷佛事一项而论，至元中内廷佛事之目每岁仅百有二，大德七年（1303年）再立功德司，其目增至五百有余。十年中增至五倍。以内廷佛事的费用一项而论，据延祐四年（1317年）宣徽院会计，岁贡以斤计者面四十三万九千五百，油七万九千，酥二万一千八百七十，蜜二万七千三百，他物称是。延祐五年（1318年）前各寺做佛事，日用羊至万头。②元代的国家财政岁出岁入总数，据至大四年（1311年）的报告，每岁支出钞六百余万锭，土木营缮百余处计钞数百万锭，北边军需又六七百万锭，又加上内降旨赏赐三百余万锭，总计约需钞二千万锭。岁入常赋则仅钞四百万锭，其中京师者又只二百八十万锭。而且同年十一月份国库所存只十一万锭。③岁出竟超过岁入十分之八，这个国家是维持不了的。当时弥补的办法之一是饮鸩止渴，预卖盐引和动支钞本，例如至大元年（1308年）的办法：

二月乙未，中书省臣言，陛下登极以来，锡赏诸王，恤军力，赈百姓，及殊恩泛赐，帑藏空竭，豫卖盐引。今和林、甘肃、大同、隆兴、两都军粮，诸所营缮及一切供亿，合用钞八百二十余万锭。往者或遇匮急，奏支钞本。臣等固知钞法非轻，曷敢动，然计无所出，今

---

① 《归田类稿》卷二《时政书》。
② 参见《陔余丛考》卷一九《元时崇奉释教之滥》。
③ 参见《元史》卷二四《仁宗本纪》。

乞权支钞本七百一十余万锭以周急用，不急之费姑后之。①

结果是阻滞盐法和钞法，扰乱金融，国家和人民都受其弊。另一办法是加税，延祐元年（1314年）的课额已比元初时增五十倍。②中叶以后，课税较世祖时代亦增二十余倍，即色银之赋亦增至二十余倍。③可是国家财政仍不免入不敷出，陷于破产的地位。《元史·陈思谦传》记：

> 至顺二年（1331年）九月上言，户部赐田诸怯薛支请，海青狮豹肉食，及局院工粮，好事布施，一切泛支，以至元三十年以前较之，动增数十倍。至顺经费，缺二百三十九万余锭。④

柯劭忞论元代财政，以为"夫承平无事之日而出入之悬绝若此，若饥馑洊臻盗贼猝发，何以应之。是故元之亡亡于饥馑盗贼。盖民穷财尽，公私困竭，未有不危且乱者也"⑤，是说得很中肯的。

三、元帝国政治和军队的腐化

元代中叶的政治情形，武宗至大三年（1310年）有一概括的报告。在这文件中已经很感慨地说一代不如一代，世祖时代的搜括政治，已成为后人咏叹的资料了。这文件的开头就说：

<hr>

① 《元史》卷二二《武宗本纪》。
② 《元史》卷二〇五《铁木迭儿传》。
③ 《新元史》卷六八《食货志序》。
④ 《元史》卷一八四。
⑤ 《新元史》卷六八《食货志序》。

近年以来，稽厥庙谟，无一不与世祖皇帝时异者……世祖皇帝时官外者有田，今仍假禄未以夺之。世祖皇帝时江南无质子，今乃入泉谷以诱之。世祖皇帝时用人必循格，今则破宪法以爵之。世祖皇帝时守令三载一迁，今则限九年以困之。世祖皇帝时楮币有常数，今则随所费以造之。世祖皇帝时省路异选，今则侵其官而代之。世祖皇帝时墨敕在所禁，今则开幸门以纳之。世祖皇帝时课额未常添，今则设苛禁以括之。世祖皇帝时言事者无罪，今则务锻链以杀之。

以下列举当时政治腐败的情形，最值得注意的几点。

第一是名爵太轻：

陛下于左右之人，往往爵之太高，禄之太重，微至优伶屠沽僧道，有授左丞平章参政者。其他因修造而进秩，以技艺而得官者曰国公、曰司徒、曰丞相者相望于朝。自有国以来，名器之轻，无甚今日。……今朝廷诸大臣不知有何勋何戚，无一不阶开府仪同三司者。[1]

左右近侍因之恃恩觖法，紊乱官政，《元史》记：

至大二年正月乙巳塔思不花、乞台普济言：诸人恃恩径奏，玺书不由中书，直下翰林院给与者，今核其数，自大德六年至至大元年所出凡六千三百余道，皆由于田土、户口、金银铁冶、增余课程、进贡奇货、钱谷、选法、词讼、造作等事，害及于民。[2]

更互相援引，以中旨授官，破坏铨法：

时承平日久，风俗奢靡，车服僭拟，上下无章，近臣恃恩，求请无厌，时宰不为裁制，乃更相汲引，望引恩赐，耗竭公储，以

① 《归田类稿》卷二《时政书》。
② 《元史》卷二三《武宗本纪》。

为私惠。①

英宗时近臣传旨，以姓名赴中书铨注者六七百员，选曹为之壅滞。②此种由嬖幸得官之内外官吏，其对于人民及政府之恶影响，当可想见。

第二是贵族擅政：

> 今国家为制宽大，所以诸王家室皆有生死人进退人之权……天下淫僧邪巫庸医谬卜游食末作及因事亡命无赖之徒，往往依庇诸侯王、驸马，为其腹心羽翼。无罪者以之而求进，有罪者以之而求免。出则假其势以凌人，更因其众而结党。入则离间宗戚，构造事端，唱以甘言，中以诡计，中材以下鲜不为其所惑。③

第三是刑禁太疏，纪纲破坏。僧侣和嬖幸的恣肆，使法律成为具文，如秃鲁麻：

> 西僧作佛事请释罪人祈福，谓之秃鲁麻。豪民犯法者皆贿赂之以求免。有杀主杀夫者，西僧请被以帝后御服，乘黄犊出宫门释之，云可得福。不忽木曰："人伦者王政之本，风化之基，岂可容其乱法为是！"帝责丞相曰："朕戒汝无使不忽木知，今闻其言，朕甚愧之。"使人谓不忽木曰："卿且休矣！朕今从卿言。"然自是以为故事。④

如大赦之频数，张养浩说：

> 近年臣有赃败，多以左右贿赂而免。民有贼杀，多以好事赦宥而

---

① 《元史》卷一七五《李孟传》。
② 参见《元史》卷一三六《拜住传》。
③ 《归田类稿》卷二《时政书》。
④ 《元史》卷一三〇《不忽木传》。

原。加以三年之中未尝一年无赦，杀人者固已幸矣，其无辜而死者冤孰伸耶？……臣尝官县，见诏赦之后，罪囚之出，大或仇害事主，小或抢夺编氓，有朝蒙恩而夕被执，旦出禁而暮杀人，数四发之，未尝一正厥罪者。又有始焉鼠偷，终成恶狼之噬者。问之则曰赦令之频故耳。意者以为先犯幸而不死，今犯则前日应死之罪，两御人货而止坐一罪，于我已多，况今犯未必死，我因而远引虚扳，根连株逮，故蔓其狱，未及期岁，又复宥之。岂人性固恶，防范不能制哉！诚以在上者开其为盗之涂故也。①

奖励官吏及人民之犯罪。政事混乱如此，在荒旱交逼的时候，统治者独自大兴土木，极宫室犬马之娱：

累年山东、河南诸郡旱蝗洊臻，沴疫暴作，郊关之外，十室九空。民之扶老携幼，累累焉鹄形菜色，就食他所者络绎道路。其他父子兄弟夫妇至相与鬻为食者在在皆是……今闻创城中都，崇建南寺，外则有五台增修之扰，内则有养老宫殿营造之劳。括匠调军，旁午州郡，或度辽伐木，或济江取材，或陶甓攻石，督责百出。蒙犯毒瘴，崩沦压溺而死者无日无之。粮不实腹，衣不覆体，万目睊睊，无所控告，以致道上物故者在所不免。②

政治腐化到了这个地步，更严重的是元统治者以征服者的地位，抱着极端褊隘的种族的成见，内外官之长必以蒙古人为之，以汉人、南人为贰，色目人则与汉人、南人处于互相钳制的地位。③南北的区分，种族的畛域，分别极严，歧视极甚，使当时人极感愤恨，叶子奇说：

---

① 《归田类稿》卷二《时政书》。
② 《归田类稿》卷二《时政书》。
③ 参见箭内互《蒙汉色目待遇考》，吴晗《元代之社会》。

元朝自混一以来，大抵皆内北国而外中国，内北人而外南人，以至深闭固拒，曲为防护，自以为得亲疏之道。是以王泽之施，少及于南，渗漉之恩，悉归于北。①

蒙古人、色目人不了解中国情势，不懂政治，甚至不识中国文字：

国朝以蒙古、色目不谙政事，必以汉人佐之，官府色目居长，次设判署正官，谓其识治体练时务也。近年以来，正官多不识字。②

叶子奇记：

北人不识字，使之为长官。或缺正官，要题判署事，及写日子，"七"字钩不从右"七"转而从左"夂"转，见者为笑。③

其主要的使命即为牵制汉官，事事掣肘：

国朝之制，州府司县各置监临官谓之达鲁花赤，州府官往往不能相下。④

蒙古官之作威作福肆恶，固不待说，即和蒙古官有关系之汉官亦倚以肆虐，此种关系，当时称为"蒙古根脚"：

新昌州有人命狱，府委公（刘基）复检，案核得其故杀状。初检官得罢职罪。其家众倚蒙古根脚欲害公以复仇。⑤

色目官吏则更豪横，殴詈汉官，一无忌惮，如宋濂所记邵武路长官事：

郡长官乃西域人，恃与宪部有连，其猛若虎，与守议稍不合，遽引杖击之，守俯首遁去。⑥

上下相蒙，唯以贪污相尚，卖官鬻爵，贿赂公行：

---

① 叶子奇《草木子》卷三上《克谨篇》。
② 李翀《日间录》。
③ 叶子奇《草木子》卷四下《杂俎篇》。
④ 《元文类》卷五八，王磐《中书右丞相史公神道碑》。
⑤ 《诚意伯文集》卷首，吴伯生《诚意伯刘公行状》。
⑥ 《宋学士文集》卷三，《元故翰林待制朝散大夫致仕雷府君墓志铭》。

元初法度犹明，尚有所惮，未至于泛滥。自秦王伯颜专政，台宪官皆谐价而得，往往至数千缗。及其分巡，竞以事势相渔猎而偿其直，如唐债帅之比。于是有司承风，上下贿赂，公行如市，荡然无复纪纲矣。肃政廉访司官所至州县，各带库子，检钞秤银，殆同市道矣。①

各项勒索及贿赂均有名色：

元朝末年，官贪吏污，始因蒙古、色目人罔然不知廉耻之为何物。其问人讨钱，各有名目，所属始参曰拜见钱，无事白要曰撒花钱，逢节日曰追节钱，生辰曰生日钱，管事而索曰常例钱，送迎曰人情钱，勾追曰赍发钱，论诉曰公事钱，觅得钱多曰得手，除得州美曰好地分，补得职近曰好窠窟，漫不知忠君爱国之为何事也。②

当时最高的监察机关为御史台，末期的御史大夫几乎成为丞相亲属的专官。如太平王燕铁木儿为相，即用其弟买里古思为御史大夫。秦王伯颜为相，即用其兄子脱脱为御史大夫。脱脱为相，亦用其弟野先不花为御史大夫。答麻为相，御史大夫又是其弟雪雪。③行政权和监察权同属一家人，监察机关的作用便完全丧失了。

任用官吏除种族的差别外，又有地域上的差别，两广和江淮是两个截然不同的政治区域，被任为两广的官吏便一生无升调之望，只好向百姓剥削，作发财之计：

五岭之南，列郡数十，县百有十，统于广、桂、雷三大府。自令至簿尉，庙堂岁遣郎官御史与行省考其岁月，第其高下而迁之，谓选。仕于是者政甚善不得迁中州、江淮，而中州、江淮士夫一或贪纵

---

① 叶子奇《草木子》卷四下《杂俎篇》。
② 叶子奇《草木子》卷四下《杂俎篇》。
③ 参见叶子奇《草木子》卷三下《杂制篇》。

则左迁而归之。是选焉，终身不得与朝士齿。虽良心善性油然复生，悔艾自新，不可得已。夫如是则孜孜为利，旦旦而求仇贼其民而鱼肉之……地益远而吏益暴，法益隳而民益偷。①

政治的情形如此，在军队方面，也是一样。蒙古军、色目军世驻中原的结果，将领荒于酒色，失去作战能力：

元朝自平南宋之后，太平日久，民不知兵，将家之子累世承袭，骄奢淫佚，自奉而已。至于武事，略不之讲。但以飞觞为飞炮，酒令为军令，肉阵为军阵，讴歌为凯歌，兵政于是不修也久矣。②

在平时除耗费国家俸饷外，只会向百姓敲诈勒索。在战时则但知劫掠，见敌即溃：

朝廷闻红军起，令枢密院同知赫厮、秃赤领阿速军六千并各支汉军讨颍上红军。阿速者，绿睛回回也，素号精悍，善骑射。与河南行省徐左丞俱进军，二将沉湎酒色，军士但以剽掠为务。赫厮军马望见红军阵大，扬鞭曰阿卜。阿卜者，走也。于是所部皆走，至今淮人传以为笑。③

当时名相脱脱弟野先不花率重兵南下，也遇敌即逃：

汝宁余寇尚炽，丞相脱脱命其弟中台御史大夫野先不花董师三十万讨之。至城下，与贼未交锋即跃马先遁。汝宁守官某执马不听其行，即拔佩刀欲斫之曰：我的不是性命。遂逸，师遂大溃。汝宁不守，委积军资如山，率为盗有。脱脱匿其败，反以捷闻。④

蒙古军、色目军既不能用，只得调湖广的苗军，苗军是以犷悍著名的士

---

① 朱思本《贞一斋杂著》卷一《广海选论》。
② 叶子奇《草木子》卷三上《克谨篇》。
③ 权衡《庚申外史》。
④ 叶子奇《草木子》卷三上《克谨篇》。

兵，无军纪可言，淫掠更甚：

> 杨完者凶肆，掠人货钱，至贵家命妇室女，见之必围宅勒取淫污，信宿始得纵还。少与相拒，则指以通贼，纵兵屠害。由是部曲骄横。凡屯壁之所，家户无得免焉。民间谣曰：死不怨泰州张（士诚），生不谢宝庆杨。①

就元军和起义军的军纪比较，恰好相反，有这样一个典型例子：

> 至正十二年（1352年）七月，蕲黄徐寿辉贼党入杭州城。其贼不杀不淫，招民投附者注姓名于簿，籍府库金银悉辇以去。二十六日浙西廉访使自绍兴率盐场灶丁过江，同罗木营官军克复城池，贼遂溃散……四平章教化自湖州统军归，举火焚城，残伤殆尽。②

蒙古兵、汉兵都不能用，于是只好用募兵和义兵了。募兵是用钱雇人为兵：

> 江州已陷，贼据池阳。太平官军止三百人，贼号百万。……乃贷富人钱募人为兵。先是行台募兵，人给百五十千无应者。至是星吉募兵，人五十千，众争赴之，一日得三千人。③

义兵则为地主及官吏所组织的地方私军。这两种军队的领袖大体都是汉人在元帝国将亡的前夕，蒙古人种族之见仍未消泯，汉人有功亦不蒙赏，而对于叛军领袖则一抚再抚，縻以好爵，结果义兵也只好掉过头来起义，加入起义军队伍中去。叶子奇记：

> 天下治平之时，台省要官皆北人为之，汉人、南人万中无一二，其得为者不过州县卑秩，盖亦仅有而绝无者也。后有纳粟、获功二

---

① 姚桐寿《乐郊私语》。
② 钱谦益《国初群雄事略》卷三。
③ 《元史》卷一四四《星吉传》。

途，富者往往以此求进。今之初行，尚犹与之，及后求之者众，亦绝不与。南人在都求仕者北人目为腊鸡，至以相詈诟，盖腊鸡为南方馈北人之物也，故云。及方寇起，濒海豪杰如蒲圻赵家、戴纲司家、陈子游等倾家募士，为官收捕，至兄弟子侄皆歼于盗手，而卒不沾一命之及，屯膏吝赏至于此。其大盗一招再招，官已至极品矣。于是上下解体，人不向功，甘心为盗矣。又获功之官，于法非得风宪体复牒文，不辄命官。宪使招权，非得数千缗不与行遣，故有功无钱者往往事从中报，皆抱怨望。其后盗塞寰区，空名宣敕，遇微功即填给，人已不荣之矣。①

反之，无功而有钱的富商大贾，则乘机用贿拜官：

庐州开义兵三品衙门，而使者悉以富商大贾为之。有一巨商五兄弟受赏者，此岂尝有寸箭之功！而有功者皆不受赏。故寇至之日，得赏者皆以城降，而未赏者皆去为贼。②

在这局面下，当时比较有眼光的学者的看法，一派人以为是纪纲败坏的结果，应由中央负责：

承平以来，百年于兹。礼乐教化，日益不明，纲纪法度，日益废弛，上下之间，玩岁愒日，率以为常，恬不为怪。一旦盗贼猝起，茫若无措，总兵者唯事虚声，秉钧者务存姑息，其失律丧师者未闻显戮一人，玩兵养寇者未闻明诛一将。是以不数年间，使中原云扰，海内鼎沸，山东、河北，莽为丘墟，千里王畿，举皆骚动，而终未见尺寸之效者，此无他，赏罚不明而是非不公故也。③

---

① 叶子奇《草木子》卷三上《克谨篇》。
② 余阙《青阳集》卷五《再上贺丞相书》。
③ 李士瞻《经济文集》卷一《上中书丞相书》。

另一派人以为是吏治腐败的缘故，应由地方负责：

> 国家承平百年，武备浸弛，……方面多贵游子弟，贪鄙庸才，漫不省君臣大义，草芥吾民，虚张战功，肆意罔上，诛求冤滥，惨酷百端。重以吏习舞文，旁罗鹰犬，意所欲陷，则诬与盗贼通，其弊有不忍言者。间存一二廉介，则又矜独断，昧远图，坐失机会，民日以敝，盗日以滋。[①]

可以说是都说中了，但都只说到了一面。

四、元帝国的土地和农民问题

元代的土地大部分属于蒙古人、色目人的贵族及僧侣，一部分集中于汉人、南人的大地主手中。占极大多数的农民只耕种着最小部分的土地，却负担着国家赋役的绝大部分，除掉他们自己应尽的义务和应纳的赋税以外，他们还应当替贵族和地主们尽一部分对国家的责任。[②]

世祖平江南后，于各地遍驻戍军，实行军事镇压，官吏和军帅的苛扰，逼使农民到处举行武装起义。内中一部分假宋后为名，如至元二十年（1283年）建宁路总管黄华第二次起义时称宋祥兴年号。至元二十三年（1286年）西川赵和尚自称宋福王子广王起事。一部分不立名号或者自立名号，如至元十七年（1280年）漳州陈桂龙、建宁黄华的起义；至元二十年（1283年）广州新会林桂芳、赵良钤等拥众万余，号罗平国，称延康年号。至元二十一年（1284年）漳、邕、宾、梧、韶、衡诸州农民的起义。至元二十三年

---

① 周霆震《石初集》卷二《古金城谣序》。
② 参见《元代之社会》。

（1286年）婺州永康县民陈巽四起义。至元二十五年（1288年）广东民董贤举，浙江民杨镇龙、柳世英，循州民钟明亮相继起兵，皆称大老。至元二十七年（1290年）江西华大老、黄大老等掠乐昌诸郡。成宗元贞二年（1296年）赣州民刘六十聚众至万余，建立名号。二十年中蒙古人所称为南人的地带，不断发生军事反抗行为。①《元史》记福建人民起义系由成军扰民所致：

> 至元十六年左丞唆都行省福建。……中书言唆都在福建，麾下扰民，致南剑等路往往杀长吏叛。②

再次，起义则由长吏贪酷之故：

> 至元二十六年授（王恽）少中大夫、福建闽海道提刑按察使。……乃进言于朝曰：福建所辖郡县五十余，连山距海，实为边徼重地，而民情轻诡，由平定以来官吏贪残，故山寇往往啸聚，愚民因而蚁附，剽掠村落，官兵致讨，复蹂践之。③

农民是最能忍耐、最驯顺的，可是到了山穷水尽无可容受时，也会突变为最勇敢的斗士，奋臂一呼，立刻成为一支不可侮的革命势力。元军平江南后，蒙古军队的压迫和官吏的剥削逼得农民非进行武装反抗不可，接连不断的起义，使元军疲于奔命。后来，一个起义接着一个起义，元朝政府改变办法，用政治解决，除去害民的官吏：

> 赣州盗刘六十伪立名号，聚众至万余。朝廷遣兵讨之，主将观望退缩不肯战，守吏又因以扰良民，贼势益盛。（董）士选请自往，众欣然托之，即日就道，不求益兵，但率掾吏李霆镇、元明善二人持文

---

① 参见《元史纪事本末》卷一《江南群盗之平》。
② 《元史》卷一三一《忙兀台传》。
③ 《元史》卷一六七《王恽传》。

书以去，众莫测其所为。至赣境，捕官吏害民者治之，民相告语曰：不知有官法如此！进至兴国县，去贼巢不百里，命择将校分兵守地待命。察知激乱之人悉置于法，复诛奸民之为囊橐者，于是民争出请自效，不数日遂擒贼魁，散余众归农。①

农民除受地方军政长官之压迫及剥削外，最使农民陷于绝境的是元政府的搜括和过重的负担。因赋税无法完纳，不得不舍弃乡里而度逃亡生活的农民大流动，在元代是常见的现象。在未统一前，刘秉忠上书太宗说：

天下户过百万，自忽都那演断事之后，差徭甚大。加以军马调发，使臣烦扰，官吏乞取，民不能当，是以逃窜。宜比旧减半或三分去一，就见在之民以定差税，招逃者复业，再行定夺。②

这文件指明当时流人逃亡的情况。嘉熙二年（1238年）的报告说，农民因灾逃亡者竟占十分之四五：

太宗戊戌，天下大旱蝗。初籍天下户得一百四万，至是逃亡者十四五，而赋仍旧，天下病之。（耶律楚材）奏除逃户三十五万，民赖以安。③

统一后仍有此种情形，北人多流徙江南。至元二十年（1283年）崔斌言：

内地百姓流移江南避役者已十五万户。去家就旅，岂人之情，赋重政繁，驱之致此。

至元二十三年（1286年）又奏：

① 《元史》卷一五六《董士选传》。
② 《元史》卷一五七《刘秉忠传》。
③ 《元文类》卷五七，宋子贞《中书令耶律公神道碑》。

军站诸户，每岁官吏非名取索，赋税倍蓰，民多流移。①

在江南，元政府为了增加税收，理算天下钱粮，农民被逼逃亡，政府仍不放松，发兵搜捕：

先是，桑哥遣忻都及王济等理算天下钱粮，已征入数百万，未征者尚数千万。民不聊生，自杀者相属。逃山林者则发兵捕之，皆莫敢沮其事。②

农民只好以武力保卫自己，团结抵抗。欧阳玄《魏国赵文敏公神道碑记》：

（此役）名曰理算，其实暴敛无艺，州县置狱诛逮，故家破产十九，逃亡入山，发兵蒐捕，因相挺拒命，两河间盗有众数万。③

延祐元年（1314年）又从章闾之议，经理钱粮，括江南民田，作增税之计，限期猝迫，贪刻并用，官府震动，人不聊生，富民黠吏，并缘为奸，盗贼并起，田莱荒芜。④《元史》记：

延祐元年，（铁木迭儿）奏江南钱粮往岁虽尝经理，多未核实，可始自江浙以及江东、西，宜先事严限格、信罪赏，令田主手实顷亩状入官，诸王、驸马、学校、寺观亦令如之。仍禁私匿民田，贵戚势家毋得阻挠。请敕台臣协力以成，则国用足矣。仁宗从之，遣使者分行各省，括田增税，苛急烦扰，江右为甚。致赣民蔡五九作乱宁都，南方骚动，远近惊惧，乃罢其事。⑤

当时经理情形，地方官务以增多为功：

① 《元史》卷一七三《崔彧传》。
② 《元史》卷一七二《赵孟頫传》。
③ 《圭斋文集》卷九。
④ 参见《元文类》卷四〇《经世大典序录·经理》。
⑤ 《元史》卷二〇五《铁木迭儿传》。

延祐二年吴元珪奏曰：今经理江淮田土，第以增多为能，有司头会箕敛，俾元元之民，困苦日甚。[1]

农民无法，也只好虚报塞责：

朝廷令民自实田土，有司绳以峻法，民多虚报以塞命。其后差税无所于征，民多逃窜流移者。[2]

剥削过甚，于是延祐二年（1315年）有蔡五九之变：

八月丙戌赣州贼蔡五九陷汀州宁化县，僭称王号。诏遣江浙行省平章张驴率兵讨之。……乙未台臣言：蔡五九之变，皆由昵匝马丁经理钱粮，与郡县横加酷暴，逼抑至此。新丰一县撤民庐千九百区，夷墓扬骨，虚张顷亩，流毒居民。乞罢经理冒括田租。制曰可。[3]

昵匝马丁因括田激起民变，遣张驴率兵平定，元政府并即下令罢冒括田租，这事似已告一结束了。但这只是书面上的报告，括田的举动并不因民变而暂停，因为蔡五九起事于延祐二年（1315年）八月，同年九月又有负责平变的张驴以括田逼死九人的记载。[4]并且括田所得的新租，还是照样征收，三年后在同一地点又引起第二次民变：

五年十月癸丑，赣州路雩都县里胥刘景周以有司征括田新租，聚众作乱，敕免增新租，招谕之。

同年七月亦因同样原因罢河南省左丞陈英等所括民田，只如旧例输税。[5]可是两年后又改变了策略，江南田地一律增加田赋：

① 《元史》卷一七七《吴元珪传》。
② 《元史》卷一二二《塔海传》。
③ 《元史》卷二五《仁宗本纪》。
④ 参见《元史》卷二五《仁宗本纪》。
⑤ 参见《元史》卷二六《仁宗本纪》。

七年四月己巳增两淮、荆湖、江南东西道田赋，斗加二升。①

同时凡括田地带还没有引起农民武装反抗的仍照新加赋额征收：

泰定元年（1324年）（张珪）奏：国家经费皆取于民，世祖时淮北内地惟输丁税。铁木迭儿为相，专务聚敛，遣使括勘两淮、河南田土，重并科粮，又以两淮、荆襄沙碛作熟征收，徼名兴利，农民流徙。臣等议宜如旧制，止征丁税，其括勘重并之粮及沙碛不可田亩之税悉除之。帝不能从。②

除田赋外，又对日常生活必需品茶、盐、酒、醋之类课以重税，一增再增，后来竟超过原额数十倍，这也是农民的直接负担，元顺帝时姚桐寿记：

近来盗贼四起，在在用兵，课赋无艺，即税额一节，往往增加无算，市中不堪其扰。当延祐间程文宪条言江南茶、盐、酒、醋等课税，近来节次增添，比初时十倍。今又逐季增添，正缘管课程官虚添课额以诌上司，其实利则归己，虚额则张挂欠籍云云。奉仁宗皇帝圣旨，诸色课程，特与查照，并从蠲减，从实恢办。明旨凛然，今但挂壁而已。③

农民在生活方面已经苦到无可再苦，一遇荒年，除忍饿外，还须应付催租吏的勒索。诗人耶律铸、张养浩的诗章中充满了同情农民疾苦的呼

---

① 《元史》卷二七《仁宗本纪》。
② 《元史》卷一七五《张珪传》。
③ 姚桐寿《乐郊私语》。

声。①元政府在名义上虽有劝农使的设置，却不过问农民所遭遇的困难。②一方面徭役繁重，农民只能忍痛卖去田产以求免役。③有些地区的壮丁被征发充军，田地即随之而荒芜，无论年岁丰歉，均不免于饿寒。④农民困于赋役和荒旱，在本土不能生活，只好相率逃亡，成为流民。⑤可是其他地区也同样是蒙古人在统治着，同样不能生活，结果人自相食，弱肉强食，演成人类史上的悲剧。如大德十一年（1307年）两浙饥，浙东为甚，越民死者殆尽，人相食以图苟存。⑥甚至沟中死尸也不免为饥民所食。⑦这是至正十八年

① 耶律铸《双溪醉隐集》卷二《苦旱叹》："六月亢旱田苗枯，自嗟自叹耕田夫。差官咫尺征秋税，今岁田家一粒无。饥民日日望霖雨，雨意欲成云散去。天公胡不用老龙，年年只被蛟螭误。"张养浩《归田类稿》卷一六《悯农》："父子传衣出，夫妻趁热分。未言先欲泣，乍见内如焚。征负敲门急，充饥饮水勤。何当天雨粟，四海共欢欣。"

② 陈泰《所安遗集·苗青青》："苗青青，东阡西陌苗如云，经年不雨过秋半，苗穗不实空轮囷。田家留苗见霜雪，免使棵岁劳耕耘，县官催吏胥急，粜粟输官莫论直，劝农使，不汝恤。"

③ 元淮《金囷集·农家》："田夫有话向谁言，麦饭稀稀野菜羹。半顷薄田忧户役，近来贱贾与人耕。"

④ 童冀《尚纲斋集》卷三《荒田行》："永州荒田多宿草，永州田多人苦少。南村田荒无人耕，北村草深人不行。往年峒徭据城壁，驱迫编户充军役。十户殆今无一存，当时宁望长儿孙。壮者随军入军伍，老者尽作泉下土。少者仅存虽长成，十家九户惟单丁。应当门户倦奔走，岂有余力到农田！荒田积草如人长，熟田近年亦抛荒。男啼女号饭不足，草根木实常充腹。荒田幸免官征科，熟田征科真奈何？永民自叹生来苦，不信人间有乐土。"

⑤ 张养浩《归田类稿》卷一四《哀流民操》："哀哉流民，为鬼非鬼，为人非人。哀哉流民，男子无缊袍，女子无完裙。哀哉流民，剥树食其皮，掘草食其根。哀哉流民，昼行绝烟火，夜宿依星辰。哀哉流民，父不子厥子，亲不亲厥亲。哀哉流民，言辞不忍听，号泣不忍闻。哀哉流民，朝不敢保夕，暮不敢保晨。哀哉流民，死者已满路，生者与鬼邻。哀哉流民，一女易斗粟，一男钱数文。哀哉流民，甚至不得将，割爱委路尘，哀哉流民，何时天雨粟？使汝俱生存。哀哉流民！"

⑥ 参见吾衍《闲居录》。

⑦ 张翥《蜕庵诗集》卷一《书所见》："沟中人啖尸，道上母抛儿。有眼不曾见，无方能疗饥。干戈未解日，风雪正寒时，归与妻孥说，毋嫌朝食糜。"周霆震《石初集》卷三《人食人》："髑髅夜哭天难补，旷劫生人半为虎。味甘同类日磨牙，肠腹深于北邙土。郊关之外衢路旁，旦暮反接如驱羊。喧呼朵颐择肥截，快刀一落争取将。凭陵大嚼剜心燎，竞赌咒觥夸饮�。不知剑吼已相随，后日还赔髑髅笑。阴风腐余犬鼠争，白昼鬼语偕人行。衔冤抱恨连死骨，着地春草无由生。"

（1358年）的事。元政府对于这种情形的处置，我们可以举一个可信的记载来做代表。余阙《书合鲁易之作颍川老翁歌后》：

> 至正四年（1344年）河南北大饥，明年又疫，民之死者半。朝廷尝议鬻爵以赈之，江淮富民应命者甚众，凡得钞十余万锭，粟称是。会夏小稔，赈事遂已。然民罹此大困，田莱尽荒，蒿藜没人，狐兔之迹满道。时予为御史，行河南北，请以富民所入钱粟贷民具牛种以耕，丰年则收其本，不报。①

元政府不但不肯负责救济，并且连赈款也整个吞没。《元史·顺帝本纪》记陈思谦事可以作这一记述的旁证：

> 至正五年三月以陈思谦参议中书省事。先是思谦建言所在盗起，盖由岁饥民贫，宜大发仓廪赈之，以收人心，仍分布重兵镇守中夏。不听。②

农民左右是死路一条。再加上地方官吏的不顾死活的剥削，农民只好揭竿而起，参加起义的洪流了。永嘉的农民暴动可以代表这一时期的情形。③
朱德润替当时的农民起义下一正确的解释。他说：

> 今太平日久，民不知兵，经费所入，江浙独多。（岁给馈饷二百五十余万）而比岁以来，水旱濒仍，田畴淉没，昔日膏土，今为

---

① 《青阳集》卷六。
② 《元史》卷四一。
③ 《诚意伯文集》卷一三《赠周宗道六十四韵》："永嘉浙名郡，有州曰平阳。面海负山林，实维瓯闽疆。闽寇不到瓯，倚兹为保障。官司职防虞，当念怀善良。用民作手足，爱抚勿害伤。所以获众心，即此是㓚墙。奈何纵毒淫，反肆其贪攘。破廪取菽粟，夷垣劫牛羊。朝出系空橐，暮归荷丰囊。丁男跳上山，妻女不得将。稍或违所求，便以贼见戕。负屈无处诉，哀号动穹苍。斩木为戈矛，染红作巾裳。鸣锣撼岩谷，聚众守村乡。官司大惊怕，弃鼓撤旗枪。窜伏草莽间，股栗面玄黄。窥伺不见人，湍江走伥伥。可中得火伴，约束归营堂。顺途劫寡弱，又各夸身强。将吏悉有献，欢喜赐酒觞。杀贼不计数，纵横书荐章。民情大不甘，怨气结肾肠。遂令父子恩，化作蜇与蝗。恨不斩官头，剔骨取肉尝。"

陂湖者有之。而亲民之官不谙大体，重赋横敛，务求羡余，致有激变。所得有限，所费不赀。且以州县税粮言之，有额无田、有田无收者一例闭纳。科征之际，枷系满屋，鞭笞盈道，直致民生困苦，饥寒迫身，此其为盗之本情也。至于酒课、盐课、税课比之国初，增至十倍。征需之际，民间破家荡产，不安其生，改作贩夫入海者有之。目今沿海贫民食糠秕不足，老弱冻饿，而强壮者入海为盗者有之。一夫首唱，众皆胁从，此其为盗之本情也。其言谓与其死于饥寒，孰若死于饱暖，因是啸聚群起，劫掠官粮，杀伤军民。①

在未起义地区，官军所至，鸡犬皆空。②犒赏饮食，都强迫农民负担。③征敛税粮，较平时更形苛急。④结果是已起义区域的军力日益壮大，未起义的区域也因不堪压迫而被逼起义，革命的条件成熟了，革命的队伍发展了，

① 《存复斋续集·平江路问弭盗策》。
② 舒頔《贞素家藏集》卷三《感时歌》："移曳元帅为总制，毒民本甚，邑中添设罔计数，无非苛政，姑记之：郡邑自从离乱后，官设总制因防寇。奉公守法能几人，窃禄贪婪来贸贸。大府日夜催军需，和籴草料无时无。富家卖田为供给，贫者缚窘充篙夫。老幼不得息，抱恨向天泣。元戎贪利病民力，盐半斤，斗米入……道路多白骨，髑髅带绛抹。道旁遇行人，一半是兵卒。荒田弥望无人耕，深夜时见鬼火明。居无室庐隐无所，排列县官不识名。"
③ 周霆震《石初集》卷二《农谣》："万田草生农务忙，饭牛夜半饥且僵。侵晨荷耒散阡陌，和买犒军官取将，高堂大嚼饮继烛。持遗妻子丰括囊（官吏饱足之后，复以大囊满贮，送至其家）。苍头庐儿饱欲死，乂丁畴敢染指尝。锄耰漫劳犊方稚，十步九顿空彷徨。将军大笑不负腹，东皋南亩从渠荒。"
④ 袁彦章《书林外集》卷一《征粮叹》："至正十七载，丁酉夏六月。江淮尚兵戈，岁久未休息。捍敌百万兵，甲胄生虮虱。有司供馈饷，费冗每匮乏。上官急诛求，僚属走折屐。嗟此穷海邦，田赋岁不给。巨室能几家，何如有蓄积。况罹去年秋，农苗半无实。民生正艰危，朝来不谋夕。未秋先借粮，粮米从何出？吏曹幸此灾，公檄出如蝶。皂隶且欣然，纷纷入村落。喧呼夜打门，鸡犬尽惊悍。恣取无不为，孰忍匆驱迫。顾兹田野间，青黄曾未接。米缸久无来，楮币不堪籴。一升百青蚨，杖头何处觅？督责严限程，十室九逃匿。田莱尚多荒，讵暇顾耕织。隔篱有邻翁，头颅白如雪。七十苦膺门，一日两遭责。日暮寄衣归，斑斑血犹湿。相看重叹伤，家赀复谁惜。负郭数亩田，出鬻不论值。求售卒亦难，搔首了无策。新谷曾未升，粜一折从十。肯为身后思，且济目前急。养兵固自壮，剥民无乃瘠。寄言吾父母，夫何至此极。"

革命的地区也日益扩大了。

五、红军之起与元之内讧

至正十一年（1351年）五月民军刘福通陷颍州，奉韩林儿诈称宋徽宗后人颁发诏书，略曰：

> 蕴玉玺于海东，取精兵于日本，贫极江南，富称塞北。

前两句指宋广王走崖山，丞相陈宜中走倭。后两句指出蒙古人统治下的掠夺结果，说明起义的动机。前两句是政治的宣传，后两句则为经济的解剖。"时天下承平已久，法度宽纵，贫富不均，多乐从乱，不旬月众殆数万人。"①

韩山童生于白莲教世家，倡弥勒佛下生之说。《元史·顺帝本纪》：

> 初滦城人韩山童祖父以白莲会烧香惑众，谪徙广平永年县。至山童倡言天下大乱，弥勒佛下生，河南及江淮愚民皆翕然信之。刘福通与杜遵道、罗文素、盛文郁、王显忠、韩咬儿等复鼓妖言，谓山童实宋徽宗八世孙，当为中国主，福通等杀白马黑牛誓告天地，欲同起兵为乱，事觉，县官捕之急，福通遂反，山童就擒。其妻杨氏其子韩林儿逃之武安。②

起义时以红巾为号，故号红军。以烧香礼弥勒佛，又号香军。③同年八月萧县李二及老彭、赵君用攻陷徐州。李二号芝麻李，亦以烧香聚众起义。

---

① 参见叶子奇《草木子》卷三上《克谨篇》。
② 《元史》卷四二。
③ 参见权衡《庚申外史》。

蕲州罗田县徐真一（寿辉）与麻城人邹普胜等起义，亦以红巾为号。①又有北琐红军，南琐红军：

（刘福通起兵）河、淮、襄、陕之民翕然从之。故荆、汉、许、汝、山东、丰、沛以及两淮红军皆起应之。起颍上者推杜遵道为首，破成皋，据仓粟，从者数十万，陷汝宁、光、息、信阳。起蕲黄者宗彭莹玉和尚，推徐真逸为首，陷德安、沔阳、安陆、武昌、江陵、江西诸郡。起湘、汉者推布三王、孟海马为首，布三王号北琐红军，奄有唐、邓、南阳、嵩、汝、河南府。孟海马号南琐红军，奄有均、房、襄阳、荆门、归、峡。起丰、沛者推芝麻李为首。②

在几个月内，湖南、湖北、河南、安徽、江苏、山东诸地纷纷起事，不约而同地都称红军，把元帝国拦腰而断，南北不通。元人记红军起后，"当时贫者从乱为归"③。可见这是一种贫农的结合。再看前后红军和非红军的起事领袖的身份，如方国珍和张士诚是贩私盐的；陈友定是农人，曾为佣于富家；韩林儿的祖父被罪迁谪；陈友谅为渔家子；徐寿辉（真一）是贩布的；明玉珍家世代务农；朱元璋是游方穷和尚；没有一个是出身于有产阶级的。④

应该指出，至正十一年（1351年）红军的大起义，只是最后一次的大爆发，事实上在元代前期已有此种秘密组织，并曾陆续发生过几次暴动。红军是白莲教徒的武装团体，所崇拜的偶像是弥勒佛。元崇信宗教，白莲教也被准许公开传教，成宗时（1295—1307）曾特降圣旨受政府的保护。并建有

① 参见《元史》卷四二《顺帝本纪》。
② 权衡《庚申外史》。
③ 叶子奇《草木子》卷三上《克谨篇》。
④ 参见钱谦益《国初群雄事略》。

寺院，有报恩堂、复一堂、清应堂诸祠宇。以都掌教为首领。①武宗至大元年（1308年）五月丙子禁白莲社，毁其祠宇，以其人还隶民籍。②至治二年（1322年）五月癸卯又下诏禁白莲佛事。③从此白莲教便成秘密团体，不能公开活动。弥勒佛下生当有天下的预言，也早在泰定二年（1325年）便已流行。《元史》记：

> 泰定二年六月，息州民赵丑厮、郭菩萨妖言弥勒佛当有天下，有司以闻，命宗正府、刑部、枢密院、御史台及河南行省官杂鞫之。④

后被杀。⑤至元三年（1337年）弥勒教徒起事河南：

> 二月棒胡反于汝宁信阳州。棒胡本陈州人，名闰儿。以烧香惑众，妄造妖言作乱，破归德府鹿邑，焚陈州，屯营于杏冈。命河南行省左丞庆童领兵讨之。……己丑，汝宁献所获棒胡弥勒佛、小旗、伪宣敕、紫金印、量天尺。⑥

同年朱光卿等起兵于广东，自拜其徒为定光佛：

> 正月癸卯广州增城县民朱光卿反，其党石昆山、钟大明率众从之，伪称大金国，改元赤符。命指挥狗札里、江西行省左丞沙的讨之。……四月己亥惠州归善县民聂秀卿、谭景山等造军器，拜戴甲为定光佛，与朱光卿相结为乱，命江西行省左丞沙的捕之。⑦

据至正二十六年（1366年）朱元璋讨张士诚檄所数元廷罪状：

> 近睹有元之末，王居深宫，臣操威福，官以贿成，罪以情免。

---

① 参见《元典章》卷三三《礼都六·白莲教》。
② 参见《元史》卷二二《武宗本纪》。
③ 参见《元史》卷二八《英宗本纪》。
④ 《元史》卷二九《泰定帝本纪》。
⑤ 参见《新元史》卷一九《泰定帝本纪》。
⑥ 《元史》卷三九《顺帝本纪》。
⑦ 同上。

台宪举亲而劾仇，有司差贫而优富。庙堂不以为忧，方添冗官，又改钞法，役数十万民，湮塞黄河，死者枕籍于道，哀苦声闻于天，致使愚民误中妖术，不解偈言之妄诞，酷信弥勒之真有，冀其治世，以苏其苦。聚为烧香之党，根据汝、颍，蔓延河、洛，妖言既行，凶谋遂逞。焚荡城郭，杀戮士夫，荼毒生灵，无端万状。①

按此檄文中所指弥勒为一事，烧香又为一事，弥勒为佛教中之重要人物，相传"弥勒菩萨应三十劫，当成无上正真等正觉"②。应入世三十次，佛薄伽梵灭度后八百年，胜军王都有阿罗汉名难提蜜多罗在般涅槃前预言人寿七万岁时，十六阿罗汉既护法藏毕，造窣堵波赞叹已，至窣堵波金地之中，入般涅槃，释迦牟尼正法遂灭：

> 次后弥勒如来应正等觉出现世间时，赡部州广博严净，无诸荆棘，谿谷堆阜，平正润泽，金沙覆地，处处皆有清池茂林，名华瑞草，及众宝聚，更相辉映，甚可爱乐。人皆慈心修行十善，以修善故，寿命长远，丰乐安稳。士女殷稠，城邑邻次，鸡飞相及，所营农稼，一种七获，自然成实，不须耘耨。③

这是佛教徒所幻想的极乐园，也是农民所最渴望的理想世界。烧香则为白莲教徒必须举行的仪式。白莲教徒有政治的目的，可是缺少一个组织和吸引农民参加起义的终极目标。弥勒佛下生的预言已经流传了快一千年，为农民所熟知，其意义即等于救世主。白莲教徒就利用这传说，宣传弥勒已经降生为尘世主宰，其使命即为解除现在农民身受之一切疾苦。农民久困于异族统治下之苛征重敛，一听有能使他们"所营农稼，一种七获"并且"自然成

---

① 祝允明《九朝野记》。
② 《增一阿含》第四二品《八难品》，《八大人觉经》。
③ 《大阿罗汉难提蜜多罗所说法住记》。

实，不须耘耨"的救世主出来，自然死心塌地信仰，一致加入去追求这理想的乐园了。

红军中势力最大的是韩林儿、芝麻李、徐寿辉三支，韩林儿最先起，兵力最强。芝麻李不久即为元所灭。徐寿辉的势力后分二系，一为陈友谅，一为明玉珍。非红军中最强的是张士诚、方国珍、陈友定三支。红军的目的是推翻元政府的政权，从异族压迫之下解放自己，和元政府完全处于敌对的不两立的地位。非红军则无一定宗旨，起事的目的只是为自己个人的生命安全，割据一隅，恣意于生活的享受。和元政府的关系也以利害为转移，时降时叛，时合时离。和红军则处于敌对地位，互相攻击。

在元政府方面，贵族和官吏为保持自己的地位和身家，当然竭力拥护政府坚决抗拒红军，但是，正如上文所说，腐化了的军队和官吏，大部分失去作战能力和意志，事实上和红军作战的是各地的地主，他们出私财，募"义"军，用全力保卫自己的家族和家产，间接地也替元政府支持了十几年。各地的"义"军倏起倏灭的不可胜计，如东莞李氏、凌氏：

> 东莞李氏尤豪于诸族。朝政不行，盗贼蜂起，富民各专武断，聚兵自卫。既而各据乡土，争为长雄，或更相攻掠，井邑萧然。凌氏亦结民为保，内援官军，外击强盗，里人赖之以安。[1]

龙泉胡氏：

> 至元壬辰，江、淮倡扰，盗贼蔓延闽、浙，由建之浦城、松溪入龙泉。公（胡深）叹曰：浙水东地气白矣，生民无所赖，祸将及矣。乃集乡民共为守御计而结寨于湖山。[2]

---

[1] 王叔英《静学文集》卷二《凌府君行状》。
[2] 王祎《王忠文公集》卷二二《故参军缙云郡伯胡公行述》。

京山刘氏：

至正辛卯两河乱。（京山人刘则礼）割财募兵，隶四川平章爻著麾下，攻安陆、襄、樊、唐、邓，悉讨平之。兄弟子侄多死于兵。[1]

临川陈氏：

元至正十二年壬辰大盗起江、汉间，郡县相继陷，聚落民争揭竿为旗以应寇。（陈）天锡顿足曰：事急矣，奈何！即跃马入郡城白监郡完者帖木儿曰：天锡先世以义声著吴楚间，今天下大乱，贼以红帕首，呼啸成群，所蹴踏处绝无一人御者。天锡虽不才，誓竭忠以报国家。自度乡里健儿，一呼之间，可得千人，甲胄糇粮，当一一自给，不以烦县官。教以坐作击刺进退之法可用，或守或攻，惟明公所命。……即从所请，奖励者甚力。天锡还，朝夕聚兵训练如前谋。[2]

江阴许氏：

至正十二年十月红巾陷江阴州。州大姓许普字德昭与其子如章聚无赖恶少，资以饮食。贼四散抄掠，诱使深入，歼而埋之。战于城北之祥符寺，父子皆死。[3]

其他地方官吏所率之军队，亦多由地主私军改编。如王宣之黄军：

淮东豪民王宣请募城墅趫勇惯捷者，可以攻城，前后各得三万人，皆黄衣黄帽，号曰黄军。脱脱用以攻徐州，一鼓克之。[4]

答失八都鲁所统之义丁：

至正十二年五月用宋廷杰计，召募襄阳官吏及土豪避兵者，得义

① 李继本《一山文集》卷六《刘则礼传》。
② 宋濂《翰苑别集》卷九《元赠进义副尉金溪县尉陈府君墓铭》。
③ 陶宗仪《辍耕录》。
④ 权衡《庚申外史》。

丁二万，编排部伍，败贼于蛮河。①

各地地主不约而同地组织私军，抵抗农民起义军攻击，形式上是红军和元政府作战，而本质上则为农民和地主的战争。内中势力最大，和红军相持最久的是起自沈丘的察罕帖木儿父子。《元史·察罕帖木儿传》：

> 察罕帖木儿字廷瑞，系出北庭。……幼笃学，尝应进士举，……有时名，居常慨然有当世之志。至正十一年盗发汝、颍，焚城邑，杀长吏，所过残破，不数月，江淮诸郡皆陷。朝廷征兵致讨，卒无成功。十二年察罕帖木儿奋义起兵，沈丘之子弟从者数百人。与信阳之罗山人李思齐合兵，同设奇计袭破罗山。事闻，朝廷授察罕帖木儿中顺大夫、汝宁府达鲁花赤。于是所在义士俱将兵来会，得万人，自成一军，屯沈丘，数与贼战，辄克捷。

察罕帖木儿以至正十五年（1355年）定河北，十七年（1357年）定关陕，十九年（1359年）复汴梁，定河南，韩林儿遁走，檄书始能达江浙。以兵分镇关陕、荆襄、河洛、江淮，而重兵屯太行……营垒旌旗所望数千里，谋大举以复山东。正在准备东征的时候，和另一支抵抗红军的有力军队孛罗帖木儿发生地盘的冲突。内战以起。②

孛罗帖木儿为答失八都鲁之子，答失八都鲁是元政府的世将，红军起后，率义丁复襄阳。至正十五年（1355年）攻克亳州，韩林儿遁走。数和刘福通作战，均有功。③死后子孛罗帖木儿领其众，移镇大同。晋冀之地皆察罕帖木儿所平定，孛罗帖木儿欲据晋冀，两军交战数年，元政府几次派人为之讲和，至正二十一年（1361年）冬兵始解。时察罕帖木儿已进占山东大

---

① 《元史》卷一四二《答失八都鲁传》。
② 参见《元史》卷一四一《察罕帖木儿传》。
③ 参见《元史》卷一四二《答失八都鲁传》。

部，至正二十二年（1362年）围攻益都，为降人田丰、王士诚所刺死，子扩廓帖木儿代领其兵，攻克益都，山东悉平。而孛罗帖木儿复以兵来争晋冀，内战又起。①

这时候元政府和宫廷内也发生重大的政变，丞相脱脱于至正十二年（1352年）出兵攻徐州，擒芝麻李后，威名大震。与幸臣哈麻交恶，至正十四年（1354年）脱脱率大兵征张士诚，围高邮，城垂破，为哈麻所谮贬死，士诚势复振。②哈麻为相后，谋废元顺帝立皇太子爱育失里达腊，事发诛死。③太子母高丽奇皇后和皇太子仍图废立，遣宦者朴不花喻意于丞相太平，太平不肯，为皇太子所恶，谮杀之。④时扩廓帖木儿正和孛罗帖木儿相持，于是皇太子的亲信丞相搠思监及朴不花倚扩廓帖木儿为外援，皇帝的亲信贵臣老的沙为皇太子所怒，逃奔孛罗帖木儿军中。皇太子怨孛罗帖木儿匿老的沙，搠思监、朴不花等遂诬孛罗帖木儿与老的沙等图谋造反，至正二十四年（1364年）四月下诏扩廓帖木儿举兵讨伐。孛罗帖木儿知道不是元顺帝的主张，采取主动，先举兵进攻大都，元顺帝杀搠思监、朴不花，孛罗帖木儿始还大同。皇太子出走，再征扩廓帖木儿兵讨孛罗帖木儿，攻大同，孛罗帖木儿又率兵向大都，皇太子战败逃太原，孛罗帖木儿入京师，拜中书右丞相。至正二十五年（1365年）皇太子调扩廓帖木儿及诸路兵进讨，孛罗帖木儿战败，被刺死于宫中。⑤太子奔太原时，欲用唐肃宗灵武故事自立，扩廓帖木儿不赞成，及孛罗帖木儿死，扩廓帖木儿还京师，奇皇后谕旨令以重兵拥太子入城，胁元顺帝禅位，扩廓帖木儿又不肯。因此扩廓帖木儿为太

① 《元史》卷一四一《察罕帖木儿传》、卷二〇七《孛罗帖木儿传》。
② 参见《元史》卷一三八《脱脱传》、卷二〇五《哈麻传》。
③ 参见《元史》卷二〇五《哈麻传》。
④ 参见《元史》卷一四〇《太平传》、卷二〇四《朴不花传》。
⑤ 参见《元史》卷二〇七《孛罗帖木儿传》，卷二〇四《朴不花传》。

子所恨。[①]至正二十六年（1366年）扩廓帖木儿奉命总天下兵出平江、淮，檄关中四将军会师大举。李思齐以与察罕帖木儿同起义兵，得檄大怒，不肯受命，下令一甲不得出武关。张思道、孔兴、脱列伯三军亦不受节制，连兵力拒扩廓帖木儿。相持经年数百战不分胜负。元顺帝谕扩廓帖木儿罢兵，专力南征，扩廓帖木儿不听。其部下骁将貊高、关保叛归元政府，和李思奇等合。元顺帝乃尽削扩廓帖木儿官，分其兵隶诸将，并令关保戍太原。扩廓帖木儿怒，尽杀元政府所置官吏，元顺帝令诸将四面讨之。时朱元璋兵已下山东，收大梁，元兵方忙于内战，列城望风降遁。兵逼潼关，李思奇等仓皇解兵西归，而貊高、关保亦皆为扩廓帖木儿所擒杀。元顺帝大恐，又复扩廓帖木儿官，令与李思齐等分道南征，一个月后，朱元璋兵已逼大都，元帝北走。扩廓帖木儿仍拥兵西北，图谋恢复，洪武元年（1368年）败明将汤和于韩店，北出雁门欲攻北平，明将徐达、常遇春乘虚攻太原，扩廓帖木儿还救大败，以十八骑遁去。明兵遂西入关，李思齐以临洮降，张思道、张良臣败死。洪武三年（1370年）明徐达大败扩廓帖木儿于沈儿峪，扩廓帖木儿奔和林，时元顺帝已死，皇太子继位，复任以国事。洪武四年（1371年）明复遣大将徐达、李文忠、冯胜将十五万人出塞攻扩廓帖木儿，至岭北与扩廓帖木儿遇，明兵大败，死者数万人。明年扩廓帖木儿复攻雁门，以明兵严备不得入。后随宣光帝徙金山，洪武八年（1375年）卒。[②]

元顺帝北走后，他的子孙虽失去在中原的政权，可是在漠北却仍是合罕。明前期国力强时，数出兵北讨，蒙古族逐渐北徙。自明成祖五次北征以后，明兵力渐衰，国防线渐由开平内移，三卫弃而辽东和宣、大的声援隔绝，东胜、兴和徙而边防虚，蒙古族又渐南移，至入居河套，边墙之

① 参见《明史》卷一二四《扩廓帖木儿传》。
② 《元史》卷一四一《察罕帖木儿传》，《明史》卷一二四《扩廓帖木儿传》。

外，即为敌国。三百年中汉人和蒙古人的战争迄未停止。"北虏"的威胁致使明用全力防御北边，遍设戍兵，置九边要塞，国力为之疲敝，为明一代的大患。

六、明太祖之起事与削平群雄

元政府的政变和内战，给红军以发展的好机会。红军的内讧和与非红军的混战，又给后起的红军领袖朱元璋以发展的好机会。朱元璋在称帝后三年发表一道文件，说明他取天下于群雄之手，而不是从元取得的。他说：

> 当元之季，君晏安于上，臣跋扈于下，国用不经，征敛日促，水旱灾荒，频年不绝，天怒人怨，盗贼蜂起，群雄角逐，窃据州郡。朕不得已，起兵欲图自全。及兵力日盛，乃东征西讨，削除渠魁，开拓疆宇。当是时，天下已非元氏有矣。向使元君克畏天命，不自逸豫；其臣各尽乃职，罔敢骄横，天下豪杰曷得乘隙而起。朕取天下于群雄之手，不在元氏之手。[①]

他是起义于濠州的红军领袖郭子兴的部下，郭子兴死后，代为领袖，直隶于韩林儿，受宋的官爵，用龙凤年号，是红军中后起的一支有力的部队。可是一到红军领袖因内讧而军力锐减，韩林儿失去根据地来投奔以后，就立刻抛去红军的宗教意味的宣传，严厉地加以指示。在至正二十六年（1366年）讨张士诚的檄文中，公开地抨击红军：

> 致使愚民误中妖术，不解偈言之妄诞，酷信弥勒之真有，冀其治世，以苏其苦，聚为烧香之党，根据汝、颍，蔓延河、洛。妖言既

① 《明太祖实录》卷五三。

行，凶谋遂逞，焚荡城郭，杀戮士夫，荼毒生灵，无端万状。①

前一部分斥红军为妖言为妖术，后一部分以采恐怖手段，屠杀地主——有产阶级为红军的罪状。接着他说：

> 元以天下钱粮兵马大势而讨之，略无功效，愈见猖獗，终不能济世安民。是以有志之士，旁观熟虑，乘势而起。或假元氏为名，或托香军为号，或以孤军独立，皆欲自为，由是天下土崩瓦解。余本濠梁之民，初列行伍，渐至提兵，灼见妖言不能成事，又度胡运难与立功，遂引兵渡江。

指斥元政府无力济世安民，最后把自己的立场和红军分开，不愿分担红军所负的责任。可是这时候在名义上他还是韩林儿的臣下，在这文件的开首还不能不用"皇帝圣旨，吴王令旨"，末后也不能不用龙凤十二年（1366年）的年号。同年十二月他采取更进一步的手段，彻底消灭了红军的残余势力，授意部下大将廖永忠沉韩林儿于瓜步。②宋亡后，他听取了幕中儒生的劝告，把这次革命解释为民族解放运动，喊出驱逐蒙古人的口号。原来韩林儿在起事时虽假托宋后，国号也用宋的旧称，以图收拾民心，可是这时离南宋亡国已久，实际作用不大。后来就索性不提宋后的话，专意于弥勒救世的宣传，虽然吸引了大量穷苦农民，对地主阶级和知识分子来说，不但没有作用还招致强烈的抗拒。为了发展和扩大革命力量，这时候就不得不放弃宗教性的弥勒佛出世的口号，代替以能为农民和地主阶级都能接受的新口号。鲜明地指出这次革命是被压迫民族争取解放的战争，集合汉族和各族人民的力量。同时也给予知识分子及旧地主官吏以安全的保障，取得他们的合作。至元二十七年（1367年）十月丙寅檄谕齐、鲁、河、洛、燕、苏、秦、晋之人

---

① 祝允明《九朝野记》。
② 参见钱谦益《太祖实录辨证》。

以北伐之意曰：

> 自古帝王临御天下，中国居内以制夷狄，夷狄居外以奉中国，未闻以夷狄居中国治天下者也……当此之时，天运循环，中原气盛，亿兆之中，当降生圣人，驱逐胡虏，恢复中华，立纲陈纪，救济斯民……方今河、洛、关、陕虽有数雄，忘中国祖宗之姓，反就胡虏禽兽之名，以为美称，假元号以济私，恃有众以要君，……阻兵据险，……互相吞噬，反为生民之巨害，皆非华夏之主也……予恭天承命，罔敢自安，方欲遣兵北逐胡虏，拯生民于涂炭，复汉官之威仪……归我者永安于中华，背我者自窜于塞外。盖我中国之民，天必命中国之人以安之，夷狄何得而治哉？[①]

这是一个创时代的转变，是朱元璋之所以成功的条件之一。

红军诸领袖之所以失败，第一是地主阶级的顽强抵抗，第二是红军内部的分裂。红军之发动地为河南、湖北一带，起事后诸领袖人自为战，不相统属，并各自称帝称王，互相攻略。至正十五年（1355年）刘福通等立韩林儿为帝，国号宋，年号龙凤（1355—1366），建都于亳。至正十八年（1358年）迁都汴梁。至正十九年（1359年）察罕帖木儿破汴梁，韩林儿退据安丰。至正二十三年（1363年）吴张士诚将吕珍破安丰，韩林儿奔滁州依朱元璋。宋势力最盛时，四出略地，所至无不摧破，至正十七年（1357年）分兵三道，关先生、破头潘、冯长舅、沙刘二、王士诚趋晋、冀，白不信、大刀敖、李喜喜趋关中，毛贵出山东，刘福通则率众出没河南北。白不信一支被察罕帖木儿、李思齐所破，走入蜀。毛贵一支则陷济南、蓟州，略柳林，直逼大都，元政府至议迁都以避之。关先生一支则分军为二，一出绛州，一出沁州，逾太行，破辽、潞，陷冀宁，掠大同、兴和塞外诸郡，至陷上都，毁

---

① 《明太祖实录》卷二六，王世贞《诏令杂考》一。

诸宫殿，转掠辽阳，抵高丽，复折回陷大宁，犯上都。李喜喜余部则陷宁夏，掠灵武诸边地。红军出没于黄河以北，东至高丽，北至和林，西至宁夏的广大地区。可是初建国时，红军上层领袖就争权夺利，互相残杀，丞相杜遵道用事，平章政事刘福通阴令甲士摘杀之，自为丞相，国事均决于刘福通，其他诸将俱与刘福通同起事，率不肯遵约束，刘福通不能制，兵虽盛，威令不行。所攻城邑，亦不能守，随得随失。接着在山东最得民心的毛贵为赵均用所杀，赵均用又被续继祖所杀，所部自相攻击。远征诸大将李喜喜、关先生等转战万里，亦多走死。于是在北为蒙古军队所围剿，在南又受张士诚的攻击，安丰破后，势力就完全消灭。①

起自湖北的徐寿辉（1351—1360）于至正十一年（1351年）称帝，国号天完，建元治平，都蕲水。后迁都汉阳。分兵四出，陷饶、信，连陷湖、广、江西诸郡，东南发展至杭州、太平诸路。天完和宋一样，同样地陷于内讧的局面。至正十七年（1357年）丞相倪文俊谋杀徐寿辉自立，不克，奔黄州。其将陈友谅杀倪文俊代其位。至正二十年（1360年）弑徐寿辉自立为帝，国号汉，改元大义（1360—1362），尽有江西、湖、广之地。②徐寿辉别部明玉珍略地四川，闻徐寿辉被杀，自立为陇蜀王，以兵塞瞿塘，绝不与陈友谅通。至正二十三年（1363年）即皇帝位于重庆，国号夏，建元天统（1362—1366）。③

陈友谅势力方盛时，朱元璋起兵据集庆路，取太平，和陈友谅接界。陈友谅陷池州，朱元璋遣将击取之，由是结仇，连兵不解。陈友谅大将赵普胜守安庆，最骁勇，为朱元璋所间，陈友谅杀普胜，并其军。恃其兵强，欲东

---

① 参见《明史》卷一二二《韩林儿传》，《国初群雄事略》卷一《宋小明王》。
② 参见《明史》卷一二三《陈友谅传》，《国初群雄事略》卷三《天完徐寿辉》。
③ 参见《明史》卷一二三《明玉珍传》，《国初群雄事略》卷五《夏明玉珍》。

取应天，约张士诚从东面夹攻，朱元璋惧两面受敌，以计促陈友谅先发兵，大败之于龙湾。陈友谅部下诸将因赵普胜被杀，多不安，于光、欧普祥、吴宏、王溥、胡廷瑞等纷纷以所守地来降，陈友谅疆土日蹙。至正二十三年（1363年）大发兵来围洪都，与朱元璋军遇于鄱阳湖，大战三日，陈友谅兵败中矢死，大将张定边挟其次子陈理奔还武昌，立为帝。至正二十四年（1364年）二月朱元璋亲督师围武昌，陈理出降，汉亡。[①]明玉珍在位五年死，子明昇嗣位方十岁。诸大臣皆粗暴不肯相下，大将万胜以私憾杀知院张文炳，内府舍人明昭复矫皇后旨杀万胜。胜为玉珍开国大将，功最高，人心多不平，保宁镇守平章吴友仁举兵杀明昭，入执国政，朝事大坏。洪武四年（1371年）明将汤和、廖永忠、傅友德等伐蜀，昇出降，夏亡。[②]

　　在非红军的集团中，张士诚以被地主凌侮起事：

> 以操舟运盐为业，缘私作奸利。……常鬻盐诸富家，富家多陵侮之，或负其值不酬。而弓手丘义尤窘辱士诚甚。士诚愤，即帅诸弟及壮士李伯升等十八人杀义，并灭诸富家，纵火焚其居。入旁郡场招少年起兵，盐丁方苦重役，遂共推为主。[③]

陷泰州、高邮。至正十四年（1354年）自称诚王，国号大周，建元天祐。至正十六年（1356年）陷平江、湖州、松江、常州诸路，改平江为隆平府，自高邮来都之。时朱元璋亦下集庆，境遂相接。士诚遣将攻镇江，徐达败之于龙潭。朱元璋亦遣将来攻常州，士诚大败，由此交兵不已。士诚所据要塞长兴、常州、江阴相继失，兵不得四出，不得已请降于元。乘间袭取杭州，所据地南抵绍兴，北逾徐州，达于济宁之金沟，西距汝、颍、濠、泗，东

---

① 参见《明史》卷一二三《陈友谅传》，《国初群雄事略》卷四《汉陈友谅》。
② 参见《明史》卷一二三《明玉珍传》。
③ 《明史》卷一二三《张士诚传》。

至海二千余里，带甲数十万。至正二十三年（1363年）九月复自立为吴王。士诚无远图，自据吴后，渐奢纵怠于政事，诸将帅日夜歌舞自娱，偃蹇不用命，不以军务为意，及丧师失地还，亦概置不问，已复用为将。陈友谅约士诚夹攻应天，士诚欲守境观变，虽许而兵不出。及陈友谅既平，朱元璋遂大发兵取吴，至正二十七年（1367年）九月破平江，擒张士诚，吴亡。①

浙东的方国珍的起事，和张士诚很相像，其对元政府的态度，也和张士诚同样的反复不定。《明史》记：

> 元至正八年，有蔡乱头者行劫海上，有司发兵捕之。国珍怨家告其通寇，国珍杀怨家，遂与兄国璋，弟国瑛、国珉亡入海，聚众数千人，劫运艘，梗海道。

地方官往讨为所败，胁使请于朝，授定海尉。未几复叛，再又降元为海道漕运万户，进行省参政，据有温、台、庆元之地。以兵和张士诚相攻，至士诚亦降元，始罢兵。朱元璋取婺州，与国珍接境，国珍惧不敌，自请纳土，未几又反复不受命。张士诚被擒后，朱元璋将朱亮祖、汤和取浙东，国珍不能抗，奉表降。②

非红军领袖中始终效忠于元政府的是陈友定。友定以乡农立功为黄土寨巡检，十年中以军力镇压农民起义，扩充地盘，西拒陈友谅，北拒朱元璋，累官至平章，尽有福建八郡之地。方国珍败降后，朱元璋即发兵由海陆两道入闽，洪武元年（1368年）明兵取建宁、延平二路，友定被执死。③

在这样一个混战局面之下，红军出身的朱元璋竟能推翻元政府，统一全

---

① 参见《明史》卷一二三，《国初群雄事略》卷七《周张士诚》。
② 参见《明史》卷一二三《方国珍传》，《国初群雄事略》卷九《台州方谷真》。
③ 参见《明史》卷一二四《陈友定传》，《国初群雄事略》卷一三《福建陈友定》。

国，解放汉人、南人和各族人民，建立大明帝国。成功的基本原因是及时提出民族革命的口号，取得全民支持。他出自贫农之家，很懂得农民的心理。青年时代过的是漂流乞食的生活：

年十七父、母、兄相继殁，贫不克葬，里人刘继祖与之地乃克葬，即凤阳陵也。太祖孤无所依，乃入皇觉寺为僧。逾月游食合肥，……凡历光、固、汝、颍诸州，三年复还寺。

起兵后极力团结知识分子，学习过去历史经验和儒家的政治理论。至正十三年（1353年）破滁州后即得名儒范常，留置幕下。范常首先劝他整饬兵纪：

诸将克和州，兵不戢。常言于太祖曰：得一城而使人肝脑涂地，何以成大事？太祖乃切责诸将，搜军中所掠妇女还其家，民大悦。[①]

至正十五年（1355年）渡江取太平后，又得耆儒李习、陶安。陶安批评当时诸领袖的行为，独推重他的不乱杀人：

海内鼎沸，豪杰并争，然其意在子女玉帛，非有拨乱救民安天下心。明公渡江，神武不杀，人心悦服，应天顺人，以行吊伐，天下不足平也。[②]

至正十六年（1356年）克集庆，立即宣布政纲，他说：

元政渎扰，干戈蜂起，我来为民除乱耳。其各安堵如故。贤士吾礼用之，旧政不便者除之，吏毋贪暴殃吾民。[③]

这正是农民所渴望的政治。地主阶级因为地方治安得以保持，也对新政权表示好感。至正十七年（1357年）克徽州后，耆儒朱升劝他"高筑

---

① 《明史》卷一三五《范常传》。
② 《明史》卷一三六《陶安传》。
③ 《明史》卷一《太祖本纪》。

墙，广积粮，缓称王"①。至正十八年（1358年）克婺州后，得学者范祖干、叶仪、许元等十三人，至正二十年（1360年）复征学者刘基、宋濂、叶琛、章溢，为其定策安民，及取天下大计。农民、地主和知识分子参加了起义，并且拥护这个政权，是他之所以成功的最大原因。其次，不乱杀人，节俭朴素，和军事指挥上争取主动。在天下平定后，他曾自述成功的原因：

> 朕遭时丧乱，初起乡土，本图自全。及渡江以来，观群雄所为，徒为生民之患，而张士诚、陈友谅尤为巨蠹，士诚恃富，友谅恃强，朕独无所恃，惟不嗜杀人，布信义，行节俭，与卿等同心共济。初与二寇相持，士诚尤逼近，或谓宜先击之，朕以友谅志骄，士诚器小，志骄则好生事，器小则无远图。故先攻友谅。鄱阳之役，士诚卒不能出姑苏一步，以为之援。向使先攻士诚，浙西负固坚守，友谅必空国而来，吾腹背受敌矣。二寇既除，北定中原。所以先山东，次河洛，止潼关之兵，不遽取秦陇者，盖扩廓帖木儿、李思齐、张思道皆百战之余，未肯遽下，急之则并力一隅，猝未易定。故出其不意，反旆而北。燕都既举，然后西征，张、李望绝势穷，不战而克，然扩廓犹力战不屈，向令未下燕都，骤与角力，胜负未可知也。②

这是一个公正的自白。

至正二十七年（1367年）冬天的时候，红军势力除僻处四川的夏国以外，已全部消灭，非红军方面，张士诚已被扑灭，方国珍来降。北面则已派徐达、常遇春乘元军内战北伐，南面则汤和、廖永忠已逼福州，两路大军均势如破竹，天下指日可定。朱元璋遂以至正二十八年为洪武元年（1368

---

① 《明史》卷一三六《朱升传》。
② 《明史》卷三《太祖本纪》。

年），即皇帝位，定有天下之号曰明，是为明太祖（1368—1398）。

洪武元年（1368年）陈友定平后，即命廖永忠率舟师取广东，广东行省左丞何真迎降。广西亦继定。北征军方面以次定山东、河南，八月入大都，元帝北走。十二月扩廓帖木儿走甘肃，山西平。洪武二年（1369年）八月徐达克庆阳，斩张良臣，陕西平。洪武四年（1371年）元平章刘益以辽东降。明昇降，四川平。时元后梁王把匝剌瓦尔密犹据云南，纳哈出据辽东。洪武十四年（1381年）遣傅友德、沐英定云南。洪武二十年（1387年）复大举讨纳哈出，时大宁已为明所取，纳哈出和蒙古政府的呼应断绝，势竭来降，始成大一统之业。

七、明太祖之建国与开国规模

蒙古人在中国所施的种族压迫政策引起了汉族的反感，发生一场战争，二十年的民族革命，终于被逐回蒙古去。这教训，明太祖是很记得的。他北征时的口号虽然是"驱逐胡虏"，但其意义只限于推翻异族的统治权，对蒙古人、色目人并不采歧视的态度。在北征檄文中并特别提出这一点说：

> 如蒙古、色目虽非华夏族类，然同生天地之间，有能知礼义，愿为臣民者，与中国之人抚养无异。[1]

即位以后，蒙古、色目的官吏和汉人同样登用，中央官如以鞑靼指挥安童为刑部尚书，以咬住为副都御史，以忽哥赤为工部右侍郎[2]，以高昌安为

---

[1] 王世贞《弇山堂别集》卷八五。
[2] 参见《明太祖实录》卷一九九。

吏部侍郎①。外官如以高昌安为河东盐运司同知，以脱因为兼州知府，以道同为番禺知县。②军官如以鞑靼酋长孛罗帖木儿为庐州卫指军金事，仍领所部鞑官二百五十人。③即亲军中亦有蒙古军队，如洪武五年（1372年）之置蒙古卫亲军指挥使司，以答失里为金事。④洪武二十二年（1389年）特设泰宁、朵颜、福余三卫于兀良哈之地，以居降胡。⑤时蒙古人、色目人多改为汉姓，与汉人无异，有求仕入官者，有登显要者，有为富商大贾者。⑥洪武三年（1370年）曾一度下诏禁止擅改汉姓：

> 四月甲子禁蒙古、色目人更易姓氏，诏曰：……朕尝诏告天下，蒙古诸色人等皆吾赤子，果有材能，一体擢用。比闻入仕之后，或多更姓名。朕虑岁久，其子孙相传，昧其本源，诚非先王致谨氏族之道。中书省其告谕之，如已更易者听其改正。⑦

但此项法令不久即自动取消：

> 永乐元年九月庚子，上谓兵部尚书刘俊曰："各卫鞑靼人多同名，无姓以别之，并宜赐姓。"于是兵部请如洪武中故事，编置勘合，给赐姓名，从之。⑧

可知在洪武时代已有编置勘合、给赐姓名之举。其唯一的限制为特立一条蒙古人、色目人的婚姻法：

> 凡蒙古、色目人听与中国人为婚姻，务要两相情愿。不许本类自

---

① 参见《明太祖实录》卷二〇二。
② 参见《明史》卷一三八《周祯传》、卷一四〇《道同传》。
③ 参见《明太祖实录》卷一九〇。
④ 参见《明太祖实录》卷七一。
⑤ 参见《明太祖实录》卷一九六。
⑥ 参见《明太祖实录》卷一〇九。
⑦ 《明太祖实录》卷五一。
⑧ 《明成祖实录》卷三三。

相嫁娶，违者杖八十，男女入官为奴。其中国人不愿与回回、钦察为婚姻者，听从本类自相嫁娶，不在禁限。①

这禁例的用意一面是要同化蒙古人、色目人，一面是防止其种类之繁殖。法令虽然颁布，可是实行的程度，也许和禁改汉姓一样，实际上并不发生效力。在生活习俗方面，太祖登基后立刻下令将衣冠恢复如唐制，并禁止生活习惯之蒙古化：

洪武元年二月壬子，诏复衣冠如唐制。……其辫发、椎髻、胡服（男袴褶窄袖及辫线腰褶，妇女衣窄袖短衣，下服裙裳）、胡语、胡姓，一切禁止。②

元制尚右，吴元年（1367年）十月令百官礼仪尚左。③元人轻儒，至有九儒十丐之谣，谢枋得记：

滑稽之雄以儒为戏者曰：我大元制典，人有十等，一官二吏，先之者贵之也，贵之者，谓有益于国也。七匠八娼九儒十丐，后之者贱之也，贱之者，谓无益于国也。嗟乎卑哉！介乎娼之下丐之上者今儒也。④

郑思肖说：

鞑法：一官二吏三僧四道五医六工七猎八民九儒十丐。⑤

这虽都是宋末遗老的话，但元人也有同样记载，余阙《贡泰父文集序》：

至元初奸回执政，乃大恶儒者，因说当国者罢科举，摈儒士。

① 《明律》卷六《户律》。
② 《明太祖实录》卷三〇。
③ 参见《明史》卷一《太祖本纪》。
④ 《叠山集》卷六《送方伯载归三山序》。
⑤ 《心史》卷下《大义略》。

其后公卿相师，皆以为当然，而小夫贱隶亦皆以儒为嗤诋。当是时士大夫有欲进取立功名者，皆强颜色，昏旦往候于门，媚说以妄婢，始得尺寸。①

可见儒者在元代之被摈斥。而明则在太祖初起时已重儒者，建国以后，大臣多用儒生，后来流弊至以科举为入官之唯一途径。反之，元人重吏：

国初有金、宋，天下之人，惟才是用，无所专主，然用儒者为居多也。自至元以下始浸用吏，虽执政大臣亦以吏为之。由是中州小民，粗识字能治文书者，得入台阁供笔札，累日积月皆可以致通显。②

方孝孺《林君墓表》也说：

元之有天下，尚吏治而右文法。凡以吏仕者捷出取大官，过儒生远甚。③

因法令极繁，案牍冗泛，故吏得恣为奸利，为弊最甚。明典即革此弊，从简、严法令下手：

吴元年十一月壬寅，上谓台省官曰：近代法令极繁，其弊滋甚。今之法令正欲得中，毋袭其弊。如元时条格烦冗，吏得夤缘出入为奸，所以其害不胜。……今立法正欲矫其旧弊，大概不过简、严下手，简则无出入之弊，严则民知畏而不敢轻犯。④

洪武十二年（1379年）又立案牍减繁式颁示诸司：

初元末官府文移案牍最为繁冗，吏非积岁莫能通晓，欲习其业，必以故吏为师。凡案牍出入，惟故吏之言是听。每曹自正吏外，主之

① 《青阳文集》卷四。
② 《青阳文集》卷四《杨君显民诗集序》。
③ 《逊志斋集》卷二二。
④ 《明太祖实录》卷二七。

者曰主文，附之者曰帖书曰小书生，猷文繁词，多为奸利。国初犹未尽革。至是吏有以成案进者，上览而厌之曰：繁冗如此，吏焉得不为奸弊而害吾民也。命廷臣议减其繁文，著为定式，镂版颁之，俾诸司遵守。[1]

自后吏员遂为杂流，其入仕之途惟外府、外卫、盐运司首领官，中外杂职、入流未入流官，由吏员、承差等选。[2]这是一个大变化，一面用严法重刑来肃清元代所遗留的政治污点，《明史》说：

> 太祖惩元纵弛之后，刑用重典。……凡官吏人等犯枉法赃者不分南北，俱发北方边卫充军。

采辑官民过犯，条为《大诰》《续诰》，后又增为《三编》，诸司敢不急公而务私者，必穷搜其原而罪之。凡所列凌迟、枭示、种诛者无虑千百，弃市以下万数。《三编》稍宽容，然所记进士、监生罪名自一犯至四犯者犹三百六十四人，幸不死还职，率戴斩罪治事。郭桓之狱，直省诸官吏系死者数万人：

> 郭桓者户部侍郎也。帝疑北平二司官吏李彧、赵全德等与桓为奸利，自六部左、右侍郎下皆死，赃七百万，词连直省诸官吏，系死者数万人。核赃所寄借遍天下，民中人之家，大抵皆破。

空印之狱，也施行了一次官吏的大屠杀：

> 十五年，空印事发。每岁布政司、府州县吏诣户部核钱粮、军需诸事，以道远，预持空印文书，遇部驳即改，以为常。及是，帝疑有奸，大怒，论诸长吏死，佐贰榜百戍边。[3]

① 《明太祖实录》卷一二六。
② 参见《明史》卷七一《选举志》。
③ 《明史》卷九四《刑法志》。

由此中外官吏均重足凛息以"不保首领"为惧，以生还田里为大幸。[①]

元的统治虽然被推翻，但是元统治机构的组织方式却大部分被保存下来，这是因为元的统治机构组织方式基本上因袭唐、宋，便于镇压人民。最明显的是官制和教育制度，一直沿用到朱元璋统治集团内部发生矛盾，展开剧烈的斗争以后才放弃了旧的机构，建立新的统治机构。

中央的官制，在洪武十三年（1380年）以前，大抵依据元制，行政最高机关为中书省，置左、右丞相，平章政事，左、右丞，参知政事等官，下设吏、礼、户、兵、刑、工六部为执行机关。监察最高机关则为御史台，置御史大夫、御史中丞等官。军政最高机关改元之枢密院为大都督府，置左、右都督，同知都督等官。洪武十三年（1380年）胡惟庸党案发生后，更改官制，提高皇权，集中军政庶务一切权力在皇帝个人手中。废中书省不设，提高六部地位，使得单独执行政务，改御史台为都察院，分大督府为五军都督府，均直隶于皇帝。地方行政则置行中书省，设行省平章政事等官，改路为府，设知府，州设知州，县设知县。洪武九年（1376年）改浙江、江西、福建、北平、广西、四川、山东、河南、陕西、湖广、山西诸行省俱为承宣布政使司，后增设云南、贵州为十三布政使司（北平后改为京师，与南京称为两京，直隶中央），置布政使参政、参议诸官；司法则仍元制，置各道提刑按察司，设按察使及副使、佥事领之。军政则置都指挥使司十三（北平、陕西、山西、浙江、江西、山东、四川、福建、湖广、广东、广西、辽东、河南），行都指挥使司三（陕西、山西、福建），后增都司三（云南、贵州、万全，北平改为大宁），行都司二（四川、湖广），置都指挥使领之，掌一方军政。[②]

---

① 参见《明史》卷一三八《杨靖传·附严德珉传》。
② 参见《明史》卷七六《职官志》。

在兵制方面，元代内廷设左、右、前、后、中五卫，卫设都指挥使，下设镇抚所、千户所、百户所，以总宿卫诸军。又因各族兵设阿速、唐兀、贵赤、蒙古、西域、钦察诸卫亲军都指挥使司。外则万户之下置总管，千户之下置总把，百户之下置弹压，立枢密院以总之。军士则蒙古壮丁无众寡尽签为兵，汉人则以户出军，定入尺籍伍符，不可更易，死则役次丁，户绝别以民补之。[1]明兴后，中外皆用卫所制，亲军都尉府（后改为锦衣卫）统左、右、前、后、中五卫，其下有南、北镇抚司。又别置金吾前、后，羽林左、右，虎贲左、右，府军左、右、前、后十卫，以时番上，号亲军。外则革诸将，袭元旧制枢密、平章、元帅、总管、万户诸官号，度要害地，系一郡者设所，连郡者设卫，大率五千六百人为卫，千一百二十人为千户所，百有十二人为百户所。所设总旗二，小旗十，大小联比以成军。卫以指挥使领之，外统之都指挥使司，内则统于五军都督府。这是依元亲军制扩充的。征伐则命将充总兵官，调卫所军领之。既旋则将上所佩印，官军各回卫所，将无专兵，兵无私将。这又是模仿唐代的府兵制度。[2]其内军之分配训练则又略近汉制，刘献廷说：

> 明初军制仿佛汉之南、北军。锦衣等十二卫卫宫禁者，南军也。京营等四十八卫巡徼京师者，北军也。而所谓春秋班换兵，独取山东、河南、中都、大宁者，则又汉调三辅之意也。[3]

军士则行垛集令，民出一丁为军。三丁以上，垛正军一，别有贴户，正军死，贴户丁补。外又有从征，有归附，有谪发。从征者，诸将所部兵，既定其地，因为留戍。归附则是元和陈友谅、方国珍、张士诚的降兵。谪发以

---

① 参见《元史》卷九八《兵志》、卷八六《百官志》。

② 参见《明史》卷八九《兵志》。

③ 《广阳杂记》卷一。

罪迁隶为兵者。其军皆世籍。①

在教育制度方面，元制于京师立国子学、蒙古国子学、回回国子监，教授汉、蒙、回学术。监设祭酒、监丞、博士、助教，教授生徒。地方则诸路、府、州、县皆置学，其他先儒过化之地，名贤经行之所，与好事之家出钱粟赡学者并立为书院。凡师儒之命于朝廷者曰教授，路府上中州置之。命于礼部及行省、宣慰司者曰学正、山长、学录、教谕，路州县及书院置之。又有医学及阴阳学教授专门人才。生徒皆廪饩于官，诸学皆有学田。各行省设儒学提举司，提举凡学校之事。②明代完全接受这制度，于京师设国子监，府、州、县、卫、所皆建儒学，生员各地皆有定额。生员考试初由地方官吏主持，后特设提举学政官以领之。士子未入学者通谓之童生，入学者谓之诸生（有廪膳生、增广生、附学生之别），三年一次考试，以诸生试之直省曰乡试，中试者为举人。次年以举人试之京师曰会试，中试者再经皇帝亲自考试曰殿试，分二甲，一甲只三人，曰状元、榜眼、探花，赐进士及第；二甲若干人，赐进士出身；三甲若干人，赐同进士出身。状元授修撰，榜眼、探花授编修，二、三甲考选庶吉士者皆为翰林官。其他或授给事、御史、主事、中书、行人、评事、太常、国子博士，或授府推官、知州、知县等官。举人、贡生不第、入监而选者，或授小京职，或授府佐及州县正官，或授教职。由此入仕必由科举，而科举则必由学校，《明史》说：

> 盖无地而不设之学，无人而不纳之教，庠声序音，重规叠矩，无间于下邑荒徼，山陬海涯，此明代学校之盛，唐、宋以来所不及也。③

学校的教育和科举的范围，元初许衡即提议罢诗赋，重经学。皇庆二年

---

① 参见《明史》卷九○《兵志》。
② 参见《元史》卷八一《选举志·学校》。
③ 《明史》卷六九《选举志》。

（1313年）中书省臣言：

> 夫取士之法，经学实修己治人之道，词赋乃摛章绘句之学。自隋、唐以来，取人专尚词赋，故士习浮华。今臣等所拟，将律赋省题诗小义皆不用，专立德行明经科，以此取士，庶可得人。帝然之。[①]

由此专重经学，"四书""五经"成为学者的宝典，入仕的津梁。至明更变本加厉，专取"四书""五经"命题取士，又特定一种文体，略仿宋经义，然代古人语气为之，体用排偶，通谓之制义。[②]解述指定限于几家的疏义，不许发挥自己见解。文章有一定的格式，思想又不许自由，这是明代科举制度的特色。学校和科举打成一片，官吏的登用必由科举，而科举则必由学校，政治上一切人物均由学校产生，而训练这些未来政治人物的工具，却是过去几千年前的古老经典，这些经典又不许用自己的见解去解释去研究。选用这一些政治人物的方法，却是一种替古代人说话，替古代人设想，依样画葫芦的八股文。这个办法从元传到明，明传到清，束缚了多少人的聪明才智，造成了无量数的八股政治家，是一个消磨民族精力的最大损失。

红军之起，是要求经济的、政治的、民族的地位之平等，就政治的和民族的要求来说，目的是达到了。在经济方面，虽已推翻了蒙古人、色目人对汉族的控制特权，但就汉族和各族人民而说，地主对农民的剥削压迫却完全没有改变。

在上文曾经说元末的地主是拥护旧政权的，在混乱的局面之下，他们要保存自己的地位，便用尽可能的力量组织私军来抵抗农民的袭击。等到新政权建立，事实证明能够保持地方秩序的时候，他们便毫不犹疑地参加了新政权，竭力拥护。同时一大批新兴的贵族、大臣、官吏获得了大量的田地，

---

① 《元史》卷八一《选举志·科目》。
② 参见《明史》卷七〇《选举志》。

成为新的地主。新兴的政权和旧政权一样是为地主服务的。虽然在表面上不能不对农民做了一些让步，以便恢复和发展生产，巩固自己的统治。但在实质上，依然骑在农民的头上，吮吸农民的血汗。但是在革命的过程中，他们又不得不靠地主的财力和他们合作。在这矛盾的关系之下，产生了对地主的双重矛盾政策。他们一面仍旧和地主合作，让地主参加政治，如登用富户，《明史·选举志》：

> 俾富户耆民皆得进见，奏对称旨，辄予美官。[①]

洪武八年（1375年）特下诏举富民素行端洁达时务者。[②]如用地主为粮长：

> 洪武四年九月丁丑，上以郡县吏每遇征收赋税，辄侵渔于民。乃命户部令有司料民田土，以万石为率。其中田土多者为粮长，督其乡之赋税。且谓廷臣曰：此以良民治良民，必无侵渔之患矣。[③]

《明史》记：

> 粮长者，太祖时令田多者为之，督其乡赋税。岁七月州县委官偕诣京，领勘合以行。粮万石长、副各一人，输以时至，得召见，语合，辄蒙擢用。[④]

但在另一方面，则又极力排除地主势力。排除的方法第一是迁徙，如初年之徙地主于濠州：

> 吴元年十月乙巳，徙苏州富民实濠州。[⑤]

---

① 《明史》卷七一《选举志》。
② 参见《明史》卷二《太祖本纪》。
③ 《明太祖实录》卷六八。
④ 《明史》卷七八《食货志·赋役》。
⑤ 《明太祖实录》卷二六。

建国后徙地主实京师，《明史》记：

> 太祖惩元末豪强侮贫弱，立法多右贫抑富。尝命户部籍浙江等九布政司、应天十八府州富民万四千三百余户，以次召见，徙其家以实京师，谓之富户。①

第二是用苛刑诛灭，方孝孺《采苓子郑处士墓碣》：

> 妄人诬其家与权臣（胡惟庸）通财。时严党与之诛，犯者不问实不实，必死而覆其家。……当是时浙东西巨室故家多以罪倾其宗。②

不问实不实，必诛而覆其家，这是消灭地主的另一手段。

对农民方面，在开国时为了应付农民过去的要求和谋赋税之整顿，曾大规模地举行土地丈量：

> 元季丧乱，版籍多亡，田赋无准。明太祖即帝位，遣周铸等百六十四人核浙西田亩，定其赋税。复命户部核实天下土田。③

以后每平定一地后，即派人丈量土地，如：

> 洪武五年六月乙巳，命户部遣使度四川田，以蜀始平故也。④

洪武十九年（1386年），又再丈量一次，方孝孺《贞义处士郑君墓表》：

> 洪武十九年，诏天下度田，绘疆畛为图，命太学生莅其役。⑤

量度田亩方圆，次以字号，悉书主名及田之丈尺，编类为册，状如鱼鳞，号曰鱼鳞图册。另一方面则调查人口，编定黄册：

---

① 《明史》卷七七《食货志》。
② 《逊志斋集》卷二二。
③ 《明史》卷七七《食货志》。
④ 《明太祖实录》卷七四。
⑤ 《逊志斋集》卷二二。

洪武十四年诏天下编赋役黄册。以一百十户为一里，推丁粮多者十户为长，余百户为十甲，甲凡十人。岁役里长一人，甲首一人，董一里一甲之事，先后以丁粮多寡为序。

黄册以户为主，详具旧管、新收、开除、实在之数为四柱式。而鱼鳞图册以土田为主，诸原阪、坟衍、下隰、沃瘠、沙卤之别毕具。以鱼鳞图册为经，土田之讼质焉；黄册为纬，赋役之法定焉。凡买卖田土，备书税粮科则，官为籍记之，毋令产去税存，以为民害。[1]这法度虽然精密，可是地主舞弊的方法也随之而进步，农民仍然和过去一样，要负几重义务，生活之困苦，并不因政权之转换而稍减。[2]

最后，元代滥发交钞的结果，财政破产，民生困瘁。《元史》记：

至正十一年置宝泉提举司，掌鼓铸至正通宝钱，印造交钞，令民间通用。行之未久，物价腾踊，价逾十倍。又值海内大乱，军储供给，赏赐犒劳，每日印造，不可数计。舟车装运，轴轳相接，交钞之散满人间者无处无之。昏软者不复行用，京师料钞十锭易斗粟不可得。既而所在郡县皆以物货相贸易，公私所积之钞，遂俱不行，人视之若弊楮，而国用由是遂乏矣。[3]

原来在初行钞法时，钞本和钞相权印造，钞本或为丝，或为银，分存在中央和地方，所以钞和物货能维持稳定的比率，流通无阻。到末年钞本移用一空，却一味印发，用多少就印多少，自然物价愈高，钞价愈跌，导致不能行使市面了。明兴以后，仍沿其弊。洪武初年铸大中通宝钱，商贾用钞惯了，都不愿用钱。洪武七年（1374年）设宝钞提举司，造大明宝钞，命民间

---

① 参见《明史》卷七七《食货志》；梁方仲《明代鱼鳞图册考》，载《地政月刊》第8期。
② 参见吴晗《明代之农民》，载《益世报史学》第12—13期。
③ 《元史》卷九七《食货志·钞法》。

通行，分六等，曰一贯，曰五百文，四百文，三百文，二百文，一百文。每钞一贯，准钱千文，银一两，四贯准黄金一两。禁民间不得以金银物货交易，违者罪之。可是并无钞本，政府唯一的准备是允许用钞交纳赋税，初期凭政治的威力，虽然滥发，钞法尚通，后来钞价渐跌，钱重钞轻，一贯只值钱一百六十文，物价愈贵，政府虽屡次想法改进钞的价值，严禁其他货币行使，可是仍不相干。宣德初年米一石至用钞五十贯，成化时钞一贯至不值钱一文。这是蒙古人传给明代的一个最大祸害。

在这样一个局面之下，农民并没有从革命中得到什么好处，也许比从前还更糟，可是新的统治权并不因此而发生动摇。这有两个原因可以解释，第一是已经经过几十年的战争，农民已经厌倦了，不能再忍受那样的生活了，暂时能够苟安一下，虽然还是吃苦，也比在兵火之下转侧强一点。并且壮丁多已死亡，新统治者的军力超过旧政府远甚，农民只好屈服。第二是战争的结果，天然地淘汰了无数千万的人口，空出了大量无人耕种的土地，人口比过去少，土地却比过去多，农民生活暂时得到一个解决。元末残破的情形试举一例：

丁酉（1357年）十一月甲申，元帅缪大亨取扬州克之。青军元帅张明鉴降。……明鉴日屠城中居民以为食，……按籍，城中居民仅余十八家。知府李德林以旧城虚旷难守，乃截城西南隅而守之。[1]

这是至正十七年（1357年）的事，扬州是江南最繁富的地方，几年的战争，便残破如此，其他各地的情形可想而知。土地空旷的情形也举一例：

洪武三年（1370年）六月丁丑，济南府知府陈修及司农官上言：北方郡县近城之地多荒芜，宜召乡民无田者垦辟，户率十五亩，又给

---

[1] 《明太祖实录》卷五。

地二亩，与之种蔬。有余力者不限顷亩，皆免三年租税。其马驿、巡检司、急递铺应役者各于本处开垦，无牛者官给之。守御军在远者亦移近城。若王国所在，近城存留五里以备练兵牧马，余处悉令开耕。从之。[1]

可是一过几十年，休养生息，人口又飞快地增加，土地又不够分配，同时政府的军力也逐渐衰敝，政治的腐化，政府和地主的苛索，又引起了接连不断的农民革命。[2]

---

① 《明太祖实录》卷五三。
② 参见吴晗《明代之农民》。

第二章　靖难之役与迁都北京

一、明太祖的折中政策

自称为淮右布衣，出身于流氓而做天子的明太祖，在得了势力称王建国之后，最惹他操心的问题：第一是怎样建立一个有力的政治中心，建立在何处。第二是用什么方法来维持他的统治权。

明太祖在初渡江克太平时（至正十五年六月，1355年），当涂学者陶安出迎：

> 太祖问曰："吾欲取金陵，何如？"安曰："金陵古帝王都，取而有之，抚形胜以临四方，何向不克？"太祖曰："善！"①

至正十八年（1358年）叶兑献书论取天下规模曰：

> 今之规模，宜北绝李察罕（元将察罕帖木儿），南并张九四（吴张士诚），抚温台，取闽越，定都建康，拓地江广。进则越两淮以北征，退则画长江而自守。夫金陵古称龙蟠虎踞，帝王之都，借其兵力资财，以攻则克，以守则固。②

---

① 《明史》卷一三六《陶安传》。
② 《明史》卷一三五《叶兑传》。

部将中冯国用亦早主定都金陵之说：

> 洪武初定淮甸，得冯国用，问以天下大计。国用对曰："金陵龙蟠虎踞，真帝王之都，愿先渡江取金陵，置都于此。然后命将出师，扫除群寇，倡仁义以收人心，天下不难定也。"上曰："吾意正如此。"①

参酌诸谋士的意见，经过长期的考虑以后，以至正二十六年（1366年）六月拓应天城，做新宫于钟山之阳，至次年九月新宫成。这是吴王时代的都城。同月灭张士诚，十月遣徐达等北伐。十二月取温台，降方国珍，定山东诸郡县。

至正二十八年（1368年）正月朱元璋称帝建大明帝国。至洪武二十年（1387年）元纳哈出降，辽东归附，天下大定。在这二十年中，个人的地位由王而帝，所统辖的疆域，由东南一隅而扩为全国。元人虽已北走，仍保有不可侮的实力，时刻有南下恢复的企图。同时沿海倭寇的侵轶，也成为国防上的重大问题。在这样情形之下，帝都的重建和国防的设计，是当时朝野最瞩目的两大问题。

基于天然环境的限制，东南方面沿海数千里，时时处处有被倭寇侵犯的危险。东北方面，长城以外即是蒙古人的势力，如不在险要处屯驻重兵，则黄河以北便非我有。防边须用重兵，如以兵权付诸将，则恐尾大不掉，有形成藩镇跋扈的危险。如以重兵直隶中央，则国都必须扼驻边界，以收统辖指挥之效。东南是全国的经济中心，东北为国防关系，又必须成为全国的军事中心。国都如建设在东南，则北边空虚，不能防阻蒙古人的南侵。如建设在北边，则国用仍须仰给东南，转运劳费，极不合算。

---

① 孙承泽《春明梦余录》卷一，《明史》卷一二九《冯胜传》。

在政治制度方面，郡县制和封建制的选择，也成为当前的难题。秦、汉、唐、宋之亡，没有强藩屏卫是许多原因中之一。周代封建藩国，则又枝强干弱，中央威令不施。这两者中的折中办法，是西汉初期的郡国制。一面设官分治，集大权于中央；一面又封建子弟，使为国家捍御。这样一来，设国都于东南财赋之区，封子弟于东北边防之地，在经济上，在军事上，在统治权的永久维持上，都得到一个完满的解决。这就是明太祖所采用的折中政策。

二、定都南京①

明太祖定都南京的重要理由，是受经济环境的限制。第一因为江浙富饶为全国冠，所谓"财赋出于东南，而金陵为其会"②。定都于此，可省转运的劳费。第二是吴王时代所奠定的宫阙，不愿轻易弃去。且若另建都邑，则又须重加一层劳费。第三从龙将相都是江淮子弟，不愿轻去乡土。洪武元年（1368年）四月取汴梁后，他曾亲到汴梁去视察，觉得虽然地位适中，可是四面受敌，形势还不及南京。③而在事实上则西北未定，为转饷屯军计，不能不有一个军事上的后方重镇以便策应。于是仿成周两京之制，以应天（金陵）为南京，开封（汴梁）为北京。洪武二年（1369年）八月陕西平，九月以临濠（安徽凤阳）为中都。事前曾和群臣集议建都之地：

---

① 南京，旧名建业、建康、金陵，元为集庆路，明太祖克集庆后，以为应天府。洪武二年（1369年）以为南京。洪武十一年（1378年）改为京师。成祖北迁后，以为南京，以北京为京师。文中为行文便利计，除引原文处仍其原称外，一律称南京。

② 丘濬《大学衍义补·都邑之建》。

③ 参见刘辰《国初事迹》。

上召诸老臣问以建都之地，或言关中险固，金陵天府之国。或言洛阳天地之中，四方朝贡，道里适均。汴梁亦宋之旧京。又言北平元之宫室完备，就之可省民力。上曰：所言皆善，惟时有不同耳。长安、洛阳、汴京实周、秦、汉、魏、唐、宋所建国。但平定之初，民力未苏息，朕若建都于彼，供给力役悉资江南，重劳其民。若就北平，要之宫室不能无更，亦未易也。今建业长江天堑，龙蟠虎踞，江南形胜之地，真足以立国。临濠则前江后淮，以险可恃，以水可漕，朕欲以为中都。何如？群臣称善。至是始命有司建置城池宫阙，如京师之制焉。①

　　在营建中都时，刘基曾持反对的论调，以为凤阳虽帝乡，非建都之地。②

　　洪武八年（1375年）四月罢营中都。③

　　洪武十一年（1378年）诏以南京为京师。④太祖对于建都问题，已经踌躇了十年，到这时才决定。可是为着要控制北边，仍时有迁都的雄心。选定的地点仍是长安、洛阳和北平。当时献议都长安的有胡子祺：

　　洪武九年监察御史胡子祺上书请都关中，帝称善。遣皇太子巡视陕西，后以太子薨，不果。⑤

　　他的理由是："天下形胜地可都者四：河东地势高，控制西北，尧尝都之，然其地苦寒。汴梁襟带河、淮，宋尝都之，然其地平旷，无险可凭。洛阳周公卜之，周、汉迁之，然嵩、邙非有殽函、终南之阻，涧、瀍、伊、洛非有泾、渭、灞、浐之雄。夫据百二山河之胜，可以耸诸侯之望，举天下莫

---

① 黄光昇《昭代典则》。
② 《明史》卷一二八《刘基传》。
③ 《明史》卷二《太祖本纪》。
④ 《明史》卷四〇《地理志》。
⑤ 《明史》卷一七七《胡广传》。

关中若也。"①皇太子巡视陕西在洪武二十四年（1391年）。则太祖在洪武十一年（1378年）定都南京以后，仍有都长安之意。皇太子巡视的结果，主张定都洛阳：

> 太祖以江南地薄，颇有迁都之意。八月命皇太子往视关洛。皇太子志欲定都洛阳，归而献地图。明年四月以疾薨。②

郑晓记此事始末，指出迁都的用意，在控制西北：

> 国朝定鼎金陵，本兴王之地。然江南形势终不能控制西北，故高皇时已有都汴、都关中之意，……以东宫薨而中止。③

《明史》记：

> 太子还，献陕西地图，遂病，病中上言经略建都事。④

是则假使懿文不早死，也许在洪武时已经迁都到洛阳或长安了。又议建都北平：

> 逮平陕西，欲置都关中。后以西北重地，非自将不可。议建都于燕。以鲍频力谏而止。⑤

何孟春记鲍频谏都北平事说：

> 太祖平一天下，有北都意。尝御谨身殿，亲策问群臣曰："北平建都可以控制边塞，比南京何如？"修撰鲍频对曰："元主起自沙漠，立国在燕，今百年，地气天运已尽，不可因也。南京兴王之地，言殿已完，不必改图。《传》曰：'在德不在险也。'"⑥

---

① 《明史》卷一一五《兴宗孝康皇帝传》。
② 姜清《姜氏秘史》卷一。
③ 郑晓《今言》二七四。
④ 《明史》卷一一五《兴宗孝康皇帝传》。
⑤ 孙承泽《春明梦余录》卷一。
⑥ 何孟春《余冬录》卷二。

明太祖晚年之想迁都，次要的原因，是南京新宫风水不好。顾炎武记：

> 南京新宫吴元年作。初大内填燕尾湖为之，地势中下，南高而北卑，高皇帝后悔之。二十五年《祭光禄寺灶神文》曰："朕经营天下数十年，事事按古有绪。维宫城前昂后洼，形势不称，本欲迁都。今朕年老，精力已倦。又天下新定，不欲劳民。且兴废有数，只得听天。惟愿鉴朕此心，福其子孙。"①

由此看来，从洪武初年到洪武二十四年（1391年）这一时期中，明太祖虽然以南京做国都，可是为了控制北边的国防关系，仍时有迁都的企图。迁都北边最大的困难是漕运艰难，北边硗瘠，如一迁都，则人口必骤然增加，本地粮食不能自给，必须仰给东南，烦费不资。次之重新创建城地宫阙，财力和人力也耗费过多。懿文太子死后，这老皇帝失去勇气，从此就不再谈迁都了。

三、封建诸王

洪武二年（1369年）四月编《祖训》，定封建诸王之制。②在沿边要地，均建王国：

> 明兴，高皇帝以宋为惩，内域削弱，边围勿威，使胡人得逞中原而居闰位。于是大封诸子，连亘边陲。北平天险，为元故都，以王燕。东历渔阳、卢龙，出喜峰，包大宁，控葆塞山戎以王宁。东渡榆关，跨辽东，西并海，被朝鲜，连开原，交市东北诸夷，以王辽。西

---

① 《天下郡国利病书》卷一三《江南一》。
② 参见《明史》卷二《太祖本纪》。

按古北口，濒于滦河，中更上谷、云中，巩居庸，蔽雁门，以王谷若代。雁门之南，太原其都会也，表里河山，以王晋。逾河而西，历延、庆、韦、灵，又逾河北，保宁夏，倚贺兰，以王庆。兼崝、陇之险，周、秦都圻之地，牧坰之野，直走金城，以王秦。西渡河，领张掖、酒泉诸郡，西扃嘉峪，护西域诸国，以王肃。此九王者，皆塞王也。莫不敷险陋，控要害，佐以元侯宿将，权崇制命，势匹抚军，肃清沙漠，垒帐相望。[1]

沿古长城线，东起辽阳，西到甘肃，建设了辽、宁、燕、谷、代、晋、庆、秦、肃九个王国，组成一条对蒙古的反包围防线。在内地则有"周、齐、楚、潭、鲁、蜀诸王，护卫精卒万六千余人，牧马数千匹，亦皆部兵耀武，并列内郡"[2]。

诸王国皆设重兵，洪武五年（1372年）置亲王护卫都指挥使司，每王府设三护卫。[3]护卫甲士少者三千人，多者至万九千人。[4]此为直属于亲王之军力，此外边地诸王国内，中央所派之守镇兵亦得归王调遣：

凡王国有守镇兵，有护卫兵。其守镇兵有常选指挥掌之，其护卫兵从王调遣。如本国是险要之地，遇有警急，其守镇兵、护卫兵并从王调遣。[5]

中央调发守镇兵，除御宝文书外，并须得王令旨，方得发兵：

凡朝廷调兵，须有御宝文书与王，并有御宝文书与守镇官。守镇官既得御宝文书，又得王令旨，方许发兵。无王令旨，不得发兵。[6]

---

① 何乔远《名山藏》卷三六《分藩记》。
② 同上。
③ 参见《明史》卷九〇《兵志·卫所》。
④ 参见《明史》卷一一六《诸王传序》。
⑤ 《皇明祖训·兵卫条》。
⑥ 《皇明祖训·兵卫条》。

扼边诸王，兵力尤厚。如宁王所部至"带甲八万，革车六千，所属朵颜三卫骑兵皆骁勇善战"[①]。洪武十年（1137年）又以羽林等卫军益秦、晋、燕三府护卫。[②]时蒙古人犹图恢复，屡屡南犯。于是徐达、冯胜、傅友德诸大将数奉命往北平、山西、陕西诸地屯田练兵，为备边之计。又诏诸王近塞者，每岁秋勒兵巡边。[③]远涉沙漠，校猎而还，谓之"肃清沙漠"[④]。诸王封并塞居者，都得预军务。内中晋、燕二王尤被重寄，数次奉命领兵出塞及筑城屯田，大将如宋国公冯胜、颍国公傅友德皆受节制。[⑤]洪武二十六年（1393年）三月又诏二王军务大者始以闻。[⑥]由此军中事皆得专决。

明太祖一面以诸王领兵守边，一面又预防后人懦弱，政权有落于权臣之手的危险，特授诸王以干涉中央政事之权。诸王有权移文中央索取奸臣：

> 若大臣行奸，不令王见天子，私下傅致其罪而遇不幸者，到此之时，天子必是昏君。其长史司并护卫移文五军都督府索取奸臣，都督府捕奸臣奏斩之，族灭其家。[⑦]

甚至得举兵入清君侧：

> 如朝无正臣，内有奸恶，则亲王训兵待命。天子密诏诸王统领镇兵讨平之。[⑧]

又怕后人变更他的法度，特地把天子、亲王、大臣所应做和不应做的事，都定为祖训，叫后人永远遵守。洪武二十八年（1395年）九月正式颁布

---

① 《明史》卷一一七《宁王传》。
② 参见《明史》卷二《太祖本纪》。
③ 《明史》卷九一《兵志·边防》。
④ 祝允明《九朝野记》卷一。
⑤ 参见《明史》卷一一六《晋恭王传》。
⑥ 参见《明史》卷三《太祖本纪》。
⑦ 《皇明祖训·法律条》。
⑧ 同上。

《皇明祖训》条章于中外，并着令后世有言更祖制者，以奸臣论。[1]由此诸王各拥重兵，凭据险厄，并得干涉国事，在军事上和政治上都握大权，酿成了外重内轻之势。

分封建制之害，在洪武九年（1376年）叶伯巨即已上书言之。他说：

> 先王之制，大都不过三国之一，上下等差，各有定分，所以强干弱枝，遏乱源而崇治本耳。今裂土分封，使诸王各有分地，盖惩宋、元孤立，宗室不竞之弊。而秦、晋、燕、齐、梁、楚、吴、蜀诸国，无不连邑数十，城郭宫室，亚于天子之都，优之以甲兵卫士之盛。臣恐数世之后，尾大不掉，然后削其地而夺之权，则必生觖望，甚者缘间而起，防之无及矣。……愿及诸王未之国之先，节其都邑之制，减其卫兵，限其疆理，亦以待封诸王之子孙。此制一定，然后诸王有贤且才者，入为辅相，其余世为藩屏，与国同休。割一时之恩，制万世之利，消天变而安社稷，莫先于此。[2]

书上以离间骨肉坐死。其实这时诸王止建藩号，尚未就国，有远见的人便已感到不安的预兆了。到洪武末年诸王数奉命出塞，强兵悍卒，尽属麾下。这时太祖已衰病，皇太孙幼弱，也渐渐感觉到强藩的逼胁了。有一次他们祖孙曾有如下的谈话：

> 先是太祖封诸王，辽、宁、燕、谷、代、晋、秦、庆、肃九国皆边虏，岁令训将练兵，有事皆得提兵专制便防御。因语太孙曰："朕以御虏付诸王，可令边尘不动，贻汝以安。"太孙曰："虏不靖，诸王御之，诸王不靖，孰御之？"太祖默然良久曰："汝意何如？"太孙曰："以德怀之，以礼制之，不可则削其地，又不可则废置其人，

---

① 参见《明史》卷三《太祖本纪》。
② 《明史》卷一三九《叶伯巨传》。

又其甚则举兵伐之。"太祖曰:"是也,无以易此矣。"[1]

太孙又和黄子澄密谋定制削藩之计:

> 惠帝为皇太孙时,尝坐东角门,谓子澄曰:"诸王尊属,拥重兵,多不法,奈何?"对曰:"诸王护卫兵才足自守,倘有变,临以六师,其谁能支?汉七国非不强,卒底亡灭。大小强弱势不同,而顺逆之理异也。"太孙是其言。[2]

即位后高巍、韩郁先后上书请用主父偃推恩之策,在北诸王子弟分封于南,在南子弟分封于北,则藩王之权,不削而自弱。当局者都主削藩,不用其计而靖难师起。[3]

四、靖难之役

明太祖在位三十一年(1368—1398),皇太子标早卒,皇太孙允炆继位,是为惠帝(在位时间为1398—1402)。时太祖诸子第二子秦王樉、第三子晋王棢均都已先死,第四子燕王棣、第五子周王橚和齐、湘、代、岷诸王都以叔父拥重兵,多不法。朝廷孤立。诸王中燕王最雄桀,兵最强,尤为朝廷所嫉。惠帝用黄子澄、齐泰计谋削藩,讨论应该先向谁动手:

> 泰欲先图燕,子澄曰:"不然。周、齐、湘、代、岷诸王在先帝时尚多不法,削之有名。今欲问罪,宜先周。周王,燕之母弟[4],削周

---

① 尹守衡《明史窃·革除纪》。
② 《明史》卷一四一《黄子澄传》。
③ 参见《明史》卷一四三《高巍传》。
④ 懿文太子标、秦王樉、晋王棢,李淑妃出。燕王棣、周王橚,硕妃出。参见吴晗《明成祖生母考》,载《清华学报》第10卷第2期。

是削燕手足也。"①

定计以后，第一步先收回王国所在地之统治权，下诏："王国吏民听朝廷节制，唯护卫官军听王。"②建文元年（1399年）二月又下诏诸王毋得节制文武吏士。③收回兵权及在王国之中央官吏节制权。洪武三十一年（1398年）八月废周王橚为庶人。建文元年（1399年）四月湘王柏惧罪自焚死，齐王榑、代王桂有罪，废为庶人。六月废岷王楩为庶人。

燕王棣智勇有大略，妃徐氏为开国元勋徐达女。就国后，徐达数奉命备边北平，因从学兵法。徐达死后，诸大将因胡惟庸、蓝玉两次党案诛杀殆尽。燕王遂与秦、晋二王并当北边御敌之任。洪武二十三年（1390年）正月与晋王率师往讨元丞相咬住、太尉乃儿不花，征虏前将军、颍国公傅友德等并听节制。三月师次迤都，咬住等降。④获其全部而还，太祖大喜。是后屡率诸将出征，并奉命节制沿边士马，威名大震。⑤洪武二十四年（1391年）四月督傅友德诸将出塞，败敌而还。洪武二十六年（1393年）三月冯胜、傅友德备边山西、北平，其属卫将校悉听晋王、燕王节制。洪武二十八年（1395年）正月率总兵官周兴出辽东塞，自开原追敌至甫答迷城，不及而还。洪武二十九年（1396年）率师巡大宁，败敌于彻彻儿山，又追败之于兀良哈秃城而退。洪武三十一年（1398年）率师备御开平。⑥太祖死后，自以为三兄都已先死，论序当立，不肯为建文帝下。到周、湘诸王相继得罪，遂决意反，阴选将校，勾军卒，收才勇异能之士，日夜铸军器。⑦建文元年

---

① 《明史》卷一四一《黄子澄传》。
② 《明史》卷一四一《齐泰传》，谷应泰《明史纪事本末》卷一五。
③ 《明史》卷四《恭闵帝本纪》。
④ 《明史》卷三《太祖本纪》。
⑤ 《明史》卷五《成祖本纪》。
⑥ 《明史》卷三《太祖本纪》。
⑦ 《明史》卷一四五《姚广孝传》。

（1399年）七月杀政府所置地方大吏，指齐泰、黄子澄为奸臣，援引《祖训》，入清君侧，称其师曰靖难。

兵起时建文帝正在和方孝孺、陈迪一些文士讨论周官法度，更定官制，讲求礼文。当国的齐泰、黄子澄也都是书生，不知兵事，以旧将耿炳文为大将往讨。八月耿炳文兵败于滹沱河，即刻召还，代以素不知兵的勋戚李景隆。时燕王已北袭大宁，尽得朵颜三卫犷骑而南。景隆乘虚攻北平不能克，燕王回兵大破之。建文二年（1400年）四月燕王又败景隆兵于白沟河、德州，进围济南，三月不克，为守将盛庸所掩击，大败解围去。九月盛庸代李景隆为大将军。十二月大败燕兵于东昌，燕大将张玉战死，精锐丧失几尽。建文三年（1401年）燕兵数南下，胜负相当。所攻下的城邑，兵回又为朝廷据守。燕王所据有的地方，不过北平、保定、永平三府。恰好因建文帝待宫中宦官极严厉，宦官被黜责的逃奔燕军，告以京师虚实。十二月后复出师南下。朝廷遣大将徐辉祖（达子，燕王妃兄）据山东，与都督平安大败燕兵，燕军正预备逃回北平，建文帝又轻信谣言，以为燕兵已退，一面也不信任徐辉祖，召之还朝。前方势孤，遂接连战败。燕兵乘胜渡淮趋扬州，江防都督陈瑄以舟师迎降，速渡江围南京，谷王橞及李景隆开金川门迎降，宫中火起，建文帝不知所终。燕王入京师即帝位，是为成祖（在位时间：1402—1424）。[①]

成祖入南京后做的第一件事，是对主削藩议者的报复，下令大索齐泰、黄子澄、方孝孺等五十余人，榜其姓名曰奸臣，大行屠杀，施族诛之法，族人无少长皆斩，妻女发教坊司，姻党悉戍边。方孝孺之死，宗族亲友前

---

① 《明史》卷四《恭闵帝本纪》、卷五《成祖本纪》、卷一四四《盛庸传》、卷一二六《李文忠传》、卷一二五《徐达传》，《明史纪事本末》卷一六。

后坐诛者至八百七十三人。[1]万历十三年（1585年）释坐孝孺谪戍者后裔凡千三百余人。[2]第二件事是尽复建文中所更改的成法和官制，表明他起兵的目的，是在拥护祖训，和建文帝擅改祖制之罪。[3]由此《祖训》成为明朝一代治国的经典，太祖时所定的法令，到后来虽然时移事变，也不许有所更改。太祖时所曾施行的制度，也成为一代的金科玉律，无论无理到什么地步，也因为是祖制而不敢轻议。内中如锦衣卫和廷杖制，最为有明一代的弊政。为成祖所创的有宦官出使、专征、监军、分镇的制度，和皇帝的侦察机关东、西厂。

五、锦衣卫和东、西厂[4]

锦衣卫和东、西厂，明人合称为厂卫。锦衣卫是内廷的侦察机关，东、西厂则由宦官提督，最为皇帝所亲信，即锦衣卫也在其侦察之下。

锦衣卫初设于明太祖时，是皇帝的私人卫队。其下有镇抚司，专治刑狱，可以直接取诏行事，不必经过外廷法司的审判手续。[5]锦衣卫的主要职务是察不轨、妖言、人命、强盗重事，专替皇帝侦察不忠于帝室者和叛逆者，其权力在外廷法司之上。洪武二十年（1387年）曾一度取消锦衣卫的典诏狱权。到了成祖由庶子篡逆得位，自知人心不附，并且内外大臣都是建文帝的旧臣，深恐建文帝未死，诸臣或有复辟的企图，于是重复锦衣

---

① 《明史纪事本末》卷一八。

② 《明史》卷一四一《方孝孺传》。

③ 《明史》卷五《成祖本纪》，《燕王令旨》。

④ 吴晗《明代的锦衣卫和东西厂》，载《大公报·史地周刊》1934-12-24。

⑤ 王世贞《锦衣志》。

卫的侦察和典诏狱权，使之秘密活动，以为钳制臣民之计。另一方面又建立了一个最高侦察机关叫东厂，因为在起兵时很得了建文帝左右宦官的力量，深信宦官的忠心，便以宦官提督东厂，付以"缉访谋逆、妖言、大奸恶等"的职权。以后虽时革时复，名称也有时更换（如西厂、外厂、内行厂之类），但其职权及地位则愈来愈高，甚至有任意逮捕官吏平民，和任意刑讯处死的权力。

靖难兵起时，宦官狗儿、郑和等以军功得幸。成祖即位后遂加委任，有派做使臣的，如永乐元年（1403年）遣内官监李兴出使暹罗[1]，马彬出使爪哇诸国，永乐三年（1405年）遣太监郑和出使西洋。[2]有派做大将的，如永乐三年之使中官山寿率兵出云州觇敌。[3]又因各地镇守大将多为建文帝旧臣，特派宦官出镇和监军，使之伺察。永乐元年命内臣出镇及监京营军[4]，出镇的如马靖镇甘肃，马骐镇交趾，监军的如王安之监都督谭青军。[5]由是司法权和兵权都逐渐落在宦官手中。宣德以后，人主多不亲政事，不和阁臣见面，甚至深居宫内，从不上朝，国家政务多交司礼监太监批答，内阁的权力也渐渐转到司礼监去了。在外则各地镇守太监成为地方的最高监察者，干预政务，骚扰地方，积重难返，形成一种畸形的阉人政治。英宗时的王振、曹吉祥，宪宗时的汪直、梁芳，武宗时的刘瑾，神宗时的陈增、高准，熹宗时的魏忠贤，思宗时的曹化淳、高起潜，莫不窃弄政柄，祸国殃民，举凡军事、外交、内政、财政、司法，一切国家大政，都由宦官主持，甚至阁臣之用黜，都以宦官的好恶为定。他们只图私人生活的享乐，极力搜括掊敛，榨

① 《明史》卷三〇四《宦官传》。
② 《明史》卷六《成祖本纪》。
③ 同上。
④ 同上。
⑤ 《明史》卷三〇四《宦官传序》。

取民众的血汗，诱导皇帝穷奢极欲，大兴土木祷祠。对外则好大喜功，生衅外族。驯至民穷财尽，叛乱四起。外廷的士大夫与之相抗的都被诛杀放逐，由此朝廷分为两派：一派附和宦官，希图富贵，甘为鹰犬；一派则极力攻击宦官，欲将权力夺回内阁，建设清明的政治。明代除开例外的几个时期以外（如孝宗及世宗时），阉人和士人两派势力互为消长，此仆彼兴，循环报复，一直闹到亡国。

廷杖也是祖制的一种，太祖时曾杖死工部尚书薛祥。[1]鞭死永嘉侯朱亮祖父子。[2]以后一直沿用这刑法。正德十四年（1519年）以谏止南巡廷杖舒芬等百四十六人，死者十一人。嘉靖三年（1524年）群臣争大礼，廷杖丰熙等百三十四人，死者十六人。内外大臣一拂宦官或皇帝之意，即时廷杖，由锦衣卫执行，杖而不死者，或遣戍边地，或降官，或仍旧衣冠办事。英宗时又创立枷之刑，英宗时国子祭酒李时勉至荷枷国子监前。[3]直到熹宗时，魏忠贤杖死万燝，大学士叶向高以为言，忠贤乃罢廷杖，把所要杀的人都下镇抚司狱，用酷刑害死，算是代替了这一祖制。

锦衣卫，东、西厂和廷杖制原都是为镇压反对势力，排除异己分子，故意造成恐怖空气，使臣民慑于淫威，不敢反侧的临时设施。果然，这一套祖制，使大小臣民都惴惴苟延，不知命在何日。太祖时朝官得生还田里，便为大幸。[4]皇帝威权，由之达于极点。这三位一体的恐怖制度使专制政体的虐焰高得无可再高，列朝的君主也明知这制度的残酷不合理，但是第一为着维持个人的威权，第二因为这是祖制，所以因仍不旨废止。英宗以后的君主多高拱深宫，宦官用事，更利用这制度来树威擅权，排斥反对党，虽然经过无

---

① 参见《明史》卷一三八《薛祥传》。
② 参见《明史》卷九五《刑法志》。
③ 参见《明史》卷一六三《李时勉传》。
④ 参见《明史》卷一三八《杨靖传·附严德珉传》、卷二八五《孙蒉传》。

数次士大夫的请求废止和抗议，终归无效。一直到亡国，才自然消灭，竟和明运相终始。

六、迁都北京

成祖以边藩篡逆得位，深恐其他藩王也学他的办法，再来一次靖难，即位之后，也采用建文帝的削藩政策，依次收诸藩王兵权，非唯不使干预政事，且设立种种苛禁以约束之。建文四年（1402年）徙谷王于长沙，永乐元年（1403年）徙宁王于南昌，以大宁地畀从靖难有功之朵颜、福余、泰宁三卫，以偿前劳。①削代王、岷王护卫。永乐四年（1406年）削齐王护卫，废为庶人。永乐十年（1412年）削辽王护卫（辽王已于建文元年徙荆州）。永乐十五年（1417年）谷王以谋反废。永乐十八年（1420年）周王献三护卫。尽削诸王之权，于护卫削之又削，必使其力不足与一镇抗。②到宣宗时汉王高煦（成祖次子，宣宗叔父，学他父亲的办法要诛奸臣，入清君侧），武宗时安化王寘鐇、宁王宸濠果然援靖难之例，起兵造反。由此政府更设为厉禁，诸王行动不得自由，甚至出城省墓，亦须奏请。二王不得相见。③受封

---

① 《明史》卷三二八《三卫传》。《明史·成祖本纪》永乐元年三月"始以大宁地畀兀良哈"，《明史·兵志》同。按兀良哈为地名，在潢水（即西喇木伦河，Silamulun）北。西起兴安岭，东至哈尔滨、长春等平野。南有全宁卫，更南有大宁卫。《太祖高皇帝实录》卷一九六："洪武二十二年五月辛卯，置泰宁、朵颜、福余三卫指挥使司于兀良哈之地，以居降胡。"明人习称泰宁、朵颜、福余为兀良哈三卫，更节称为兀良哈。兀良哈及三卫之名称由来，详见日本箭内亘《兀良哈三卫名称考》。
② 参见万言《管村文钞内编》卷二《诸王世表序》。
③ 参见《明史》卷一二〇《诸王传》、卷一一九《襄王传》。

后即不得入朝。①甚至在国家危急时，出兵勤王亦所不许。②只能衣租食税，凭着王的位号，在地方上作威福，肆害官民。③王以下的宗人，生则请名，长则请婚于朝，国家养之终身，丧葬予费。④仰食于官，不使之出仕，又不许其别营生计，怕亵渎了皇家的尊严，"不农不仕，吸民膏髓"⑤。到后来生齿日繁，皇族的口数到了七八万，国家也养不起了。世宗（在位时间：1521—1566）时御史林润上疏说：

> 天下岁供京师粮四百万石，而诸府禄米凡八百五十三万石。以山西言，存留百五十二万石，而宗禄三百十二万。以河南言，存留八十四万三千石，而宗禄百九十二万。⑥

不得已大加减削，宗藩日困。枣阳王祐楬请"除宗人禄，使以四民业自为生。贤者用射策应科第"。政府要顾面子，还是不许。⑦万历二十二年（1594年）郑世子载堉再请求特许"宗室皆得儒服就试，毋论中外职，中式者视才品器使"⑧。从此宗室方得出仕。国家竭天下之力来养活十几万游荡无业的贵族游民，不但国力为之疲敝不支，实际上宗室又因不许就业而陷于困穷，衣食无着，势不能不作奸犯法，扰害平民。国家费钱，宗室挨饿，平民受罪，这也是当时创立祖制的人所意想不到的。

成祖削藩的结果，宁、谷二王内徙，尽释诸王兵权，北边空虚。按照当时的形势，"四裔北边为急，倏来倏去，边备须严。若畿甸去远而委守将，

---

① 参见《明史》卷一一九《崇王传》。
② 参见《明史》卷一一八《韩王传》《唐王传》。
③ 参见赵翼《廿二史札记》卷三二《明分封宗藩之制》。
④ 《明史》卷一一六《诸王传序》。
⑤ 《明史》卷二一四《靳学颜传》。
⑥ 《明史》卷八二《食货志》。
⑦ 《明史》卷一一九《枣阳王传》。
⑧ 《明史》卷一一九《郑王传》。

则非居重取轻之道"①。于是有迁都北京之计，以北京为行在，屯驻重兵，皇帝亲自统率，抵御蒙古人之入侵：

> 太宗靖难之勋既集，切切焉为北顾之虑，建行都于燕，因而整戈秣马，四征弗庭，亦势所不得已也。銮舆巡幸，劳费实繁，易世之后，不复南幸，此建都所以在燕也。②

合政治与军事中心为一，以国都当敌。朱健曾为成祖迁都下一历史的地理的解释。他说：

> 自古建立都邑，率在北土，不止我朝，而我朝近敌为甚。且如汉袭秦旧都关中，匈奴入寇，烽火辄至甘泉。唐袭隋旧亦都关中，吐蕃入寇，辄到渭桥。宋袭周旧都汴，西无灵夏，北无燕云，其去契丹界，直決句耳。景德之后，亦辄至澶渊。三治朝幅员善广矣，而定都若此者何？制敌便也。我朝定鼎燕京，东北去辽阳尚可数日，去渔阳百里耳。西北去云中尚可数日，夫上谷亦仅倍渔阳耳。近敌便则常时封殖者尤勤，常时封殖则一日规画措置者尤亟。是故去敌之近，制敌之便，莫有如今日者也。③

建都北京的最大缺点是北边粮食不能自给，必须仰给东南。海运有风波之险，由内河漕运则或有时水涸，或被寇盗所阻，稍有意外，便成问题，朱健说：

> 今国家燕都可谓百二山河，天府之国。但其间有少不便者，漕粟仰给东南耳。运河自江而淮，自淮而黄，自黄而汶，自汶而卫，盈盈衣带，不绝如线，河流一涸，则西北之腹尽枵矣。元时亦输粟以供上

---

① 章潢《图书编》卷三三《论北龙帝都垣局》。
② 顾炎武《读史方舆纪要·北直方舆纪要序》。
③ 朱健《古今治平略》。

都，其后兼之海运。然当群雄奸命之时，烽烟四起，运道梗绝，唯有束手就困耳。此京师之第一当虑者也。[1]

要解决这两个困难，则第一必须大治河道，第二必须仍驻重兵于南京，镇压东南。成祖初年转漕东南，水陆兼挽，仍元人之旧，参用海运。而海运多险，陆运亦劳费不赀。永乐九年（1411年）命宋礼开会通河。永乐十三年（1415年）陈瑄凿清江浦，通北京漕运，由运河直达通州，而海陆运俱废。[2]运粮官军十二万人，有漕运总兵及总督统之。[3]十九年（1421年）迁都北京后，以南京为留都，仍设五府六部官，并设南京守备，掌一切留守防护之事，节制南京诸卫所。[4]

永乐元年（1403年）以北平为北京。永乐四年（1406年）诏以明年五月建北京宫殿。永乐十八年（1420年）北京郊庙宫殿成，诏以北京为京师，不称行在。[5]在实际上，自永乐七年（1409年）以后，成祖多驻北京，以皇太子在南京监国。自丘福征本雅失里汗败死后，成祖五入漠北亲征。[6]自永乐十五年（1417年）北巡以后，即不再南返。南京在事实上，从永乐七年（1409年）成祖北巡以后，即已失去政治上的地位，永乐十九年（1421年）始正式改为陪都。

迁都之举，当时有一部分人不了解成祖的用心，力持反对论调。《明史》记：

> 三殿灾，诏求直言。群臣多言都北京非便。帝怒，杀主事萧

---

① 谢肇淛《五杂俎》。
② 《明史》卷八五《河渠志》。
③ 《明史》卷七九《食货志》。
④ 《明史》卷八九《兵志》。
⑤ 《明通鉴》卷一七。
⑥ 《明史》卷五至卷六《成祖本纪》。

仪，曰："方迁都时，与大臣密议，久而后定，非轻举也。"①

仁宗即位（1425年）后，胡濙从经济的立场，"力言建都北京非便，请还南都，省南北转运供亿之烦"②。胡濙是武进人，为南京士大夫的领袖，他的意见可说是代表南方人民的舆论，政府于是又定计还都南京，洪熙元年（1425年）三月诏北京诸司悉称行在。五月仁宗崩，迁都之计遂又搁置不行。③一直到英宗正统六年（1441年）北京三殿两宫都已告成，才决定定都北京，诏文武诸司不称行在，仍以南京为陪都。④

成祖北迁以后，北京三面临敌，边防大重。东起鸭绿，西抵嘉峪，绵亘万里，分地守御。初设辽东、宣府、大同、延绥四镇，继设宁夏、甘肃、蓟州三镇，又加上太原、固原，是为九边。⑤每边各设重兵，统以大将，副以裨裨，监以宪臣，镇以开府，联以总督，无事则画地防守，有事则掎角为援。⑥失策的是即位后，即徙封宁王于江西，把大宁一带地⑦送给从征有功的朵颜三卫，三卫的占地，大致上从古北口到山海关隶朵颜卫，白广宁前屯卫西至广宁镇白云山隶泰宁卫，自白云山以北到开原隶福余卫。从此幽燕东北之险，中国与蒙鞑共之，胡马疾驰半日可到阙下。辽东、广宁、锦、义等城从此和宣府、怀来隔断悬绝，声不相联。⑧又以东胜⑨孤远难守，调左卫

---

① 《明史》卷一四九《夏原吉传》。
② 《明史》卷一六九《胡濙传》。
③ 《明史》卷八《仁宗本纪》。
④ 《明史》卷一〇《英宗前纪》。
⑤ 《明史》卷九一《兵志》。
⑥ 黄道周《博物典汇》卷一九《九边》。
⑦ 今辽宁省平泉、内蒙古自治区赤峰等地。
⑧ 严从简《殊域周咨录》卷一六《鞑靼》。
⑨ 今内蒙古自治区托克托县及茂明安之地。

于永平，右卫于遵化，而墟其地。①兴和②为阿鲁台所攻，徙治宣府卫城而所地又虚。③开平④为元故都，地处极边，西接兴和而达东胜，东西千里，最为要塞。从弃大宁后，宣府和辽东隔绝，开平失援，胡虏出没，饷道艰难，宣德五年（1430年）从薛禄议，弃开平，徙卫于独石。⑤后来"三岔河弃而辽东悚，河套弃而陕右警，西河弃而甘州危"⑥。国防遂不可问。初期国力尚强，对付外敌的方法，是以攻为守，太祖、成祖、宣宗三朝并大举北征，以兵力逼蒙古人远遁，使之不敢近塞。英宗以后，国力渐衰，于是只以守险为上策，坐待敌来，长城以北诸要塞尽弃不守，只靠长城来挡住胡骑，而边警由之日亟。英宗正统十四年（1449年）瓦剌也先入寇围北京。世宗嘉靖二十九年（1550年）鞑靼俺答入寇薄都城。这两次的外寇，都因都城兵力厚，不能得志，焚掠近畿而去。思宗崇祯十七年（1644年）流寇李自成北犯，宣府和居庸的守臣都开门揖敌，遂长驱进围北京，太监曹化淳又开门迎入，北都遂亡。由此看来，假如明成祖当时不迁都北京，自以身当敌冲，也许在前两次蒙古人入犯时，黄河以北已不可守，宋人南渡之祸，又要重演一次了。

---

① 《明史》卷九一《兵志》。
② 元兴和路，自今张家口以北至内蒙古苏尼特旗皆其境。洪武三年（1370年）为府，后废。洪武三十年（1397年）置兴和守御千户所。今河北省张北县治即兴和故城。
③ 《明史》卷四〇《地理志·京师》。
④ 在今内蒙古自治区多伦县地。
⑤ 参见《明史》卷四〇《地理志》，《殊域周咨录》卷一七《鞑靼》，方孔炤《全边略纪》卷三《宣府略》。
⑥ 《博物典汇》卷一九。

第三章　南洋之拓殖

一、十四世纪以前之中国与南洋

现代人所称的南洋，前人叫作东、西洋。西洋指印度支那（Indo-China）、马来半岛（Malay Archipiélago）、苏门答腊（Sumatra）、爪哇（Java），及婆罗洲（Borneo）之西南海岸诸国。东洋则以菲律宾群岛（Philippine Is.）为中心，包含马六甲（Malacca）诸岛及婆罗洲北岸之文莱国（Brunei），以文莱国为东、西洋之交点，谓为"东洋尽处，西洋所自起也"[1]。此种名词之构成，至晚亦在元代[2]，系基于航海路线之东西洋针路[3]而区分。[4]

公元前三世纪时，秦之国力已达于今日之越南河内及其南部诸地。其地土著已印度化。百年之后，汉武帝时，南海诸国皆来朝贡，汉亦遣译使

---

① 张燮《东西洋考》卷五《文莱》。
② 汪大渊《岛夷志略·苏禄》："（珠）重者出于西洋之第三港。"《毗舍耶》："故东洋闻毗舍耶之名，皆畏而逃焉。"
③ 参见《东西洋考》卷九《舟师考二·洋针路》。
④ 参见和田清《明代以前中国人所知之菲律宾群岛》，载《东洋学报》第12卷第3号。

航海到南海诸国。①目的第一是耀武海外，令诸国奉正朔，来贡献。第二是贸采珍异。绝对地不怀土地的侵略或干涉政治的野心。在后来的两千年历史中，这种传统政策始终未曾改变，保持我泱泱大国王道的风度。吴孙权时遣宣化从事朱应、中郎康泰通海南诸国，其所经及传闻则有百数十国。②晋义熙七年（411年）求法僧人法显自多摩梨帝（Tamralipti，今Calcutta）海口趁商人大舶泛海西南行至师子国（Ceylon，今Srilanka），二年后复附舶到耶婆提国（Yavadvipa，今Java），再附商舶东北去广州，被风飘到长广郡界。③据其所撰《佛国记》，知在五世纪初年南洋商业已渐趋兴盛，有经十三昼夜大风而不沉没，与能储多人粮食水浆，经八十余日而不竭之大船，为交通上之利器。当时与南洋贸易，以广州为市场，商人往来频繁，故深悉南洋地理及航路。④商业发达及航海术进步之结果，使南洋诸国逐渐与我国发生政治关系。我国之求法僧人接踵出国，印度高僧亦陆续由海道来华，沟通两地之文化。

宋元嘉五年（428年）师子国国王刹利摩诃南（Raja Mahanama）遣使

① 《汉书·地理志》："自日南障塞、徐闻、合浦船行可五月，有都元国……又船行可二十余日，有谌离国。步行可十余日，有夫甘都卢国（蒲甘，Pagan）。自夫甘都卢船行可二月余，有黄支国（Kana，今Conjevraram，在Madras之西南），民俗略与朱崖相类。其州广大，户口多，多异物。自武帝（公元前140年—公元前86年）以来皆献见。有译长，属黄门，与应募者俱入海，市明珠、璧流离、奇石异物，赍黄金、杂缯而往。所至国皆禀食为耦，蛮夷买船转送致之。亦利交易，剽杀人。又苦逢风波溺死，不者数年来还。大珠至围二寸以上。平帝元始中（1—6）王莽辅政，欲耀威德，厚遗黄支王，令遣使献生犀甲。自黄支船行可八月到皮宗（Pulau Pisang），船行可二月到日南、象林界云。黄支之南有已程不国，汉之译使自此还矣。"参见法人费琅（G. Ferrand）著，冯承钧译：《昆仑及南海古代航行考》，上海，商务印书馆，1933。
② 参见《梁书》卷五四《诸夷传序》。
③ 参见法显《佛国记》，《高僧传》初集卷三《法显传》。
④ 参见刘继宣《中华民族南洋拓殖史·隋以前南洋之归化》。

奉表来献。[1]诃罗阤国于元嘉七年（430年）遣使请求保护及准许通商。[2]
诃罗单（Kari Tan，今爪哇）、槃皇（Pahang，在柔佛Johore之北）、槃达
（Battak）诸国并遣使来献，受中国策命，王其国中。阇婆婆达国（Java）表
文有"虽隔巨海，常遥臣属"之语。[3]

至唐，对外贸易之中枢仍为广州，据僧鉴真所记："749年（唐玄宗天
宝八载）广州珠江之中，有婆罗门、波斯、昆仑舶无数。"[4]当时往来南洋
之商舶，较法显时代已大有进步，"舶大者长二十丈，载六七百人"[5]。以
师子国舶为最大，梯而上下数丈，皆积宝货，豢养白鸽为通消息及搜索陆地
之用。[6]至十一二世纪之交，我国海舶航行已知利用指南针。[7]外商之来广
州，多乘中国船。[8]中国船之往大食，则以形体重大，于波斯湾航行不便，
必自故临（Kulam）易较小之波斯船以往。[9]南洋航业为我国及波斯商人所垄
断。至元世祖注意海外，至元二十一年（1284年）由国家造船给本，选人入

---

① 参见《宋书》卷九七。
② 参见《宋书》卷九七，其表文云："臣国先时人众殷盛，不为诸国所见陵迫。今转衰弱，
邻国竞侵。伏望圣王远垂覆护，并市易往返，不为禁闭。若见哀念……愿敕广州时遣舶还，
不令所在有所陵夺。"
③ 同上。
④ 唐僧鉴真，赴日本传布戒律之始祖也。其弟子 Simi no matto genkni 撰有《唐大和尚（鉴
真）东征传》（见《群书类从》第4辑第69册）。此据费琅《昆仑及南海古代航行考》引
文。昆仑一名据费琅考定，在十三世纪以前，我国人以之统名苏门答腊、爪哇、印度化之群
岛人民，与大陆上印度化之占波（Campa）、吉蔑（Kemboja）、得楞诸种，同用昆仑语（古
爪哇之 Kawi 语）之人民。
⑤ 玄应《一切经音义》卷一。
⑥ 参见李肇《国史补》卷下。
⑦ 参见朱彧《萍洲可谈》。
⑧ 参见周去非《岭外代答》卷三《航海外夷》。
⑨ 参见《岭外代答》卷二《故临国》；Reinaud, *Relation des voyages faits par les
Arabes et les Persans dans l'inde et à la Chine I*。

蕃贸易诸货。[1]其构造设备及载量皆冠绝千古。[2]百余年后遂有郑和下西洋之壮举。

海外贸易渐盛，我国商船之出口及外国商船之入口日多，于是政府不得不设官管理。唐开元（713—741）初期已设市舶使之官，专司市舶。[3]广州、交州、扬州、泉州、福州、明州（今宁波）、温州、松江并为当时贸易要港，而以广州为最繁盛。[4]宋初指定广州、明州、杭州为外国贸易港，各置市舶司以征关税，凡与外国贸易有关者，一切均由其主管，当时谓之三司。北宋末年，泉州之外国贸易渐盛，亦置市舶司。南渡后，以地近首都，贸易日盛，海舶辐辏，遂成为当时世界之最大贸易港。[5]元至元十四年（1277年）于泉州、庆元（今宁波）、上海、澉浦立市舶司，每岁招集舶商，于蕃邦博易珠翠香货等物。[6]

我国历代对于南洋贸易，均其注意。市舶司之职掌除"掌番货海舶征榷贸易之事，以来远人，通远物"[7]之外，并负有买进政府专卖品及保护外商之责任。[8]自宋太平兴国二年（977年）初置榷易院后，即诏"诸蕃国香药宝货至广州、交趾、泉州、两浙，非出于官库者不得私相市易"[9]。因香药之需要广，得利厚，故政府专之以为利。[10]甚至下令舶务监官抽买乳香每

① 《元史》卷九四《食货志·市舶》。
② Hans von Mzik, *Die Reise des Arabers Ibn Batuta durdn Indien und China*, pp. 303-305.
③ 《新唐书》卷一一二《柳泽传》，《册府元龟》卷五四六。
④ 中山久四郎《唐代之广东》。
⑤ 桑原骘藏著，陈裕菁译：《蒲寿庚考》，4-5页，中华书局，1929年。本节论列多取材此书，不备举。
⑥ 《元史》卷九四《食货志·市舶》。
⑦ 《宋史》卷一六七《职官志》。
⑧ 参看藤田丰八《宋代之市舶司及市舶条例》，载《东洋学报》，1917年5月。
⑨ 《宋会要辑稿》卷一八五《食货志下》："宋之经费，茶、盐、矾之外，惟香之为利。"
⑩ 《宋史》卷一八五《食货志下》："宋经费，茶、盐、矾之外，惟香之为利博，故以官为市焉。"

及一百万两转一官，蕃商有以贩香料多得官者。[1]政府一意招徕蕃商，鼓励贸易，设蕃坊以居蕃商[2]，但蕃商亦有杂居民间者。[3]在法律上也给予蕃商以特殊便利，"化外人同类自相犯者，各依本俗法"[4]。后来甚至蕃人和我国人的刑事案件，如非重罪，也只以送交蕃长依本国律处分了事。[5]蕃坊置蕃长一人，除管理蕃坊公事外，其职务为"专理招邀蕃商"[6]。一面政府也特派人到海外去经营贸易，招揽商贾，宋太宗雍熙四年（987年）曾大规模派内侍八人"赍敕书金帛，分四纲，各往海南诸蕃国，勾招进奉，博买香药、犀牙、真珠、龙脑。每纲赍空名诏书三道于所至处赐之"[7]。高宗南渡后，经费困乏，更一切倚办海舶。[8]绍兴七年（1137年）特下诏奖励对外贸易，诏云：

> 市舶之利最厚，若措置得宜，所得动以百万计，岂不胜取之于民！朕所以留意于此，庶几可以少宽民力耳。[9]

结果市舶司岁入至占全国总收入二十分之一。[10]至元代亦积极招徕，至元十五年（1278年）诏行中书省唆都、蒲寿庚等令因蕃舶宣意蕃国来朝，往来互市，各从所欲。[11]以唆都为右丞，行省泉州，奉玺书十道招谕南夷诸

① 《宋史》卷一八五《食货志下》。
② 《萍洲可谈》卷二："广州蕃坊海外诸国人聚居，置蕃长一人，管勾蕃坊公事。"
③ 岳珂《桯史》卷一一："番禺有海獠杂居，其最豪者蒲姓……定居城中。"同时泉州也有华夷杂居的现象，楼钥《攻媿集》卷八十八《赠特进汪公行状》："蕃商杂处民间。"
④ 《唐律疏议》卷六《名例》。
⑤ 《萍洲可谈》卷二，《宋史》卷三四七《涣之传》。
⑥ 《萍洲可谈》卷二。
⑦ 《宋会要辑稿》卷一〇九《职官四四》。
⑧ 顾炎武《天下郡国利病书》卷一二〇《海外诸番》。
⑨ 《宋会要辑稿》。
⑩ 《蒲寿庚考》200页。
⑪ 《元史》卷一〇《世祖本纪》。

国。①次年复遣广东招讨使达鲁花赤杨廷璧招俱蓝。十八年后命噶札尔哈雅、杨廷璧再往招谕马八儿（Maabar）等国。②使臣中最著者有亦黑迷失，曾四次奉使海外。至元二十九年（1292年）以爪哇黥朝使右丞孟琪面，大发兵征讨，以亦黑迷失领海军，发舟千艘往征。谕降南巫里（Lambri）、速木都剌（Sumatra）等国。③

　　海上交通频繁，香药、珠玉、象牙、犀角诸宝货输入日多，政府虽得巨额之税收以补岁入之不足，但输出额与输入额不能相抵，钱货遂如漏卮外溢，源源不绝。东至日本，南至南海诸国，均行用中国铜钱。④输入为奢侈品，输出则为正货，虽年年铸钱，而不能补其不足，遂发生"钱荒"之弊。⑤自唐宋以来，历朝均有极严厉之禁令，禁钱币出口。宋宁宗嘉定十二年（1219年）下令凡买外货，以绢帛锦绮瓷漆为代价，不以金银铜钱。⑥法令虽颁而钱币之流出仍有增无减。当时上流社会除喜用外货之习惯外，并有蓄养黑奴之风气，此风自南北朝以来，即已盛行。⑦宋时则广中富人多蓄黑奴。⑧至元代则显贵家有不蓄黑奴者至为人所笑。⑨上行下效，外货之需要日增，我国与南洋诸国之贸易亦日盛。华人至海外贸易，特被敬礼，如爪哇则

① 《元史》卷一二九《唆都传》、卷二一〇《马八儿等国》。
② 《元史》卷二一〇《马八儿等国》。
③ 《元史》卷一三一《亦黑迷失传》、卷二一〇《爪哇传》。关于元代与南洋之交通可参看 Rockhill, *Notes on the Relations and Trade of China with the Eastern Archipelago and the Coast of Indian Ocean during the 14th Century*.
④ 《大日本史·食货志十五》；马欢《瀛涯胜览》：《爪哇国》《旧港》。
⑤ 《宋史》卷一八〇。
⑥ 《宋史》卷一八五《香条》。
⑦ 《资治通鉴·宋纪十一》大明七年条："（帝）又宠一昆仑奴，令以杖击群臣。"唐人有《昆仑奴传》。
⑧ 《萍洲可谈》卷二。
⑨ 叶子奇《草木子》卷三下《杂制篇》："北人女使得高丽女孩童，家僮必得黑厮。不如此谓之不成仕宦。"

"中国贾人至者，待以宾馆，食丰洁"①。渤泥则"尤敬爱唐人，醉则扶之以归歇处"②。宋赵汝适曾记当时华商到渤泥时之贸易情形云：

> 番舶抵岸三日，其王与眷属率大人（王之左右号曰大人）到船问劳，船人用锦借跳板迎肃，款以酒醴，用金银器皿褥席凉伞等分献有差。既泊舟登岸，皆未及博易之事，商贾日以中国饮食献其王，故舟往渤泥，必挟善庖者一二辈与俱。朔望并讲贺礼。几月余，方请其王与大人论定物价，价定然后鸣鼓以召远近之人，听其贸易。价未定而私贸者罚。俗重商贾，有罪抵死者罚而不杀。船回日其王亦酾酒椎牛祖席，酢以脑子番布等称其所施。③

风土既习，人复相亲，遂往往有侨居不归，至长子孙者。④南洋诸国亦以华侨之聚居而渐染华风，如打板国（Taban）之建筑与中国同⑤，三佛齐（Samboja）至有中国文字，专用于朝贡中国时之章表。⑥元人记龙牙门（Lingga，今Singapore）有我国人侨居，勾栏山（Gelam）有唐人与蕃人杂居，马鲁涧国之酋长陈姓为元临漳人，威逼诸蕃。⑦明初人记爪哇国有三等人"一等唐人，皆是广东、漳、泉等处人窜居此地，食用亦美洁，多有从回回教门受戒持斋者"。国中有杜板（Tuban），多有广东及漳州人流居。革儿昔（Gresik）原系沙滩之地，因中国之人来此定居，遂名新村，村

---

① 《文献通考》卷三三二《阇婆》。
② 《岛夷志略·渤泥》。
③ 《诸蕃志》卷上《渤泥国》。
④ 《诸蕃志》卷上《麻逸》。阿拉伯人 Masudi 于 934 年（石晋天福八年）至苏门答腊，见其地有华人甚多，从事耕植，而巴邻旁（Palembang）尤为荟萃之区。见其所著《黄金牧地》。
⑤ 《诸蕃志》卷上《苏吉丹》。
⑥ 《诸蕃志》卷上《三佛齐》。
⑦ 《岛夷志略》：《龙牙门》《勾栏山》《马鲁涧》。

主为广东人，约有千余家。苏鲁马益（Surabaya）亦有中国人。[①]满剌加国（Malacca）肤白者为唐人种。[②]又据传说，十四世纪间（约当元代），有闽人林旺者，航海到菲律宾，为菲人烈山泽，驱猛兽，教菲人以耕稼知识。菲人始由游牧生活而进入农耕生活。[③]由此可知在十四世纪以前，华侨已遍布南洋诸国，握有其地之经济权，筚路蓝缕，为其地之开发者。积千余年之经验，航舶往来，直通内地，政府极力鼓励南洋贸易，商人因之向外发展，辟土创业，返哺母国。我国在政治上为南洋诸国宗主，在文化上则更为其先驱。到明初更极意经营，郑和七下南洋，兵威远届，我国在南洋的势力遂达顶点。

二、明太祖的祖训——不征的十五夷国

明太祖承元而起，即位后一面继续用武力削平大陆上的割据者，一面派使臣到南洋诸国，说明中朝已经易代，命令他们向新统治者表示臣服的仪节。这仪节的手续分为几部分，第一是缴还元代所颁的印绶册诰，表示他们已和元室脱离关系。第二是重新颁给新的印绶册诰，表示他们接受新朝的册封，成为藩国。第三是颁赐《大统历》，表示奉新朝正朔，永为藩臣。在受册封者一方面应表示的礼节，是派使称臣入贡，恢复正常的外交关系。所得的权利是得和中国通商，外交的使节同时也是商船上的领袖。

洪武初年出使南洋的使臣，洪武二年（1369年）有吴用、颜宗鲁使爪

---

① 参见马欢《瀛涯胜览·爪哇》。
② 费信《星槎胜览》前集《满剌加国》。
③ 郑民《菲律宾》，据刘继宣、束世澂《中华民族拓殖南洋史》引文。

哇①，刘叔勉使西洋琐里（Chola）。洪武三年（1370年）有赵述使三佛齐（Palembang），张敬之、沈秩使浡泥（Borneo），塔海帖木儿使琐里。明成祖即位后，永乐元年（1403年）中官尹庆使满剌加（Malacca）、古里（Calicut）、柯枝（Cochin）诸国，闻良辅、宁善使西洋琐里、苏门答腊（Atcheh）。②足迹已遍南洋。洪武二十年（1387年）谕爪哇之诏书，纯为说明统治权之转移，书曰：

> 中国正统，胡人窃据百有余年，纲常既坠，冠履倒置。朕以是起兵讨之，垂二十年，海内悉定。朕奉天命以主中国，恐遐迩未闻，故专报王知之。……颁去《大统历》一本，王其知正朔所在，必能奉若天道，使爪哇之民，安于生理，王亦永保禄位，福及子孙。其勉图之勿怠。③

次年其王昔里八达剌蒲④遣使朝贡，纳前元所授宣敕二道，诏封为国王。⑤其他使臣之出发，均负同样使命。

明太祖是个脚踏实地的保守者。在他在位的期中（1368—1398）用全力去削平割据势力，奠定统一规模。同时致力于沿海的海防，阻止倭寇的侵入，巩固北边的边防，防止蒙古人的南犯。又因内地诸蛮族叛乱纷起，自宁夏、凉州、洮州到湖南北、四川、两广、云南、贵州，三十年中，几乎没有一年不用兵。他审虑自己的国力，只够巩固国内和抵抗外来的侵略，绝无余力作对外发展之用。因此他就立定主意不再南迈。洪武二年（1369年）编定《皇明祖训·箴戒章》时，就特别指出不可倚中国富强，无故对外兴兵。

---

① 《明史》卷三二四《爪哇传》，严从简《殊域周咨录》卷八《爪哇》。
② 《明史》卷三二四至三二五《外国传》。
③ 《殊域周咨录》卷八《爪哇》。
④ 此据《明史》，《殊域周咨录》作昔里八达，《东西洋考》作昔里八达剌八剌蒲。
⑤ 《殊域周咨录》卷八《爪哇》。《明史》作洪武二年太祖遣使以即位诏谕其国，洪武三年以平定沙漠颁诏。九月其王普里八达剌蒲遣使奉金叶表来朝贡方物，宴赏如礼。洪武五年又遣使随朝使常克敬来朝，上元所授宣敕三道。

他也看出元代征爪哇失败的教训，特别列出不征的十五夷国，叫后人遵守。他说：

> 四方诸夷皆限山隔海，僻在一隅，得其地不足以供给，得其民不足以使令。若其自不揣量，来挠我边，则彼为不祥。彼既不为中国患，而我兴兵轻犯，亦不祥也。吾恐后世子孙倚中国富强，贪一时战功，无故兴兵，致伤人命，切记不可。但胡戎与西北边境，互相密迩，累世战争，必选将练兵，时谨备之。

今将不征诸国名列后：

东　　北　　朝鲜国

正东偏北　　日本国（虽朝实诈，暗通奸臣胡惟庸，谋为不轨，故绝之。[①]）

正南偏东　　大琉球国　小琉球国

西　　南　　安南国　真腊国　暹罗国　占城国　苏门答腊　西洋国爪哇国　溢亨国　白花国　三弗齐国　浡泥国[②]

虽富且强而决不用以对外侵略，如有来犯，则决不迟疑而立予以致命的还击。这是我国几千年来的立国精神，我国过去之为东亚领导者其理由在此，我国过去之所以无殖民地者其理由亦在此。我国今后必复兴，必富强，必重现汉、唐时代之国威者，其理由亦在此。

明太祖虽谆谆训谕其子孙，不可好大喜功，生事海外。但对和平的通商关系则仍遵前朝旧例，海外诸国入贡，许附载方物，与中国贸易。仍设

---

① 按此条为洪武十三年以后胡案发后所加入。

② 《皇明祖训》首章页五。

市舶司，置提举官以领之。洪武初设市舶司于太仓、黄渡，寻罢。[①]复设于宁波、泉州、广州。[②]宁波通日本，泉州通琉球，广州通占城、暹罗、西洋诸国。永乐三年（1405年）以诸蕃贡使益多，乃置驿于福建、浙江、广东三市舶司以馆之，福建曰来远，浙江曰安远，广东曰怀远。寻设交趾、云南市舶提举司[③]，接西南诸国朝贡者。[④]凡贡使"附至蕃货，欲与中国贸易者，官抽六分，给价以赏之。仍除其税"[⑤]。为招徕蕃商计，货舶亦有时得邀免税的特典。[⑥]

贡使之来，往往多挟蕃货，由官抽给价，国家所费不赀。其馆驿又依例

① 《明太祖实录》卷二八："吴元年（1367年）十二月庚午，置市舶提举司，以浙东按察司陈宁等为提举。"卷四九："洪武三年二月甲戌，罢太仓、黄渡市舶司。凡番舶至太仓者，令军卫有司封籍其数，送赴京师。"
② 洪武中曾一度度止。《明太祖实录》卷九三："洪武七年九月辛未，罢福建泉州、浙江明州、广东广州三市舶司。"永乐初复设。《明成祖实录》卷二三："元年八月丁巳，上以海外番国朝贡之使，附带货物前来交易者，须有官专主之。遂命吏部依洪武初制，于浙江、福建、广东设市舶提举司，隶布政司。每司置提举司一员，从五品；副提举二员，从六品；吏目一员，从九品。"寻命内臣提督之。嘉靖元年给事中夏言奏，倭祸起于市舶。遂革浙江、福建二市舶司，唯存广东市舶司。市舶提举司之职掌为"掌海外诸蕃朝贡市易之事，辨其使人表文、勘合之真伪，禁通蕃，征私货，平交易，闲其出入而慎馆谷之"（见《明史》卷七五《职官志》）。
③ 《明成祖实录》卷七五："永乐六年正月戊辰，设交趾、云南市舶提举司，置提举、副提举各一员。"
④ 参见《明史》卷八一《食货志·市舶》。
⑤ 《明太祖实录》卷四五。
⑥ 《明史》卷三二四《三佛齐》："洪武四年，户部言其货舶至泉州宜征税，命勿征。"

由地方人民负责①，官民为之交病。洪武七年（1374年）以倭寇猖獗，罢三市舶司。又谕中书及礼部臣曰：

> 古者诸侯于天子，比年一小聘，三年一大聘，九州之外，则每世一朝，所贡方物，表诚敬而已。……远国如占城、安南、西洋、琐里、爪哇、浡泥、三佛齐、暹罗斛、真腊诸国，入贡既频，劳费太甚。今不必复尔，其移牒诸国俾知之。②

但南洋诸国仍贪入贡之利，来者不止。

三市舶司罢后，倭寇仍未敛迹，洪武十四年（1381年）又下令禁濒海民私通海外诸国。③但沿海居民，迫于生计，仍私自出外贸易，禁令愈严，获利愈大，私出贸易者因之愈多，货币之流出亦愈不可问。洪武二十三年（1390年）再诏户部严申交通外蕃之禁："中国金银铜钱缎疋兵器，自前代以来，不许出番。今两广、浙江、福建愚民无知，往往交通外番，私易货物，以故严禁之。"沿海军民官司纵令私相交易者悉治以罪。④洪武二十七年（1394年）又下令禁民间用蕃香蕃货，使蕃商失去市场，为釜底抽薪之

---

① 《明成祖实录》卷二三六永乐十九年四月条："连年四方蛮夷朝贡之使，相望于道，实罢中国。"《明宣宗实录》卷五八宣德四年八月条："琉球国往来使臣，俱于福州停住，馆谷之需，所费不赀。通事林惠、郑长所带番梢从人二百余人，除日给廪米之外，其茶盐醯酱等物出于里甲，相沿已有常例。乃故行刁蹬，勒折铜钱，及今未半年，已用铜钱七十九万六千八百有余，按数取足，稍或稽缓，辄肆言驱。"卷六七宣德五年六月条："庚午上谕行在礼部臣曰：闻西南诸蕃进贡海舶初到，有司封识，遣人入奏，俟有命然后开封启运。使人留彼，动经数月，供给皆出于民，所费多矣。其令广东、福建、浙江三司，今后番舡至，有司遣人驰奏，不必待报，三司官即令市舶司称盘明注文籍，遣官同使人运送，庶省民间供馈。"此虽永、宣时事，但俱为常例，则此种情形沿自洪武时明甚。

② 《明史》卷三二四《暹罗传》。

③ 参见《明太祖实录》卷一三九。

④ 参见《明太祖实录》卷二〇五。

计。①洪武三十年（1397年）又申禁人民无得擅出海与外国互市。②

　　明成祖（在位时间：1403—1424）于建文四年（1402年）六月入南京即帝位，在他的登基诏书中，又重申通蕃的禁例："沿海军民人等近年以来，往往私自下番，交通外国，今后不许，所司一遵洪武事例禁治。"③这命令仍是一纸虚文，不能禁遏这一股向南洋发展的洪流。政府没有法子，只好于次年八月重新恢复停罢已久的三处市舶提举司④，使蕃商蕃货源源而来，抵制私商和私货，使其无利可图，自然歇手。又于永乐二年（1404年）下令禁民间海船，不许出口。⑤这办法显然也毫无用处，私商照旧出海，蕃香蕃货照旧充斥市场。一千七百年来所造成的自北而南的发展，航海术的进步，中国与南洋诸国交通的频繁，商业的发达，国内市场的需要，尤其是沿海贫民生计的逼迫，都使政府无法阻止这自然的和平的海外拓殖。在南洋诸国方面，一千七百年来的自然发展，在经济上已与我国成为一体，他们迫切地需要锦绮瓷漆，正和我国的需要香药珠宝一样，在文化方面，在政治方面，也同样地不能离开我国。在这背景下，在这自然发展的趋势下，遂有郑和七下西洋的壮举。

①《明太祖实录》卷二三一："先是上以海外诸夷多诈，绝其往来，唯琉球、真腊、暹罗许入贡。而沿海之人，往往私下诸番，贸易香货，因诱蛮夷为盗。命礼部严禁绝之。敢有私下诸番互市者，必置之重法。凡番香番货皆不许贩鬻，其见有者限以三月销尽，民间祷祀止用松柏枫桃诸香，违者罚之。其两广所产香木听土人自用，亦不许越岭货卖，盖虑其杂市番香，故并及之。"
② 参见《明太祖实录》卷二五二。
③《明成祖实录》卷一〇。
④ 参见《明成祖实录》卷二三。
⑤ 参见《明成祖实录》卷二七："正月，时福建濒海居民，私载海船，交通外国，因而为寇，郡县以闻。遂下禁民间海船，原有海船者悉改为平头船，所在有司防其出入。"

三、郑和的七次航海

郑和出使南洋的任务，第一是经济的原因。

明初对南洋诸国的态度，从明太祖的消极的保境安民政策，突转而为明成祖的积极经营海外政策，实有其内在的原因。原来自太祖建国后，连年征战，北征蒙古，东南防倭，西南蕃蛮迭次叛乱，加以宫室城庙的营建，诸王就封的王府营造，国币空虚，民生凋敝。至建文帝（在位时间：1398—1402）继位以后，靖难师起，转战四年，赤地千里。成祖继位后，遂突转而向南洋发展，以国产的锦绮瓷漆，易取南洋的香药宝货。①一以阻钱货的外流，一以补国家之府库，虽输入多属奢侈品，如黄省曾所记：

---

① 马欢《瀛涯胜览·古里》："其二大头目受朝廷升赏。若宝船到彼，全凭二人主为买卖，王差头目并哲地、未讷儿书计算于官府，牙人来会，领船大人议择某日打价。至日，先将带去锦绮等物，逐一议价已定，随写合同价数，彼此收执。其头目哲地即与内官大人众手相拿。其牙人则言某月某日于众手中拍一掌已定，或贵或贱，再不悔改。然后哲地富户才将宝石、珍珠、珊瑚等物来看，议价非一日能定，快则一月，缓则二三月。若价钱较议已定，如买一主珍珠等物，该价若干，是原经手头目未讷儿计算该还纻丝等物若干，照原打手之货交还，毫厘无改。"《溜山》："中国宝船一二只亦到彼处，收买龙涎香、椰子等物。"《祖法儿国》："中国宝船到彼，开读赏赐毕。其王差头目遍谕国人，皆将乳香、血竭、芦荟、没药、安息香、苏合油、木别子之类，来换易纻丝磁器等物。"《阿丹国》："分艅内官周□领驾宝船数只到彼，王闻其至，即率大小头目至海滨迎接诏敕赏赐。至王府行礼甚恭谨感伏。开读毕，即谕其国人，但有珍宝，许令卖易。在彼买得重二钱许大块猫睛石，各色雅姑（Yagut）等异宝。大颗珍珠，珊瑚树高二尺者数株。又买得珊瑚枝五柜，金珀、蔷薇露、麒麟（Giraffe）、狮子、花福鹿（Zebra）、金钱豹、驼鸡、白鸠之类而还。"《柯枝国》："第三等人名哲地，系有钱财主。专一收买下宝石珍珠香货之类，候中国宝船或别国番船客人来买。"《暹罗》："国之西北去二百余里，有一市镇名上水。中国宝船到暹罗，亦用小船去做买卖。"《满剌加》："中国宝船到彼，则立排栅如城垣，设四门更鼓楼，夜则提铃巡警。内又立重栅如小城，盖造库藏仓廒，一应钱粮顿在其内。去各国船只回到此处取齐，打整番货，装载船内。等候南风正顺，于五月中开洋回还。"

太宗皇帝入缵丕绪，将长驱远驾，通道于乖蛮革夷，乃大赏西洋，贸采琛异……由是明月之珠，鸦鹘之石，沈南龙速之香，麟狮孔翠之奇，梅脑薇露之珍，珊瑚瑶琨之美，皆充舶而归。①

而贫民博买，图之致富，国家府库，因之羡裕。严从简云：

自永乐改元，遣使四出，招谕海番，贡献迭至，奇货重宝，前代所希，充溢府库。贫民承令博买，或多致富，而国用亦羡裕矣。②

且"夷中百货，皆中国不可缺者，夷中欲售，中国必欲得之"③。反之，国库的锦绮瓷漆，其于南洋诸国亦然。沿海居民，多恃入海博易为生计，一旦禁断，无所资生，往往流为海寇，张燮云：

海滨一带，田尽斥卤，耕者无所望岁，只有视渊若陵，久成习惯。富家征货，固得捆载而归，贫者为佣，亦博升米自给。一旦戒严，不得下水，断其生活。若辈悉健有力，势不肯搏手困穷，于是所在连结为乱，溃裂以出。④

要解决沿海平民的生活，和消除海寇的来源，也不能不开海通商，使公私都得其所。

第二是政治的原因。

郑和之出使，负有秘密使命，郑晓说：

高皇何以有海外之使也？更始也。成祖西洋之舣，不已劳乎？郑和之泛海与胡濙之颁书也，国有大疑焉耳。⑤

所谓大疑，《明史·郑和传》已明白指出：

① 《西洋朝贡典录·序》。
② 《殊域周咨录》卷九《佛郎机》。
③ 《殊域周咨录》卷八《暹罗》。
④ 《东西洋考》卷七《饷税考》。
⑤ 《皇明四夷考·序》。

成祖疑惠帝亡海外，欲踪迹之。且欲耀兵异域，示中国富强。永乐三年六月命和及其侪王景弘等通使西洋。①

次之，自洪武末年以来，西南诸国久不通贡。②成祖是一个好大喜功的英主，他要恢复洪武初年诸蕃朝贡的盛况，令海南诸国，都稽首阙下，同为王臣。所以一即位便先派中官尹庆、马彬等遍使诸国，告以新帝的登基。接着便派郑和带武装舰队出去，有不听命朝贡者便用武力解决。

在郑和所率领的舰队未出发之前二年，政府已着手大造海船，以其为下西洋取宝之用，又称宝船，或称宝舡。其承造者或为军卫有司③，或为工部④，后又设大通关提举司，专造舟舰⑤，世称宝船厂⑥。所造船大船长四十四丈四尺，阔一十八丈；中船长三十七丈，阔一十五丈。⑦就第一次远征军之人数计之，每船平均可载四百五十人左右。远征军之组织除使臣外，有"官校、旗军、火长、舵工、斑碇手、通事、办事、书算手、医士、铁锚木舱搭枋等匠、水手、民梢人等"⑧。平均每次出发之人数，约为

① 《明史》卷三四〇，卷一六九《胡濙传》亦云："传言建文帝蹈海去，帝分遣内臣郑和数辈，浮海下西洋。"
② 《明史》卷三二四《三佛齐传》："洪武三十年，礼官以诸蕃久缺贡奏闻。帝曰：'洪武初诸蕃贡使不绝。迩者安南、占城、真腊、暹罗、爪哇、大琉球、三佛齐、浡泥、彭亨、百花、苏门答腊、西洋等三十国，以胡惟庸作乱，三佛齐乃生间谍，绐我使臣至彼，爪哇王闻知，遣人戒饬，礼送还朝。自是商旅阻遏，诸国之意不通。惟安南、占城、真腊、暹罗、大琉球朝贡如故。'"
③ 《明成祖实录》卷二七："永乐二年正月癸亥，将遣使西洋诸国，命福建造海船五艘。"卷七一："五年九月乙卯，命都指挥汪浩改造海运船二百四十九艘，备使西洋诸国。"
④ 《明成祖实录》卷七五："永乐六年正月丁卯，命工部造宝船四十八艘。"卷二一六："十七年九月乙卯，造宝船四十一艘。"
⑤ 《明成祖实录》卷二二八："永乐十八年八月，始置大通关提举司，置官如南京龙江提举司，专造舟舰。"
⑥ 顾起元《客座赘语》卷一《宝船厂》。
⑦ 同上。
⑧ 祝允明《前闻记》，沈节甫《纪录汇编》本。

二万七八千人左右。①军士大抵由南京及直隶卫所运粮官军和水军右卫等卫官军中临时抽调②，将校亦由各卫军官中选用③。当时南洋诸国大抵多奉回教，故远征军中之通事多为回教徒，今可知者有会稽马欢、仁和郭崇礼④，西安羊市大清真寺掌教哈三⑤。郑和本人也是回教徒⑥；亦奉佛教，

---

① 第一次远征军二万七千八百余人，见《明史·郑和传》。第二次二万七千余人，见费信《星槎胜览》。第七次二万七千五百五十员名，见《前闻记》。据《郑和家谱》随敕奉差诸官员名，共二万七千四百一十一员名。

② 《明宣宗实录》卷六四："宣德五年三月己巳，平江伯陈瑄言：南京及直隶卫所运粮官军，递年选下西洋及征进交趾，分调北京，通计二万余人。又水军右卫等卫官军，今年选下西洋者亦多。"

③ 例如《明成祖实录》卷一一八："永乐九年十月壬辰，论锡兰山战功，升锦衣卫指挥佥事李实、何义宗俱为本卫指挥同知。正千户彭以胜、旗手卫正千户林全俱为本卫指挥同知佥事。"卷一六六："永乐十三年九月壬寅，命兵部录苏门答腊战功。于是水军右卫流官指挥使唐敬、流官指挥佥事王衡、金吾右卫流官指挥使林子宣、龙江左卫流官指挥佥事胡复、宽河卫流官指挥同知哈只皆命世袭。锦衣卫正千户陆通、马贵、张通、刘海俱升流官指挥佥事。"卷一七一："十三年二月，是月升千户徐政、汪海为府军右卫指挥佥事，小旗张通为锦衣卫指挥佥事，以使西洋有劳也。"

④ 马欢、郭崇礼曾三次随使西洋（永乐十一年、十九年，宣德六年），欢撰有纪行书名《瀛涯胜览》。古朴《〈瀛涯胜览〉后序》："崇礼乃杭之仁和人，宗道乃越之会稽人，皆西域天方教，实奇迈之士也。昔太宗皇帝敕令太监郑和统率船队经西洋诸番开读赏劳，而二君善通译番语，遂膺斯选，三随骈辖，跋涉万里。"

⑤ 西安羊市大清真寺嘉靖二年《重修清净寺记》："永乐十一年四月，太监郑和奉敕差往西域天方国，道出陕西，求所以通译国语，可佐信使者，乃得本市掌教哈三焉。"按和奉使七次均海行，无道出陕西事，碑记有误。

⑥ 觉明《三宝太监下西洋的几种资料》，载《小说月报》第20卷第1号；李至刚《故马公墓志铭》。

受菩萨戒①。其幕下书手有太仓费信②，应天巩珍③，都有纪行书传世。④南洋诸国也有奉佛教的，故在第四次出发时，有僧人胜慧同行。⑤前后同奉命出使的使臣有内官王景弘⑥、侯显⑦、杨庆、洪保⑧、杨敏、李恺⑨、李兴、朱良、杨真、周福、张达⑩、吴忠、用济⑪、王贵通⑫诸人。将校中在锡兰山（Ceylon）、苏门答腊（Atcheh）两次战役中有功者，有李实、何义宗、彭以胜、林全、唐敬、王衡、林子宣、胡复、哈只、陆通、马贵、张通、刘海⑬、朱真⑭诸人。

郑和，云南昆阳州人。本姓马，祖、父都是回教徒。⑮其被阉入宫，当

———————

① 冯承钧《〈瀛涯胜览〉校注序》。
② 字公晓。《星槎胜览·序》："永乐至宣德间，选往西洋，四次随征正使太监郑和等至诸海外。"
③ 钱曾《读书敏求记》："永乐敕遣中外重臣循西海诸国。宣宗嗣位，复命正使太监郑和、王景弘等往海外遍谕诸番。时金陵巩珍从事总制之幕往还三年，所至番邦二十余处。"
④ 费信所撰有《星槎胜览》（二卷），该书有陆楫《古今说海》本（四卷）、沈节甫《纪录汇编》本（一卷）、《学海类编》本（四卷）、《借月山房汇抄》本（四卷）、《百名家书》本（一卷）、《格致丛书》本（一卷）、《国朝典故》本（二卷）、罗以智校本（二卷）、广州中山大学复印天一阁本（二卷）、《历代小史》本（四卷）、《小方壶斋舆地丛书》本。巩珍所撰有《西洋番国志》（一卷），见《四库存目》及《读书敏求记》，今未见传本。
⑤ 永乐十八年刊本《太上说天妃救苦灵验经》本后题记（据冯承钧《〈郑和下西洋考〉序》）。
⑥ 《明史·郑和传》，七次远征中第一、二、七，三次均参加。
⑦ 《明史·郑和传》："五使绝域，劳绩与郑和亚。"郎瑛《七修类稿》卷十二《三保太监》："永乐丁亥（1407年）命太监郑和、王景弘、侯显三人往东南诸国赏赐宣谕。"伯希和《郑和下西洋考》以为丁亥（永乐五年）乃永乐七年之误。因郑和于永乐五年十月二日回京，是年所余之日无几也（冯承钧译本页三十五）。
⑧ 《读书敏求记·西洋番国志》。
⑨ 冯承钧《〈瀛涯胜览〉校注序》，9页。
⑩ 《读书敏求记·西洋番国志》。
⑪ 长乐《天妃灵应碑》。
⑫ 锡兰永乐七年布施碑。
⑬ 《明成祖实录》卷一一八、一六六、一七一。
⑭ 长乐《天妃灵应碑》。
⑮ 袁嘉谷《滇绎》卷三李至刚《昆阳马公墓志铭》。

在洪武十五年（1382年）傅友德、沐英定云南时，年约十岁。①事燕王于藩邸，从起兵有功，永乐二年（1404年）正月初一日御书郑字，赐以为姓，乃名郑和。②累擢至内官监太监。③身长七尺，腰大十围。④公勤明敏，谦恭谨密。⑤姿貌才智，内侍中无与比者。⑥永乐三年（1405年）六月受命出使西洋，带领空前绝后之远征军作第一次航海壮举。

第一次远征军航行印度洋，"多赍金币，遍历诸番国，宣天子诏，因给赐其君长"⑦。率领将士卒二万七千八百余人，分乘六十二艘长四十丈、宽十八丈的大舶，艨艟蔽天，金甲耀日，所到处有不服从的便用武力解决。⑧当时印度洋上海盗纵横，剽掠商旅，各国入贡的使臣也被其邀劫，这次远征，也附有肃清海盗、开通航路的使命。

---

① 明初诸将用兵边境，有阉割俘虏幼童之习惯。例如叶盛《水东日记》所记："陈芜交趾人，以永乐丁亥侍太孙于潜邸。"《明史·金英传》："范弘交趾人。初名安。永乐中英国公张辅以交童之美秀者还，选为奄。弘及王瑾、阮安、阮浪等与焉。"王瑾即《水东日记》之陈芜。永乐丁亥（1407年）张辅定安南，陈芜等盖即此役之俘虏。又沈德符《万历野获编补遗》阉幼童条："正统十四年（1449年）麓川之役，靖远伯王骥、都督宫聚奏征思机发，擅用阉割之刑，以进御为名，实留自用。为四川卫训导詹英所奏。天顺四年（1460年）镇守湖广贵州太监阮让阉割东苗俘获童稚一千五百六十五人，既奏闻，病死者三百二十九人，复买之以足数，仍阉之。"比附上举诸例，则郑和当即洪武十五年定云南时所俘被阉之幼童。初侍燕王时其年当在十岁左右，以如逾十岁，即不适于阉割也。据李至刚《昆阳马公墓志铭》和父马哈只卒于洪武十五年七月，年三十九岁。是年闰二月云南平定，则和父之死，或死于兵，或因幼子被俘，均属可能。以和父之存年推之，和为次子，其上尚有兄文铭。则和当生于洪武六年或七年（1373、1374年）。至靖难兵起时，适为三十岁左右之壮年军官。是后七奉使海外，历成祖、仁宗、宣宗三朝，最后一次之出使为宣德六年（1431年），不久即老死。则其生卒年约为1373年至1435年，存年约六十三岁左右。

② 《明史》卷三〇四《郑和传》。

③ 李至刚《昆阳马公墓志铭》，袁忠澈《古今识鉴》卷八。

④ 袁忠澈《古今识鉴》卷八。

⑤ 李至刚《昆阳马公墓志铭》。

⑥ 《古今识鉴》卷八。

⑦ 《明成祖实录》卷四二："永乐三年六月己卯，遣中官郑和等赍敕往谕西洋诸国，并赐诸国王金织文绮彩绢各有差。"

⑧ 参见《明史》卷三〇四《郑和传》。

自唐、宋以来，三佛齐①即为东西贸易之中心。②至明代仍为"诸蕃要会"③。故我国人侨居者最多。在郑和未出使以前，有梁道明雄长其地。《明史》记：

> 有梁道明者，广州南海县人。久居其国，闽粤军民泛海从之者数千家，推道明为首，雄视一方。会指挥孙铉使海外，遇其子挟与俱来。永乐三年成祖以行人谭胜受与道明同邑，命偕千户杨信等赍敕招之。道明及其党郑伯可随入朝贡方物，受赐而还。④

又有陈祖义亦广东人，亦为旧港（Palembang）头目，远征军过苏门答腊时，祖义出降，遣使入贡。⑤一面仍为盗海上⑥，远征军回帆时，复谋邀劫，被擒伏诛。⑦梁道明的副手施进卿以助诛陈祖义有功入朝，授旧港宣慰

---

① 即今苏门答腊，古名室利佛逝（Crivijaya）。自904年始迄于宋、明，复有三佛齐或佛齐（Samboja, Semboja）之号，冯承钧译费琅（G. Ferrand）《苏门答腊古国考》（*L'empire Samatramais de Crivijara*）考证极详，可参看。
② 赵汝适《诸蕃志》上《三佛齐》："土地所产，玳瑁、脑子、沉速暂香、粗熟香、降真、丁香、檀香、豆蔻外，有真珠、乳香、蔷薇、水栀子花、腽肭脐、没药、芦荟、阿魏、木香、苏合油、象牙、珊瑚树、猫儿睛、琥珀、番布、番剑等，皆大食（Arabes）诸蕃所产，萃于本国。番商（指中国人）与贩，用金银、磁器、锦绮、缬绢、糖、铁、酒、米、良姜、大黄、樟脑等物博易。其国在海中，扼诸番舟车往来之咽喉，古用铁纤为限，以备他盗，操纵有机，若商舶至即纵之……苦商舶过不入，即出船合战，期以必死。故国之舟辐辏焉。"
③ 《明史》卷三二四《三佛齐传》。
④ 《明史》卷三二四《三佛齐传》。《明成祖实录》卷三八："永乐三年正月戊午，遣行人谭胜受、千户杨信等往旧港招抚逃民梁道明等。"卷四八："三年十一月甲寅，行人谭胜受等使旧港还。以头目梁道明、郑伯可等来朝，贡马方物。赐道明等袭衣及钞百五十锭，文绮二十表里，绢七十疋。"
⑤ 《明成祖实录》卷五六："永乐四年七月壬子，旧港头目陈祖义遣子士良、梁道明遣侄观政来朝，赐钞币有差。"
⑥ 参见《明史》卷三二四《三佛齐传》。
⑦ 《明成祖实录》卷七二："永乐五年九月壬子，太监郑和使西洋诸国还，械至海贼陈祖义等。初和至旧港，遇祖义等，遣人招谕之，祖义诈降，而潜谋要劫官军。和等觉之，整兵堤备。祖义率众来劫，和出兵与战，祖义大败，杀贼党五千余人，烧贼船十艘，及伪铜印二颗。生擒祖义等三人。既至京师，命悉斩之。"

使司宣慰使。^①这是我国在海外所设立的第一个正式保护侨民的官署。施进卿是侨民中第一个为政府所任命的保侨官吏。

第一次远征军于永乐五年（1407年）九月返国。在海上往返之三年中，曾至爪哇（Java）^②、苏门答腊（Atcheh）^③、南巫里（Lambri）^④、古里（Calicut）^⑤、锡兰（Ceylon）^⑥、满刺加^⑦诸地。经过爪哇时，遇爪哇内乱，官军登岸为爪哇兵所杀，爪哇王大惧，上表谢罪，次年遣使献黄金万两赎罪。^⑧

郑和一行人之使命，第一次远航即得满意收获，海盗肃清，航路无阻。

---

① 参见《东西洋考》卷三《旧港》，《瀛涯胜览·旧港》。《明史·三佛齐传》："祖义诈降，潜谋要劫。有施进卿者告于和。祖义来袭被擒，献于朝伏诛。"《明成祖实录》卷七一："永乐五年九月戊午，旧港头目施进卿遣婿丘彦诚朝贡。设旧港宣慰使司，命进卿为宣慰使，赐印诰冠带文绮纱罗。"卷二六七："永乐二十二年（1424年）正月甲辰，旧港故宣慰使施进卿之子济孙遣使丘彦诚请袭父职，并言旧印为火所毁。上命济孙袭宣慰使，赐纱帽及花金带金织文绮袭衣银印，命中官郑和赍往给之。"《明宣宗实录》卷五："洪熙元年（1425年）七月丙午，爪哇国旧港守慰司遣正副使亚烈、张佛那马等奉表贡金银香象牙等物。"

② 《明史》卷三二四《爪哇传》。

③ 《明史》卷三二五《苏门答腊传》。

④ 《明史》卷三二六《南巫里传》。

⑤ 《瀛涯胜览·古里》。何乔远《名山藏·王享记》卷三："永乐元年酋长马那必加敕满遣使朝贡。三年复贡，诏封为国王。郑和下番自古里始。西洋诸番之会也。"是郑和于永乐三年曾至古里封王。伯希和于《郑和下西洋考》中以为《瀛涯胜览》所记之永乐五年是永乐三年之误，与何氏所记正合。

⑥ 伯希和《郑和下西洋考》31 页注一。

⑦ 《明成祖实录》卷七一："永乐五年九月戊午，新建龙江天妃庙成。遣太常少卿朱焯祭告。时太监郑和使古里、满敕加诸番国还，言神多感应，故有是命。"关于海神之封典，均出于下番官军之请求，而以天妃为尤著。《明成祖实录》卷八七："永乐七年正月己酉，封天妃为护国庇民妙灵昭应弘仁普济天妃，赐庙额曰弘仁普济天妃之宫。岁月以正月十五及三月二十三日遣官致祭，著为令。"又"二月甲戌，封南海神为宁番伯，时遣使往诸番国，屡著灵应，故封之。"

⑧ 《明成祖实录》卷七一："永乐五年九月癸酉，爪哇国西王都马板遣使亚列加恩等来朝谢罪。先是爪哇国西王与东王相攻杀，遂灭东王。时朝廷遣使往诸番国，经过东王治所，官军登岸市易，为西王兵所杀者百七十人。西王闻之惧，至是遣人谢罪，命输黄金六万两偿死者。"卷八六："永乐六年十二月庚辰，爪哇国西王遣使献黄金万两谢罪。"

永乐六年（1408年）九月癸亥，复奉命统领官兵，驾驶海舶四十八号①，赍敕②使古里、满剌加、苏门答腊、阿鲁（Aru）、加异勒（Cail）、爪哇、迎罗（Siam）、占城（Campa）、柯枝（Cochin）、阿拨把丹、小阿兰（Quilon）、南巫里、甘巴里（Koyampadi）诸国，赐其王锦绮纱罗。③

第二次远征军归来时，经过锡兰国，锡兰国王亚烈苦奈儿（Alagakkonara Nijaya Bahu VI）发兵拦劫，为郑和所败，生擒亚烈苦奈儿回国献俘。《明成祖实录》记：

① 参见《星槎胜览》前集《占城国》，陆容《菽园杂记》。
② 《郑和家谱》记有第二次奉使之二敕，一敕南京守备："敕书：大明皇帝敕谕南京守备驸马都尉宋彪、襄城伯李隆：今遣太监郑和往西域、忽鲁谟斯等国公干，合用杠抬搬运钱粮官军，尔等即便照数差拨，勿得稽延，故谕。永乐七年三月日。"一敕海外诸番："皇帝敕谕四方海外诸番王及头目人等：朕奉天命君主天下，一体上帝之心，施恩布德。凡覆载之内，日月所照，霜露所濡之处，其人民老少，皆欲使之遂其生业，不致失所。今遣郑和赍敕普谕朕意。尔等只顺天道，恪守朕言，循理安分，勿得违越，不可欺寡，不可凌弱，庶几共享太平之福。若有撼诚来朝，咸锡赏赉。故兹敕谕，悉使闻知。永乐七年三月日。"案成祖五女，安成公主，文皇后生，成祖即位，下嫁宋琥，西宁侯晟子也。咸宁公主，安成公主同母妹，永乐九年下嫁宋瑛，琥弟也。《明史》卷一五五《宋晟传》，晟三子瑄、琥、瑛，瑄建文中战死灵璧。琥尚主嗣侯，永乐八年佩前将军印，镇甘肃。敕中之驸马都尉宋彪当是宋琥之误。然《明史·职官志五·驸马都尉》："仁宗时沐昕，宣宗时宋琥并守备南京。"是琥守备南京在宣德时。且据《明史》李濬传："既迁都，以南京根本地，命隆留守。"《职官志·南京守备》："永乐十九年迁都北京，命中府掌府事官守备南京。"是则南京守备之置始于永乐十九年，李隆为第一任守备。在永乐十九年以前，南京犹是京师，固无守备之官也。宋琥与李隆同任守备在宣德朝。二敕记宋彪、李隆任南京守备在永乐七年，与史不合。永乐或为宣德之误，然郑和第七次出使以宣德五年六月，敕书之颁，不能迟至宣德二年，疑此二敕均伪撰，不可据。且谱言和永乐七年三月第二次出使，亦与长乐《天妃碑》通番事迹记不合（碑言第二次永乐五年出，永乐七年回；第三次永乐七年出，永乐九年回），今不取其说。
③ 《明成祖实录》卷八三。按钱谷《吴都文粹续集》卷二十八郑和《娄东刘家港天妃宫石刻通番事迹记》记第二次航行以永乐五年往，永乐七年还："永乐五年统领舟师往爪哇、古里、柯枝、暹罗诸国。其国王各以方物珍禽贡献，至七年回还。"长乐《天妃灵应碑》文同。《郑和家谱》则作永乐七年三月。按《实录》为当时史官凭借档册所成，所记时日不应有误。其所以与石刻及纪行诸书歧异者，《实录》所记为颁敕出使之日，石刻纪行诸书所记则为扬帆启行之时，自颁敕至启行，中间筹备须时，相差半年十月，固属自然，其实俱不误也。《明史·郑和传》全据《明实录》，而不如《实录》之详。今一以《实录》所记为准，有异同处并以他说附录于注文中，以备参证。

永乐九年（1411年）六月乙巳，内官郑和等使西洋诸番国还。献所俘锡兰山国王亚烈苦奈儿并其家属。和等初使诸番，至锡兰山，亚烈苦奈儿侮慢不敬，欲害和，和觉而去。亚烈苦奈儿又不辑睦邻国，属邀劫其往来使臣，诸番皆苦之。及和归，复经锡兰山，遂诱至国中，令其子纳颜索金银宝物，不与。潜发番兵五万余劫和舟，而伐木拒险，绝和归路，使不得相援。和等觉之，即拥众回船，路已阻绝。和语其下曰："贼大众既出，国中必虚，且谓我客军孤怯，不能有为，出其不意攻之，可以得志。"乃潜令人由他道至船，俾官军尽死力拒之。而躬率所领兵二千余由间道急攻王城，破之，擒亚烈苦奈儿并其家属头目。番军复围城，交战数合大败之。遂以归。群臣请诛之，上悯其愚无知，命姑释之，给与衣服。命礼部议择其属之贤者，以承国祀。[1]

　　礼部询所俘锡兰国人，国人皆举耶巴乃那。永乐十年（1412年）复遣郑和使西洋[2]封耶巴乃那为锡兰国王，号不剌葛麻巴忽剌查（Parakkama Bahu-Raja）[3]。

---

[1]《明成祖实录》卷一一六。此次远征还国，政府曾大规模宴劳。《实录》记："六月庚戌，上以奉使西洋官军航海劳苦，且去家日久，其至京者命礼部引见赐劳，凡七百四十五人，赐钞五千一百五十锭。""戊午上以官军从郑和自番国还者，远涉艰苦，具有劳。遣内官赵惟善、礼部郎中李至刚宴劳于太仓。"卷一一七："七月己巳，赍官军使番国还者，人钞十锭，凡二十万锭。"卷一一八："八月乙未，使西洋官军刘海等十六人回京，人赐钞五锭，钞币一表里。"按擒亚烈苦奈儿，《通番事迹记》以为是第三次航行事："永乐七年统领舟师前往各国，道经锡兰山国，其王亚烈苦奈儿负固不恭，谋害舟师，赖神灵显应知觉，遂生擒其王，至九年归献。寻蒙恩宥，押发归国。"长乐《天妃灵应记》同。
[2]《明成祖实录》卷一三四："永乐十年十一月丙申，遣太监郑和等赍敕往赐满剌加、爪哇、占城、苏门答腊、阿鲁、柯枝、古里、南渤利、彭亨、急兰丹、加异勒、忽鲁谟斯、比剌、溜山、孙剌诸国王锦绮纱罗彩绢等物有差。"
[3]参见郑晓《吾学编》卷六八，何乔远《名山藏·王享记》卷三《锡兰》。

远征军至苏门答腊时，王子苏干剌（Sekander）以赏赐不及，举兵邀杀，又为郑和所擒，献俘阙下，国威大震。《实录》记：

十三年（1415年）九月壬寅，郑和献所获苏门答腊贼酋苏干剌等。[①]初和奉使至苏门答剌，赐其王宰奴里阿必丁（Zaynu-L-Abtidin）纸币。苏干剌乃前伪王弟，方谋弑宰阿必丁，以夺其位。且怒使赐不及己，领兵数万邀杀官军。和帅众及其国兵与战，苏干剌败走。追至淳利国，并其妻子俘以归。至是献于行在。兵部尚书方宾言："苏干剌大逆道，宜付法司正其罪。"遂命刑部按法诛之。[②]

此行据马欢所撰《纪行诗》及《明史·外国传》之记载，凡占城、阇婆、三佛齐、苏门答腊、锡兰、柯枝、古里、五屿（Malacca）、溜山（Maldives）、忽鲁谟斯（Hormuz）、加异勒、彭亨（Pahang）、急兰丹（Kelantan）、阿鲁（Aru）、南渤利（Lambri）诸国，均为航线所经，始越过印度南境，到波斯湾中。[③]

第三次航行返国时，诸蕃国使臣随同朝贡。永乐十四年（1416年）十二

---

① 《明成祖实录》卷一六〇："永乐十三年七月癸卯，太监郑和等奉使西洋诸番国还。"
② 《明成祖实录》卷一六八，《明史·郑和传》同。按《瀛涯胜览》及《明史·苏门答腊传》并云："其苏门答腊国王先被那孤儿花面王（Battak）侵略战斗，身中毒箭而死。有一子幼小，不能与父报仇。其王之妻与众誓曰：有能报夫死之仇，复全其地者，吾愿妻之。言讫，本处有一渔翁，奋志而言，我能报之。遂领兵众当先杀败花面王，复雪其仇。花面王被杀，其众退伏，不敢侵扰。王妻于是不负前盟，即与渔翁配合，称为老王，家室地赋之类，悉听老王裁制。永乐七年效职进贡而沐天恩，十年复至其国。其先王之子长成，阴与部领合谋弑义父渔翁，夺其位，管其国。渔翁有嫡子苏干剌领众挈家逃去邻山，自立一寨，不时率众侵复父仇。永乐十三年正使太监郑和等统领大航宝船到彼，发兵擒获苏干剌，赴阙明正其罪。其王子感荷圣恩，常贡方物于朝廷。"与《实录》不合。又擒苏干剌事《通番事迹记》以为是第四次航行时事："永乐十二年统领舟师往忽鲁谟斯等国，其苏门答腊国伪王苏干剌寇侵本国，其王遣使赴阙陈诉，就率官兵剿捕，遂生擒伪王，至十三年归献。"长乐《天妃碑》同。
③ 《郑和下西洋考》34页。

月郑和又奉命赍敕及锦绮纱罗等物，偕请蕃国使臣，赐各国王。[①]作第四次之远征。此次航程除遍历前三次所经国家外，并曾到过阿丹（Aden）、不剌哇（Brawa）、麻林（Malinde）[②]、沙里湾泥（Sharwayn）[③]、木骨都束（Mogadishu）、剌撒[④]，横断印度洋而远至于非洲。于永乐十七年（1419年）七月返国。[⑤]忽鲁谟斯、阿丹等十六国使臣随来朝贡。[⑥]

永乐十九年（1421年）正月郑和等又奉命作第五次之航行，就赐各国国王以锦绮纱罗，并送十六国使臣返国。[⑦]这一次航行又到了非洲东岸的木骨都束和不剌哇，阿拉伯沿岸的祖法儿（Zufar）、阿丹。永乐二十年（1422年）八月壬寅还，暹罗、苏禄（Sulu）、苏门答腊、阿丹等国都遣使随贡方物。[⑧]

永乐二十二年（1424年）正月旧港（Palembang）酋长施济孙遣使请袭宣慰使职，三月郑和又奉命作第六次之航海。[⑨]回国时明成祖已经晏驾，仁宗（在位时间：1424—1425）继位，罢西洋宝船，洪熙元年（1425年）二月

---

① 《明成祖实录》卷一八三。

② 《明史》卷七《成祖本纪》。

③ 《明史》卷三二六；《郑和下西洋考》46页。

④ 《明史》卷三二六。《武备志图》位置剌撒于阿拉伯半岛阿丹之西北。

⑤ 《明史》卷七《成祖本纪》。《明成祖实录》卷二一四："永乐十七年七月庚申，官军自西洋还。上谕行在礼部臣曰：'将士涉历海洋，逾十数载，行役万里，经数十国，盖亦劳矣。宜赏劳之。'"卷二二五："十八年五月辛未，命行在兵部，凡使西洋、忽鲁谟斯等国回还官旗二次至四次者，俱升一级。于是升龙江左卫指挥朱真为大宁都指挥佥事，掌龙江左卫事。水军右卫指挥使唐敬为都指挥佥事……"

⑥ 十六国除忽鲁谟斯、阿丹外，为祖法儿、剌撒、不剌哇、木骨都束、古里、柯枝、加异勒、锡兰山、溜山、喃哱利、苏门答腊、阿鲁、满剌加、甘巴里。见《明成祖实录》卷二三三。

⑦ 《明成祖实录》卷二三三。按第五次航行，《通番事迹记》作永乐十五年事。记云："永乐十五年统领舟师往西域，其忽鲁谟斯国进狮子、金钱豹、西马；阿丹国进麒麟，番名祖剌法，并长角马哈兽；木骨都束国进花福禄并狮子，卜剌哇国进千里骆驼并驼鸡，爪哇国进麋里羔兽，各进方物，皆古所未闻者。及遣王男、王弟捧金叶表文朝贡。"

⑧ 《明成祖实录》卷二五〇。

⑨ 《明史》卷七《成祖本纪》。

命和以下番诸军守备南京。①

仁宗宽宏仁厚，是一个守成的中主，在位不到一年便死了。宣宗（在位时间：1426—1435）继位。这个青年皇帝从幼便为祖父所钟爱。在性格和魄力方面，也受了他祖父的遗传，很是精明强干。宣德五年（1430年）六月，帝以外番贡使多不至，遣和及王景弘遍历诸国②，又奉命仆仆做最后一次的远征。据祝允明所记此次航海里程，郑和所率领之舰队，以宣德五年（1430年）闰十二月六日于南京龙湾开舡③，然据《实录》则宣德六年二月中，曾令满剌加使臣附郑和舟返国。④由是可知历次舰队均系分别出发，故满剌加使臣得附后发宝船还国。主队出发时，并曾派分队到古里，由古里再派人带货物到天方（Mekka）贸易。⑤全队于宣德八年（1433年）七月六日回京。⑥

第七次远征军返国后的第三年，宣宗崩，英宗（在位时间：1436—

① 《明史》卷八《仁宗本纪》。按第六次航行，《通番事迹记》作永乐十九年事："永乐十九年统领舟师，遣忽鲁谟斯等各国使臣久侍京师者悉还本国。其各国王贡献方物视前益加。"

② 《明史》卷三二五《苏门答剌传》。《明宣宗实录》卷六七："宣德五年六月戊寅，遣太监郑和等赍诏往谕诸番国，凡所历忽鲁谟斯、锡兰山、古里、满剌加、柯枝、卜剌哇、木骨都束、喃渤利、苏门答剌、剌撒、溜山、阿鲁、甘巴里、阿丹、佐法儿、竹步（Juba）、加异勒等二十国及旧港宣慰司，其君长皆赐彩币有差。"

③ 参见《纪录汇编》卷二〇二《前闻记》。按《通番事迹记》："宣德五年冬复奉使诸番国，舣舟祠（娄东刘家港天妃官）下。"又云："宣德五年仍往诸番开诏，舟师泊于祠下。"又云："明宣德六年岁次辛亥春朔正使太监郑和、王景弘，副使太监朱良、周福、洪保、杨真，左少监张达等。"则和等显于五年六月奉命，十二月自龙湾开航。而自太仓启行，则为六年春初事也。前记六次航海往返时月、石刻及纪行书和《明实录》《明史》之不同，都即以奉敕与出海相距时日远，一据奉命时日，一记航海时日，故有歧异。

④ 《明宣宗实录》卷七六："六年二月壬寅，满剌加头目巫宝赤纳等至京言：国王欲躬来朝贡，但为暹罗国王所阻。暹罗素欲侵害本国，本国欲奏，无能书者。今王令臣三人潜附苏门答剌舟来京，乞朝廷遣人谕暹罗王无肆欺凌，不胜感恩之至。上命行在礼部赐赍巫宝赤纳等。遣附太监郑和舟还国。令和赍敕谕暹罗国王。"

⑤ 《明史》卷三三二《天方传》，《瀛涯胜览·天方国》。

⑥ 祝允明《前闻记》。

1449，1457—1464）冲龄继位，杨士奇、杨荣、杨溥诸老臣当国，主少国疑，于是又回到了太祖时代的保守政策，不再想再向海外发展。同时郑和也是六十几岁的老头子了，不能再做远行，三十年来的海外活动于此告一结束。《明史》说：

> 和经事三朝，先后七奉使，所历占城（Campa）、爪哇（Java）、真腊（Kemboja）、旧港（Palembang）、暹罗（Siam）、古里（Calicut）、满剌加（Malacca）、渤泥（Borneo）、苏门答腊（Atcbeb）、阿鲁（Aru）、柯枝（Cochin）、大葛兰、小葛兰（Quilon）、西洋琐里（Chola）、加异勒（Cail）、阿措把丹、南巫里（Lambri）、甘把里（Koyampadi）、锡兰山（Ceylon）、喃淳利（即南巫里）、彭亨（Pahang）、急兰丹（Kelantan）、忽鲁谟斯（Hormuz）、比剌（Brawa）、溜山（Maldives）、孙剌（Sofala）、木骨都束（Mogadishu）、麻林（Malinde）、剌撒、祖法儿（Djofar）、沙里湾泥（Sharwayn）、竹步（Juba）、榜葛利（Bengala）、天方（Mekka）、黎代（Lide）、那孤儿（Battak）[1]，凡三十余国。所取无名宝物，不可胜计，而中国耗费亦不资。自宣德以还，远方时有至者，要不如永乐时，而和亦老且死。自和后凡

---

[1] 冯承钧《〈瀛涯胜览〉校注序》："考河丹（Aden）一国，名见马欢、费信、巩珍之书，亦系郑和所历之地，郑和本传漏举其名。《星槎胜览》之卜剌哇（Brawa）亦系宝船所至之地，亦不见于郑和本传，有人以为即是传中之比剌，然与对音未合，未敢以为是也。"

将命海表者，莫不盛称和以夸外番，故俗传三保太监[1]下西洋，为
明初盛事云。[2]

　　明初出使海外著劳绩的，还有太监杨敕（敏）、侯显、尹庆诸人。杨敕
于永乐十年（1412年）奉使往榜葛剌等国，永乐十二年（1414年）还京。[3]
侯显接着也出使榜葛剌、沼纳朴儿（Ganupur），令两国罢兵。[4]后又命周鼎
等往使。[5]尹庆于永乐元年（1403年）九月使满剌加、柯枝诸国。[6]永乐三年

① 三保太监明人有谓为郑和旧名者，如郎瑛《七修类稿》卷十二《三保太监》："永乐丁
亥命太监郑和、王景弘、侯显三人往东南诸国赏赐宣谕。今人以为三保监下西洋。不知郑
和旧名三保，皆靖难内臣有功者。"有谓为合郑和、王景弘、侯显三人称为三保太监者，如
严从简《殊域周咨录》卷七《占城传》："三保之称，不知系是郑和旧名，抑岂西洋私尊郑
和、王景弘、侯显等为三太保故也。"有谓为三下西洋有功，故称三宝太监者，王世贞《弇
山堂别集》卷九十《中官考》："永乐三年三月命太监郑和等率兵二万七千人行赏赐西洋、
古里、满剌加诸国。按此内臣将兵之始也。和自是凡三下西洋皆有功。人谓之三宝太监。"
按明初内官多有以三保为名者，如永乐八年五月初九日谕谭青诏："说与都督谭青、薛禄……
内官王安、五彦、三保、脱脱尔等……"八年六月三十日敕王友、刘才："尔等启行之时，
朕又遣内官三保说与尔等，但遇番寇，务立奇功头功。"有内官三保。并见《弇山堂别集》
卷八十八《诏令杂考四》。《明史》卷三三一《尼八剌传》有内官杨三保："永乐十一年命
杨三保赍玺书银币赐其嗣王沙葛新的及地涌塔王可般。"又有王三保，陆树声《长水日抄》：
"国初尝遣王三保太监出使西洋，所致番中方物入贡。"由此可知明初内官除郑和外，名三
保者甚多。三保为书普通人名，非尊称，其例正如内官狗儿之即为王彦。则三保似即是郑和
旧名也。和之僧名福善已见上文。
② 《明史》卷三〇四《郑和传》。
③ 《星槎胜览》前集。
④ 《明史》卷三〇四《郑和传》。
⑤ 《明史·郑和传附侯显传》："永乐十三年帝欲通榜葛剌（Bengala）诸国，复命显率舟
师以行。其国即东印度之地，去中国绝远。其王赛佛丁（Saifu-d'-din）即遣使贡麒麟及诸
方物。帝大悦，锡予有加。榜葛剌之西有国曰沼纳朴儿（Ganupur）者地居西印度中，古佛
国也。侵榜葛剌。赛佛丁告于朝。十八年九月命显往宣谕赐金币，遂能兵。"《明成祖实录》
卷一六六："十三年七月甲辰，使太监侯显等使榜葛剌诸番国。"卷二二八："十八年八月
乙亥，遣中官侯显等使沼纳朴儿国。时榜葛剌国王言沼纳朴儿国王亦不剌金（Samaur'-d-din
Ibvahim Sah）数以兵扰其境，故遣显等赍敕谕之，使相辑睦，各保境土。因赐之彩币。并
赐所过金刚宝座之地酋长彩币。"《明成祖实录》卷二六三："永乐二十一年九月，江阴等
卫都指挥佥事周鼎等九百九十二人奉使榜葛剌等国回。皇太子令礼部赏钞有差。"
⑥ 《明成祖实录》卷二三。

（1405年）九月返国，苏门答腊酋长宰奴里阿仲丁、满剌加国酋长拜里迷苏剌、古里国酋长沙米的俱遣使随还朝见。诸俱封为国王，与印诰，并赐彩币袭衣。复命尹庆往使。[①]尹庆第一次出使满剌加时，内官马彬亦同时被命使爪哇、西洋、苏门答腊诸番。[②]后又数奉命使占城。[③]张谦于永乐八年（1410年）与行人周航使浡泥国，永乐十、十四、十八年（1412、1416、1420年）又奉使往使，永乐十五年（1417年）九月又出使古麻剌郎国。[④]杨庆于永乐十八年（1420年）奉命往西洋公干，洪保于次年奉命送各番国使臣回还。[⑤]吴宾于永乐初曾使爪哇。[⑥]永乐三年（1405年）朝使曾往招谕吕宋、麻叶瓮、番速儿、来囊葛卜、南巫里、娑罗六国。[⑦]朝臣奉使西洋者有闻良辅、宁善[⑧]、王复亨[⑨]、马贵[⑩]诸人。

四、南洋诸国之臣服与华侨之移殖

成宣间（1402—1435）努力向南洋发展之结果，第一为经济上之收获，用瓷漆丝茶诸货物到南洋博易香料染料，以有易无，政府人民两都得益。第二是政治上的成功，战胜攻取，国威远播，南洋诸国，稽首来庭，甘为臣

---

① 《明成祖实录》卷四六。
② 《明成祖实录》卷二三。
③ 《东西洋考》卷二《占城》。
④ 《明成祖实录》卷一〇八、一九〇、二三〇，《明史》卷三二五《渤泥传》。
⑤ 《读书敏求记·西洋番国志》。
⑥ 《殊域周咨录》卷八《爪哇》。
⑦ 《明成祖实录》卷四七，《明史》卷三二三《吕宋传》。
⑧ 《明成祖实录》卷四六。
⑨ 《明成祖实录》卷四三。
⑩ 《明成祖实录》卷一一二。

属。第三是文化的传播，宝船迭出，信使往来，南洋诸国，因之深染华风。第四是华侨移殖之增加及势力之发展，因航路之开辟，及航海术的进步，加以郑和一行使人在南洋之成功，使中国侨民在南洋之地位陡然提高，在各方面都得便利，因之渡海博易及留居之人数顿增，以其灵敏耐劳的手腕，渐得当地人民之信仰，华侨遂取得南洋诸国经济上领袖之地位，同时进而参与当地政治，有的做了当地的执政，有的甚至做了国王。

明人对于南洋通洋的见解，以为"舶之为利也，譬之矿然。封闭矿洞，驱斥矿徒，是为上策。度不能闭，则国收其利权而自操之，是为中策。不闭不收，利孔漏泄，以资奸萌，啸聚其中，斯无策矣"①。以矿洞喻市舶司，矿徒喻海商。上策指洪武时代，中策指永乐至正德时代，无策指因倭寇而罢市舶之嘉靖时代。所谓"国收其利权而自操之"，指的是永宣时代的郑和七下西洋。

明代政府对番货的处置是用抽分的办法，番货有贡番和私商之别，凡贡番，"朝贡附至番货欲与中国贸易者，实物六分，给价偿之，仍免其税"②。政府有权抽买全部货物十分之六，为表示外交礼貌，特免其税。旧例应入贡番先给以符簿。③凡贡至，三司以合文视其表文方物无伪，乃送入京。若国王王妃陪臣等附至货物，抽其十分之五，其余官给之值。暹罗、爪

① 唐顺之《荆川集》外集《条陈海防经略事疏》。
② 《明太祖实录》洪武二年九月。
③ 《大明会典》卷一○八《朝贡通例》："凡勘合号簿，洪武十六年始给暹罗国，以后渐及诸国。每国勘合二百道，号簿四扇。如暹罗国暹字勘合一百道及罗字号底簿各一扇俱送内府。罗字号勘合一百道及暹字号底簿一扇发本国收填。罗字号簿一扇发广东布政司收比。余国亦如之。每改元则更造换给。计有勘合国分，暹罗、日本、占城、爪哇、满剌加、真腊、苏禄国东王、苏禄国西王、苏禄国峒王、柯枝、渤泥、锡兰山、古里、苏门答腊、古麻剌。"

哇二国免抽。①其番商私赍货物入为易市者，"舟至水次，番封籍之，抽其十二，乃听贸易"②。永宣时代除市舶抽分以外，直接由国家派遣远征舰队去海外博易，输出国货，买进番货，所得利益更大。宣德以后，宝船不出，诸番贡使来市。"椒木铜鼓，戒指宝石，溢于库市。番货甚贱，贫民承令博买，多致富。"③

市舶和国计民生的关系，嘉靖中都御史林富曾上疏陈论。他说：

中国之利，盐铁为大，有司取办，仡仡终岁，仅充常额。一有水旱劝民纳粟，犹惧不克。旧规至广番舶，除贡物外，抽解私货，俱有则例，足供御用，此其利之大者一也。番货抽分，解京之外，悉充军饷，今两广用兵连年，库藏日耗，借此足以充羡而备不虞，此其利之大者二也。广西一省全仰给于广东，今小有征发，即措办不前，虽折俸椒木④，久已缺乏，科扰于民，计所不免。查得旧番舶通时，公私饶给，在库番货，旬月可得银两数万，此其为利之大者三也。货物旧例有司择其良者如价给直，其次资民买卖，故小民持一钱之货，即得握菽，辗转贸易，可以自肥，广东旧称富庶，良以此耳，此其为利之大者四也。助国给军，既有赖焉，而在官在民，又无不给，是因民之所利而利之者也，非所谓开利孔而为民罪梯也。⑤

---

① 《大明会典》卷一一一《给赐二·外夷上贡物给价》："琉球国，正贡外附来货物，官抽五分，买五分。暹罗，使臣人等进到货物，例不抽分，给与价钞。爪哇，贡物给价。渤泥国，正贡外附带货物俱给价。苏门答剌国，正贡外使臣人等自进物俱给价。苏禄国，货物例给价，免抽分。西洋琐里，永乐元年来朝，附载胡椒等物皆免税。满剌加国，正贡外，来货物皆给价，其余货物许令贸易。榜葛剌国，使臣人等自进物俱给价。"
② 顾炎武《天下郡国利病书》卷一二〇《海外诸番》。
③ 同上。
④ 明代广州及东南沿海官吏，多以胡椒、苏木折俸。见《天下郡国利病书》卷一二〇。
⑤ 《殊域周咨录》卷九《佛郎机》。

110

计利一御用，利二给军，利三折俸，利四富民。在永宣时代，又加上大规模的政府主持的海外博易，其收入之浩大，当可推想而知。所以在郑和七下西洋后四十年，又有太监迎合宪宗（在位时间：1465—1487）的意思，到兵部查索宣德时郑和出使的水程，预备再做远征海外的壮举，终为保守的言官所论谏而作罢论。[①]

在政治方面，南洋诸国经过郑和几次的卓越战功，和外交手腕的发挥，同时明成祖和宣宗六征蒙古，三定安南，国威远播，南洋诸国莫不来朝恐后，除循常例派使臣进贡外，诸国王中有亲自航海到京朝见，表示臣属者。永乐四年（1406年）拉布恩岛（Labuan）岛之中国河（Kina Benua River）[②]，都是著例。

华侨之移殖亦如雨后春笋，突然增加。据《明史·婆罗传》：

> 万历时为王者闽人也。或言郑和使婆罗，有闽人从之，因留居其地，其后人竟据其国而王之。

《苏禄史》亦记十四世纪时有中国使臣黄森屏（Ong Sung ping）到浡泥，后任支那巴坦加总督。其女嫁文莱（Brunei）第二苏丹阿合曼（Ahmed），凡二十余传以迄今。其王统由女系递传。阿合曼之女嫁爱丽（Sherip Ali），后继王位，即今文莱王始祖也。[③]郑和部下留居南洋，确有史料可据。《明英宗实录》记前随郑和下蕃之太监洪保所属一船，由西洋发

---

① 参见《刘忠宣公（大夏）年谱》。《殊域周咨录》卷八《古里》："成化间（《刘忠宣公（大夏）年谱》列此事于成化九年）有中贵迎合上意者，举永乐故事以告，诏索郑和出使水程（《刘忠宣公（大夏）年谱》作上命中官至兵部查宣德间王三保出使西洋水程）。兵部尚书项忠命吏入库检旧案不得，盖先为车驾郎中刘大夏所匿。忠咨吏，复命入检，终莫能得。大夏秘不言。会台谏论止其事。忠诘吏谓库中案卷宁能失去，大夏在旁对曰：'三保下西洋，费钱粮数十万，军民死且万计。纵得奇宝而回，于国家何益，此特一敝政，大臣所当切谏者也。旧案虽存，亦当毁之以拔其根，尚何追究其有无哉！'"
② 参见温雄飞《南洋华侨通史》64页。
③ Baring Gould《砂劳越史》。

碇时船中凡三百人，后遭风漂泊，辗转流徙，经十八年后，得回国者仅府军卫卒赵旺等三人。[①]其余未能返国之二百余人，当然留居各地，从事于蛮荒之开发。又如商人下番者亦往往留居，如苏禄之留人为质，要约商舶再来。[②]美洛居（Malacca）有香山，雨后香堕，沿流满地，居民拾取不竭，其酉委积充栋，以待商舶之售。东洋不产丁香，独此地有之，可以辟邪，故华人多市易。以此侨居者亦众。万历时荷兰人与葡萄牙人因争美洛居构兵，华人流寓者，游说两国，令各罢兵。[③]吕宋尤多华侨，以去漳州近，故贾舶多往，往往久住不归，名为压冬，聚居涧内为生活，渐至数万，间有削发长子孙者。[④]华商久居南洋，占有势力。成化二十一年（1485年）至令东莞商人张宣率官军二千送占城王古来返国。[⑤]有的做了当地的官吏或执政，如漳州人张姓之为浡泥那督（Datn），那督华言尊官也。[⑥]汀州人谢文彬之为暹罗岳坤，岳坤犹华言学士之类。[⑦]饶州人朱复、南安人蔡璟之为琉球国相。[⑧]诸国来朝之译人及使臣亦多由华人充任，如万安人萧明举之为满刺加通事[⑨]，火者亚三之为葡萄牙人使者[⑩]，琉球使者则多为福建人[⑪]。

罪人及海盗以在国内不能立足，亦多避居南洋，如前文所引之梁道明、陈祖义、丘彦诚、施进卿父子诸人之雄长旧港，南海叛民何八观等之

① 《明英宗实录》卷一六九。
② 《明史》卷三二五《苏禄传》。
③ 《明史》卷三二三《美洛居传》。
④ 《东西洋考》卷五《吕宋传》。
⑤ 《东西洋考》卷五《占城传》。
⑥ 《明史》卷三二五《浡泥传》。
⑦ 《殊域周咨录》卷八《暹罗传》。
⑧ 《明史》卷三二三《琉球传》。
⑨ 《明史》卷三二五《满剌加传》。
⑩ 《明史》卷三二五《佛郎机传》。
⑪ 《明史》卷三二三《琉球传》。

屯聚岛外。^①嘉靖末年，倭寇余党遁居吉兰丹，生聚至二千余人。^②广东大盗张琏逃居旧港，列肆为番舶长，漳、泉人多附之。犹中国市舶官。^③林凤（Limahong）、林道乾为官军所败，逃至海外，与西班牙争夺菲律宾群岛。^④这一些人在国内虽然是为非作恶，一到了南洋，却变成为当地的英雄，受人崇拜。

从永宣时代积极经营南洋以后，南洋已成为中国之一部，无论在政治、经济或文化方面，均为中国之附庸。南洋之开拓及开化完全属于我国人努力之成绩。假如宣德以后，政府能继续经营，等不到欧洲人之东来，南洋诸国已成为中国版图之南境，和其母国合为一大帝国。或许世界史要全部改写了。可是宣德以后的历朝政府，放弃了这责任，并且不愿继承前人的伟绩，退婴自守，听其自然。这担子便又重新放到无数千万的无名英雄头上，他们不但没有国家的力量做后盾，并且冒着违犯国法的危险，凭着勇气和求生的欲望，空拳赤手，乘风破浪，到海外去开辟他们的新世界新事业，凭着优秀民族的智慧去征服环境，做当地人的领导者。

正统（1436—1449）以后，政府对南洋取放任政策，结果在商业方面由政府独占而恢复到以前的私人经营，在政治方面南洋诸国也由向心力而转变到离心力。八十年后，欧洲人为了找寻香料群岛（Spice Islands，Malacca）陆

---

① 《东西洋考》卷二《暹罗》。

② 《东西洋考》卷三《大泥传》。

③ 日人藤田丰八以为即西班牙史家 Fr. Juan de la Concepcion 所记之 Jehang Si Lao，见《东洋学报》第八卷第一号《葡萄牙人之占据澳门》文中。按《续文献通考》记万历时有大盗林朝曦亦在三佛齐列肆为番舶长，如中国市舶官。

④ 《明史》卷二二二《凌云翼传》、卷三二三《吕宋传》；L. F. Fermandeg, *A Brief History of the Philippines*, pp. 89–84；藤田丰八《葡萄牙人之占据澳门》，载《东洋学报》第八卷第一号；张星烺《菲律宾史上之李马奔（Limahong）真人考》，载《燕京学报》第八期；李长傅《〈菲律宾史上之李马奔真人考〉补遗》，载《燕京学报》第九期；黎光明《〈菲律宾史上之李马奔真人考〉补正》，载《燕京学报》第十期。

续东来，他们不但拥有武力，并且有国家的力量做后盾，得步进步，不到几十年便使南洋地图全部变色，自然而然地替代了以前我国人的地位。华侨寄居外人篱下，备受虐待，眼看着自己耕耘的土地，都被后来人享用。我国政府不能过问。这是中国史上一个大转变，也是世界史上的一个大关键。

第四章　明代的军兵[*]

一、军与兵

明初创卫所制度，划出一部分人为军，分配在各卫所，专负保卫边疆和镇压地方的责任。军和民完全分开。中叶以后，卫军废弛，又募民为兵，军和兵成为平行的两种制度。

军是一种特殊的制度，自有军籍。在明代户口中，军籍和民籍、匠籍平行，军籍属于都督府，民籍属于户部，匠籍属于工部。军不受普通行政官吏的管辖，在身份、法律和经济上的地位都和民不同。军和民是截然地分开的。兵恰好相反，任何人都可应募，在户籍上也无特殊的区别。军是世袭的，家族的，固定的，一经为军，他的一家系便永远世代充军，住在被指定的卫所。直系壮丁死亡或老病，便须由次丁或余丁替补。如在卫所的一家系已全部死亡，还须到原籍勾族人顶充。兵则只是本身自愿充当，和家族及子孙无关，也无固定的驻地，投充和退伍都无法律的强制。军是国家经制的，永久的组织，有一定的额数，一定的戍地。兵则是临时召募的，非经制的，无一定的额数，也不永远屯驻在同一地点。

---

[*]此章原稿《军与兵》在吴晗先生遗物中缺失。本书将吴晗1937年6月发表在《中国社会经济史集刊》第5卷第2期的《明代的军兵》放在该章后作补充。——编者注。

在明代初期，军费基本上是自给自足的，军饷的大部分由军的屯田收入支给。在国家财政的收支上，军费的补助数量不大。虽然全国的额设卫军总数达到二百七十余万的庞大数字[①]，国家财政收支还能保持平衡。遇有边方屯田的收入不敷支给时，由政府制定"开中"的办法，让商人到边塞去开垦，用垦出的谷物来换政府所专利的盐引，取得买盐和卖盐的权利。商人和边军双方都得到好处。

兵是因特殊情势，临时招募的。招募时的费用和入伍后的月饷都是额外的支出。这种种费用原来没有列在国家预算上，只好临时设法，或加赋，或加税，或捐纳，大部由农民负担。因之兵的额数愈多，农民的负担便愈重。兵费重到超过农民的负担能力时，政府的勒索和官吏的剥削引起农民的武装反抗。政府要镇压农民，又只好增兵，这一笔费用还是出在农民身上。

卫所军经过长期的废弛而日趋崩溃，军屯和商屯的制度也日渐破坏，渐渐地不能自给，需要由国家财政开支。愈到后来，各方面的情形愈加变坏，需要国家的财政供给也愈多。这费用也同样地需由农民负担。同时又因为军力的损耗，国防脆弱，更容易引起外来的侵略。卫军不能作战，需要募兵的数量愈多。这两层新负担，年复一年地递加，国家全部的收入不够军兵费的一半，只好竭泽而渔，任意地无止境地增加农民的负担，终于引起历史上空前的农民暴动。政府正在用全力去镇压，新兴的建州却又乘机而入，在内外交逼的情势下，颠覆了明室的统治权。

除中央的军和兵以外，在地方的有民兵，民壮（弓兵、机兵、快手），义勇种种地方警备兵。在边地的有土兵（土军）、达军（蒙古降卒）。在内

---

① 《明史》卷九一《兵志》，弘治十四年（1501年）兵部侍郎李孟旸《请实军伍疏》："天下卫所官军原额二百七十余万。"

地的有苗兵、狼兵（广西土司兵）、土兵等土司兵。将帅私人又有家丁、家兵、亲兵。各地职业团体又有由矿工所组织的矿兵，盐丁所组织的盐兵，僧徒所组织的少林兵、伏牛兵、五台兵。也有以特别技艺成兵的，如河南之毛葫芦兵、习短兵，长于走山；山东有长竿手，徐州有箭手，井陉有蚂螂手，善运石，远可及百步。福建闽漳泉之镖牌兵等等。[①]

从养军三百万基本上自给的卫兵制，到军兵费完全由农民负担，国库支出；从有定额的卫军，到无定额的募兵；从世袭的卫军，到雇用的募兵，这是明代历史上一件大事。

次之，军因历史的、地理的、经济的关系，集中地隶属于国家。在战时，才由政府派出统帅总兵，调各卫军出征。一到战事终了，统帅立刻被召回，所属军也各归原卫。军权不属于私人，将帅也无直属的部队。兵则由将帅私人所召募、训练，和国家的关系是间接的。兵费不在政府的岁出预算中，往往须由长官向政府力争，始能得到。同时兵是一种职业，在中央权重的时候，将帅虽有私兵，如嘉靖时戚继光之戚家军，俞大猷之俞家军，都还不能不听命于中央。到明朝末年，民穷财尽，内外交逼，在非常危逼的局面下，需要增加庞大的兵力，将帅到处募兵，兵饷都由将帅自行筹措，发生分地分饷的弊端，兵皆私兵，将皆藩镇，兵就成为扩充将帅个人权力和地位的工具了。

二、卫所制度

明太祖即皇帝位后，刘基奏立军卫法。[②]《明史》卷八九《兵志

---

① 《明史》卷九一《兵志》，弘治十四年（1501年）兵部侍郎李孟旸《请实军伍疏》。
② 《明史》卷一二八《刘基传》。

序》说：

> 明以武功定天下，革元旧制，自京师达于郡县，皆立卫所。外统之都司，内统于五军都督府。而上十二卫为天子亲军者不与焉。征伐则命将充总兵官，调卫所军领之。既旋则将上所佩印，官军各回卫所，盖得唐府兵遗意。

这制度的特点是平时把军力分驻在各地方，战时才命将出师，将不专军，军不私将，军力全属于国家。卫所的组织，《兵志二·卫所门》记：

> 天下既定，度要害地系一郡者设所，连郡者设卫。大率五千六百人为卫，千一百二十人为千户所，百十有二人为百户所。所设总旗二，小旗十，大小联比以成军。

卫有指挥使，所有千户百户。总旗辖五十人，小旗辖十人。各卫又分统于都指挥使司（简称都司），司有都指挥使，为地方最高军政长官，和治民事的布政使司，治刑事的按察使司，并称三司，洪武二十六年（1393年）时定天下都司卫所，共计都司十七（北平、陕西、山西、浙江、江西、山东、四川、福建、湖广、广东、广西、辽东、河南、贵州、云南、北平三护卫、山西三护卫）。行都司三（北平、江西、福建）。留守司一（中都）。内外卫三百二十九，守御千户所六十五。成祖以后，多所增改，都司增为二十一（浙江、辽东、山东、陕西、四川、广西、云南、贵州、河南、湖广、福建、江西、广东、大宁、万全、山西、四川行都司、陕西行都司、湖广行都司、福建行都司、山西行都司）。留守司二（中都、兴都）。内外卫增至四百九十三，守御屯田群牧千户所三百五十九。[①]

全国卫军都属于中央的大都督府。大都督府掌军籍，是全国的最高军

---

① 按《明史·职官志五》："计天下内外卫，凡五百四十有七，所凡二千五百九十有三。"

事机关。洪武十三年（1380年）分大都督府为中、左、右、前、后五军都督府。洪武二十六年定分领在京各卫所及在外各都司卫所。其组织如下：

每府设左右都督各一，掌治府事。成祖以后，又改组如下：

五军都督府 {

左军都督府 {
在京卫所
浙江都司
辽东都司
山东都司

右军都督府 {
在京卫所
陕西都司
陕西行都司
四川都司及土官（天全六番招讨司陇本头长官司等土司）
四川行都司及土官（昌州长官司等土司）
广西都司
云南都司及土官（茶山长官司等土司）
贵州都司及土官（新添长官司等土司）
在外直隶宣州卫

中军都督府 {
在京卫所
中都留守司
河南都司
在外直隶扬州卫等卫所

前军都督府 {
在京卫所
湖广都司及土官（永顺军民宣慰司等土司）
湖广行都司
兴都留守司
福建都司
福建行都司
江西都司
广东都司
在外直隶九江卫

后军都督府 {
在京卫所
大宁都司
万全都司
山西都司
山西行都司
在外直隶蓟州卫等卫所

各地都司分隶于各都督府，其组织如下：

和都督府相配合的机关是兵部，长官为兵部尚书，"掌天下武卫官军选授简练之政令"，其下设四清吏司，各设郎中一人，员外郎一人，主事二人：

兵部　　　　　　　　武选清吏司 掌卫所土官选授升调袭退功赏之事
　　　　　　　　　　职方清吏司 掌舆图军制城隍镇戍简练征讨之事
尚书一人，　　　　　车驾清吏司 掌卤簿仪仗禁卫驿传厩牧之事
左右侍郎各一人　　　武库清吏司 掌戎器符勘尺籍武学薪隶之事

都督府是统军机关，各省各镇镇守总兵官副总兵都以三等①真署都督及公侯伯充任。有大征讨，则由政府指派挂诸号将军②或大将军前将军副将军印总兵出，事定缴印回任。明初开国时，武臣最重③，英国公张辅兄信，至以侍郎换授指挥同知。武臣出兵，多用文臣参赞，如永乐六年（1408年）黔国公沐晟讨交趾简定，以尚书刘儁参军事。宣德元年（1426年）成山侯王通讨交趾黎利，以尚书陈洽参赞军务。正统以后，文臣的地位渐高，出征时由文臣任总督或提督军务，经画一切，武臣只负领军作战的任务。如正统六年（1441年）麓川之役，定西伯蒋贵充总兵官，以兵部尚书王骥总督军务，正统十四年讨福建邓茂七，宁阳侯陈懋为总兵官，以刑部尚书金濂提督军务。

① 左右都督，都督同知，都督佥事。
② 《明史》卷六八《舆服志四》："武臣受重寄者，征西、镇朔、平蛮诸将军银印虎纽，方三寸三分，厚九分，柳叶篆文。洪武中尝用上公佩将军印，后以公侯伯及都督充总兵官，名曰挂印将军。有事征伐，则命总兵佩印以往，旋师则上所佩印于朝。"卷七六《职官志五》："其总兵挂印称将军者，云南曰征南将军，大同曰征西前将军，湖广曰平蛮将军，两广曰征蛮将军，辽东曰征虏前将军，宣府曰镇朔将军，甘肃曰平羌将军，宁夏曰征西将军，交趾曰副将军，延绥曰镇西将军（诸印洪熙元年制颁）。其在蓟镇、贵州、湖广、四川及僙运淮安者，不得称将军挂印。"
③ 《明史》卷一四五《张玉传》："帝尝谓英国公辅有兄弟可加恩者乎？辅顿首言锐轵蒙上恩，备近侍，然皆奢侈。独从兄侍郎信贤可使也。帝召见信曰：是英国公兄耶？趣武冠冠之，改锦衣卫指挥同知世袭。时去开国未远，武阶重故也。"

成化元年（1465年）讨大藤峡瑶，都督同知赵辅为征夷将军，以左金都御史韩雍赞理军务。同年出兵镇压荆、襄农民暴动，抚宁伯朱永充靖虏将军，以工部尚书白圭提督军务。三年讨建州，武靖伯赵辅充总兵官，以左都御史李秉提督军务。从此文臣统帅，武臣领兵，便成定制。在政府的用意是以文臣制武臣，防其跋扈。结果是武臣的地位愈来愈低。正德以后幸臣戚里多用恩幸得武职，愈为世所轻。在内有部、科，在外有监军、总督、巡抚，重重弹压，五军都督府职权日轻，将弁大帅如走卒，总兵官到兵部领敕，必须长跪，"间为长揖，即谓非体"。到了末年，卫所军士，虽一诸生，都可任意役使了。

各省都指挥使是地方的最高军政长官，统辖省内各卫所军丁，威权最重。在对外或对内的战事中，政府照例派都督府官或公侯伯出为总兵官，事后还任。明初外患最频的是北边的蒙古，派出边地防御的总兵官渐渐地变成固定，冠以镇守的名义，接着在内地军事要害地区也派总兵官镇守，独任一方的军务。又于其下设分守，镇守一路；设守备，镇守一城或一堡。至和主将同城的则称为协守。总兵之下有副总兵、参将、游击将军、守备、把总等名号。总兵是由中央派出的，官爵较高，职权较专，都指挥使是地方长官，渐渐地就成为总兵官的下属了。后来居上，于是临时派遣的总兵官驻守在固定的地点，就代替了都指挥使原来的地位了。

总兵官变成镇守地方的军事统帅以后，在有战事时，政府又派中央大员到地方巡抚，事毕复命，后来巡抚也成固定的官名，驻在各地方。因为这官的职务是在抚安军民，弹压地方，所以以都御史或副金都御史派充。因为涉及军务，所以又加提督军务或赞理军务、参赞军务名义。巡抚兼治一方的民事和军务，不但原来的都、布、按三司成为巡抚的下属，即总兵官也须听其指挥。景泰以后因军事关系，在涉及数镇或数省的用兵地区，添设总督军务或总制、总理，派重臣大员出任。有的兵事终了后即废不设，有的却就成为长设的官。因为辖地涉及较广，地位和职权也就在巡抚之上。末年"流寇"和建州内外夹攻，情势危急，政府又特派枢臣（兵部尚书）外出经略，后来又派阁臣（大学士）出来督师，权力又在总督之上。这样层层叠叠地加上统辖的上官，原来的都指挥使和总兵官自然而然地每况愈下，权力日小，地位日低了。综合上述的情形，从下表中我们可以看出明代地方军政长官地位的衍变。

（一）

都指挥使—指挥使—千户—百户—总旗—小旗

（二）

总　兵　官

（以都督及公侯伯充任）

副将—副总兵—参将—游击将军—守备—把总

（三）

巡抚

（以都御史副佥都御史或兵部尚书侍郎等官充任）

经略

（以兵部尚书充）

（四）

总督

（以兵部尚书或侍郎允任兼都御史衔）

（五）

督师

（以大学士任）

卫所军丁的总数，在政府是军事秘密，绝对不许人知道。[1]甚至掌治军政的兵部尚书，和专司纠察的给事御史也不许预闻。[2]我们现在就《明太祖实录》卷二二三记载看，洪武二十五年的军数如下表：

在京武官…………2747员　　在外武官…………13742员

军　　士…………206280人　　军　　　士…………992154人

马…………………4751匹　　马…………………40329匹

总数超过一百二十万。洪武二十六年以后的军数，按卫所添设的数量估计，应该在一百八十万以上。明成祖以后的军数，约在二百八十万左右。[3]万历时代的军数如下表：[4]

各镇军马额数表

各镇		军数		马数	
		原额*	现额*	原额*	现额*
蓟镇：	蓟州	39339	31658	10700	6399
	密云	9065	33569	2032	13120 ▲
	永平	22307	39940	6083	15080 ▲
	昌平	14295	19039	3015	5625 ▲
辽东		94693	83340	77001	41830 ▲

① 敖英《东谷赘言》下："我国初都督府军数，太仆寺马数，有禁不许人知。"
② 陈衎《槎上老舌》："祖制五府军外人不得预闻，惟掌印都督司其籍。前兵部尚书邝埜向恭顺侯吴某索名册稽考，吴按例上闻，邝惶惧疏谢。"《明史》卷八九《兵志一》："先是京师立神机营，南京亦增设，与大小二教场同练军士，常操不息，风雨方免，有逃籍者。宪宗命南给事御史时至二场点阅。成国公朱仪及太监安宁不便，诡言军机密务，御史诘问名数非宜。帝为罪御史，仍令守备参赞官阅视，著为令。"
③ 《明史》卷九一《兵志》，弘治十四年（1501年）兵部侍郎李孟旸《请实军伍疏》："天下卫所官军原额二百七十余万。"
④ 《大明会典》卷一二九至一三一各镇分例。

（续上表）

各镇	军数		马数	
	原额 ★	现额 ★	原额 ★	现额 ★
保定	29308	34697	1199	4791 ▲
宣府	151452	79258	55274	33147 ▲
大同	135778	85311	51654 ▲	35870 ▲
山西	25287	55295	6551 ▲	24764 ▲
延绥	80196	53254	45940	32133 ▲
宁夏	71693	27934	22182	14657
固原	126919	90412	32250 ▲	33842 ▲
甘肃	91571	46901	29318	21660 ▲
四川	14822	10897		
云南	63923	62593		
贵州		28355		
广西	121289	13097		
		25854		
湖广		68829		
广东		29947		
		35268		
南直隶	102167	7149		
浙江	130188	78062		
江西	39893	20848		
南赣		9148		
		8171		
		829		
		1928		
福建	125381	38475		
山东	43631			
	2217			
河南	31177			
	20020			
总共	1586611	1120058	343199	282918

★原额：永乐以后。现额：万历初年。

▲包括马驼牛骡在内。

126

明初卫所军士的来源，大概可分四类，《明史》卷九〇《兵志二》记：

> 其取兵有从征，有归附，有谪发。从征者诸将所部兵，既定其地，因以留戍。归附则胜国及僭伪诸降卒。谪发以罪迁隶为兵者。其军皆世籍。

从征和归附两项军士都是建国前后的旧军。谪发一项则纯以罪人充军。名为恩军①，亦称长生军②。如永乐初屠杀建文诸臣，一人得罪，蔓连九族外亲姻连都充军役。③成化四年（1468年）项忠平荆、襄农民暴动，俘获三万余人，户选一丁戍湖广边卫。④都是著例。

除以上三项外，第四类是垛集军，是卫军最大的来源。《明史》卷九二《兵志四》说：

> 明初垛集令行，民出一丁为军，卫所无缺伍，且有羡丁。……成祖即位，遣给事等官分阅天下军，重定垛集军更代法。初，三丁已上，垛正军一，别有贴户，正军死，贴户丁补。至是令正军贴户更代，贴户单丁者免，当军家蠲其一丁徭。

平民一被佥发充军，便世世子孙都入军籍，不许变易。民籍和军籍的区分极为严格。⑤民户有一丁被垛为军，政府优免他的原籍老家的一丁差徭，以为弥补。军士赴戍所时，宗族为其治装，名为封桩钱⑥。在卫军士

---

① 《明太祖实录》卷二三二："洪武二十七年（1394年）四月癸酉，诏兵部凡以罪谪充军者，名为恩军。"
② 陆容《菽园杂记》卷八："本朝军伍皆谪发罪人充之，使子孙世世执役，谓之长生军。"
③ 黄瑜《双槐岁钞》卷四："齐（泰）黄（子澄）奸恶，九族外亲姻连亦皆编伍，有遍一县连蔓尽而及他邦者，人最苦之。"
④ 《明史》卷一八七《项忠传》。
⑤ 《明太祖实录》卷一三一："洪武十三年（1380年）五月乙未，诏曰：军民已有定籍。敢有以民为军，乱籍以扰吾民者禁止之。"
⑥ 宋濂《宋学士文集》补遗三《棣州高氏先茔石表辞》："北兵戍南土者宗族给其衣费，谓之封桩钱。"这名称到明代也仍沿用。

除本身为正军外，其子弟称为余丁或军余，将校的子弟则称为舍人。宣德四年（1429年）定例免在营余丁一丁差役，令其供给军士盘缠①。边军似乎较受优待，如辽东旧制，每一军佐以三余丁。②内地的余丁亦称帮丁，专供操守卒往来费用。③日常生活则概由政府就屯粮支给，按月发米，称为月粮。其多少以地位高下分等差。洪武时令在京在外各卫马军月支米二石，步军总旗一石五斗，小旗一石二斗，军一石。守城者如数给屯田者半之。④恩军家四口以上一石，三口以下六斗，无家口者四斗。月盐有家口者二斤，无者一斤。⑤衣服则岁给冬衣棉布棉花夏衣夏布，在出征时则例给胖袄鞋裤。⑥

三、京军

明初定都南京，集全国卫军精锐于京师。有事以京军为主力，抽调各地卫军为辅。又因蒙古人时图恢复，侵犯北边，命将于沿边安置重兵防守，分封诸子出王边境，大开屯田，且耕且守。靖难役后，明成祖迁都北京，以首都置于国防前线，成为全国的军事中心。定制立三大营，一曰五军，一曰三千，一曰神机，合称为京军。

---

① 《大明会典》卷一五五。
② 《明史》卷二〇三《吕经传》："故事每军一，佐以余丁三。"
③ 《明史》卷二〇五《李遂传》："嘉靖三十九年（1560年）江北河池营卒以千户吴钦革其帮丁，殴而缚之竿。帮丁者操守卒给一丁资往来费也。"
④ 《明史》卷一七七《李秉传》："景泰二年（1451年）言：军以有妻者为有家，月饷一石。无者减其四。即有父母兄弟而无妻，概以无家论，非义，当一体增给，从之。"同书卷二〇五《李遂传》："旧制南军有妻月粮米一石，无者减其四。春秋二仲月米石折银五钱。"
⑤ 《明史》卷八二《食货志六·俸饷》。
⑥ 《明史》卷一七七《王复传》。

五军营的组织，太祖时设大都督府，节制中外诸军，京城内外置大小二场，分教四十八卫卒。洪武四年（1371年）士卒之数二十万七千八百有奇。洪武十三年分大都督府为前、后、中、左、右五军都督府。成祖北迁后，增为七十二卫。永乐八年（1410年）亲征本雅失里，分步骑军为中军，左、右掖，左、右哨，称为五军，除在京卫所外，每年又分调中都、山东、河南、大宁各都司兵十六万人，轮番到京师操练，称为班军。

三千营以边外降丁三千人组成。

神机营专用火器，永乐时平交阯得到火器，立营肄习。后来又得到都督谭广进马五千，置营名"五千"，掌操演火器。

三大营在平时，五军肄营阵，三千肄巡哨，神机肄火器。在皇帝亲征时，大营居中，五军分驻，步内骑外，骑外为神机，神机外为长围，周二十里，樵采其中。

皇帝侍卫亲军有锦衣卫和十二卫亲军。御马监又有武骧，腾骧，左、右卫，称四卫军。

明初京军总数在八十万以上。[1]永乐时征安南，用兵至八十万。[2]正统中征麓川，用兵亦十五万。[3]永乐宣德二朝六次对蒙古用兵，都以京军为主力。到正统十四年（1449年）土木之变，丧没几尽。《明史》卷一七〇《于谦传》说：

> 时京师劲甲精骑皆陷没。所余疲卒不及十万。人心震恐，上下无
> 固志。

---

① 《明史》卷一八五《吴世忠传》："弘治十一年（1498年）言：国初设七十二卫，军士不下百万。"同书卷八九《兵志一》："嘉靖二十九年（1550年）吏部侍郎王邦瑞摄兵部，因言：'国初京营劲旅不减七八十万。'"
② 《明史》卷一五四《张辅传》。
③ 《明史》卷一七一《王骥传》。

事后一面补充，一面着手改革。当时主持兵政的兵部尚书于谦以为三大营的缺点，是在分作三个独立组织，各为教令。临时调发，军士和将弁都不相习。乘机改革，在诸营中选出精兵十万，分作十营集中团练，名为团营。其余军归本营，称为老家。京军之制为之一变。到成化时又选出十四万军分十二营团练，称为选锋，余军仍称老家，专任役作。团营之法又稍变。到正德时因"流寇"之乱，调边军入卫，设东西官厅练兵，于是边军成为选锋，十二团营又成为老家了。嘉靖时经过几次严重的外患，几次改革，又恢复三大营旧制，改三千为神枢营，募兵四万充伍。形式上虽然似乎还原，可是以募兵代世军，实质上却已大不相同了。

京军内一部分由外卫番上京师者称为班军。在名义上是集中训练，巩卫京师。实际上却被政府和权贵役作苦工，《明史》卷九〇《兵志二》说：

> 成化间海内燕安，外卫卒在京只供营缮诸役，势家私占复半之，卒多畏苦，往往愆期。

修建宫殿陵墓，浚理城池，一切大工程都以班军充役，使供役军士，财力交殚，每遇班操，宁死不赴。[①]甚至调发出征的也被扣留役使，《明史》卷一九九《郑晓传》记：

> 俺答围大同右卫急……晓言：今兵事方棘，而所简听征京军三万五千人，乃令执役赴工，何以备战守，乞归之营伍。

结果使各地卫军以番上为畏途。有的私下纳银于所属将弁，求免入京。有事则召募充数，名为"折乾"。嘉靖二十九年（1550年）职方主事沈朝焕在点发班军月饷时，发现有大部分是雇乞丐代替的。后来索性专以班军做

---

① 《明史》卷一八一《李东阳传》，同书卷一九三《费宏传》："太仓无三年之积，而冗食日增，京营无十万之兵，而赴工不已。"卷一九四《梁材传》："嘉靖六年（1527年）时修建两宫七陵，役京军七万，大役频兴，役外卫班军四万六千人，郭勋借其不至者，责输银雇役，廪食视班军。"

工，也不营操了。班军不做工和不在工作期间的便改行做商贩工艺，按时给他们所属的班将一点钱。到末年边事日急，又把班军调到边方，做筑垣负米的劳役。从班军一变而为班工，从应役番上到折乾雇募，虽然名义上还仍旧贯，可是实质上却已经变质了。

在京卫军的情形，也和班军一样地困于役作。成化时以太监汪直总督团营，此后京军便专掌于内臣。其他管军将弁也照例由勋戚充任。在这一群贪婪的太监和纨绔的将弁统率之下，发生了种种弊端：第一是占役，军士名虽在籍，实际上却被权贵大官所隐占，替私人做工服役，却向政府领饷。第二是虚冒，军籍本来无名，却被权贵大官硬把家人苍头假冒选锋壮丁名色，月支厚饷。有人领饷，却无人应役。[1]第三是军吏的舞弊，军士在交替时，军吏需索重贿，贫军不能应付，虽然老羸，也只好勉强干下去。精壮子弟反而不得收练；以此军多老弱。第四是富军的贿免，有钱的怕营操征调，往往贿托将弁，把他搁在老家数中。贫军虽极疲老，也只能勉强挨命。积此四弊，再加上在营军士的终年劳作，没有受训练的机会，名虽军士，实则工徒。结果自然营伍日亏，军力衰耗，走上崩溃的途径。[2]成化末年京军缺伍至七万五千有奇。到武宗即位时，十二团营锐卒仅六万五百余人，稍弱者二万五千。武宗末年给事中王良佐奉敕选军，按军籍应当有三十八万余人，较明初时已经只剩十分之五，实存者不及十四万，较原额缺伍至六分之五，较现额也缺伍到五分之三强。可是中选者又只二万余人。世宗立，额兵只有十万七千余人，实存者仅半。嘉靖二十九年（1550年）俺答围都城，兵部尚书丁汝夔核营伍不及五六万人，驱出都门，皆流涕不敢前。吏部侍郎王邦瑞摄兵部，疏言：

---

① 《明史》卷二六五《李邦华传》。
② 《明史》卷八九《兵志一》。

国初京营劲旅，不减七八十万，元戎宿将，常不乏人。自三大营变为十二团营，又变为两官厅，虽浸不如初，然额军尚三十八万有奇。今武备积弛，见籍止十四万余，而操练者不过五六万。支粮则有，调遣则无。比敌骑深入，战守俱称无军。即见在兵率老弱疲惫市井游贩之徒，衣甲器械，取给临时。此其弊不在逃亡而在占役，不在军士而在将领。盖提督坐营号头把总诸官，多世胄纨绔，平时占役营军，以空名支饷，临操则肆集市人，呼舞博笑而已。①

到崇祯末年简直无军可用。《明史》卷二六六《王章传》记：

十七年（1644年）王章巡视京营，按籍额军十一万有奇。喜曰："兵至十万，犹可为也。"及阅视，半死者，余冒伍，惫甚，闻炮声掩耳，马未驰辄堕，而司农缺饷，半岁不发。

即勉强调发出征，也是雇充游民，名为京军，实则召募。如崇祯十四年兵部侍郎吴甡所言：

京营承平日久，发兵剿贼，辄沿途雇充。将领利月饷，游民利剽敚，归营则本军复充伍。②

积弊之极，京军仅存空名。可是，相反地，军官却与日俱增，越后越多。洪武二十五年京军军官的总数是二千七百四十七员，六十几年后，到景泰七年（1456年）突增三万余员，较原额加了十一倍。③再过十几年，到成化五年（1469年）又增加到八万余员，较原额增加了三十倍。④正德时嬖佞以传奉得官，琐滥最甚。世宗即位，裁汰锦衣诸卫内监局旗校工役至

① 《明史》卷八九《兵志一》。
② 《明史》卷二五二《吴甡传》。
③ 《明史》卷一八〇《张宁传》："景泰七年言：京卫带俸武职，一卫至二千余人，通计三万余员，岁需银四十八万，米三十六万，并他折俸物动经百万。耗损国储，莫甚于此。而其间多老弱不娴骑射之人。"
④ 《明史》卷二一四《刘体乾传》。

十四万八千七百人。岁减漕粮百五十三万二千余石。①不久又汰去京卫及亲军冗员三千二百人。②虽然经过这两次大刀阔斧的裁汰，可是不久又继续增加："边功升授，勋贵传请，曹局添设，大臣恩荫，加以厂卫监局勇士匠人之属，岁增月益，不可悉举。"③到万历时，神宗倦于政事，大小臣僚多缺而不补，可是武职仍达八万二千余员。到天启时魏忠贤乱政，武职之滥，打破了历朝的纪录，连当时人也说："不知又增几倍？"④军日减而官日增，军减而粮仍旧额，国家负担并不减轻，官增则冗费愈多，国库愈匮。并且养的是不能战的军，添的也是不能战的官。到崇祯末年，内外交逼，虽想整顿，也来不及了。

从京军军伍的减削情形看，明初到正统可说是京军的全盛时期。土木变后，经过于谦一番整顿，军力稍强，可是额数已大减于旧，可说是京军的衰落时期。从成化到明末，则如江河日下，一年不如一年，是京军的崩溃时期。在全盛时期，明成祖和宣宗六次打蒙古，三次打安南，京军是全军中最精锐的一部分。在衰落时期，军数虽少，还能打仗。到成化以后，京军虽仍四出征讨，却已没有作战能力了。《明史》卷一八〇《曹璘传》说：

> 弘治元年（1488年）言：诸边有警，辄命京军北征。此辈骄惰久，不足用。乞自今勿遣，而以出师之费赏边军。

《刘健传》也说：

> 弘治十七年夏，小王子谋犯大同。健言京军怯不任战，乞自今罢其役作，以养锐气。⑤

---

① 《明史》卷一九〇《杨廷和传》。
② 《明史》卷一九六《夏言传》。
③ 《明史》卷二一四《刘体乾传》。
④ 《明史》卷二七五《解学龙传》："天启二年（1622年）疏言：国初文职五千四百有奇，武职二万八千有奇。神祖时文增至一万六千余，武增至八万二千余。今不知又增几倍？"
⑤ 《明史》卷一八一。

同时的倪岳则说京军之出，反使边军丧气，他说：

> 京军素号冗怯，留镇京师，犹恐未壮根本。顾乃轻于出御，用亵
> 天威。临阵辄奔，反堕边军之功。为敌人所侮。[①]

这时离开国不过一百四十年，京军已以冗怯著称，政府中人异口同声地
以为不可用了。

四、卫军的废弛

京外卫所军的废弛情形也和京军一样。

明代军士的生活，我们可用明太祖的话来说明，他说：

> 那小军每一个月只关得一担儿仓米。若是丈夫每不在家里，他
> 妇人家自去关呵，除了几升做脚钱，那害人的仓官又斛面上打减了几
> 升。待到家里魽（音伐）过来呵，止有七八斗儿米，他全家儿大大小
> 小要饭吃，要衣裳穿，他那里再得闲钱与人。[②]

正军衣着虽由官库支给，家属的却须自己制备。一石米在人口多的家
庭，连吃饭也还不够，如何还能顾到衣服！《明史》卷一八五《黄绂传》：

> 成化二十二年巡抚延绥，出见士卒妻衣不蔽体。叹曰：健儿家贫
> 至是，何面目临其上。亟预给三月饷，亲为抚循。

黄绂所见的是卫军的普遍情形，延绥士卒的遭遇却是一个难得的例外。
甚至病无医药，死无棺敛，《明史》卷一六〇《张鹏传》：

> 鹏景泰二年进士。……出按大同宣府，奏两镇军士敝衣菲食，病

[①] 《明史》卷一八三《倪岳传》。
[②] 《大诰·武臣科敛害军第九》。

无药，死无棺。乞官给医药棺槥，设义冢，俾殓厉祭。死者蒙恩，则生者劝。帝立报可，且命诸边概行之。

经过张鹏的提议，才由官给医药棺槥，却仍只限于诸边，内地的不能享受这权利。卫军生活如此，再加以上官的剥削和虐待，假如有办法，他们是会不顾一切，秘密逃亡的。

除从征和归附的军士以外，谪发和垛集军是强逼从军的。他们被威令所逼，离开所习惯的土地和家族，到一个辽远的陌生的环境中去，替统治阶级服务。一代一代地下去，子子孙孙永远继承这同一的命运和生活。大部分的军士发生逃亡的现象，特别是谪发的逃亡最多。万历时章潢说：

国初卫军借充垛集，大县至数千名，分发天下卫所，多至百余卫，数千里之远者。近来东南充军亦发西北，西北充军亦多发东南。然四方风土不同，南人病北方之苦寒，北人病南方之暑湿。逃亡故绝，莫不由斯。道里既远，勾解遂难。[1]

据正德时王琼的观察，逃亡者的比例竟占十之八九。他以为初期经大乱之后，民多流离失恒产，乐于从军。同时法令严密，卫军不敢逃亡。后来政府不能约束官吏，卫军苦于被虐待、剥削，和逼于乡土之思，遂逃亡相继。[2]卫所的腐败情形，试举数例：

宣德九年（1434年）二月壬申，行在兵部右侍郎王骥言：中外都司卫所官，惟知肥己，征差则卖富差贫，征办则以一科十，或占纳月钱，或私役买卖，或以科需扣其月粮，或指操备减其布絮。衣食既窘，遂致逃亡。[3]

---

① 章潢《图书编》卷一一七。
② 王琼《清军议》。
③ 《明宣宗实录》卷一〇八。

弘治时刘大夏《条列军伍利弊疏》也说：

在卫官军苦于出钱，其事不止一端：如包办秋青草价；给与勇士养马；比较逃亡军匠；责令包工雇役；或帮贴锦衣卫夷人马匹；或加贴司苑局种菜军人；内外宫人造坟，皆用夫价；接应公差车辆，俱费租钱，其他使用，尚不止此。又管营内外官员，率于军伴额数之外，摘发在营操军役使，上下相袭，视为当然。又江南军士漕运，有修船盘削之费，有监收斛面之加，其他掊克，难以枚举。以致逃亡日多，则拨及全户，使富者贫，贫者终至于绝。江南官军每遇营操，虽给行粮，而往返之费，皆自营办。况至京即拨做工雇车运料，而杂拨纳办，有难以尽言者。①

卫军一方面被卫官私家役使②，甚至被逼为朝中权要种田③。月粮既被克扣④，又须交纳月钱，供上官挥霍⑤。隆庆三年（1569年）萧廪出核陕西四镇

---

① 《刘忠宣公集》卷一。
② 《明成祖实录》卷六八："永乐五年（1407年）六月辛卯，御史蒋彦禄言：国家养军士以备攻战。暇则教之，急则用之。今各卫所官夤缘为好，私家役使，倍蓰常数。假借名义以避正差，贿赂潜行，互相蔽隐。"
③ 《明史》卷一七七《年富传》："英国公张懋及郑宏各置庄田于边境，岁役军耕种。"
④ 王鏊《王文恪公文集》卷一九《上边议八事》："今沿边之民，终年守障，辛苦万状。而上之人又百方诛求，虽有屯田而子粒不得入其口，虽有月粮而升斗不得入其家，虽有赏赐而或不得给，虽有首级而不得为己功。"《明史》卷一八二《刘大夏传》："弘治十七年召见大夏于便殿……问军，对曰：穷与民等。帝曰：居有月粮，出有行粮，何故穷？对曰：其帅侵克过半，安得不穷！"《明英宗实录》卷一二六："正统二年十月辛亥，直隶巡按御史李奎奏：沿海诸卫所官旗，多克减军粮入己，以致军士艰难，或相聚为盗贼，或兴贩私盐。"
⑤ 《明史》卷一六四《曹凯传》："景泰中擢浙江右参政。时诸卫武职役军办纳月钱，至四千五百余人。"同书一八〇《汪奎传》："成化二十一年言：内外坐营监枪内官增置过多，皆私役军士，办月钱。多者至二三百人。武将亦多私役健丁，行伍惟存老弱。"甚至余军亦被私役，《明英宗实录》卷一八六："正统十四年十二月壬申，兵科给事中刘斌奏：近数十年典兵官员既私役正军，又私役余丁。甚至计取月钱，粮不全支。是致军士救饥寒之不暇，尚何操习训练之务哉！"

136

兵食，发现被隐占的卒伍至数万人。①军士无法生活，一部分改业为工人商贩，以所得缴纳上官。景帝即位时，刘定之上言十事，论当时情形：

> 天下农出粟，女出布，以养兵也。兵受粟于仓，受布于库，以卫国也。向者兵士受粟布于公门，纳月钱于私室，于是手不习击刺之法，足不习进退之宜，第转货为商，执技为工，而以工商所得，补纳月钱。民之膏血，兵之气力，皆变为金银，以惠奸宄。一旦率以临敌，如驱羊拒狼，几何其不败也。②

大部分不能忍受的，相率逃亡，有的秘密逃回原籍，如正统时李纯所言：

> 三年（1438年）十月辛未，巡按山东监察御史李纯言：辽东军士往往携家属潜从登州府运船，越海道逃还原籍。而守把官军，受私故纵。③

有的公开请假离伍：

> 正统十一年（1446年）五月己卯，福建汀州府知府陆征言：天下卫所军往往假称欲往原籍取讨衣鞋，分析家赀，置备军装。其官旗人等贪图贿赂，从而给与文引遣之。及至本乡，私通官吏乡里，推称老病不行，转将户丁解补。到役未久，托故又去。以致军伍连年空缺。④

其因罪谪戍的，则预先布置，改换籍贯，到卫即逃，无从勾捕：

> 宣德八年（1433年）十二月庚午，巡按山东监察御史张聪言：辽东军士多以罪谪戍，往往有亡匿者。皆因编发之初，奸顽之徒，改易

---

① 《明史》卷二二七《萧廪传》。
② 《明史》卷一七六。
③ 《明英宗实录》卷四七。
④ 《明英宗实录》卷一四一。

籍贯，至卫即逃。比及勾追，有司谓无其人，军伍遂缺。[①]

沈德符记隆万时戍军之亡匿情形，直如儿戏。他说：

> 吴江一叟号丁大伯者，家温而喜谈饮，久往来予家。一日忽至邸舍，问之，则解军来。其人乃捕役妄指平民为盗，发遣辽东三万卫充军，亦随在门外。先人语之曰：慎勿再来，倘此犯逸去，奈何！丁不顾，令之入叩头，自言姓王，受丁恩不逸也。去甫一月，则王姓者独至邸求见。先人骇问之，云已讫事，丁大伯亦旦夕至矣。先人细诘其故，第笑而不言。又匝月而丁来，则批回在手。其人到伍，先从间道逸归，不由山海关，故反早还。因与丁作伴南旋。近闻中途亦有逃者，则长解自充军犯，雇一二男女，一为军妻，一为解人，投批到卫收管，领批报命时竟还桑梓。彼处戍长，以入伍脱逃，罪当及己，不敢声言。且利其遗下口粮，潜入囊橐。而荷戈之人，优游闾里，更无谁何之者。[②]

卫所官旗对于卫军之逃亡缺额，非但毫不过问，并且引为利源。因为一方面他们可以干没逃亡者的月粮，一方面又可以向逃亡者需索贿赂。永乐十二年（1414年）明成祖曾申说此弊：

> 十月辛巳上谕行在兵部臣曰：今天下军伍不整肃，多因官吏受赇，有纵壮丁而以罢弱充数者；有累岁缺伍不追补者；有伪作户绝及以幼小纪录者；有假公为名而私役于家者。遇有调遣，十无三四。又多是幼弱老疾，骑士或不能引弓，步卒或不能荷戈，缓急何以济事！[③]

---

① 《明宣宗实录》卷一百七。
② 《野获编补遗》。
③ 《明成祖实录》卷一五七。

五年后监察御史邓真上疏说军卫之弊，也说：

> 内外各卫所军士，皆有定数，如伍有缺，即当勾补。今各卫所官吏惟耽酒色货贿，军伍任其空虚。及至差人勾补，纵容卖放，百无一二到卫，或全无者；又有在外娶妻生子不回者。官吏徇私蒙蔽，不行举发。又有勾解到卫而官吏受赃放免；及以差使为由，纵其在外，不令服役。此军卫之弊也。①

在这情形下，《明史·兵志》记从吴元年十月到洪武三年十一月，三年中军士逃亡者四万七千九百余。到正统三年（1438年）离开国才七十年，这数目就突增到一百二十万有奇，占全国军伍总数二分之一弱。②据同年巡按山东监察御史李纯的报告，他所视察的某一百户所，照理应有旗军一百十二人，可是逃亡所剩的结果，只留一人。③

边防和海防情况：辽东的兵备在正德时已非常废弛，开原尤甚，士马才十二，墙堡墩台圮殆尽，将士依城堑自守，城外数百里，悉为诸部射猎地。④蓟镇兵额到嘉靖时也十去其五，唐顺之《覆勘蓟镇边务首疏》：

> 从石塘岭起，东至古北口墙子岭马兰谷，又东过滦河，至于太平寨燕河营，尽石门寨而止，凡为区者七。查得原额兵共七万六百零四名，见在四万六千零三十七名。逃亡二万四千五百六十七名。又从黄花镇起，西至于居庸关，尽镇边城而止，凡为区者三，查得原额兵共二万三千二十五名，逃亡一万零一百九十五名。总两关十区之兵，原额共九万三千八百二十四名，见在五万九千六十二名，逃亡

---

① 《明成祖实录》卷二一九。
② 《明英宗实录》卷四六："正统三年九月丙戌，行在兵部奏：天下都司卫所发册坐勾逃故军士一百二十万有奇。今所清出，十无二三。未几又有逃故，难以遽皆停止。"
③ 《明英宗实录》卷四七。
④ 《明史》卷一九九《李承勋传》。

三万四千七百六十二名。……蓟兵称雄，由来久矣。比臣等至镇，则见其人物琐软，筋骨绵缓，靡靡然有暮气之情，而无朝气之锐。就而阅之，力士健马，什才二三，钝戈弱弓，往往而是。其于方圆牝牡九阵分合之变，既所不讲，剑盾枪箭五兵之长，亦不能习。老赢未汰，纪律又疏，守尚不及，战则岂堪。[①]

沿海海防，经积弛后，尤不可问。《明史》卷二〇五《朱纨传》记嘉靖二十六年时闽浙情形说：

漳泉巡检司弓兵旧额二千五百余，仅存千人。……浙中卫所四十一，战船四百三十九，尺籍尽耗。

海道副使谭纶述浙中沿海卫所积弊：

卫所官军既不能以杀贼，又不足以自守，往往归罪于行伍空虚，徒存尺籍，似矣。然浙中如宁、绍、温、台诸沿海卫所，环城之内，并无一民相杂，庐舍鳞集，岂非卫所之人乎？顾家道殷实者，往往纳充吏承，其次赂官出外为商，其次业艺，其次投兵，其次役占，其次搬演杂剧，其次识字，通同该伍放回附近原籍，岁收常例，其次舍人，皆不操守。即此八项，居十之半，且皆精锐。至于补伍食粮，则反为疲癃残疾，老弱不堪之辈，军伍不振，战守无资，弊皆坐此。至于逃亡故绝，此特其一节耳。[②]

以至一卫军士不满千余，一千户所不满百余（同上兵部尚书张时彻语）。一遇事变，便手足无措。倭寇起后，登陆屠杀，如入无人之境。充分证明了卫军的完全崩溃，于是有募兵之举，另外召募壮丁，加以训练，抵抗外来的侵略。

---

① 《荆川外集》卷二。
② 胡宗宪《筹海图编》卷一一《经略一·实军伍》。

五、勾军与清军

卫所军士之不断地逃亡，使统治阶级感觉恐慌，努力想法挽救。把追捕逃军的法令订而又订，规定得非常严密。《明史》卷九二《兵志四》记：

> 大都督府言：起吴元年十月至洪武三年十一月，军士逃亡者四万七千九百余。于是下追捕之令，立法惩戒。小旗逃所隶三人降为军，上至总旗百户千户皆视逃军多寡，夺俸降革。其从征在外者罚尤严。

把逃军的责任交给卫所官旗，让他们为自己的利益约束军士，这办法显然毫无效果，因为在十年后又颁发了同样性质的法令：

> 洪武十三年五月庚戌，上谕都督府臣曰：近各卫士卒率多逋逃者，皆由统之者不能抚恤。宜量定千百户罚格。凡一千户所逃至百人者千户月减俸一石，逃至二百人减二石。一百户所逃及十人者月减俸一石，二十人者减二石，若所管军户不如数，及有病亡事故残疾事，不在此限。[①]

洪武十六年又命五军都督府檄外卫所，速逮缺伍士卒，名为勾军。特派给事中潘庸等分行清理，名为清军。洪武二十一年以勾军发生流弊，命卫所及郡县编造军籍：

> 九月庚戌，上以内外卫所军伍有缺，遣人追取户丁，往往鬻法，且又骚动于民。乃诏自今卫所以亡故军士姓名乡贯编成图籍送兵部，然后照籍移文取之，毋擅遣人，违者坐罪。寻又诏天下郡县，以

---

① 《明太祖实录》卷一三一。

军户类造为册，具载其丁口之数，如通取丁补伍，有司按籍遣之，无丁者止。①

军籍有三份，一份是清勾册（卫所的军士逃亡及死亡册），一份是郡县的军户原籍家属户口册。一份是收军册。卫所的军额是一定的，卫军规定必须有妻，不许独身不婚。②父死子继。如有逃亡缺伍或死绝，必须设法补足。补额的方法是到原籍追捕本身或其亲属。同年又置军籍勘合：

> 是岁命兵部置军籍勘合，遣人分给内外卫所军士，谓之勘合户由。其中间写从军来历，调补卫所年月，及在营丁口之数。遇点阅则以此为验。其底簿则藏于内府。③

这两种制度都为兵部侍郎沈溍所创。《明史》曾对这新设施的成效加以批评：

> 明初卫所世籍及军卒勾补之法，皆沈溍所定。然名目琐细，簿籍烦多，吏易为奸。终明之世，颇为民患，而军卫亦日益耗减。④

实际上不到四十年，这两种制度都已丧失效用了。不但不能足军，反而扰害农民。第一是官吏借此舞弊：

> 宣德八年二月庚戌，行在兵部请定稽考勾军之令。盖故事都司卫所军旗伍缺者，兵部预给勘合，从其自填，遣人取补。及所遣之人，事已还卫，亦从自销，兵部更无稽考。以故官吏夤缘为弊，或移易本军籍贯，或妄取平民为军，勘合或给而不销，限期或过而不罪。致所遣官旗，迁延在外，娶妻生子，或取便还乡，二三十年不回原卫所

---

① 《明太祖实录》卷一九三。
② 《筹海图编》卷一一《实军伍》，兵部尚书张时彻云："（卫军）无妻者辄罢革。"《明史》卷九二《兵志四》："军士应起解者皆金妻。"
③ 《明太祖实录》卷一九五。
④ 《明史》卷一三八《唐铎传》。

者，虽令所在官司执而罪之，然积弊已久，猝不能革。①

使奉命勾军的官旗，自身也成逃军。第二是军籍散失，无法勾补：

> 宣德八年八月壬午，河南南阳府知府陈正伦言：天下卫所军士，
> 或从征，或屯守，或为事调发边卫。其乡贯姓名诈冒更改者多。洪武
> 中二次勘实造册，经历年久，簿籍鲜存，致多埋没。有诈名冒勾者，
> 官府无可考验虚实。②

政府虽然时派大臣出外清理军伍，宣德三年且特命给事中御史按期
清军。清军条例也一增再增，规定得非常严密，军籍也愈来愈复杂。嘉靖
三十一年（1552年）又增编兜底、类卫、类姓三册，合原有之军黄总册（即
户口册）为四册。③但是这一切的条例和繁复的手续，只是多给予官吏以舞
弊的机会，卫军的缺伍情形，仍不因之稍减。

在明代前期，最为民害的是勾军。军士缺伍，勾捉正身者谓之跟捕，勾
捕家丁者谓之勾捕。勾军的弊害，洪熙元年（1425年）兴州左屯卫军士范济
曾上书说：

> 臣在行伍四十余年，谨陈勾军之弊：凡卫所勾军有差官六七员
> 者，百户所差军旗二人或三人者，俱是有力少壮，及平日结交官长，
> 畏避征差之徒，重贿贪饕官吏，得往勾军。及至州县，专以威势虐害

---

① 《明宣宗实录》卷九九。
② 《明宣宗实录》卷一〇四。
③ 《大明会典》卷一五五《兵部·三八·军政二·册单》："凡大造之年，除军黄总册照
旧攒造外，又造兜底一册，细开各军名贯，充调来历，接补户丁，务将历年军册底查对明白，
毋得脱漏差错。又别造类姓一册，不拘都图卫所，但系同姓者摘出类编。又别造类卫一册，
以各卫隶各省，以各都隶各卫，务在编类详明，不许混乱。其节年间发永远新军亦要附入各
册，前叶先查概县军户总数以递合图，以图合都，以都合县。不许户存户绝，有无勾单，务
寻节年故牍，补足前数。每于造册之年，另造一次，有增无减，有收无除。每县每册各造一
样四本，三本存各司府州县，一本送兵部备照。册高阔各止一尺二寸，不许宽大，以致吏书
作弊。"按军黄《明史》及《明史稿·兵志》均作军贯，今从《会典》。

里甲，既丰其馈馔，又需其财物，以合取之人及有丁者释之。乃诈为死亡，无丁可取，是以留宿不回。有违限二三年者，有在彼典雇妇女成家者。及还，则以所得财物，贿其枉法官吏，原奉勘合，朦胧呈缴。较其所取之丁，不及差遣之官，欲求军不缺伍，难矣。[1]

官校四出，扰乱得闾里不宁，却对军伍之缺，一无裨补。正统元年（1436年）九月分遣监察御史轩輗等十七人清理军政，在赐敕中也指出当时的弊害，促令注意。敕书说：

武备立国之重事。历岁既久，弊日滋甚。军或脱籍以为民，民或枉指以为军。户本存而谓其为绝，籍本异而强以为同。变易姓名，改易乡贯，夤缘作弊，非止一端。推厥所由，皆以军卫有司及里甲人等贪略挟私，共为欺蔽，遂致妄冒者无所控诉，埋没者无从追究，军缺其伍，民受其殃。[2]

在实际上，不但法外的弊害，使农民受尽苦痛，即木军木户的勾补，对农民也是极大灾难。试举数例说明。第一例要七十老翁和八岁孩子补伍：

洪武二十五年四月壬子，怀远县人王出家儿年七十余，二子俱为卒从征以死。一孙甫八岁，有司复追逮补伍。出家儿诉其事于朝，令除其役。[3]

第二例单丁补役，田地无人耕种：

永乐八年四月戊戌，湖广郴州桂阳县知县梁善言：本县人民充军数多，户有一丁者发遣补役，则田地抛荒，税粮无征，累及里甲。[4]

---

[1] 《明宣宗实录》卷五。
[2] 《明英宗实录》卷二二。
[3] 《明太祖实录》卷二七。
[4] 《明成祖实录》卷一〇二。

第三例地方邻里因勾军所受的损失。万历三年徐贞明疏言：

> 东南民素柔脆，莫任远戍。今数千里勾军，离其骨肉。军壮出于户丁，帮解出于里甲，每军不下百金。而军非土著，志不久安，辄略卫官求归。卫官利其略且可以冒饷也，因而纵之。是困东南之民，而实无补于军政也。[①]

解除军籍的唯一途径，明初规定，必须做到兵部尚书才能脱籍为民。[②]《明史》卷一三八《唐铎传》记陈质许除军籍，称为特恩：

> 潮州陈质父在戍籍。父殁，质被勾补，请归卒业，帝命除其籍。（兵部尚书）沈溍以缺军伍持不可。帝曰：国家得一卒易，得一士难。遂除之。然此皆特恩云。[③]

后定制生员特许免勾，但要经考试合格：

> 凡开伍免勾，洪武二十三年令生员应补军役者，除豁遣归卒业。二十九年令生员应起解者，送翰林院考试，成效者开伍，发回读书。不成者照旧补役。[④]

永乐时又定例现任官吏免勾：

> 二年令生勾军有见任文武官及生员吏典等，户止三丁者免勾，四

———————

① 《明史》卷二二三。

② 《明史》卷九二《兵志·清理军伍》。同书卷一三八《翟善传》："翟善迁吏部尚书，帝欲除其家戍籍。善曰：戍卒宜增，岂可以臣破例。帝益以为贤。"

③ 《明史》卷一四二《陈彦回传》："彦回莆田人。父立诚为归安丞，被诬论死，彦回谪戍云南，家人从者多道死，惟彦回与祖母郭在。会赦又弗原，监送者怜而纵之，贫不能归，依乡人知县黄积良。……彦回后擢徽州知府。……当彦回之戍云南也，其弟彦亦戍辽东。至是诏除彦困籍。"按以罪谪戍者，如罪不至全家，经请求得由子弟代役，《明史》卷一四三《高巍传》："由太学生试前军都督府左断事，……寻以决事不称旨当罪，减死戍贵州关索岭。特许弟侄代役，曰旌孝子也。"《周缙传》："遣戍兴州，有司遂捕缙械送戍所。居数岁，子代还。"

④ 《大明会典》卷一五四。

丁以上者勾一丁补伍。[①]

从此官僚阶级得豁去当军的义务，军伍的勾取只限于无钱无势的平民了。

勾军之害，已如上述。一到大举清军时，其害更甚。清军官吏是以清出军伍的多少定考成的，因此肆意诛求，滥及民户，唯恐所勾太少。《明史》记宣德时清军情形：

（赵豫）官松江知府。清军御史李立至，专务益军，勾及亲戚同姓，稍辩则酷刑榜掠，人情大扰。诉枉者至一千一百余人。[②]

正德时武定清军，一州至万余人：

（郭侃）官武定知州。会清军籍，应发遣者至万二千人。侃曰：武定户口三万，是空半州也。力争之得寝。[③]

王道论清军之弊有三：第一是清勾不明；第二是解补太拘；第三是军民并役。他说：

清勾之始，执事不得其人，上官不屑而委之有司，有司不屑而付之吏胥，贿赂公行，奸弊百出。正军以富而幸免，贫民无罪而干连，有一军缺而致数人之命，一户绝而破荡数家之产者矣，此清勾不明之弊一也。国初之制，垛集者不无远近之异，谪戍者多罹边卫之科，承平日久，四海一家，或因迁发，填实空旷，或因商宦，流寓他方，占籍既久，桑梓是怀。今也勾考一明，必欲还之原伍，远或万里，近亦

① 《大明会典》卷一五四。
② 《明史》卷二八一《赵豫传》，同上《张宗琏传》："朝遣李立理江南军籍，檄宗琏自随，立受黠军词，多逮平民实伍。"吴宽《匏翁家藏集》卷三三《崔巡抚辩诬记》："宣德初所谓军政条例始行于天下。御史李立往理苏、常等府。立既刻薄，济以苏倅、张徽之凶暴，专欲括民为军。民有与辩者，辄怒曰：汝欲为鬼耶？抑为军耶？一时被诬与死杖下者，多不可胜数。苏人恨入骨髓，然畏其威，莫敢与抗也。"
③ 《明史》卷二八一《郭侃传》。

数千，身膺桎梏，心恋庭闱，长号即路，永诀终天，人非木石，谁能堪此，此解补太拘之弊二也。迳年以来，地方多事，民间赋役，十倍曩时，鬻卖至于妻子，算计尽乎鸡豚，苦不聊生，日甚一日，而又忽加之以军伍之役，重之以馈送之繁，行赍居送，无地方可以息肩，死别生离，何时为之聚首？民差军需，交发互至，财殚力竭，非死即亡，此军民并役之弊三也。[1]

至嘉靖时，军伍更缺，法令愈严，有株累数十家，勾摄经数十年者，丁口已尽，犹移覆纷纭不已。万历中南直隶应勾之军至六万六千余，株连至二三十万人。[2]卫军已逃亡的，"勾军无虚岁，而什伍日亏"。未逃亡或不能逃亡的，却连"平居以壮仪卫，备国容犹不足"。[3]卫所制度到这时候，已经到了完全崩溃的阶段了。

六、募兵

从永乐迁都北京以后，每年须用船运东南米数百万石北来，漕运遂为明代要政。运粮多由各地卫军负责。宣宗即位后，始定南北卫军分工之制，

---

① 《顺渠先生文集》卷四。
② 《明史》卷九二《兵志四》。
③ 顾起元《客座赘语》二《勾军可罢》："南都各卫军在卫者，余尝于送表日见之。尪羸饥疲，色可怜，与老稚不胜衣甲者居大半。平居以壮仪卫，备国容犹不足，脱有事而责其效一臂力，何可得哉！其原籍尺籍，皆系祖军，死则其子孙或其族人充之，非目瞽废疾，未有不编于伍者。又户绝必清勾，勾军多不乐轻去其乡，中道辄逃匿，比至又往往不习水土，而病且死。以故勾军无虚岁而什伍日亏。且勾军之害最大，一户而株累数十户不止。比勾者至卫所，官卫又以需索困苦之，故不病且死，亦多以苦需索而窜。"

南军转运，北军备边。[①]特设漕运总兵，用卫军十二万人。[②]东南军力由之大困。弘治元年（1488年）都御史马文升疏论运军之苦说：

> 各直省运船，皆工部给价，令有司监造。近者漕运总兵以价不时给，请领价自造，而部臣以军士不加爱护，议令本部出料四分，军卫任三分，旧船抵三分。军卫无从措办，皆军士卖资产，鬻男女以供之，此造船之苦也。正军逃亡数多，而额数不减，俱以余丁充之，一户有三四人应役者，春兑秋归，艰辛万状，船至张家湾，又雇车盘拨，多称贷以济用，此往来之苦也。其所称贷，运官因以侵渔，责偿倍息，而军士或自载土产以易薪米，又格于禁例，多被掠夺。[③]

江南军士"多因漕运破家"，江北军士则"多以京操失业"。[④]南北卫军因之都废弛不可用。

明代用全力防守北边，备蒙古入侵。腹地军力极弱，且经积弛之后，一有事故，便手足无措。降庆时靳学颜疏言：

> 夫陷锋摧坚，旗鼓相当，兵之实也。今边兵有战时，若腹兵则终世不一当敌，每盗贼窃发，非阴阳医药杂职，则丞贰判簿为之将，非乡民里保，则义勇快壮为之兵，在北则借盐丁矿徒，在南则借狼土，此皆腹兵不足用之验也。[⑤]

所说的虽然是后期情形，其实在前期即已如此。正统时邓茂七起义，将

---

① 《明史》卷一四五《朱能传》："朱勇以南北诸卫所军，备边转运，错互非便。请专令南军转运，北军备边。"

② 《明史》卷一五三《陈瑄传》。

③ 《明史》卷七九《食货志三·漕运》。

④ 《刘忠宣公集》卷一《乞休疏》中语。

⑤ 《明史》卷二一四《靳学颜传》。

148

帅尫怯退避，反由文吏指挥民兵作战。①天顺初年两广"盗"起，将吏率缩朒观望，怯不敢战。②至正德时刘宠、刘辰起义，腹地卫军已全不能用：

> 正德六年刘宠、刘辰等自畿辅犯山东河南，下湖广，抵江西。复自南而北，直窥霸州。杨虎等自河北入山西，复东抵文安，与宠等合。破邑百数，纵横数千里，所过若无人。③

只好调边兵来作战。西南和东南则调用素称剽悍嗜杀的狼土兵④。可是狼土兵毫无军纪，贪淫残杀，当时有"贼如梳，军如篦，土兵如鬀"⑤和"土贼尤可，土兵杀我"之谣⑥。甚或调用土达⑦，如毛胜（原名福寿）之捕苗云南：

> 正统六年，靖远伯王骥请选在京番将舍人捕苗云南，乃命胜与都督冉保统六百人往。……（正统十四年）以左副总兵统河间东昌降夷赴贵州（平贼）。⑧

和勇（原名脱脱孛罗）之平两广"盗"：

> 天顺间以两广多寇，命充游击将军，统降夷千人往讨。……成化

---

① 《明史》卷一六五《丁瑄传》："当是时浙闽盗所在剽掠为民患，将帅率玩寇，而文吏励民兵拒贼往往多斩获。闽则有张英、王得仁之属，浙江则金华知府石瑁擒遂昌贼苏才。处州知府张佑击贼众，擒斩千余人。"

② 《明史》卷一六五《叶祯传》。卷一七七《叶盛传》："天顺二年巡抚两广，时两广盗蜂起，所至破城杀将，诸将怯不敢战，杀平民冒功，民相率从贼。"

③ 《明史》卷一八七《马中锡传》。

④ 狼兵和土兵是湖南、广西一带上司的军队，参看《明史》卷三一○《土司传》和毛奇龄《蛮司合志》。

⑤ 《明史》卷一八七《洪钟传》："正德五年，保宁贼起。……官兵不敢击，潜蹑贼后，馘良民为功，土兵虐尤甚。时有谣曰：贼如梳，军如篦，土兵如鬀。"

⑥ 《明史》卷一八七《陈金传》："正德六年，江西盗起。……金以所属郡兵不足用，奏调广西狼土兵，累破剧贼。……然所用目兵，贪残嗜杀，剽掠甚于贼。有巨族数百口阖门罹害者。所获妇女率指为贼属，载数千艘去。民间谣曰：土贼尤可，土兵杀我。金亦知民患之，方倚其力不为禁。"

⑦ 蒙古降人和内地的土著蒙古人。

⑧ 《明史》卷一五六《毛胜传》。

初赵辅、韩雍征大藤峡，诏勇以所部从征。[①]

又行佥民壮法，增加地方兵力。正统二年始募所在军余民壮愿自效者。十四年令各处召募民壮，就令本地官司率领操练，遇警调用，事定仍复为民。弘治二年又令：

> 州县选取年二十以上五十以下精壮之人，州县七八百里，每里佥二名。五百里者每里三名。三百里者每里四名。一百里以上者每里五名。春夏秋每月操二次，至冬操三歇三，遇警调集，官给行粮。[②]

富民不愿服务，可纳钱免佥，由官代募。此种地方兵又称机兵，在巡检司者称为弓兵。到此人民又加上一层新负担，军外加兵，疲于奔命。

调用边兵土兵达兵和佥点民壮，虽然解决了一时的困难，可是边兵有守边之责，土兵不易制裁，达兵数目不多，民壮稍后也积弊不可用，而且是地方兵，只供守卫乡里，不能远调。王守仁在正德时曾中说当时兵备情形：

> 赣州财用耗竭，兵力脆弱，卫所军丁，只存故籍，府县机（兵）快（手），半充虚文，御寇之方，百无一恃，以此例彼，余亦可知。是以每遇盗贼猖獗，辄覆奏请兵，非调土军，即倩狼达，往返之际，辄已经年，靡费所需，动逾数万。逮至集兵举事，即已魍魉潜形，曾无可剿之贼，稍俟班师旋旅，则又鼠狐聚党，复当不轨之群。机宜屡失，备御益弛。征发无救于疮痍，供饷适增其荼毒。群盗习知其然，愈肆无惮，百姓谓莫可恃，竟亦从非。[③]

---

① 《明史》卷一五六《和勇传》。
② 《明史》卷九一《兵志》。
③ 《阳明集要·经济集一·选拣民兵》。

在这种情况下，不能不另想办法。于是有募兵出现。在卫军民壮以外，又加上第三种军队。募兵出而卫军民壮自以为无用，愈加废弛。[1]

募兵之制，大约开端于正统末年。募兵和民壮不同，民壮是由地方按里数多少或每户壮丁多少佥发的，平时定期训练，余时归农，调发则官给行粮，事定还家。完全为警卫地方之用。募兵则由中央派人召募，入伍后按月发饷，东西征戍，一惟政府之命。战时和平时一样，除退役外不能离开行伍。正统土木之变，京军溃丧几尽，各省勤王兵又不能即刻到达，于是派朝官四出募兵[2]，以为战守之计。嘉靖时倭寇猖獗，沿海糜烂，当时人对于卫军之毫无抵抗能力，不能保卫地方，极为不满。主张在卫军和募兵两者中择较精锐的精练御敌，即以所淘汰的军的粮饷归之能战的兵，郎瑛所记"近日军"即代表此种意见。他说：

> 古之置军也防患，今之置军也为患。何也？太平无事，民出谷以养军，官有产以助军，是欲借其有警以守，盗发以讨，所以卫民也。

---

[1] 顾炎武《亭林文集》卷六《兵制论》："正德末始令郡县选民壮。弘治中制里佥二名若四五名。有调发官给行粮。正德中计丁粮编机兵银，人岁食至七两有奇，悉赋之民。此之谓机（兵）快（手）民壮，而兵一增，制一变。又久备益弛，盗发雍豫，蔓延数省，民兵不足用，募新兵，倍其糈，以为长征之军，而兵再增，制再变。屯卫者曰：我乌知兵，转漕耳。守御非吾任也。故有机壮而屯卫为无用之人。民壮曰：我乌知兵，给役耳。调发非吾任也。故有新募而民壮为无用之人。

[2] 《明史》卷一五七《杨鼎传》："也先将寇京师，诏以监察御史募兵兖州。"同书卷一六《石玮传》："景帝即位，出募天下义勇。"卷一七五《白圭传》："陷土木脱还，景帝命往泽州募兵。"按同书卷一六四《左鼎传》："初京师戒严，募四方民壮分营训练，岁久多逃，或赴操不如期。建议编之尺籍。（练）纲等言：召募之初，激以忠义，许事定罢遣。今展转轮操，已孤所望。况其逃亡，实迫寒馁。岂可建著军籍！边方多故，倘更召募，谁复应之。诏即除前令。"此为景泰四年事，距召募入伍时已五年。似乎这次所募的大部分是各地民壮，虽未著录于中央军籍，却已入伍四五年，编营训练，其性质和后来的兵相同了。至于《杨鼎传》和《白圭传》所记的募兵，当即为和军对称并行的兵，并非地方的民壮。又募兵须由中央，地方长官不得擅募。《明史》卷一六四记李信以擅募被劾可证："景泰中曹凯擢浙江右参政。镇守都督李信擅募民为军，糜饷万余石。凯奏之。信虽获宥，诸助信募军者皆获罪。"传中军当作兵。

卫民，卫国也。今海贼为害有年矣，未闻军有一方之守，一阵之敌焉。守敌者非召募之土著，则选调别省兵勇。故见戮于贼也，非地方男妇良民，即远近召募之众。是徒有养军之害，而无卫军之实，国非亦为其所损哉！为今之计，大阅军兵，使较射扑，军胜于募，则以募银之半加于军，募胜于军，则扣军粮之半以益募。如此则军兵各为利而精矣。以练精者上阵以杀贼，余当减之也。庶民不费于召募之费，国不至于倍常之费，虽为民而实为国矣。①

要求用精练的兵作战。当时将帅都在这要求下纷纷募兵训练，内中最著名的如戚继光：

继光至浙，见卫所兵不习战，而金华义乌俗称剽悍，请召募三千人教以击刺法，长短兵迭用，由是继光一军特精。又以南方多薮泽，不利驰逐。乃因地形，制阵法，审步伐便利，一切战舰火器兵械，精求而更制之，戚家军名闻天下。②

谭纶：

东南倭患已四年，朝议练乡兵御贼。参将戚继光请期三年而后用之。纶亦练千人，立束伍法，自裨将以下节节相制，分数既明，进止齐一，未久即成精锐，⋯⋯益募浙东良家子教之。而继光练兵已及期，因收之为己用，客兵罢不复调。③

① 《七修类稿续稿》卷三。
② 《明史》卷二一二《戚继光传》。
③ 《明史》卷二二二《谭纶传》。

同时张鏊募兵名振武营①，郑晓②、朱先募盐徒为兵③。名将俞大猷所练兵名俞家军④。都著有成效，在几年中完全肃清了倭寇。

在另一方面，北边的边军也渐渐地用募兵来代替和补充世军。《明史》卷二〇四《陈九畴传》：

> 世宗即位，……巡抚甘肃。抵镇言：额军七万余，存者不及半，且多老弱，请令召募。报可。⑤

嘉靖二十九年又令蓟镇自于密云、昌平、永平、遵化募兵一万五千。⑥隆庆二年以戚继光为总兵官练蓟镇兵，募浙兵三千做边军模范。⑦后又续募浙兵九千余守边，边备大饬。⑧甚至京军也用募兵充伍：

> 嘉靖二十九年，遣四御史募兵畿辅、山东、山西、河南得四万人，分隶神枢神机。⑨

从此以后，以募兵为主力，卫军只留空名，置而不用。⑩时人以为募兵较世军有十便：

> 年力强壮者入选，老弱疲癃，毋得滥竽其中，便一。一遇有缺

---

① 《明史》卷二〇五《李遂传》："振武营者（南京）兵部尚书张鏊募健儿以御倭，素骄悍。（以给饷逾期哗变）遂奏调振武军护陵寝，一日散千人。"
② 《明史》卷一九九《郑晓传》："募盐徒骁悍者为兵。"
③ 《明史》卷二一二《戚继光传》："朱先募海滨盐徒自为一军。"
④ 《明史》卷二一二《俞大猷传》："嘉靖四十二年，惠州府参将谢敕与伍端、温七战失利，以俞家军至恐之。"
⑤ 《明史》卷二〇四《翟鹏传》："嘉靖二十一年，起鹏宣大总督。……修边墙……得地万四千九百余顷。募军千五百人，人给五十亩，省仓储无算。"
⑥ 《大明会典》卷一二九。
⑦ 《明史》卷二一二《戚继光传》。
⑧ 《明史》卷二二二《谭纶传》。
⑨ 《明史》卷八九《兵志一》。
⑩ 《明史》卷二五一《蒋德璟传》："文皇帝设京卫七十二，计军四十万。畿内八府军二十八万，又有中都、大宁、山东、河南入卫班军十六万，春秋入京操演。深得居重驭轻之势。且自来征讨，皆用卫所官军，嘉靖末始募兵，遂置军不用，至加派日增，军民两困。"

伍，朝募而夕补，不若清勾之旷日持久，便二。地与人相习，无怀故土逃亡之患，便三。人必能一技与善一事者方得挂名什伍，无无用而苟食者，便四。汰减之法，自上为政，老病不任役者弃之，不若祖军顶替，有赇官职而瞒年岁者，便五。部科遴拣，一朝而得数什百人，贪弁不得缘以勒掯需索，便六。有事而强壮者人可荷戈，不烦更为挑选，便七。家有有力者数人，人皆得为县官出力，不愿者勿强也，便八。壮而不能治生产者，得受糈于官，无饥寒之患，便九。猛健豪鸷之材，笼而驭之，毋使流为奸宄盗贼，便十。①

万历末年建州勃兴，辽沈相继失守，募兵愈多，国库日绌。募来的兵多未经严格训练，又不能按时发饷，结果也和卫军一样，逃亡相继。熊廷弼《辽左大势久去疏》：

> 辽东见在兵有四种：一曰募兵，佣徒厮役，游食无赖之徒，几能弓马惯熟？几能膂力过人？朝拨此营，领出安家月粮而暮逃彼营；暮投河东，领出安家银两而朝投河西。点册有名，及派工役而忽去其半；领饷有名，及闻告警而又去其半。此募兵之形也。②

甚至内地兵尚未出关，即已逃亡。③在辽就地所募兵，得饷后即逃亡过半。④天启时以四方所募兵日逃亡，定法摄其亲属补伍。⑤也只是一个空头法令，实际上并不能实行。稍一缺饷，则立刻哗变，崇祯元年川、湖兵戍宁远

---

① 《客座赘语》卷二。
② 《熊襄愍公集》卷三。
③ 《明史》卷二三七《何栋如传》："辽阳陷，时议募兵。何栋如自请行。遂赍帑金赴浙江，得六千七百人。……所募兵畏出关，多逃亡。"
④ 《明史》卷二五九《熊廷弼传》："刘国缙主募辽人为兵，所募万七千人，逃亡过半。"并参阅《熊襄愍公集》卷四《新兵全伍脱逃疏》。
⑤ 《明史》卷二五六《毕自严传》。

时，以缺饷四月大噪，余十三营起应之，至缚系巡抚毕自严。① "流寇"起后，内外交逼，将帅拥兵的都只顾身家，畏葸不敢作战。政府也曲意宽容，极意笼络，稍有功效，加官封爵，唯恐不及。丧师失地的却不敢少加罪责，唯恐其拥兵叛乱，又树一敌。由此兵骄将悍，国力日蹙。②诸将中左良玉兵最强，拥兵自重，跋扈不肯听调遣，《明史》说他：

> 多收降者以自重，督抚檄调，不时应命。……壁樊城，驱襄阳一郡人以实军，降贼附之，有众二十万。……福王立……南都倚为屏蔽。良玉兵八十万，号百万，前五营为亲军，后五营为降军，每春秋肄兵武昌诸山，一山帜一色，山谷为满。军法用两人夹马驰曰过对，马足动地，殷如雷声。诸镇兵惟高杰最强，不及良玉远甚。③

一人拥兵八十万，当时号为左兵。在崇祯时代他为要保全私人实力，不听政府调遣。福王立，他又发动内战，以致清兵乘虚直捣南京。其他镇将如高杰、黄得功、刘泽清、刘良佐在北都亡后，拥兵江北，分地分饷，俨然成为藩镇。他们不但以武力干涉中央政事，还忙于抢夺地盘，互相残杀。高杰、黄得功治兵相攻，刘泽清、刘良佐、许定国则按兵不动。后来许定国诱杀高杰，以所部献地降清，刘泽清、刘良佐也不战降附，黄得功兵败自杀，南都遂亡。

---

① 《明史》卷二五九《袁崇焕传》。
② 《明史》卷二六四《李梦辰传》："崇祯六年冬……累迁本科给事中。复言：将骄军悍，邓玘、张外嘉之兵弑主而叛，曹文诏、艾万年之兵望贼而奔，尤世威、徐来朝之兵离汛而遁。今者张全昌、赵光远之兵且倒戈为乱矣。荥泽劫库杀人，偃师列营对垒，且全昌等会剿豫贼，随处逗留，及中途兵变，全昌竟东行，光远始西向。骄抗如此，安可不重治。帝颇采其言。"
③ 《明史》卷二七三《左良玉传》。

七、军饷与国家财政

明初卫军粮饷，基本上由屯田所入支给。明太祖在初起兵时，即立民兵万户府，寓兵于农：

戊戌（1358年）十一月辛丑，立管理民兵万户府。令所定郡县民武勇者，精加简拔，编辑为伍，立民兵万户府领之。俾农时则耕，闲则练习，有事则用之。事平有功者一体升擢，无功令还为民。[①]

又令诸将屯田各处。建国后宋讷又疏劝采用汉赵充国屯田备边的办法，以御蒙古。他说：

今海内乂安，蛮夷奉贡。惟沙漠未遵声教。若置之不理，则恐岁久丑类为患，边圉就荒。若欲穷追远击，六师往还万里，馈运艰难，士马疲劳。陛下为圣子神孙万世计，不过谨备边之策耳。备边固在乎兵实，兵实又在乎屯田。屯田之制，必当以法汉（赵充国）。……陛下宜于诸将中选其智勇谋略者数人，每将以东西五百里为制，随其高下，立法分屯。所领卫兵以充国兵数斟酌损益，率五百里一将，布列缘边之地，远近相望，首尾相应，耕作以时，训练有法，遇敌则战，寇去则耕，此长久安边之法也。[②]

同时由海道运粮到辽东，又时遭风覆溺。因之决意兴屯，不但边塞，即内地卫所也纷纷开屯耕种。定制边地卫所军以三分守城，七分屯种，内地二分守城，八分屯种。每军受田五十亩为一分，给耕牛农具，教树植，复租

---

① 《明太祖实录》卷六。
② 《西隐文稿》卷一〇《守边策略》。

赋。初税亩一斗。建文四年（1402年）定科则，军田一分正粮十二石，贮屯仓，听本军自支。余粮为本卫所官军俸粮。永乐时东自辽左，北抵宣大，西至甘肃，南至滇、蜀，极于交趾，中原则大河南北，在在兴屯。[①]养兵（数）百万，基本上由屯田收入支给。[②]

除军屯外，边上又有商屯。洪武时户部尚书郁新创开中法：

新以边饷不继，定召商开中法。令商输粟塞下，按引支盐，边储以足。[③]

商人以远道输粟，费用过大，就自己募人耕种边上闲田，即以所获给军，换取盐引，到盐场取盐贩卖营利，边储以足。

政府经费则户部银专给军旅，不作他用。[④]户部贮银于太仓库，是为国库。内廷则有内承运库，贮银供宫廷费用，收入以由漕粮改折之金花银百万两为大宗。除给武臣禄十余万两外，尽供御用。边赏首功不属经常预算，亦由内库颁发。国家财政和宫廷费用分开。[⑤]军饷又概由屯田和开中支给。所以明初几次大规模的对外战争，如永乐、宣德时代之六次打蒙古，三次打安南，七次下西洋，虽然费用浩繁，国库还能应付。

可是军屯和商屯两种制度，不久便日趋废弛，国库也不能维持其独立性，为内廷所侵用。卫军坏而募兵增，政府既须补助卫军饷糈，又加上兵的饷银，国家经费，入不敷出，只好采取饮鸩止渴的办法，以出为入，发生加派增税捐纳种种弊政，农民于缴纳额定的赋税以外，又加上一层军兵费的新负担。

---

① 《明史》卷七七《食货志一·田制》。
② 《明史》卷二五七《王治传》。
③ 《明史》卷一五〇《郁新传》。
④ 《明史》卷二二〇《王遴传》。
⑤ 《明史》卷七九《食货志三·仓储》。

军屯之坏，在宣德初年范济即已上书指出。他说：

> 洪武中令军士七分屯田，三分守城，最为善策。比者调度日繁，兴造日广，虚有屯种之名，田多荒芜。兼养马采草伐薪烧炭，杂役旁午，兵力焉得不疲，农业焉得不废。[①]

屯军因杂役而废耕，屯的田又日渐为势豪所占[②]。正统以后，边患日亟，所屯田多弃不能耕。再加上官吏的需索，军士的逃亡，屯军愈困，卫所收入愈少。[③]政府没有办法，只好减轻屯粮，免军田正粮归仓，只征余粮六石。弘治时又继续减削，屯粮愈轻，军饷愈绌。《明史》记：

> 初永乐时屯田米常溢三之一。常操军十九万，以屯军四万供之。而受供者又得自耕边外，军无月粮，是以边饷恒足。[④]

正统以后政府便须按年补助边费，称为年例。

军屯以势豪侵占，卫军逃亡而破坏，商屯则以改变制度而废弛。《明史·叶淇传》：

> 弘治四年为户部尚书。变开中之制，令淮商以银代粟，盐课骤增百余万，悉输之运司，边储由此萧然矣。[⑤]

[①] 《明史》卷一六四《范济传》。

[②] 《明史》卷一五七《柴车传》："宣德六年，山西巡按御史张勖言：大同屯田多为豪右占据。命车往按得田几二千顷，还之军。"卷一七六《商辂传》："塞上腴田率为势豪占据，辂请核还之军。"卷一五五《蒋贵传》："成化十年，蒋琬上言：大同、宣府诸塞腴田，无虑数十万，悉为豪右所占。"卷一八〇《张泰传》："弘治五年泰言：甘州膏腴地，悉为中官武臣所据，仍责军税。城北草湖，资戍卒牧马，今亦被占。"卷二六二《孙传庭传》；"崇祯九年……西安四卫旧有屯田二万四千余顷，其后田归豪右，军尽虚籍。"

[③] 侯朝宗《壮悔堂文集》卷四《代司徒公屯田奏议》："（诸闻帅荫职以）肥区归己，而以其瘠硗者移之军士，久则审易厥籍，而粮弥不均。于是不得不寄甲于势要，而欺隐遂多。欺隐多于是不得不摊税于细军，而包赔愈苦。流病相仍，非朝伊夕，人鲜乐耕，野多旷土，职此之繇。"

[④] 《明史》卷七七《食货志一·田制》。

[⑤] 《明史》卷一八五。

盐商从此可以用银买盐，不必再在边境屯田。盐课收入虽然骤增，可是银归运司，利归商人，边军所需是月粮，边地所缺的是米麦，商屯一空，边饷立绌。《明史·食货志》说：

> 弘治中叶淇变法而开中始坏，诸淮商悉撤业归，西北商亦多徙家于淮。边地为墟，米石值银五两，而边储枵然矣。

后来虽然有若干人提议恢复旧制，但因种种阻碍，都失败了。

明代国家财政每年出入之数，在初期岁收田赋本色米，除地方存留千二百万石外[①]，河、淮以南以四百万石供京师，河、淮以北，以八百万石供边，一岁之入，足供一岁之用[②]。到正统时边用不敷，由中央补助岁费，名为年例。正统十二午（1447年）给辽东银十万两，宣大银十二万两。[③]到弘治时内府供应繁多，"光禄岁供增数十倍，诸方织作，务为新巧，斋醮日费巨万，太仓所储不足饷战士，而内府收入，动四五十万。而宗藩贵戚之求土田，夺盐利者，亦数千万计。土木日兴，科敛不已。传奉冗官之俸薪，内府工匠之饩廪，岁增月积，无有穷期"。[④]财用日匮。国库被内廷所提用，军饷又日渐不敷，弘治八年尚书马文升以大同边警，至议加南方两税折银[⑤]。正德时诸边年例增至四十三万两[⑥]，军需杂输，十倍前制[⑦]。京粮岁入三百五万，而食者乃四百三万。[⑧]嘉靖朝北有蒙古之入寇，南有倭寇之侵轶，军兵之费较前骤增十倍。田赋收入经过一百五十年的休养生息，反比国

---

① 《明史》卷二二五《王国光传》。

② 《明史》卷二一四《马森传》。

③ 毕自严《石隐园藏稿》卷六《议复屯田疏》。

④ 《明史》卷一八一《刘健传》。

⑤ 《明史》卷一八一《谢迁传》。

⑥ 《明史》卷二三五《王德完传》。

⑦ 《明史》卷一九二《张原传》。

⑧ 《明史》卷二〇一《周金传》。

初为少。[1]嘉靖五年银的岁入止百三十万两，岁出至二百四十万。[2]光禄库金自嘉靖改元至十五年积至八十万，自二十一年以后，供亿日增，余藏顿尽。[3]嘉靖二十九年俺答入寇，兵饷无出，只好增加田赋，名为加派，征银一百十五万。这时银的岁入是二百万两，岁出诸边费即六百余万，一切取财法行之已尽。[4]接着是东南的倭寇，又于南畿浙闽的田赋加额外提编，江南加至四十万。提编是加派的别名，为倭寇增兵而设，可是倭寇平后这加派就成为正赋。[5]广东也以军兴加税，到万历初年才恢复常额。[6]诸边年例增至二百八十万两。[7]隆庆初年马森上书说：

屯田十亏七八，盐法十折四五，民运十逋二三，悉以年例补之。

在边则士马不多于昔，在太仓则输入不多于前，而所费数倍。[8]

派御史出去搜括地方库藏，得银三百七十万也只能敷衍一年。内廷在这情形下，还下诏取进三十万两，经户部力争，乃命止进十万两。[9]万历初年经过张居正的一番整顿，综核名实，裁节冗费，政治上了轨道，国库渐渐充实，浸浸成小康的局面。张居正死后，神宗惑于货利，一面浪费无度，一面肆力搜括，外则用兵朝鲜，内则农民暴动四起，国家财政又到了破产的地步。

① 《明史》卷二〇八《黎贯传》："嘉靖二年疏言：国初夏秋二税，麦四百七十万，而今损九万，米二千四百七十三万，而今损二百五十万。以岁入则日减，以岁出则日增。"
② 《明史》卷一九四《梁材传》。
③ 《明史》卷二一四《刘体乾传》。
④ 《明史》卷二〇〇《孙应奎传》："俺答犯京师后，羽书旁午征兵饷，应奎乃建议加派，自北方诸府暨广西、贵州外，其他量地贫富，骤增银一百十五万有奇，而苏州一府乃八万五千。"
⑤ 《明史》卷七八《食货志二·赋役》。
⑥ 《明史》卷二五五《李戴传》。
⑦ 《明史》卷二〇二《孙应奎传》，同书卷二三五《王德完传》。
⑧ 《明史》卷二一四《马森传》。
⑨ 《明史》卷二一四《刘体乾传》。

万历前期的国家收入约四百万两，岁出四百五十余万两。岁出中九边年例一项即占三百六十一万两①，后来又加到三百八十余万两②。每年支出本来已经不够，内廷还是一味向国库索银，皇帝成婚，皇子出阁成婚，皇女出嫁，营建宫殿种种费用都强逼由国库负担。③又从万历六年起，于内库岁供金花银外，又增买办银二十万两为定制。④结果是外廷的太仓库光禄寺库太仆寺库的储蓄都被括取得干干净净，内廷内库帑藏山积，国库则萧然一空。⑤万历二十年哱拜反于宁夏；又接连用兵播州；朝鲜战役历时至七年。支出军费至一千余万两。⑥大半出于加派和搜括所得。《明史·孙玮传》记：

> 朝鲜用兵，置军天津，月饷六万，悉派之民间。⑦

所增赋额较二十年前十增其四，民户殷足者什减其五。东征西

① 《明史》卷二二四《宋纁传》："万历十四年迁户部尚书。言：边储大计，最重屯田盐策。近诸边年例银增至三百六十一万，视弘治初八倍。"
② 《明史》卷二三五《王德完传》："万历十四年进士……累迁户科都给事中，上筹划边饷议曰：诸边岁例，弘正间止四十三万，至嘉靖则二百七十余万，而今则三百八十余万。"
③ 《明史》卷二二〇《王遴传》："故事户部银专供军团，不给他用。帝大婚，暂取济边银九万两为织造费。至是复欲行之，遴执争。未几诏取金四千两为慈宁宫用，遴又力持，皆不纳。"卷二三七《万象春传》："皇女生，诏户部光禄寺各进银十万两，象春力谏不听。"卷二二〇《赵世卿传》："福王将婚，进部帑二十七万，犹以为少。……至三十六年七公主下嫁，宣索至数十万。世卿引故事力争，诏减三之一。世卿复言：陛下大婚止七万，长公主下嫁止十二万，乞陛下再裁损，一仿长公主例。帝不得已从之。"卷二四〇《朱国祚传》："万历二十六年诏旨采办珠宝二千四百万，而天下赋税之额方止四百万。《王德完传》："今皇长子及诸王册封冠婚至九百三十四万，而袍服之费复二百七十余万。"卷二四〇《张问达传》："帝方营三殿，采木楚中，计费二百二十万有奇。"
④ 《明史》卷七九《食货志三·仓库》。
⑤ 《明史》卷二三〇《汪若霖传》："万历三十六年巡视库藏，见老库止银八万，而外库萧然。诸边军饷逋至百余万。"
⑥ 《明史》卷二三五《王德完传》："万历二十八年起任工科，极陈国计匮乏，言：近岁宁夏用兵费百八十余万，朝鲜之役七百八十余万，播州之役二百余万。"按毕自严所记与此不同，《石隐园藏稿》卷六《清查九边军饷疏》："征哱拜之费用过一百余万，两次征倭之费用过五百九十五万四千余两，征播之费用过一百二十二万七千余两。"
⑦ 《明史》卷二四一。

讨，萧然苦兵。[1]到万历四十六年（1618年）辽东兵起，接连加派到五百二十万两：

时内帑充积，帝靳不肯发。户部尚书李汝华乃援征倭征播例，亩加三厘五毫，天下之赋增二百万有奇。明年复加三厘五毫。又明年以兵工二部请，复加二厘。通前后九厘，增赋五百二十万，遂为定额。[2]

接着四川、贵州又发生战事，截留本地赋税作兵饷，边饷愈加不够，从万历三十八年到天启七年（1610—1627）负欠各边年例至九百六十八万五千五百七十一两七钱三分[3]。兵部和户部想尽了法子，罗掘俱穷，实在到了无办法的地步，只好请发内库存银，权救边难，可是任凭呼吁，皇帝坚决不理，杨嗣昌在万历四十七年所上的《请帑稿》颇可看出当时情形：

今日见钱，户部无有，工部无有，太仆寺无有，各处直省地方无有。自有辽事以来，户部一议挪借，而挪借尽矣。一议加派，而加派尽矣。一议搜括，而搜括尽矣。有法不寻，有路不寻，则是户部之罪也。至于法已尽，路已寻，再无银两，则是户部无可奈何，千难万苦。臣等只得相率恳请皇上将内帑多年蓄积银两，即日发出亿万，存贮太仓，听户部差官星夜赍发辽东，急救辽阳。如辽阳已失，急救广宁，广宁有失，急救山海等处，除此见钱急着，再无别法处法。[4]

疏上留中，辽阳、广宁也相继失陷。

天启时诸边年例又较万历时代增加六十万，京支银项增加二十余万。[5]辽东额兵九万四千余，岁饷四十余万，到天启二年关上兵止十余万，月饷至

① 《明史》卷二一六《冯琦传》。
② 《明史》卷七八《食货志二·赋役》、卷二二〇《李汝华传》。
③ 《石隐园藏稿》卷六《详陈节欠疏》。
④ 《杨文弱集》卷二。
⑤ 《石隐园藏稿》卷六《清查九边军饷疏》。

二十二万①，军费较前增加六倍。新兵较旧军饷多，在召募时，旧军多窜入新营为兵，一面仍保留原额，政府付出加倍的费用募兵，结果募的大部仍是旧军，卫所方面仍须发饷。②从泰昌元年十月到天启元年十二月十四个月用去辽饷至九百二十五万一千余两，较太仓岁入总数超过三倍。③

　　崇祯初年，一方面用全力防遏建州的入侵，一方面"流寇"四起，内外交逼，兵愈增，饷愈绌。崇祯二年三月户部尚书毕自严疏言：

> 诸边年例自辽饷外，为银三百二十七万八千有奇。今蓟、密诸镇节省三十三万，尚应二百九十四万八千。统计京边岁入之数，田赋百九十六万二千，盐课百十一万三千，关税十六万一千，杂税十万三千，事例约二十万，凡三百二十六万五千有奇。而逋负相沿，所入不满二百万，即尽充边饷尚无赢余。乃京支杂项八十四万，辽东提塘三十余万，蓟、辽抚赏十四万，辽东旧饷改新饷二十万，出浮于入已一百十三万六千。况内供召买，宣大抚赏，及一切不时之需，又有出常额外者。④

除辽饷不算，把全国收入，全部用作兵费还差三分之一。崇祯三年又于加派九厘外，再加三厘，共增赋一百六十五万四千有奇。⑤同年度新旧兵饷支出

---

① 《明史》卷二七五《解学龙传》。
② 《明史》卷二七五。《杨文弱集》卷一，万历四十七年九月，《请立兵册清查辽饷确数稿》："新兵原食一两二钱，今递加至一两八钱。旧兵原食四钱，今递加一两二钱。新兵递加，往开原等一两八钱，往铁岭等一两六钱。旧兵递加，其上等一两二钱，中等者八钱。"天启元年六月《三覆议山东河北增兵用饷稿》："定辽西新旧兵例分为五等，一等月给银二两，二等月给银一两八钱，三等月给银一两五钱，四等月给银一两二钱，五等月给银八钱。"
③ 《杨文弱集》卷四《述辽饷支用全数疏》。
④ 《明史》卷二五六《毕自严传》。
⑤ 《明史》卷二五六《毕自严传》："兵部尚书梁廷栋请增天下田赋，自严不能止。于是旧增五百二十万之外，更增百六十五万有奇，天下益耗矣。"卷二五七《梁廷栋传》："亩加九厘之外，再增三厘，于是增赋百六十五万有奇，海内益怨咨。"按卷二五二《杨嗣昌传》："神宗末年增赋五百二十万，崇祯初再增百四十万。统名辽饷。"作百四十万，误。

总数达八百七十余万，收入则仅七百十余万，不敷至百六十万。①崇祯十年增兵十二万，增饷二百八十万，名为剿饷：

> 其筹饷之策有四：曰因粮，曰溢地，曰事例，曰驿递。因粮者，因旧额之粮，量为加派，亩输粮六合，石折银八钱，伤地不与，岁得银百九十二万有奇。溢地者，民间土地溢原额者，核实输赋，岁得银四十万六千有奇。事例者，富民输赀为监生，一岁而止。驿递者，前此邮驿裁省之银，以二十万充饷。……初嗣昌增剿饷，议一年而止，后饷尽而贼未平，诏征其半。至是督饷侍郎张伯鲸请全征。②

崇祯十二年又议练兵七十三万，于地方练民兵，又于剿饷外，增练饷七百三十万。时论以为：

> 九边自有额饷，概予新饷，则旧者安归。边兵多虚额，今指为实数，饷尽虚糜而练数仍不足。且兵以分防不能常聚，故有抽练之议。抽练而其余遂不问。且抽练仍虚文，边防愈益弱。至州县民兵益无实，徒糜厚饷。以嗣昌主之，事钜，莫敢难也。③

从万历末年到这时，辽饷的四次递加，加上剿饷、练饷，一共增赋一千六百九十五万两。这是明末农民在正赋以外的新增负担！崇祯十六年索性把三饷合为一事，省得农民弄不清楚和吏胥的作弊。④

因外族侵略和农民起义而增兵，因增兵而筹饷，因筹饷而加赋。赋是加到农民头上的，官吏的严刑催比和舞弊，迫使农民非参加起义不可，《明史》卷二五五《黄道周传》说：

> 催科一事，正供外有杂派，新增外有暗加，额办外有贴助。小民

---

① 《石隐园藏稿》卷七《兵饷日增疏》。
② 《明史》卷二五二《杨嗣昌传》。
③ 《明史》卷二五二《杨嗣昌传》。
④ 《明史》卷二六五《倪元璐传》。

破产倾家，安得不为盗贼！

结果是朱明统治的被推翻。"流寇"领袖攻陷北京的李自成起事的口号是：

"从闯王，不纳粮！"

1937年6月于北平

（《中国社会经济史集刊》第五卷第二期）

第五章 明朝历史的基本情况

一、明太祖的建国

首先，我们应该弄清国家的含义。近几年来的学术讨论中，有人往往把我们这个时代关于国家的含义等同于历史上的国家的含义。这是错误的、不科学的。我们今天所说的国家，包括政府、土地、人民、主权各个方面。由于政权性质的不同，国家可以分为好几类，有人民民主国家、资本主义国家、民族主义国家，等等。历史上国家的含义就跟这不一样。简单地说：历史上的国家只能是某一个家族的政权，不能把它等同于今天我们所说的国家。曹操的儿子曹丕临死前写了一篇遗嘱，说：自古无不亡之国。这里所说的"国"是什么呢？就是指某个家族的政权，是指刘家的、赵家的、李家的或者朱家的政权。这些政权经常更替，一个灭亡了，另一个起来。所以曹丕说自古无不亡之国。但是一个政权灭亡了，当时的国家是不是也灭亡了呢？没有。譬如汉朝刘家的政权被推翻了，曹操的儿子做了皇帝，还是有三国，我们的历史并没有中断。曹家的政权被推翻了，司马氏做了皇帝，国家也没有灭亡。所以，历史上的所谓亡国，就是指某一个家族的政权被推翻，国家还是存在的，人民还是存在的。因此我们所说的明太祖建国，也是指他建立的朱家的政权。这个国跟我们今天的中华人民共和国有本质的不同，它只代

表一个家族、一个集团的利益，而不代表整个民族的共同的利益。把这个含义弄清楚，我们才可以讲下面的问题，就是朱元璋的政权依靠的是什么。

1. 土地关系问题

要讲土地关系问题，不能不概括地讲讲当时的基本情况。

在十四世纪中叶，大致是从1348年到1368年的二十年中间，发生了大规模的农民起义、农民战争。规模之大，几乎遍及全国，从东北到西南，从西北到中南，到处都有农民战争发生。不单是有汉族农民参加，各地的少数民族也参加了，如东北的女真族（就是后来的建州族）、西南的回族都参加了斗争的行列。时间之久，前后达二十年。战争激烈的情况，在整个历史上都是少有的。

在二十年的战争中，反对元朝的军事力量大致可以分为两个体系：一支是红军。因为参加起义的人都在头上包一块红布作为标志，在当时政府的文书上称为"红军"，也有个别的叫作"红巾军"。这是反对元朝的主要力量。现在有些历史学家不大愿用"红军"这个名称，大都称为"红巾军"。大概有这样一个顾虑：怕把历史上的红军同我们党建立的红军等同起来。在我的记忆里有这样一件事：大约二十年前，国民党政府的一个什么馆，要我写明史。书写好之后交给他们看，他们什么意见也提不出来，最后说：你这上面写的"红军"改不改？要改就出版，不改就不出版。我说：不出版拉倒！（这本书现在没有出版）他们怕红军，不但怕今天的红军，也怕历史上元朝的红军，因此他们要我改掉。我不改，因为根据历史记载，这支起义军本来就是红军，不是白军。这不说明什么政治内容，而只是说他们头上包了一块红布而已。红军又分成两部分：一部分在东边活动，一部分在西边活动。具体说，东边是指今天的安徽、河南、河北一带，西边是指江汉流域

（长江、汉水流域）。江汉地区的红军很多，包括"北锁红军"和"南锁红军"。反对元朝的另一支军事力量是非红军系统：在浙江有方国珍，在元末的反元斗争中，他起兵最早；在江苏有张士诚；在福建有陈友定。这几支军队都不属于红军系统。当时为什么能爆发这样大规模的农民起义呢？我想在讲元朝历史的时候已提到了，这里就不再重复。

下面讲讲红军提出了些什么问题。

红军当中的一些领导者，他们在反元斗争展开之后发布了一个宣言（当时叫檄文），里面有这么两句话："贫极江南，富夸塞北。"（文件的全文已看不到了，只留下这么两句）这说明什么呢？说明红军反对元朝的统治，要推翻元朝的统治。这是一个有各族人民参加的阶级斗争。当时元朝的政治中心，一个在大都（今北京），一个在上都。元朝政府经常派出很多官吏和军队到南方去搜刮物资，把这些物资运到北方去供少数人享受。元朝的皇帝在刚上台时，为了取得军事首领、部族酋长的支持，对他们大加赏赐，按照不同的地位给他们金、银、绸缎一类的物资。遇到政治上有困难时，为了获得支持以巩固自己的统治，也采取这种办法。每次赏赐的数目都很大，往往要用掉一年或者半年的收入，国家财政收支的一半甚至全部都给了他们。这些物资是从哪里来的呢？是从全国人民身上搜刮来的。几十年光景，造成了"贫极江南，富夸塞北"的局面。这样的统治使老百姓活不下去了，他们就起来斗争，改变这个局面，所以提出了这样鲜明的口号。

红军初期的主要领导人韩山童，是传布白莲教起家的（他家里世世代代都是传布白莲教的）。由于通过宣传白莲教，通过宗教迷信活动可以组织一部分力量，于是他就提出"明王出世""弥勒佛降生"的口号。明王是明教的神，也叫"明尊"或"明使"。明王出世的意思是光明必然到来，光明一到，黑暗就给消灭了，最后人类必然走上光明极乐的世界。弥勒佛是佛教里的著名人物。传说在释迦牟尼灭度（死）后，世界就变坏了，种种坏事全部出现，人的生活苦到不能再苦。幸得释迦牟尼在灭度前留下一句话，说再过若干年，会有弥勒佛出世。这佛爷一出世，世界立刻又变得好起来：自然界变好了；人心也变慈善了，抢着做好事，太太平平过日子；种的五谷，用不着拔草翻土，自己会长大，而且下一次种有七次的收成。这种宗教宣传，对当时受尽苦难的农民产生了深刻的影响，他们希望有人来解救他们。所以，在广大农民中间，白莲教就用"明王出世""弥勒佛降生"这样的口号作为号召来组织斗争力量。

这种宗教宣传对农民能够发生作用，可是对知识分子就不能够发生作用了，特别是一些念四书、五经的儒生不相信这一套。因此，对他们必须有另外一种口号。红军的领袖们就利用一些知识分子对元朝统治的不满，对宋朝怀念的心情，提出了"复宋"的口号。他们假托自己是赵家的子孙。韩山童是河北人，起兵之后被元朝政府杀害，他的儿子韩林儿跑掉了。以后刘福通就利用元朝政府治理黄河的机会组织反元斗争。当时黄河泛滥成灾，元朝政府用很大力量调了很多民夫、军队来做黄河改道的工作。民夫和军队都集中在一起，刘福通就乘机组织民工发动反元斗争。军事行动开始之后，他们就假托韩林儿是宋徽宗的第九代子孙，刘福通是南宋大将刘光世的后代。他们以恢复宋朝的口号来团结一部分知识分子。所以红军有两套口号：一方面宣传"明王出世""弥勒佛降生"来团结和组织农民；另一方面以恢复宋朝政权相号召，团结社会上有威信的知识分子。而中心则是阶级斗争，推翻剥削阶级。

刘福通起兵之后，声势很大，得到了各个地方的响应。在江苏萧县有芝麻李起兵响应；安徽凤阳有郭子兴起兵响应，一下子就发展到几十万军队。他们从山里把韩林儿找出来，让他做了皇帝，建立了统治机构。同时分路出兵攻打元朝：一支由华北打到内蒙，以后东占辽阳，转入高丽；另一支打到西北；还有一支打到四川。

以上讲的是东部红军的情况。

西部红军的主要领导人叫彭莹玉，他是一个和尚，原来在江西袁州组织过一次武装起义，失败以后，就跑到淮水、汉水流域，秘密传教，组织力量。后来他找到徐寿辉，组织武装力量，进行反元斗争。徐寿辉被他的部下陈友谅杀掉以后，西部红军的主要领导人就是陈友谅。此外，徐寿辉的另一个部将明玉珍跑到四川，在那里也建立了政权。

从二十年的长期战争中，我们可以看出这样几种基本情况：

第一，不管是东边韩林儿这一支红军，或者是西边陈友谅这一支红军，他们遇到的最坚强的敌人不是元朝的军队。这时元朝军队已经失去了建国初期那种勇敢、剽悍的特征，无论是军官也罢，土兵也罢，都腐化了，不能打仗了，在与红军作战时，往往是一触即溃。既然元朝军队不能打仗，为什么战争还能延续二十年呢？原因就在于坚决抵抗红军的是一些地主阶级的武装力量。这些武装力量，元朝政府把它称为"义军"。这些力量很强大，最强的有察罕帖木儿、扩廓帖木儿父子所领导的这一支；此外，李思齐、张思道、张良臣等也都很有实力。至于小的地主武装就举不胜举了。这些地主武装为什么这样坚决地反对农民起义呢？因为红军坚决反对阶级压迫。应该说当时的农民革命领袖并没有消灭地主阶级的思想，若要把现代人的意识强加于古人，那是错误的。那个时代的人不可能有消灭地主阶级的思想，但是，他们恨地主阶级，因为他们世代受地主阶级的剥削、压迫，现在他们自己有了武装力量，就要对这些地主阶级进行报复。在这样情况下，各地的地主阶级都组织力量来抵抗红军。其中最强的是察罕帖木儿和李思齐这两支力量。所以，红军在几路出兵的千里转战中，所遇到的主要敌人不是元朝的正规军，而是这些地主阶级的武装。在红军遭到这些地主武装的顽强阻击而受到损失之后，元朝政府就承认这些地主武装，封给察罕帖木儿、李思齐、张思道、张良臣及其部队以官位和名号。

一方面是红军，他们要改变"贫极江南，富夸塞北"的局面；另一方面，顽强抵抗红军的主要是地主阶级的武装力量，其中主要的数量最多的是汉人地主的武装力量。这就是从1348年到1368年二十年战争中的第一个基本情况。

第二，在二十年的斗争中，尽管起义的面很广，战争区域很大，军事力量发展得很快，但是始终没有形成统一的指挥。不管是刘福通这个系统，或者是徐寿辉这个系统，都是各自为政，互不配合。尽管在战争的过程中，东边的胜利可以支持西边，西边的胜利可以支持东边，可是战略上没有统一的部署，缺乏统一的领导。不只是东边这一支红军和西边这一支红军二者之间出现这种情况，就是在刘福通领导下的军事力量也是这样。军队从几路分兵出发，不能采取通盘的步骤，而是你打你的，我打我的。尽管他们也有根据地（刘福通建都开封，陈友谅建都武汉），但是在当时交通不便的情况下，前方和后方的联系很差，这支军队和那支军队之间的情况互不了解。尽管他们的军事力量都很强大，一打起仗来往往是几百里、几千里的远征，所到的地方都能把敌人打败，所消灭的敌人也很多，可是并不能把所占领的地方安定下来，没能建立起各个地方的政权。因此红军走了之后，原来的蒙古和汉人地主的联合政权又恢复了。最后，这几支军队都由于得不到后方的接济，得不到友军的配合而逐个被消灭了，他们虽然失败了，但在历史记载上很少发现有投降元朝的，绝大多数都是战斗到最后。相反，不属于红军系统的那些反元力量，像浙江东部的方国珍（佃户出身），以苏州为中心的张士诚（贩私盐的江湖好汉出身），他们也是反抗元朝的，也都有自己的政权，建号称王，可是在顶不住元朝的军事压迫的时候，就投降元朝，接受元朝的指挥。过一个时期看到元朝军事力量不行了，又起来反对元朝。方国珍也罢，张士诚也罢，都这样经常反复。他们虽然反对元朝，但并没有像红军那样提出政治的、宗教的阶级斗争口号。在二十年战争中，最后取得胜利的不是这些人，而是在韩林儿的旗帜下成长起来的朱元璋。

朱元璋出身于红军。他家里很穷苦，没有土地。从他祖父起，就经常搬家，替地主干活。最后，他父亲在安徽凤阳（当时的濠州）的一个小村子里落了户。朱元璋小的时候给人家放牛羊，以后因为遇到荒年，瘟疫流行，他的父、母、哥哥都死了，他自己没有办法生活，便在庙里当了和尚。庙里是依靠地租过活的（过去寺院里都有大量的土地），遇到荒年，寺院里也收不到租，当和尚也还是没有饭吃。朱元璋只好出去化缘、要饭。他在淮水流域要了三年饭。这三年要饭的生活对朱元璋一生的事业有很大的关系。因为我们上面讲到的彭莹玉就是在这一带地方进行活动，通过宗教宣传、组织反元斗争的。这样，朱元璋就不能不受到他的影响。同时，这三年的流浪生活也使朱元璋熟悉了这一带的地理、山川形势和风俗民情。三年后，朱元璋重新回到庙里。这时，濠州的郭子兴已经起兵，成为红军的将领之一。因为朱元璋和红军有来往，元朝政府就很注意他。他的处境很危险。但这时朱元璋还很彷徨，两条道路摆在面前：是革命呢？还是反革命呢？经过一番考虑，他最后还是投奔了红军，在郭子兴的部下当了一名亲兵。朱元璋自己后来写文章回忆，说他当时参加这个斗争并不很坚决，而是顾虑很多的。参加了郭子兴的部队以后，他很勇敢，也能够出主意，能够团结一些人。后来成了郭子兴的亲信，郭子兴就把自己的养女马氏许配给他，这样他就成了郭子兴的女婿。军队里称他为朱公子。朱元璋在反元斗争中用计谋袭击了一些地主武装，把这些地主武装拉了过来。同时他又回到自己的家乡去吸收了一批人，当时有二十四个人跟他参加了红军，以后都成了有名的将领，开国名将徐达就是其中之一。郭子兴死了之后，朱元璋代替了郭子兴，成为韩林儿旗帜下的一支军事力量的将领。这时，他的力量还并不强大。那么，他为什么能够赢得战争的胜利，取得全国的政权呢？有这么几个因素：

第一个因素是正当朱元璋开始组织军事力量时，刘福通部下的红军正在跟元朝的军队作战，元朝军队顾不上来打朱元璋。朱元璋占领区的北面都是红军，这样，就把他的军队和元朝的军队隔开了。所以，当红军和元朝军队作战时，朱元璋可以趁此机会壮大自己的武装力量，占领许多城市。

第二个因素是他取得了地主阶级知识分子的支持。他起兵之后不久，就有一些知识分子投奔他，像李善长、冯国用、刘基、宋濂、章溢、叶琛等。这些人都是浙江、安徽地区的地主阶级知识分子，在地方上有些威望，而且都有武装力量。这些知识分子替朱元璋出主意，劝他搞生产、搞屯田。在安徽时，朱升劝他"高筑墙、广积粮、缓称王"。这就是要他先把根据地搞好，在后方解决粮食问题，一开始不要把目标搞得太大。李善长、刘基劝他不要乱杀人，不要危害老百姓，要加强军队纪律，要巩固占领的城市，并经常把历史上成功的经验和失败的教训告诉他。朱元璋本人也很用功地学习历史，他在进行军事斗争或政治安排时，总是要征求这些人的意见，研究历史上的经验教训。

这里有一个问题，朱元璋出身于红军，他反对地主，而地主阶级为什么要支持他呢？这不是一个很大的矛盾吗？要了解这个问题，必须从当时的具体历史情况来看。朱元璋本人要打击地主，因为他受过地主阶级的压迫。可是在进行军事斗争的过程中，他感到光像过去那样打击地主、消灭地主，不仅很难取得地主阶级的支持，而且会遭到地主阶级的顽强抵抗。所以，在他还没有成为一个军事统帅的时候，他就改变了红军的传统，开始和地主阶级合作，取得他们的支持。这是问题的一方面。另一方面，地主阶级怎么愿意支持他呢？前面不是说过，红军在北上的战争中所遇到的最大阻力不是元朝军队，而是地主阶级的武装吗？原因很简单，就是安徽、浙江地区的地主阶级，他们看到元朝政府已经不能维持下去了，他们不能再依赖元朝政府的保护，而他们自己的武力力量又无论如何也抗拒不了朱元璋的进攻；更重要的是他们理解到朱元璋欢迎他们，采取跟他们合作的方针。他们与其坚决反抗朱元璋而被朱元璋消灭，还不如依靠朱元璋，得到朱元璋的保护，以维护自己的阶级利益。所以，当朱元璋派人去请刘基的时候，刘基开始拒绝，可是经过一番考虑之后，最后终于接受了。

朱元璋的军队加入了这样一批力量之后，它的性质逐渐改变了。所以在他以后去打张士诚时所发布的一个宣言中，不但不再承认他自己是红军，反而骂红军，攻击红军，把红军所讲的一些道理称为妖言。尽管这时他在形式上还是接受韩林儿的命令，用韩林儿的年号，他的官爵也是韩林儿封的，但实质上他已经叛变红军。到了1368年，他已把陈友谅、张士诚消灭，派大将徐达进攻北京，这时又发布了一个宣言。在这个宣言中像红军所提出的"贫极江南，富夸塞北"的口号都没有了。主要提些什么问题呢？夷夏问题。就是说少数民族不能当中国的统治者，只能以夏治夷，不能以夷治夏。他要建立和恢复汉族的统治。在这样的情况下，战争的性质改变了，不再是红军原来的阶级斗争的性质，而是一个汉族与蒙古族的民族战争。

1368年，朱元璋的军队很顺利地打下了北京。元顺帝跑到蒙古，历史上称为北元。元顺帝虽然放弃了北京而回到蒙古，可是他的军事力量并没有受到太大的损失，还仍然保持着比较强大的军事力量和完整的政治机构。他并不认为自己统治的王朝已经结束了，他经常派兵来打北京，要收复失地。所以在明朝初年明朝和北元还有几次很激烈的战争。到了洪武八年，北元的统帅扩廓帖木儿死了，蒙古对明朝的威胁才减轻了一些，但仍然没有结束。这时北元和高丽还保持着密切的关系，高丽的国王还照样是北元的女婿（每一个高丽国王都要娶蒙古贵族女子做妻子），在政治上仍然依附于北元。这种关系一直维持到洪武二十五年。这一年，高丽内部发生斗争，大将李成桂为了取王朝而代之，他依靠明朝的支持，在国内发动政变，推翻了旧的王朝，建立了一个新的朝代。从此，高丽臣服于明朝。同时，李成桂在求得明太祖的同意之后，把国名高丽改为朝鲜。此后一直叫朝鲜，不再称高丽了。朝鲜国内的政治变革，反映了明朝和北元的斗争关系和势力的消长。

总结上面所说的历史情况，得到这样的结论：经过二十年长期的战争，一方面是红军（包括东、西两部分）和非红军（像方国珍、张士诚），另一方面是元朝军队，更重要的是各个地方的汉人地主武装力量。在战争过程中这些汉人地主武装大部分被消灭了。也由于二十年的长期战争，各地人口大大减少，土地大量地荒废。因此1368年明太祖建国之后，他就不能不采取一些措施，改变这种情况。一个以农业为主要生产手段的国家，农业生产得不到保证，它就不能维持下去。因此，在明朝初年采取了一系列的办法：

第一，大量地移民。例如移江浙的农民十四万户到安徽凤阳，迁山西的一部分人口到河南、河北、安徽去。移民的数量是很大的，一移就是几万家，甚至十几万家。迁移的民户到了新的地方之后，政府分配给他们土地。这些土地是从哪里来的呢？就是一些在战争中被消灭的大地主的土地和无主荒地。此外，政府还给耕牛、种子、农具，并宣布新开垦的荒地几年内不收租，鼓励他们的生产积极性。

第二，解放匠户。元朝有所谓匠户制度。成吉思汗定下了这样一种办法：每打下一个城市之后，一般的壮丁都杀掉，但是有技术的工人，无论是铜匠、铁匠或其他行业的工匠都保留下来。把每个大城市的技术工人都集合在一起为官府生产，这些人就称为匠户。这些匠户几乎没有人身自由，世世代代为官府服役。明太祖把他们部分地解放了，给他们一些自由，鼓励他们生产。匠户数目很大，有几十万人。

第三，凡是战争期间，农民的子弟被强迫去当奴隶的，一律解放，给予自由。这样，增加了农业生产的劳动力。

第四，广泛地鼓励农业生产。明太祖采取了很多措施：规定以各地农业收成的好坏作为考核地方官工作成绩的重要标准之一，地方官每年要向中央报告当地人口增加多少，农作物的产量增加多少；大力鼓励农民种植桑树和棉花，规定每一户的土地必须种多少棉花、多少桑树和果树。而且用法令规定：只要能够种棉花的地方就必须种棉花，能够种桑树、果树的地方就必须种桑树、果树。这样，农民的副业收入增加了。关于朱元璋鼓励种棉花的措施值得特别提一下。在朱元璋以前，更具体地说，在1368年以前，我们的祖先穿的是什么衣服呢？有钱的人夏天穿绸、穿缎，冬天穿皮的（北方）或者穿丝棉。老百姓穿的是什么呢？穿的是麻布。有一本看相的书，就叫《麻衣相法》。当时棉花很少，中国自南北朝的时候就有棉花进口，但数量少。到宋朝时棉布还是很珍贵。可是到了明太祖的时候，由于大力提倡种植棉花，以及当时由于种种原因，纺纱、织布的技术提高了，因而棉布大量增加。这样，我们祖先穿的衣服就改变了，过去平民以穿麻衣为主，现在一般人都能穿上棉布衣服。并且形成了几个产棉区和松江等出产棉布的中心。也是在这个时期，棉花种子从中国传入了朝鲜。结果在不太长的时间内，朝鲜人也穿上了棉布衣服。

在农业生产发展，农业经济恢复的基础上，朱元璋采取了支持商业的方针。在南京和其他一些地方，都专门为商人盖了房子，当时叫作"塌房"，以便他们进行商业活动。

　　所以，经过从1348年到1368年的二十年的长期战争，由于战争延续的时间长，涉及的区域广，战争的情况又极为残酷，使得社会上人口死亡很多，荒芜了很多土地。但是，经过洪武时期二十多年的努力以后，社会生产逐渐恢复并发展了，经济繁荣了。

　　那么，最后，问题归结到什么地方呢？朱元璋的政权依靠谁呢？

　　上面说过，元朝的大地主在战争中基本上被消灭了，在这种情况下，土地关系发生了重大的变化：第一种情况，过去土地比较集中，一个大地主占有很多土地，拥有很多庄园。现在这些大地主被消灭了，他们的土地被分配给了无地、少地的农民，或者是新来的移民。这样，一家一户几亩地，土地分散了，这是基本的情况。土地分散的后果是什么呢？在政治上是阶级矛盾的缓和。原来那些人口密度很高的地区（江苏、浙江一带），现在一部分地主被消灭了，一部分人口迁徙出去，留下来的农民有了部分土地，有了一些生产资料，这样，阶级关系就比过去缓和了。第二种情况与此相反，就是那些没有被消灭的地主，像李善长、冯国用、刘基、宋濂这些人，他们原来的土地不但保留下来了，而且有了发展。他们大都成为明朝的开国功臣，做了大官。第三种情况是出现了新的地主阶级。像朱元璋回家招兵时，跟他出来的二十四个人后来都成了他的大将、开国功臣，朱元璋给他们封公、封侯。这些人在政治上有了地位，经济地位也跟着提高了。明朝初年分配土地的结果，他们都成了新的地主阶级。

　　情况这么复杂，那么，整个说来，农民的土地问题解决了没有呢？没有解决。封建剥削还是存在，农民还是要向地主交租，还是受地主阶级的压迫，在某些地方甚至还有所加强。明太祖是红军出身，是反对地主阶级的，现在他自己成了全国最大的地主。因此，就发生了前面所提到的那种情况：

明太祖建国之后，农民的反抗斗争就随之开始，一直到明朝灭亡。什么原因呢？因为阶级关系没有改变，土地问题没有解决。但是由于元末大地主阶级的土地分散的结果，使得在一定的历史时期内，某些地区的阶级斗争有所缓和。在这个基础上才有可能出现以后的郑和下"西洋"的事情。

上面所说的，牵涉到最近史学界讨论的一个问题，就是农民起义能不能建立农民政权的问题。这个问题有不少争论，涉及到所谓皇权主义问题。中国的农民有没有皇权主义？有的人说有，有的人说没有。我们现在从朱元璋这个具体的人，以及从当时的具体历史事实来研究这个问题。我想，可以得出这样的结论：历史上任何农民战争最后必须要建立一种政权。政权有大有小，有的农民起义领袖自称为将军，因为他只知道将军是最大的；有的自称为"三老"；有的称王；有的称皇帝。他们能不能采取别的称号呢？能不能不利用这些当时实际存在的、为大家所熟悉的名称，而采取跟当时历史实际没有关系的名称呢？或者说农民有没有这种可能，就是他们在建立政权时，不采取他们所反对的政权形式，而另外创立一种跟原来的政权完全不同的政权形式呢？没有！他们只能称将军，称三老，称王，称帝，不可能称几百年、几千年之后的苏维埃共和国，不可能称总统或者主席。

因此，在谈到农民革命能不能建立政权的问题时，结论只能是：（1）它必然要建立政权。没有政权怎么办事？大大小小总要有一个机构；（2）它组织的政权跟当时现行的政权不可能完全相反，它只能运用它所熟悉的东西，而不能采取它所不知道的东西；（3）这个政权不可能是为农民服务的政权。因为它为了使自己能够长期存在下去，所能采取的办法只可能是封建国家压迫农民的办法，而不可能有其他办法。如果它要真正成为农民自己的政权，它就必须解决这样的问题：推翻地主阶级的统治，实行土地革命。但是这样的思想认识，在长期的封建社会里是不可能有的。任何国家的封建社会都没有发生过。它只能对个别地主进行报复，你这个地主欺侮过我，杀了我的人，我现在也把你杀掉，把你的房子烧掉，把你的东西抢来。这些都是可能做到的。但是要把整个地主作为一个阶级推翻，这在当时是不可能的。要知道，反封建这种口号的提出，还是近代的事情。而且就是在今天世界各国，除了我们已经完成了这个任务之外，还有很多地区没有解决这个问题。印度也算是一个共和国，但是它不反封建，印度的地主阶级照样存在。我们不能以十九世纪、二十世纪才出现的思想去要求封建社会的农民。而且从理论上来说，农民政权要建立起来，而且要巩固下去，它的收入从何而来？它的财政开支从何而来？那时没有现代化的大工业，国家财政开支只能取之于农民。除此之外，别无出路。所以，它只能采取封建国家对农民压迫的形式，而不可能有别的形式。因此，历史上所有的农民革命没有例外地在它取得政权之后，必然变质，他们从反对地主阶级开始，结果是自己又变成了地主阶级，新的地主阶级代替旧的地主阶级。这就是历史上农民革命不断起来的根本原因。

在土地比较分散的基础上，尤其是在这样一个空前的大国的情况下，朱元璋建立了一个高度中央集权的政权。关于政治机构问题，当时要完全改变明朝以前的政治机构，既不容许这样做，也没有必要这样做。元朝的中央政权机构有中书省（相当于我们现在的国务院），中书省的长官有左丞相、右丞相、平章、参知政事等官。中书省下面有管具体事情的各部。为了统治全国，元朝政府把中书省分出一部分到地方上，代表中央管理地方工作，叫行中书省，简称行省。行省的职权很大，民政、财政、军事一切都管。掌管监察的机关叫御史台，地方上有行御史台，简称行台。在这样的情况下，发生了权力分散的问题。所以后来元朝政府对地方的统治愈来愈弱。明朝初年（洪武元年到洪武十三年）继承了元朝的这个制度，中央还设有中书省，地方上设立行中书省。这就是上面所说的，农民革命不能创造出新的东西来，它只能模仿和继承已有的东西。

这种局面给朱元璋提出了一个问题，就是如何巩固和加强自己的统治问题。明初政权逐渐产生了很多矛盾，第一，明朝的政权是地主阶级的政权，但明初地主阶级分为旧地主和新兴地主两派。朱元璋起兵于淮河流域，而刘基等则是参加了红军的江浙地主。两个地主集团之间存在着矛盾。当时有一首诗说："城中高髻半淮人。"衣服穿得漂亮的、有钱的，多是两淮流域的人。两淮流域的新兴的地主阶级、官僚贵族，其中绝大多数不但拥有广大的庄园，而且还有大量的奴隶、家丁。有些将军还有假子。假子是朱元璋兴起的办法。他在起兵时把一些青年收作自己的儿子，像沐英、李文忠都是他的干儿子，也是他手下最有名的将领。他往往在派一个将军出去作战时，同时派一个假子去监视。在这种作风的影响下，他下面的许多将军也有很多假子，他们拥有武装力量，有土地，有很多奴隶。这样，就形成许许多多小的军事力量。他们往往不遵守政府的规定，违法乱纪。明太祖要把这些劳动力放在国家的控制下，他们却要放在自己的庄园里。这是第二个矛盾，两淮流域新兴的地主集团和国家，即和朱元璋的统治之间的矛盾。这两个矛盾从1379年到1381年逐步展开。两淮流域地主集团的代表人物胡惟庸在这个斗争中被杀了。除了上面所说的两个矛盾之外，还有第三，胡惟庸个人和朱元璋之间的矛盾，这是君权和相权之间的矛盾。皇帝应该管什么事，宰相应该管什么事，历史上没有明文规定过。在设置中书省的情况下，许多事情都由中书省掌握，中书省认为这件事情有必要请示皇帝就请示，认为没有必要请示的，就自己办了。胡惟庸这个人有野心，也很有才能，他在中书省多年，排斥了一些人，也提拔了一些人，造成他在中书省的强固地位。有许多事情他自己办了，明太祖根本不知道。以后明太祖发现了就很生气。这样，矛盾就发生了，而且日益尖锐。洪武十三年，这三个方面的矛盾终于全面爆发。按照明朝的规定，军队指挥权掌握在皇帝手中。这样，明太祖在这个斗争中取得了胜利，他假借一个罪名把胡惟庸杀了，还牵连杀了不少人。

胡惟庸被杀以后，明太祖根本改变了元朝以来的中书省、行中书省制度，取消了中书省。而且立了个法令，规定以后子子孙孙都不设宰相这个官。谁来办事呢？把原来中书省下面的六个部（吏、户、礼、兵、刑、工）的地位提高，来管理全国的事情，直接对他负责。结果他自己代替了过去的宰相，相权和君权合而为一，大大加强了中央集权。在地方上则取消了行中书省，把原来行中书省的职权分开，即民政、司法、军事分别由三个机构管理：布政使司（主管官叫布政使）管民政、财政，按察使司（主管官叫按察使）管司法，都指挥使司（主管官叫都指挥使）管军事。这三司都直接对皇帝负责。这种把一切权力都揽在皇帝个人手中的高度集权的状况，是在明朝以前没有过的。所以，封建专制主义经过一千几百年的发展，到了朱元璋的时候，形成了一个历史上从来没有过的高度中央集权制的政治系统。这样的政治制度跟当时的土地形态基本上是相适应的。过去土地很集中，皇帝权力的支柱是大地主。现在土地分散了，朱元璋依靠谁呢？依靠粮长。他收粮时，不是采取各地方官收粮的办法，而是采取粮长制。即某一个地方，谁的土地最多、纳粮最多的，就让他当粮长。每年收粮万石的地区就派纳粮最多的地主四人当粮长，由粮长负责这个地区的租粮的收运。政治制度的这种改变，适应了土地比较分散的情况，也保证了朱元璋的经济收入。因此，他对粮长很重视，每年都把这些人召到南京去，亲自接见，和他们谈话。发现了其中某些有能力的人，就提拔他们。他的政权依靠什么呢？就依靠这些人。他的统治基础就在这里。所以，明朝初年相当长的一个时期内一些官职的任用是来自粮长。粮长之外，各地还有很多富户和耆民，朱元璋也经常把他们找来，发现有才能的，就任用他们为官。所以，他的政权是以中小地主作为支柱的。政治机构的这种发展变化，是和当时的土地形态、经济关系相适应的。

可是，在这样高度集权的情况下又发生了另一个新问题：皇帝到底是一个人，不是机器，什么事都要自己管，什么报告都得看，国家这么大，事情这么多，他怎么管得了呢？他只有每天看公文，变成文牍主义者。我曾给他做过统计，从洪武十七年（1384年）九月十四到二十一日，八天内他收的文件有一千六百六十六件，计三千三百九十一件事情。他平均每天要看两百份文件，处理四百多件事情。这怎么可能长久搞下去呢？非变成官僚主义者不可。因此就发生了这样的矛盾：一方面他非看文件不可，怕别人欺骗他；另一方面，愈看愈烦，特别是那些空泛的万言书，更使他恼火。有一次，一个官员上了一份万言书，他看了好几千字，还没有看出什么问题，生了气，就把这个官员找来打了一顿屁股。打完之后又叫人继续念这个报告，念到最后五百字才提出一些问题，提出几条建议，而且还不错，这才知道打错了人。第二天，他向那个官员承认错误，他说：不过你的文章不该写这么长，最多写五百字就够了，为什么要写一万字呢？所以他就发起了一个反对文牍主义的运动，提出了一个写文章的格式，要求简单，讲什么事就写什么事，不要东扯西拉，从上古说到今天，没完没了。他希望通过这个办法使自己能够处理实际事务。结果还是不行。他一个人怎么能管那么多的事？以后他又另外想了个办法，找了一些有文才，能办事的五、六品官到内阁来做机要秘书，帮他做事。为了勉励这些人，就给他们一个称号，叫作大学士。上面加上宫殿名称，如武英殿、文渊阁、东阁、文华殿等。这时，内阁还只是宫殿的名称，不是政治机构的名称。因为这些人是在内廷里办事，所以就叫殿阁大学士。后来，明成祖的时候，把这个办法制度化了，国家大事都集中在内阁办。内阁大学士在这里办事愈久，政治权力就愈大，官位就愈高，有的做到六部的尚书。这样，内阁大学士虽然没有过去丞相的名称，但事实上等于宰相。入阁也就是拜相。内阁大学士中的第一名称为首辅，就是第一个辅助皇帝的人。这时，内阁便正式成为政治机构了。

这个改变，在历史上是个很大的改变。皇帝的权力高度集中，提高了六部的地位，以后又设立内阁。明朝一直继承着这个制度。清朝也实行这个制度。所以，在政治制度上清朝是继承了明朝的。

随着经济的发展变化，土地占有形态也发生了变化。明朝前期土地比较分散，经过几十年之后，土地又慢慢集中了。到了明朝中叶，土地集中的情况已经很严重。到了万历时，土地集中到这样的程度，在张居正的信件里有一份材料，说一个姓郝的地主拥有土地七万顷。明朝建国时的土地不过是八百五十万顷，现在这一家的土地就等于建国时全国土地的百分之一。从明武宗（就是《游龙戏凤》中的那个正德皇帝）之后，皇帝大搞皇庄，左占一块地，右占一块地。北京附近的皇庄就有很多。不但是皇帝搞庄园，就是贵族也搞庄园，嘉靖的时候，封皇子到各地去做亲王，有一个亲王就有二万顷土地。万历封福王到河南洛阳，准备给他四万顷土地。这些土地是从哪里来的呢？都是从老百姓手里夺来的。把原来的自耕农变成了亲王的佃户。土地集中愈来愈严重，农民的生活愈来愈困难。凡是有皇庄的地方，不但皇庄内部的佃农要受管理皇庄的太监的统治，甚至周围的老百姓也要受皇庄管事人员的压迫和各种超经济剥削。你要过桥就要交过桥税，要摆渡就要交摆渡税。京戏《打渔杀家》中有一个萧恩抗鱼税。明末有一个大地主钱谦益，做大官，文章写得很好，却是一个没有骨头的人，后来投降了清朝。他占有几个湖，要湖边的老百姓向他交税。老百姓气极了，就把他的房子烧了，他的一个收藏了很多古书的"绛云楼"也被烧掉。所以《打渔杀家》这样的事在历史上是有根据的。

由于土地形态的变化，一方面使原来的政治机构不能适应，结果造成明朝政治上停滞的状态。明朝后期有这么两个皇帝：一个是嘉靖皇帝（明世宗），一个是万历皇帝（明神宗）。这两代有共同点：明世宗做了很多年皇帝，但是他经常在宫廷里，不跟大臣们见面。万历皇帝也是如此。闹得有一个时期，六部很多长官辞了职，没人管事，他也不管，使朝廷很多问题不能解决。另一方面，由于土地高度集中，也促使农民起义以更大的规模开展起来，最后形成以李自成、张献忠为首的全国规模的大起义。

2. 明太祖为什么建都南京？

明太祖之所以建都南京，主要是因为江苏、浙江、安徽这些地方比过去繁荣，是经济发达的地区，是粮食和棉花的产区。他建立了中央政权以后，有很多官员和军队，这些人吃什么呢？这就不能不依靠东南地区的粮食来养活。建都别的地方行不行？不行。以往的朝代建都洛阳、开封、西安，但这些地方交通不方便，粮食也供应不了。为了经济上的原因，他决定建都南京。可是这样发生了另外一个问题：军事上的问题怎么解决？元顺帝虽然跑掉了，但是他的军事实力并没有受到严重损失，他还保存着相当多的军队，并且时时刻刻在想办法反攻。因此，加强北边的防御，防止蒙古的反攻是非常必要的。不这样做，他的政权就不能巩固。但是建都在南京，对于在北方进行防御战争就比较困难了。当然，北边有一道万里长城，可是长城也要有人守才能发挥作用。因此，必须在北方驻重兵防守。可是把军队交给谁呢？交给将军行不行？不行，他不放心。如果他把十多万军队交给某个将军，一旦这个将军叛变，他就没有办法了。因此，他采取了分封政策，把自己的儿子封到沿边地区。第四个儿子燕王朱棣封在北京，其余的，宁王封在热河，晋王封在山西，秦王封在陕西，辽王封在辽东，代王封在大同，肃王封在甘肃。这些都叫作塞王。每一个王府都配有军队。亲王除了指挥自己的军队之外，在接到皇帝的命令以后，还可以指挥当地的军队。在有军事行动时，地方军队都要接受当地亲王的指挥。这样，就把每一个边防地区的军队都直接控制在中央的指挥之下了。

明太祖一方面建都南京，这样来解决粮食问题、服装问题；另方面派自己的儿子到沿边地区去镇守，防止蒙古族南下；而且每年派亲信将领到北京来练兵，视察各个地方的军事情况，指挥军队，过一二年回去，然后又派人来，这样来巩固北方的边防。他自己认为这个办法是比较稳妥的。但是在他死后，情况发生了变化。他的大儿子早死了，孙子建文帝继位。当时他的第四个儿子燕王在北京，军事力量很强大，结果就发生了皇室内部的斗争。建文帝依靠的是一些知识分子，这些人认为亲王的军权太大，中央指挥不动，可能发生叛变，像汉朝时候的"七国之乱"一样。因此他们劝建文帝削藩，削减亲王的权力，把违法乱纪的亲王关起来或者杀掉。这样就引起了各个藩王的恐慌，最后燕王起兵打到南京。南京政权内部发生了变化，有的将军和亲王投降了燕王，建文帝自杀。（关于建文帝的问题，我们以后还可以讲讲。）建文帝被推翻以后，燕王在南京做了皇帝，就是明成祖。可是北方的军事指挥权交给谁呢？为了解决这个问题，明成祖决定把都城迁到北京。

我们讲了明太祖建国的问题。围绕这个问题，对当前正在争论的一些问题提出了一些看法。现在就农民起义、农民战争到底能不能建立自己的政权的问题进一步提供一点意见。

农民战争、农民起义到底能不能建立政权呢？答复是肯定的。既然农民战争是要推翻旧的政权，它必然要建立一个新的政权。这个政权有大有小，有地区性，名称可以是多种多样的。但是，这个政权是不是农民自己的政权呢？是不是跟封建地主阶级的政权相对立的政权呢？从所有历史上的农民战争来看，不能得出这样的结论。农民战争在建立政权以前，它是要摧毁、冲击或者削弱旧的地主阶级的政权的；但是，等到它自己建立了政权之后，它不可能不根据旧的地主阶级政权的样子来办事，它不可能离开当时为人们所熟悉的、行之多年的一套政治机构。要知道，摧毁旧的国家机器这样的理论在《共产党宣言》里还没有提到，是在巴黎公社之后才总结出来的。无产阶级革命必须打碎旧的国家机器，建立新的国家机器，是只有在有了科学的共产主义理论，有了巴黎公社的经验之后才能得出的结论。既然是这样，中国历史上的农民战争怎么可能先知先觉，在还没有巴黎公社的经验的情况下，就能摧毁旧的国家政权，建立起农民自己的政权呢？这是不可能的。因此，在农民战争取得胜利之后，它所建立的政权必然变质。这也是一个历史规律，无论对谁都是一样的。汉高祖刘邦还不是变质了？！朱元璋还不是变质了？！明朝末年，李自成打到北京做了皇帝，他还不是变质了？！李自成在进入北京以前，能取得广大农民支持的原因之一，就是过去明朝政府收租很重，人民负担很重，他现在不收租了，叫作"迎闯王，不纳粮"，以不纳粮为号召。可是能不能持久呢？老百姓都不交粮了，他的军队吃什么？他的政权的经济基础、财政基础放到哪里？他难道能够喝空气过日子？不行，维持不下去。因此，他进北京后没有待多久就失败了。即使当时清军不入关，他的政权也不能延续多长时间，也不能巩固。因为他没有生产作基础，没有经济基础。农民种地不纳粮了，对农民来说很好；可是那时候没有大工业，一旦农民不纳粮，不但他的军队没有吃的，连政府的经费也没有来源了。这样，那个政权是不能维持下去的。它要维持下去，也非采取明朝的办法不可，就是向农民收租。

上面讲的是第一个问题。

第二个问题，中国历史上的农民战争有没有皇权主义。有不少人说俄国的农民有皇权主义，中国的农民没有，好像中国的农民是另外一种农民。中国的农民没有皇权主义，那么他们有什么主义呢？任何一次农民战争，它要建立一个政权不可能不根据现存的政权来办事，它不能离开现实。农民起义的领袖们只能够把当时为他们所熟悉、所理解的政权形式作为自己的政权形式。可是有些人硬要把中国的农民战争区别于其他国家的农民战争。当然，这个国家和那个国家的农民战争是有很多不同之点的。但是，从皇权主义这一点来说，不能不是相同的。理由是它们都不能够离开现实政治。当时的农民除了他们所熟悉的政权形式之外，不可能创造出当时还不可能有的政权形式来。不只是农民战争如此，连旧时代的一些神话、传说也是如此。大家都熟悉的《西游记》，孙悟空大闹天宫，天上的组织形式，玉皇大帝的那一套机构还不是反映了人间的机构。龙宫中龙王老爷的机构同样不能离开当时的现实，都是当时社会现实的反映。

第三个问题，对明太祖这个历史人物的评价问题。明太祖这个人到底是好人还是坏人？是应该肯定还是应该否定？当然应该肯定。因为他做了好事，他结束了长达二十年的战争混乱局面，统一了中国。统一这件事，在历史上是了不起的事情。而明太祖的统一中国，在历史上还有另外一种性质和意义。当时以北京和大同为中心，包括河北、山西及内蒙一部分的这个地区，从唐末以来叫"燕云十六州"。从唐玄宗天宝末年，具体地说，从公元755年起，这个地区发生了"安史之乱"。以后虽然用很大的力量把这个战争结束了，但这个地区还是分裂了，少数民族化了。五代十国的时候，这个地区被一个卖国的奴才皇帝石敬瑭割让给了辽。从此，北京就成为辽的南京。

在辽和北宋对立的时期，北宋从宋太祖起一直到宋神宗，曾经多少次想收复这个地方，几次出动军队，结果都失败了，没有能够统一。北宋末年，金灭掉辽，并继而推翻北宋政权，这样，便出现了金和南宋对峙的局面。后来元朝统一了。这时，不但是燕云十六州少数民族化，而且是整个国家都在蒙古族的统治之下。明太祖通过二十年的大规模的农民战争，把历史上长期没有解决的问题解决了，即把从公元755年起，一直到1368年长期在少数民族统治或者影响之下的北方广大地区统一了。过去多少世代没有能够完成的任务，到明太祖完成了，这是一个很大的历史功绩。所以，从那个时候起，北京一直是中国的政治中心。在这样的基础上，我们中华人民共和国才有条件建都北京。

其次，朱元璋统一中国之后，采取了许多鼓励生产的措施。因而，三十多年以后，人口慢慢增加了，开垦的土地面积也慢慢扩大了。到他晚年的时候，全国已开垦的土地有八百多万顷，合八亿多亩。今天我们的耕地是多少呢？大概是十六亿亩，也就是说，明太祖时期的耕地相当于我们现在的一半。人口增加了，耕地扩大了，生产发展了，人民生活也比过去好了，这应该说是他做了好事，在历史上起了进步作用。

还有一点，他建立了一个高度的封建中央集权的国家。这样一种政治制度，明清两代基本上没有什么改变。

因此，我们可以得出这样一个结论：明太祖在历史上是一个有地位的、了不起的人物，是应该肯定的。

反过来说，这个人是不是一切都好呢？不是的，他有很多缺点，做了不少坏事。不要说别的，我们就举这样一条：他定了一些制度，写成一本书叫《皇明祖训》。定制度是可以的，可是有一点，他不许他的后代改变。这个做法就有了问题，时代变了，情况不同了，可是老办法不许改变，用老办法适应新形势，这样，就影响到以后几百年的发展，把后代的手脚都捆住了。蒋介石有一句话，叫作"以不变应万变"。明太祖就是这样，以不变应万变。这是一种唯心主义的办法，很不合理。以后在政治上、经济上往往不能不改变，可是又不敢改变。原因何在？就是被这个东西捆住了。他定了这样的制度：把他的儿子封为亲王，封在那个地方以后，国家给这个亲王多少亩土地，每年给多少石粮食。这个制度定下来以后，过了一百多年，中央政府就不能负担了。像河南省征收来的粮食，全部给明太祖封在河南的子孙都不够，成为当时最大的一个负担。到了明朝末年，朱元璋的子孙有十几万人，这些人一不能做官，二不能种地，三不能搞手工业，四不许做生意，只能坐在家里吃饭，而且要吃好饭。这样，国家就养不起了。当然，他在其他方面的缺点还有很多，我们今天不能做全面的评论。

现在我们讲第一部分的第二个问题。

二、明成祖迁都北京

上一次讲了明太祖定都南京。到了第三代明成祖（十三陵长陵埋的那个皇帝）时，把朝廷搬到北京来了。这件事情在历史上有什么意义？他当时为什么非迁都不可？

前面讲到，明太祖的军队打到北京以后，元顺帝跑掉了，元朝失去了在长城以内地区的统治权。尽管如此，元顺帝的军事力量、政治机构都还存在。因此，他经常派遣军队往南打，要收复失地。他认为这个地方是他的，他们已经统治了八九十年。而当时明朝的都城是在南京。为了抵抗蒙古的进攻，明太祖只好把他的许多儿子封在长城一线做塞王。可是现在情况变了，明成祖自己跑到南京去了；此外，原来封在热河的亲王叫宁王，宁王部下有大量蒙古骑兵。明成祖南下争夺帝位之前，先到热河，见到宁王就绑票，把宁王部下的蒙古骑兵都带过来了。他利用这些蒙古骑兵作为自己的军事主力，向南进攻取得了胜利。从此之后，他就不放宁王回热河，而把他封到江西去。这样一来，在长城以北原来可以抵抗蒙古军进攻的力量便没有了。原来他自己在北京，现在自己到了南京，因而就削弱了明太祖时代防御蒙古军进攻的力量，防御线有了缺口，顶不住了。因此，他不能不自己跑到北京来指挥军队，部署防御战。因为他自己经常在北京，当然政府里的许多官员也都跟来北京，北京慢慢变成了政治中心。于是他开始修建北京，扩建北京城，大体上是根据元朝的都城来改建的。元朝时北京南边的城墙在哪里呢？在现在的东西长安街。明朝就更往南了，东西长安街以南这个地区是明朝发展起来的。德胜门外五里的土城是元朝的北城，明朝往南缩了五里。明成祖营建北京是有个通盘安排的，他吸取了过去多少朝代的经验。所以街道很整齐，几条干线、支线把整个市区划成许多四四方方的小块。有比较完整的下水道系统，有许多中心建筑。从明成祖到北京以后，前后三十多年，重新把北京建成了。和这个时期的世界其他各国比较，北京是当时世界各国首都中建筑比较合理、有规划的、最先进的城市。没有哪一个国家的首都比得上它。有人问：北京还有外城，外城是什么时候建筑的？外城的修建比较晚，是在公元1550年蒙古军包围北京的紧急情况下，为了保卫首都才修建的。但是因为这个工程太大，只修好了南边这一部分，其他部分就没有修了。至于现在的故宫、天坛那些主要建筑，也都是在那个时代打下的基础。应该说明，现在的故宫并不是原来的故宫，认为明成祖修的宫殿一直原封未动地保留到现在是错误的。故宫曾经过多次的扩建和改修。过去三大殿经常起火，烧掉了再修。起火原因很简单，就是太监放火。宫廷里有许多黑暗的事情，太监偷东西，偷到不可开交的时候，事情包不住了，就放火一烧了事。烧掉了再修，反正是老百姓出钱。明清两代宫廷里经常闹火灾就是这个道理。故宫的整个建筑面积有十七万平方米左右，光修故宫就用了二十年的时间。我们人民大会堂的建筑面积是十七万四千多平方米，比整个故宫的有效面积还大。明朝修了二十年，我们只修了不到一年的时间，这个比较是很有意思的。由于从明成祖一直到明英宗连续地营建北京，政治中心就由南京转到北京来了，北京成为国都了。

以北京作为一个政治、军事的中心，就近指挥长城一线的军事防御，抵抗蒙古族的军事进攻，保证国家的统一，从这一点来说，明成祖迁都北京是正确的。如果他不采取这个措施的话，历史情况将会怎样，就很难说了。

即使明成祖迁都北京，并集中了大量的军队在这里，但在明朝历史上还是发生了两次严重的军事危机。一次是在公元1449年，一次是在1550年，中间只相隔一百零一年。

第一次危机叫"土木之役"。土木是什么意思呢？在今天官厅水库旁边的怀来县，有一个地方叫土木堡。当时蒙古有一个部族叫瓦剌，它的领袖叫也先。也先带兵来打明朝，他的军事力量很强大，从几方面进攻，一方进攻辽东，一方攻打山西大同。那时明朝的皇帝英宗是个年轻人，完全没有军事知识。他相信太监王振。王振也是完全没有军事知识的。王振劝他自己带兵去抵抗，他就糊里糊涂带了五十万大军往当时正被瓦剌部队包围的大同跑。还没有到那里，大同的镇守太监郭敬就派人来向皇帝报告，说那里情况很严重，不能去。于是就班师回朝。王振是河北蔚县人，他想要英宗带着五十万大军到他家乡去玩玩，显显自己的威风。刚出发，他又一想，五十万大军所过之处，庄稼不就全踩完了！对自己的利益有损害，又不愿去了。这样来回一折腾，走到土木堡那个地方，敌人就追上来了。当时正确的办法应该是进入怀来城内坚守。下面的将军也要求进城。王振不干，命令部队就地扎营。但是这个地方附近没有水源，不宜于坚守。结果五十万大军一下子被敌人全部包围了，造成了必败的形势。在这个高地上待了两天，五十万人没吃没喝。到第三天他让部队改变营地。部队一改变营地，敌人就趁机冲锋。结果全军覆没，皇帝被俘虏了，王振也死于乱军之中，造成了很严重的军事危机。这是历史上最不光彩、最丢人的一次战争。

这时候北京怎么办呢？没有皇帝，五十万大军全部被消灭了，北京只剩下一些老弱残兵。情况很紧张。许多官员纷纷准备逃难，家在南方的主张迁都南京，认为北京反正守不住了。在这种情况下，比较有见解的兵部侍郎（相当于现在的国防部副部长）于谦，反对迁都，他认为北京能够守住。如果迁都到南京去的话，北方没有一个政治中心，那么整个黄河以北的地区便都完了。他坚决主张抵抗，反对逃跑。他的主张得到了人民的支持，也得到了明英宗的兄弟郕王（不久即帝位，就是明景帝）的支持。于是就由于谦负责，组织北京的保卫战。于谦组织了军事力量，安排了防御工作，跟人民一起保卫北京；并且在政治上提出了一套办法，他告诉所有的军事将领说：我们现在已经有了皇帝，要坚守地方。这样，加强了全城军民保卫北京的决心。果然，也先把俘虏去的明英宗带到城外诱降，说：你们的皇帝回来了，赶快开门。他以为这样可以不战而取得北京城。但是守城的官兵们依照于谦的指示，坚决地回答说：我们有了新的皇帝了。各地方都是坚决抵抗，没有一个受骗的。结果英宗在也先手里成了废物，不能起欺骗作用了。由于依靠了人民群众，北京的保卫战取得了胜利。这时，各地的援军也不断前来。也先见占不到便宜，便只好退兵。这样，北京保卫住了，整个黄河以北的地区保卫住了。

明英宗在也先手里起不了作用，有人就替也先出主意：明朝的皇帝留在这里没有用，还要养他。不如把他送回去，在明朝中央政权内制造弟兄俩之间的矛盾。这样，也先就把明英宗送了回来。明英宗回来后不能再做皇帝，被关起来了。八年之后，明景帝生了病，政府里有一派反对明景帝和于谦的人，还有一些不得志的军人、政客，他们把景帝害死，把英宗放出来重新做了皇帝。英宗出来之后，就把于谦杀害了。

明景帝和于谦对于保卫北京立下了很大的功劳，对人民是有功的。景帝是个好皇帝，他的坟墓不在十三陵。七八年以前，我和郑振铎同志一起在颐和园后面把他的坟墓找到了，并重新修理了一下，作为一个公园。因为他是值得我们纪念的。

从以上说的情况可以看出，如果不是建都在北京，那么1449年也先军队的进攻是很难抵抗的。

过了一百零一年，即1550年，蒙古的另外一个军事领袖俺答又率兵包围了北京。情况也非常严重。也是因为北京是一个首都，是一个政治和军事中心，经过艰苦的斗争，俺答也像也先一样，由于占不到便宜而退回去了。

北京在明朝历史上经受住了这样两次考验。由此可以说明明成祖迁都北京是必要的和正确的，无论从军事上和政治上来说，他都做对了。

但是，仅仅只把政治、军事中心建立在北京还是不够的。当时东边从辽东起，西边到嘉峪关止，敌人从任何地方都可以进来。当然，从山海关往西有一道万里长城。可是城墙是死的，没有人守还是不能起作用。所以，必须要在适当的军事要点布置强大的军事力量。因此，明朝政府在北方沿边一线设立了所谓"九边"。"九边"是逐步发展起来的。开始只建立了四个镇，即辽东、宣府、大同、延绥。跟着又增加了三个镇：宁夏、甘肃、蓟州。以后又加上太原、固原二镇。这九个军事要塞，在明朝合称"九边"，是专门对付蒙古族的。每一个军事中心都有很多军队，譬如明朝后期，光在蓟州这个地方就有十多万军队。

九边有大量的军队，北京也有大量的军队。这些军队吃什么呢？光依靠河北、山东、山西这几个地区的粮食是不够供应的，必须要从南边运粮食来。要运粮食，就要有一条运输线。当时没有公路、铁路，只能通过运河水运，把东南地区的粮食集中在南京，通过运河北上。一年要运三四百万石粮食来北京养活这些人。所以运河在当时是一条经济命脉。这种运输方法，当时叫作漕运。为了保护这条运输线的安全，明朝政府专门建立一个机构，派了十几万军队保护运河沿线。明朝是如此，清朝也是如此。

把军事、政治中心放在北京，北方的问题解决了。可是发生了另外一个问题：南方发生了事情怎么办？于是就把南京改为陪都。陪都也和首都一样，除了没有皇帝之外，其他各种组织机构，北京有一套，南京也有一套。北京有六部，南京也有六部。因为南京没有皇帝，便派一个皇帝亲信的人做守备。当时的大学叫国子监，国子监也有两个：一个叫"北监"，一个叫"南监"。北监在北京，就在孔庙的旁边。北监、南监都刻了很多书，叫北监本和南监本。当然，陪都和首都也有区别，首都的六部（吏、户、礼、兵、刑、工，六部的部长叫尚书，副部长叫侍郎）有实权，而陪都的六部没有实权。所有的事情都集中在首都办，南京的这些官清闲得很，没有什么事情可做。这些人大都是些政治上不得志的人，在北京站不住脚，有的年纪大了，做不了什么事，就要他到南京去做一个闲官，有饭吃，有地位，可是没有什么事情可做。我们研究这个时代的历史要了解这一点。那么，他在南方搞一套机构的目的是什么呢？第一，以南京为中心来保护运河交通线；第二，以南京为中心，加强对南方人民的统治。南方各个地区发生了人民的反抗斗争，就可以就近处理、镇压。

明成祖迁都北京，这不但是抵抗蒙古族南下的一个最重要的措施，同时也为北京附近地区生产的发展、文化水平的提高、都市的繁荣创造了有利的条件。有了这个基础，清朝入关后才能继续建都北京。我们在全国解放之后，才有条件继续建都北京。这是一个历史发展的过程。我们国家建都北京，是经过了慎重、周密的考虑的。当时在讨论这个问题时，也有人提出不同的意见，他们认为北京是一个学术中心，首都最好建在别的地方，不要建在北京。北京一建都，就成为政治中心了。这些人认为政治是很不干净的东西，所以反对建都北京。甚至在我们建都北京之后，还有不同的论调。一些人认为旧北京城不能适应我们今天的政治要求，因此应该在复兴门外建一个新北京，把旧北京甩开。他们举了很多条理由。但是我们有一条：北京在1949年有一百几十万人口，你要把国家的中央机关放在复兴门外，孤孤单单地和人民脱离了，这在政治上是错误的。过去十几年以来，不断有这样的争论。现在事实证明：第一，今天建都北京是正确的；第二，在北京的旧基础上来扩建新北京也是正确的。中央机关——无产阶级的最高政权机关脱离人民行不行呢？当然不行，那是原则性的错误。当然还有其他方面的争论，今天不能多讲了。这是从明成祖迁都北京，顺便讲到我们今天的北京。

三、北"虏"南倭问题

这里谈谈另外一个问题，就是如何对待明朝和蒙古族的关系问题。明朝和蒙古的关系始终是敌对的。从1368年之后，一直到明朝灭亡，几百年间始终是敌对的关系。我们今天来研究过去的历史，应该实事求是地处理这个问题。在历史上是敌对的关系，你就不能说那个时候我们已经贯彻了民族政策，汉族和兄弟民族都是友好相处的。这是一方面。另一方面，今天我们国家是各民族团结的大家庭，实行民族团结的政策，各民族互相尊重，友好相处。在这样的情况下，我们怎么来看待历史上的民族关系？譬如明朝和蒙古的关系，北宋和契丹的关系，清朝满族和汉族的关系，等等。对这些问题，有不少人感到难以处理。其实很简单，从今天学习历史的角度来说，从几千年各个民族发展的历史来说，我们应该把我们国家历史上的民族关系当作内部矛盾来处理。无论是蒙古或者契丹，无论是西夏或者女真，都是这样。经过几年的研究，我们得出这样的看法：就是凡是今天在我们中华人民共和国的疆域之内的各民族，不论是哪一个民族，历史上的关系，都是我们自己内部的问题，不能当作敌我矛盾来处理，不能把它们当作外国。要是当作外国，那问题就严重了。我们不能继承解放以前那些历史书、教科书和某些论文中的带有民族偏见的错误观点。总之，我们今天的看法可以分为两个方面：一方面必须实事求是，历史是怎么样就怎么样写。明朝和蒙古是打了几百年的仗，这个历史事实不能改，在当时是敌对关系，这一点不能隐讳，也不能歪曲。另一方面，凡是我国疆域以内的各民族，不管它在历史上是什么关系，今天我们看都是内部问题，内部矛盾。两个兄弟吵架，不能作为侵略和被侵略来处理。今天，蒙古族是我们五十几个兄弟民族里面的一个，我们今天来讲这段历史的时候，就不能像当时那样对蒙古族采取诬蔑、谩骂、攻击的语言。要互相尊重。明朝是骂蒙古的，蒙古也骂明朝，这是历史事实。但这是他们在骂，不是我们在骂，我们应该实事求是地记录。如果我们也用自己的话来骂就不对了。你有什么道理骂蒙古族？你根据什么事情骂？所以要正确处理历史上的民族关系。

至于区别战争的性质问题，是正义战争还是非正义战争的问题，我们不能把少数民族打汉族的战争不加区别地都说成是正义的，也不能把汉族为了自卫而进行的战争都说成是非正义的。应该就事论事，就战争发生的原因、经过情况、是非来判断战争的性质。比如说，汉朝和匈奴的关系。匈奴来打汉朝，他抢人家的东西，屠杀人畜；汉朝为了自卫，就应该还击，这当然是正义的。唐朝和突厥的关系也是一样。突厥经常来打，唐朝为了自卫进行还击，也是正义的。明朝和蒙古的关系。蒙古人要南下，明朝组织力量反抗，这同样也是正义的。但是，历史上汉族与少数民族之间的战争，也不是正义都在汉族的一边，这需要根据当时历史情况做出具体分析，不能一概而论。汉族经常欺侮一些小民族，打人家，这是非正义的。少数民族中的一些统治阶级为了自己的阶级利益，闹分裂，闹割据，打汉族，也同样是非正义的。所以要具体分析，不能笼统地对待。不是哪个民族大、哪个民族小的问题，也不是简单的谁打谁的问题，而是要根据战争的情况、双方人民的利益来判断战争的正义性与非正义性。

明朝和蒙古的关系始终是敌对的关系，这个问题以后到清朝才解决。清朝打明朝经过了长期的战争，在这个战争中清朝采取联合蒙古的政策，取得了蒙古的支持。在入关之后，清朝对待蒙古的政策是通过婚姻关系来保持满、蒙两个民族之间的和平，清朝皇帝总是把自己的女儿嫁给蒙古的酋长。乾隆过生日时，来拜寿的一些蒙古族酋长都是他的女婿、孙女婿、曾孙女婿。所以，万里长城在清朝失去了意义。秦始皇修筑万里长城在历史上是起了作用的。早在战国时代，北方一些国家，像燕国、赵国为了抗拒外族的侵略，已经修筑了一些城墙。秦始皇统一六国之后，把这些国家所修的城墙连结起来加以扩展，就成为万里长城。我们现在看到的长城是经过许多朝代修建的，特别是青龙桥八达岭这一段不是秦始皇修的，而是明朝后期修的。我们在评论历史上某一件事情的好坏时，应该用辩证的方法。秦始皇修万里长城花了很大的力量，死了不少人，这是坏的一方面；可是另一方面，长城在漫长的历史过程中也的确起了作用。虽然它不能完全堵住北方各民族向南发动战争，但是，无论如何，它起了一部分作用，至少因为有了这样一个防御工事，使得长城以南众多的人口可以从事和平的生产。把长城的作用估计过高，认为有了这一条防线，北方的少数民族就进不来了，这是错误的。它们还是进来了，而且进来不止一次。但是，由于有了这个防御工事，使得北方一些少数民族的军事进攻受到阻碍，这种作用，直到明朝还是存在的。所以明朝还继续修缮长城。只有到了清朝，这样的作用才不再存在了。当然，清朝和蒙古也有几次战争，不过跟明朝的情况比较起来就不同了。明朝和蒙古始终是敌对的关系。清朝不是这样，清朝和蒙古只是个别时候发生过战争。今天情况就更不同了，国家性质改变了，我们采取民族团结、民族区域自治的政策，内蒙古自治区是我们中华人民共和国组成部分之一，现在长城只是作为一个历史文物而保留着。世界上有七大奇迹，长城是其中之一，是世界上最伟大、最古老的工程之一。

明朝和蒙古的关系，是明朝历史上的一个特征，跟过去的情况不一样，跟以后的情况也不一样。此外，明朝和倭寇的关系，即所谓南倭问题，也是这个时代很突出的一个问题。明朝以前没有这样的情况，明朝以后也没有这样的情况。

研究明朝和倭寇的关系，光从中国的情况、中国的材料出发，还不可能得到全面的理解。还必须研究日本的历史。不研究日本的历史就很难理解当时为什么会有那么一些人专门从事抢劫，进行海盗活动，而且时间是如此之长，破坏是如此之严重。但是看看当时日本国内的情况，问题就很容易理解了。所以我们先讲讲日本的情况。

明朝的历史是从1368年开始的。而日本从1336年起，内部分裂为南朝、北朝。京都是北朝的政治中心，吉野是南朝的政治中心。这个分裂的局面，长达六十年之久。一直到1392年南朝站不住了，才投降了北朝。分裂期间，日本有两个天皇：京都有一个天皇，吉野有一个天皇。正当日本南北朝分裂的时候（1336—1396），明朝建立起来了。明朝建立初年，正是日本南北朝分裂的后期。

当时日本的政治形势怎么样呢？日本有天皇，可是那个天皇是虚的、无权的，是一个傀儡。不只是那个时候的天皇是傀儡，凡是明治维新以前的天皇都是傀儡，地位很高，可是政治上没有实际权力。掌握实权的是谁呢？是将军。当时的将军称为征夷大将军。将军有幕府，当时的幕府叫室町幕府，也叫足利幕府。那时日本处在封建社会，有很多封建领主，这些封建领主有很多庄园，占有很多土地，有自己的军事力量，他们不完全服从幕府的命令，各自在自己的势力范围内实行封建割据。足利幕府建立之后，由于他的经济基础很薄弱，不能完全控制他们。所以，在足利幕府时代，由于地方经济的发展，封建领主势力强大，在幕府控制下的中央财政发生了困难。怎么办呢？它就要求和明朝通商，做买卖。足利幕府的第三代叫足利义满，他派人到明朝来，要求和明朝通商。明朝政府当然欢迎，但是对日本的情况不了解，对国际形势缺乏知识，不知道日本国内已经有了天皇，糊里糊涂地就封足利义满为日本国王。足利义满希望通过和明朝通商来加强自己的经济地位，减少财政困难，但是，由于当时日本是处在一种分裂割据的状态，那些大封建领主并不听他的话。而在那些大封建领主下面有一批武士，由于得不到土地，生活困难，于是他们就到海上去抢劫，成为倭寇。这就是倭寇的来源。所以当时的情况是，一方面幕府和明朝有交往；另方面幕府下面那些封建领主一批批地来破坏这种交往，到处抢劫。幕府不能控制那些诸侯、封建领主，最后发生了内战。从1467年到1573年这个时期，是日本历史上的"战国时期"。这个时期延续了一百多年，日本国内到处打来打去，战争频繁，人民不能正常地进行生产，因而土地荒废，粮食不够。这样，就使更多的人参加到倭寇的队伍中来。这就是日本在战国时代，也就是明朝中期（1467—1573）之后，倭寇侵略更加严重的原因。

从中国的情况来说，中国遭受倭寇的侵犯从明朝一开始就发生了。在明朝建国以前，倭寇已经侵略高丽。那时候，高丽王朝的政治很腐败，没有能力抵抗。接着倭寇南下骚扰我国沿海各地，从辽东半岛到山东半岛，到江苏、浙江、福建、广东，到处侵犯。洪武二年（1369年）明朝政府派海军去抵抗倭寇。1384年之后又派了一个大将在山东、江苏、浙江沿海地区修了五十九个军事据点防御倭寇。1387年又在福建沿海地区修建了十六个军事据点。所以，从洪武时代起，倭寇就已在危害中国。在永乐时代，1419年倭寇大举进攻山东沿海地区。明朝军队狠狠地打了它一下，把这一股倭寇全部消灭了。倭寇的侵扰引起了明朝政府内部在政治上的争论。当时明朝政府专门设立了三个对外贸易机构，叫作"市舶司"。这三个市舶司设在广州、宁波和泉州。这些地方是当时的对外通商口岸，外国人可以到这里来做买卖。当倭寇侵略发生之后，有的人认为，倭寇之起是由于对外通商的缘故，因为你要做买卖，所以日本海盗就来了。最好的办法就是把市舶司封闭掉，对一切国家一概不做买卖。这种论调在明朝政府中占了优势，结果在公元1523年把三个市舶司撤销了。

撤销市舶司之后发生了另外一个问题。浙江、福建、广东等东南沿海地区，人口密度高，人多耕地少，不少人没有生产资料。这些人做什么呢？在通商的时候他们借一点资本出去做买卖，买一些外国货到中国来卖；把中国的土产卖出去。因此，这些人是依靠通商来维持生活的。这是一种情况。另外还有一种情况，就是东南沿海的一些大地主，他们看到对外通商的收入比在农业生产上进行剥削要多好几倍，因此从事对外贸易。他们自己搞了很多海船载运中国土产出国；同时把外国商品带回来卖。沿海大地主依靠通商发财，这在当时叫作"通番"。"通番"的历史已经很久了，宋朝后期就有许多大地主组织船队出海通商的事。宋代关于这一类事情的记载很多。元朝也有。民间有这样一个传说，说明朝有一个大富翁叫沈万三，他家里有一个聚宝盆，这个盆里可以出很多宝贝。这是传说，事实并不是这样。事实是他搞对外贸易发了财。有人说他富到这样的程度，明太祖修建南京城时，有一半是他出的钱；此外，每年还要他出很多钱。因为在明朝和元朝做斗争的时候，他曾经站在元朝这一边。所以后来明太祖干脆把他的家产全部没收了，把他充了军。有的说是充军到云南，也有的说是充军到东北。这个故事说明，当时是有这么一部分人是依靠通商和对外贸易来发财的。所以，当时东南沿海地区的情况是，一方面许多贫民依靠对外通商来维持生活，其中有一些穷苦的人长期停留在国外，这一批人就成为华侨。现在南洋各个地方都有华侨，大体上以广东、福建人为多；另一方面，沿海一些大地主依靠通商来发财。因此，当1523年，由于倭寇不断骚扰沿海，明朝政府封闭了市舶司，断绝了对外通商关系时，就发生了新的问题：一方面很多穷苦人失去了生活来源；另一方面，沿海大地主失去了发财机会。他们要求恢复通商。在这种情况下，某些地主集团便采取反抗手段。你禁止通商，他就秘密通商。他们自己组织船队出去，其中有一些照样发了财，有一些就遭到倭寇的抢劫；而另外一些则采取和倭寇合作的办法，他们也变成了倭寇。他们组织船队出去，能够做买卖就做买卖，不能做买卖就抢。因此，倭寇主要是日本海盗，但其中也有一部分是中国人。

除了倭寇之外，当时还有一种情况，即在十六世纪初年（1513年），葡萄牙人到东方来了。这些葡萄牙人一方面进行通商活动；另一方面也进行海盗活动。不但进行海盗活动，而且占据了我国福建沿海的一些岛屿。

1546年，也就是日本的"战国时代"，倭寇对沿海的侵略更加严重了，浙江宁波一带受到严重的损害。明朝政府派了一个官员总管浙江、福建两省的军事，防御倭寇。这个官员叫朱纨，他坚决执行禁海方针，任何人都不许出去。坚决用军事力量打击倭寇，打击葡萄牙海盗。把抓到的九十多个海盗头目——有日本人，有葡萄牙人，也有中国人——都杀掉了。这样一来引起政治上的一场轩然大波，因为被杀的这些人里面，有一些是沿海的大地主派出去的，把这些人杀了，就损害了沿海大地主阶级的利益。这些大地主集团在北京中央政权机构里的代言人（主要是一些福建人）大叫起来了，他们向皇帝控告朱纨，说他在消灭海盗时，错杀了良民和好百姓。这样就展开了政治斗争。在政府里和地方上形成两派：一派要求对外通商；一派反对通商。大体上沿海一些大地主坚决主张通商，而内地一些大地主反对。为什么内地的大地主反对呢？因为他们不但得不到通商的好处，而且海盗扰乱的时候，还要出钱。他们吃了亏。通商派和反通商派的斗争很激烈，代表闽、浙沿海大地主利益的许多官员都起来反对朱纨。朱纨也向皇帝上疏为自己辩护，并且很愤慨地说："去外国盗易，去中国盗难；去中国濒海之盗易，去中国衣冠之盗尤难。"这样，浙江、福建沿海的大地主集团更加恨他，对他的攻击更厉害了。结果明朝政府就把他负责的浙江、福建两省的军事指挥权撤销了，并且派了一个官员来查办这件事。最后朱纨在"纵天子不欲死我，闽浙人必杀我"的情况下自杀了。

朱纨失败了，倭寇问题没有解决。1552年之后，情况更加严重。在浙江沿海一带，倭寇长驱直入。一直到1563年的十一年中间，不但江苏、浙江、福建的许多城市、农村受到倭寇的烧杀、抢劫，倭寇甚至还打到南京城下，打到苏州、扬州一带。

这个时候，明朝的军事力量已经腐化了。明朝在地方的军事制度是卫所制，一个卫有五千六百人，一个千户所有一千一百二十人，一个百户所有一百二十人。军队和老百姓分开，军户和民户分开。军人是世袭的，父亲死了以后，儿子接着当兵。明朝初年的军事力量是相当强大的，因为它有经济做基础。那时，明朝实行屯田政策，军队要参加生产。办法是国家拨一部分土地给军队，军队里抽一部分人，参加农业生产。自己生产粮食供应军队的需要，国家再补贴一部分。所以，尽管军队的数量很大，最多时达到二百多万人，可是国家的财政开支并不大。以后由于许多地主、官僚把屯田吞没了，把军队的钱贪污了，所以屯田的面积愈来愈小，粮食收入愈来愈少。同时，有些军官把士兵拉来替他搞私人劳动，在家里服役。此外，由于军队和老百姓是分开的，军户和民户是分开的，军人的服装、武器要自备；把河北人派到云南去，山东人派到浙江去，世世代代当兵，结果部队中逃亡的比例愈来愈大。从明朝初年一直发生军队减员的现象，以后愈来愈严重，往往一个单位的逃亡比例达到十分之七八，一百人当中只剩下二三十人。怎么办呢？明朝政府就采取这样的办法：张三如果逃跑了，就把他的弟弟、侄子抓去顶替。如果他家里没有人可以顶替，就抓他的邻居去代替。但是这些被抓去顶替的人又逃跑了。所以军队数量愈来愈少，质量愈来愈低。军官也腐化了。

从明太祖到明成祖，在沿海建立了许多军事据点，组织了海军，建造了一些战船。到这时这些战船因为用的时间太久了，破破烂烂，不能再用了。按照规定，船过一定时期要修一次。可是由于修船的钱也被军官贪污了，没办法修，所以战船愈来愈少。

由于上面这几方面的原因，明朝的军事力量腐化了，军队不能打仗了。在1552年之后，往往是数量不多的倭寇登陆之后，一抢就是几十个城市，抢了就跑。各地方尽管有很多军队，但是不能抵抗。人民遭受到深重的灾难。特别应该指出的是，倭寇所侵犯的这些地区都是粮食产区，是最富庶的地方。像江苏（包括长江三角洲）、浙江及福建沿海地区，都是最富庶的地区，经济最发达的地区。这些地方长期遭到抢劫一直到什么时候呢？一直到1564年才改变这种局面。这时，出现了戚继光、俞大猷等有名的军事将领。戚继光看到原来的军队不能作战了，就自己练兵。他了解浙江义乌县的农民很勇敢，便招募了义乌县的农民三千人，成立了一支新军，进行严格的军事训练。他根据东南地区的地形，组织了一个新的阵法，叫作"鸳鸯阵法"。这个阵法的主要特点是各个兵种互相配合，长武器和短武器结合使用。更重要的是他有严格的军事纪律，对兵士进行严格的军事训练。经过两三年之后，他的这支军队便成了最有战斗力的军队。当倭寇侵入浙江的时候，在台州地区，戚继光的军队九战九胜，把浙江地区的倭寇消灭光了。以后把福建地区的倭寇也消灭了。他和俞大猷及其他地区的军事将领经过十年左右的努力，彻底解决了倭寇问题。

可是，在倭寇问题解决之后，又发生了新的问题。这时日本国内的情况发生了变化，原来的幕府被推翻了，新的军阀起来了。这就是丰臣秀吉。丰臣秀吉用军事力量统一了国内。不过这是表面上的统一，实际上国内各地还是一些封建领主在统治着。这些封建领主拥有强大的军事力量，他不能完全控制。为了把尚未完全控制的封建领主（大名）的目标转向国外，并消耗他们的实力，以稳固自己的统治，于是丰臣秀吉就发动一次侵朝战争，派军队去打朝鲜。他写信给朝鲜国王，说他要去打明朝，要朝鲜让路，让他通过朝鲜进入我国东北，他的军事野心非常狂妄，准备征服整个中国，然后把他的天皇带到中国来，以宁波为中心，建立一个庞大的帝国。步骤是：第一步占领朝鲜；第二步占领中国；第三步以中国为中心，向南洋群岛扩张。面临着这样的形势，明朝政府怎么办？有两种主张：一种认为日本打朝鲜与中国无关；另一些人看到了唇亡齿寒的关系，认为朝鲜是我们友好的邻国，丰臣秀吉占领朝鲜以后就会向中国进攻，因此援助朝鲜也就是保卫自己。经过一番争论，后一种意见占了优势，明朝派了军队出去援助朝鲜。这时候，朝鲜已经很混乱，大部分地区被日本军队占领，国王逃跑。明朝政府动员全国的力量来帮助朝鲜，前后打了七年（1592—1598）。由于中国人民的援助，朝鲜军队的奋勇抗战，特别是朝鲜海军名将李舜臣使用一种叫"龟船"的战舰，发挥了很大的作用，最后把日本侵略军打败了。1598年，丰臣秀吉病死。日本侵略朝鲜的军队跑掉了，战争结束了。

所以，我们和朝鲜的历史关系很深远，在甲午战争前三百年，中国就出兵援助过朝鲜，共同反抗外来的侵略。在中华人民共和国建立之后，我们的经济还没有恢复，美帝国主义就越过"三八线"，向朝鲜民主主义人民共和国进攻。情况很严重。我们又进行了抗美援朝运动，派出了志愿军支援了朝鲜人民。

这一段历史使我们得到这样的认识：日本军国主义者不是这个时代才有，而是有其长远的历史原因。它总是要侵略别人的，从倭寇起，以后不断地向外侵略，1598年侵略朝鲜，甲午战争时期占领我国东北，1937年以后占领了我国大部分地方。我们进行了抗日战争才取得了胜利。要了解和熟悉日本的情况，必须要了解和熟悉我们自己的历史情况，这样才能对我们很接近的国家有正确的看法。当然，说日本的军国主义有长远的历史原因，绝对不等于说日本人民都是侵略者。如果得出这样的结论，那就是错误的。但是日本的统治者，不管是过去的封建主，或者是近代的军国主义者，都是侵略成性的。中国与日本是一衣带水的邻邦，两国之间有着悠久的历史文化联系。但是在近代的半个多世纪中，由于日本军国主义的侵略，给中日两国人民带来了灾难。现在中日两国人民，都要从惨痛的历史中吸取有益的经验教训，使惨痛的历史永不重演，建立和巩固两国人民的友好关系。

明朝的历史情况与过去不同。与倭寇的斗争，与蒙古贵族的斗争贯穿着这个时代。明朝以前没有这样的情况，明朝以后也没有这样的情况，这是明朝历史的特征。要抓住这个特征才能够了解明朝人民的负担为什么那么重。因为北边有蒙古问题，沿海有倭寇问题，就要有军队打仗。军队要吃饭、要花钱，这些负担都落在人民身上。所以明朝的农民受着无比深重的苦难。在这样的情况下，从明朝开国一直到灭亡，都不断发生农民战争。农民战争次数之多，规模之大，时间之久，分布地区之广，在历史上没有任何一个时期可以和明朝相比。

四、东林党之争

东林党之争是明朝末年历史上的一个特征。

首先应该明确这样一个问题，历史上所谓党与我们今天所说的党是两回事，不能把历史上所说的党和今天的政党混同起来。历史上所说的党并没有什么组织形式，参加哪个党是没有任何形式的，既不要交党费，也没有组织生活，更没有党章和党纲。然而在历史上又确实叫作党。历史上所谓党是指的什么呢？是指政治见解大体相同的一些人的集团，也就是统治阶级内部某些人无形的组合。明朝的东林党，它的情况大致是这样：在江苏无锡有个书院叫东林书院，这是一所学校。当时有两个政府官员，叫顾宪成和顾允成两兄弟，在北京做官的时候，由于他们的政治见解与当时的当权人物相抵触，便辞官不做，回家后在东林书院讲学。他们很有学问，在地方上声望很高，为人也正派。这样，和他们意气相投的人跟他们的来往便越来越多了。不但在地方上，就是在北京，有一些官员跟他们的来往也比较多。他们以讲学为名，发表一些议论朝政的意见。这样，从万历二十二年（1594年）开始，一直到明朝被推翻，前后五十年间，在明朝政治上形成了一批所谓东林党人，和另外一批反对东林党的非东林党人。非东林党人后来形成齐（山东）、楚（湖北）、浙（浙江）三派，与东林党争论不休。这五十年中间，在几件大事情上都有争论。你主张这样，他反对；他主张那样，你反对。举例来说，党争中最早的一个问题，就是所谓"京察"问题。"京察"这两个字大家都认识，但是不好懂。这是古代历史上的一种制度，就是政府的官员经过一定的时期要考核，相当于现在的考勤考绩。主持考勤考绩的是吏部尚书、吏部侍郎（相当于现在的内务部部长、副部长），他们主管文官的登记、资格审查、成绩考核及任免、升降、转调、俸给、奖恤等事。当时考取进士以后，有一部分进士就安排做科道官。科就是六科给事中，道就是十三道御史。六科就是按照六部（吏、户、礼、兵、刑、工）来分的。道是按照行政区划来设置的。当时全国有十三个布政使司，设了十三道御史，譬如浙江道有浙江道御史。科道官都是监察官，当时叫作"言官"。他们本身没有什么工作，只是监察别人的工作，提出赞成的或者反对的意见。他们的任务就是说活，所以叫"言官"。每次"京察"，吏部提出某些人称职，某些人不称职。1594年举行"京察"的时候，就发生了争论，这一部分人说这些人好，那一部分人说不好。凡是东林党人说好的，非东林党人一定说不好。争论中掺和了封建社会的乡里（同乡）关系。譬如齐、楚、浙就是乡里关系。不管这件事情正确不正确，只要是和我同乡的人，都是对的。还有一种同门的关系。所谓同门就是指同一个老师出身的。不管事情本身怎么样，只要跟我是同学，就都是对的。至于对亲戚、朋友则更不用说了。就在这样的封建关系组合之下，从1594年"京察"开始，一直争吵了五十年。

继"京察"问题之后，接着发生了"国本之争"。所谓"国本"就是国家的根本。我们今天说国家的根本就是人民，没有人民就没有国家。当时并没有这样的概念。那时候所谓"国本"是指皇帝的继承人问题。万历做了多年皇帝，按照过去的惯例，他应该立一个皇太子，以便他死后有一个法定的继承人。可是他不喜欢他的大儿子，他所喜欢的是他的小老婆（郑贵妃）生的儿子福王（以后封在河南洛阳），所以他就迟迟不立太子。有些大臣就叫起来了，他们认为国家的根本很重要，也就是说第二代的皇帝很重要，应该早立太子。凡是提议立太子的，万历就不高兴，他说：我还活着，你们忙什么！这样，有人主张早立太子，有人反对立太子，争吵起来了，这就叫"国本之争"。

跟着又发生了一个案子叫"梃击案"。有一天早晨，突然有一个人跑到宫里来见人就打，一直打到万历的大儿子那里去了。当然，这个人马上被逮住了。可是这里发生了一个问题，是谁叫他到宫里来打万历的大儿子的？当时有人怀疑是郑贵妃指使的。这是宫廷问题，却成了当时政治上的一个大问题，引起了争吵，东林党与非东林党大吵特吵。

万历做了四十八年皇帝，死了。他的大儿子继位不到一个月又死了。怎么死的呢？搞不清楚。据说他在病的时候，有一个医生给他红丸药吃，吃了以后就死了。这样就发生了一个问题，这个皇帝是不是被毒死的？是谁把他毒死的？因此又发生了所谓"红丸案"。各个集团之间又争吵起来了。

正在争吵的时候，发生了另外一个问题：就是这个只做了个把月的皇帝死了以后，他的儿子继位，还没成年。这个短命皇帝有个妃子李选侍，她住在正宫里不肯搬出来。她有政治野心：想趁这个小孩做皇帝的机会把持朝政。这样，又发生了争论，有一些人出来骂她：你这个妃子怎么能霸着正宫？逼着她搬出去了。这个案件叫"移宫案"。京戏里有一出戏叫《二进宫》，就是反映这件事的，不过把时代改变了，把孙子的事情改成了祖父的事情。

"梃击""红丸""移宫"是当时三大案件，成为当时争论最激烈的事件。在这样的情况下，政治上出现了什么现象呢？每一件事情出来，这批人这样主张，那批人那样主张，争论不休，整天给皇帝写报告。到底谁对谁不对？从现在来看，东林党与非东林党之争，一般地说，道理在东林党方面。东林党的道理多，非东林党的道理少。但是，东林党是不是完全对呢？在某些问题上也不完全对。这样争来争去，争不出个是非来，结果只有争论，缺乏行动，许多政治上该办的事没人去管了。后来造成这种现象：某些正派的官员提出他的主张，这个主张一提出来，马上就有一批人来攻击他，他就不能办事，只好请求辞职。皇帝不知道这个人对不对，不做处理，把事情压下来。这个官既不能办事，辞职也辞不成，怎么办？干脆自己回家。他回家以后政府也不管，结果这个官就空着没人做。到万历后期政治纪律松懈到这样的地步：哪个官受了攻击就把官丢了回家，以至六部的很多部长都没人做了。万历皇帝到晚年根本不接见臣下，差不多一二十年不跟大臣见面，把自己关在宫廷里，什么事情也不管。大臣们有什么事情要跟他商量也见不着。政治腐化，纪律松懈，很多重要的问题得不到解决，却专搞无原则的纠纷。大是大非没人管了，成天纠缠在一些枝节问题上面。

这种无休止的争吵影响到一些重大的政治事件的发展。譬如日本侵略朝鲜，中国到底应不应该援助朝鲜，在这个问题上发生了争论。后来还是派兵去支援了朝鲜，第一个时期打了胜仗，收复了平壤。后来又派兵去，由于麻痹大意，打了败仗。打了败仗以后，政府里又发生争论了，主和派觉得和日本打仗没有必要，支援朝鲜意义不大，不如放弃军事办法，转而采取政治办法来解决问题。他们主张把丰臣秀吉封为日本国王，并答应和他做买卖。历史上封王叫作朝，做买卖叫作贡，所谓朝贡，说得通俗一点，就是你带些物资来卖给我，我给你一些物资做交换。在这种情况下，明朝政府只好一面按照主战派的主张，继续派兵援助朝鲜；一面派人暗中往来日本进行和议。后来明军与朝鲜军大败日本侵略军。日本愿和了。明朝政府便按照主和派撤兵议和的主张，允许议和。并派人到日本去办外交，封丰臣秀吉为国王。但日本国内本来已经有天皇，因此丰臣秀吉不接受王位，而且提出了很强硬的条件。结果外交失败了。日军重新侵略朝鲜。明朝政府只好再次出兵，最后打败了日军。由于追究外交失败的责任，又引起了争论。

这种影响在"封疆案"的问题上表现得更加明显。万历死后，东林党在政府做官的人越来越多了。这时北京有一个"首善书院"（在北京宣武门内），在这里讲学的也是东林党人。这些人在政治上提出意见时，非东林党人就起来攻击，要封闭这个书院。东林党人当然反对封闭。这样吵了二三十年。这个争论最后演变成什么局面呢？当时万历皇帝的孙子熹宗（年号天启，是崇祯皇帝的哥哥）很年轻，不懂事，光贪玩。他宠信太监魏忠贤，军事、政治各个方面都是太监当家。一些地主阶级的知识分子由于在魏忠贤门下奔走而当了官。凡是属于魏忠贤这一派的，历史上称为"阉党"。阉党里面没有什么正派人。东林党是反对阉党的。因此，党争发展到这个时候，就变成了地主阶级的知识分子与宦官的斗争。这个斗争影响到东北的军事形势。在万历以前，东北的建州族已经壮大起来了，不断进攻辽东，占领了许多城市。到天启时代，明朝防御建州的军事将领熊廷弼提出一系列的军事上和政治上的主张，他认为跟建州进行军事斗争时，明朝军队不能退回到山海关以内，而应该在山海关以东建立军事据点。当时前方的另一个军事将领叫王化贞，他不同意这个意见，他认为只能依靠山海关来据守。熊廷弼虽然是统帅，地位比王化贞高，但是没有军事实权。而王化贞得到了魏忠贤的支持。这样，熊廷弼的正确意见因为得不到支持而不能贯彻，结果打了败仗，王化贞跑回来了，熊廷弼也跑回来了，山海关以东的很多地方都丢了。北京震动，面临着很严重的军事危机。在这种情况下又发生了有关"封疆案"的争论。当时追究这次失败的责任，到底是熊廷弼的责任，还是王化贞的责任？从当时的具体军事形势来看，熊廷弼是正确的，但他没有军队来支持。王化贞有十几万军队，坚持错误的主张，因此王化贞应该负责。但是因为熊廷弼得罪了很多人，结果把这个责任推到他身上，把他杀了。很显然，这样的争论和处理大大地影响了前方的军事形势。

"封疆案"以后，跟着就是魏忠贤对东林党人的屠杀。因为一些在朝的东林党人认为魏忠贤这样胡搞不行，就向皇帝写信控告他的罪恶。当时有杨涟等人列举了他的二十四条罪状。这些东林党人的行为得到了其他官员的支持。这样，东林党和阉党就面对面地斗争起来。由于魏忠贤军权在握，又指挥了特务，而东林党人缺乏这两样武器，结果大批的东林党人被杀。当时被杀的有杨涟、左光斗、周顺昌、黄尊素、缪昌期等。其中周顺昌在苏州很有声望，当特务逮捕他的时候，苏州的老百姓起来保护他。最后这次人民的斗争还是失败了，人民吃了苦头，周顺昌被带到北京杀害了。

熹宗死了以后，明朝最后的一个皇帝——崇祯皇帝比他哥哥清楚一点，他把魏忠贤这伙人收拾了，把一些阉党分子都杀了（魏忠贤是自己上吊死的）。但是这场斗争是不是停止了呢？没有停止，东林党人跟魏忠贤的余孽在崇祯十七年的时候还在继续斗争。崇祯五年（1632年）一些东林党人的后代跟与东林党有关系的地方上的知识分子组织了一个团体，叫作"复社"，以后又有"几社"，有大批青年知识分子参加。表面上他们是以文会友，写文章、写诗，是学术研究组织，实际上有政治内容。大家可能看过《桃花扇》这出戏，这出戏里的侯朝宗、陈贞慧、吴应箕、冒辟疆四公子都是复社里面的人。当时李自成已经占领了北京，崇祯上吊死了。这个消息传到了南方，没有皇帝怎么办？这时一些阉党人物就想拥小福王（由崧）来做皇帝。原来万历把最喜欢的那个儿子福王（常洵）封在河南洛阳，这是老福王。这个人很坏，在他封到洛阳时，万历给他四万顷土地，河南的土地不够，还把邻省的土地也给他。老百姓都恨透了。李自成进入洛阳以后，把老福王杀掉了。小福王由崧逃到南京。当时在南京掌握军事实权的是过去和魏忠贤有关系的阉党人物马士英，替他出主意的也是一个阉党分子，叫阮大铖，他们把小福王抓到手中，把他捧出来做皇帝。可是政府里面另外一批比较正派的人，像史可法、高弘图、姜日广等主张立潞王（常淓）做皇帝。这个人比较明白清楚。但马士英他们先走了一步，硬把福王捧出来做了皇帝。这样，在南京小朝廷里又发生了东林党与非东林党之争。因为马士英和阮大铖是当权的，史可法被排挤出去，去镇守扬州。在清军南下的时候，史可法坚决抵抗，在扬州牺牲了。马士英和阮大铖在南京搞得不像样，清军一步步逼近南京。这时候小福王在做什么呢？在跟阮大铖排戏。也就在这个时候，上面说的四公子就起来反对阮大铖，他们出布告，揭露阮大铖过去是魏忠贤的干儿子，名誉很不好，做了很多坏事，不能让他在政府里当权。号召大家起来反对他。南京国子监的学生也支持他们的主张，这样就形成为一个学生运动。侯朝宗这些人虽然得到广大知识分子的支持，但是他们根本没有实力。而马士英、阮大铖有军事力量。结果有的人被逮捕了，有的人跑掉了。不久之后，清军占领南京，小福王的政权也就被消灭了。

党争从1594年开始，一直到1645年，始终没有停止过。无论是在政治问题上，还是在军事问题上，都争论不休。这种争论是什么性质的呢？这是地主阶级内部的矛盾。开始是东林党和齐、楚、浙三党之争，后来演变为东林党与阉党之争。由于东林党的主张在某些方面是有利于当时的生产的发展的，因此他们得到了人民的支持。但是反过来说，所有的东林党人都反对农民起义。这是他们的阶级本质决定的。譬如史可法这个历史人物，从他最后这段历史来说是应该肯定的。那时候，清军南下包围扬州，他的军事力量很薄弱，也得不到南京的支持，孤军据守扬州。但他宁肯牺牲不肯投降，这是有民族气节的人，也就是毛主席所说的有骨气。我们中国人是有骨气的，史可法就是这种有骨气的代表人物。但是他以前的历史就不好追究了。他以前干什么呢？镇压农民起义。在阶级斗争极为尖锐的时候，这些人的阶级立场是极为清楚的，反对农民起义，镇压农民起义。即使在他抗拒清军南下的时候，还要反对农民起义。有没有同情农民起义呢？没有。不可能要求统治者来同情被统治者的反抗。

　　对于这样一段党争的历史，要具体分析，具体研究。党争跟明朝的政治制度有关系。明太祖在洪武十三年取消了宰相，取消了中书省，搞了几个机要秘书到内廷来办事情。到明成祖时搞了个内阁，这是个政府机构。内阁的权力越来越大，代替了过去的宰相，虽然没有宰相之名，但是有宰相之实。至于给皇帝个人办事的有秘书，就是在宫廷里面设立一个机构，叫作"司礼监"。这是一个内廷机构，不是政府机构。司礼监有一个秉笔太监，皇帝要看什么政府报告，让秉笔太监先看；皇帝要下什么书面指示，也让秉笔太监起稿。皇帝年纪大一些、知识多一些的，还能辨别是非，是不是同意，他自己有主见。可是一些年轻的皇帝就搞不清楚，结果司礼监的秉笔太监就操纵政治，掌握了政权。因为用人和行政的权力都给了司礼监，结果形成了明朝后期的太监独裁。在明朝历史上有很多坏太监，像明英宗时代的王振，明武宗时代的刘瑾，天启时代的魏忠贤等。太监当家的结果，就造成了政府与内廷之争，也就是统治阶级内部地主阶级知识分子与太监争夺政权的斗争。明朝后期五十年的东林党之争就是在这样的背景之下进行的。

随着太监权力的扩大，不但中央被他们控制了，地方也被他们控制了。洪武十三年以后，地方上设有三司（都指挥使司、布政使司、按察使司）。三司是各自独立的，都受皇帝的直接指挥。到了永乐时代，当一个地区发生了军事行动，像农民起义或其他的群众斗争爆发的时候，这三个司往往意见不统一，各管各的。结果只好由中央政府派官员去管理这个地方的事。这个官叫巡抚。巡抚是政府官员，常常是由国防部副部长，即兵部侍郎担任。巡抚出去巡视各个地方，事情完了就回来。可是由于到处发生农民战争和民族与民族之间的战争，这个官去了以后就回不来了，逐渐变成一个地方的常驻官了。因为巡抚是中央派去的，所以他的地位在三司之上。过去三司使是地方上最大的官，现在三司使上面又加了一个巡抚。但这能不能解决问题呢？还是不能解决问题。为什么呢？因为巡抚只能指挥这一个地区的军事行动，比如浙江的巡抚就只能管浙江这一个地方。可是遇到军事行动牵涉到几个省的时候，这个巡抚就不能管了。于是又派比巡抚更高的官，即派国防部长——兵部尚书出去做总督。总督管几个省或一个大省。有了总督之后，巡抚就变成第二等官了，三司的地位则更低了。可是到了明朝后期，总督也管不了事。为什么呢？因为战争扩大了，农民战争和辽东的战争往往牵涉到五六个省。五六个省就往往有五六个总督，谁也管不了谁。结果只好派大学士出去做督师。总督也归他管。这是一方面。另一方面，明朝为了镇压各地人民的反抗，就派军官到各地去镇守，叫作总兵官，也就是总指挥。统治者对总兵官不放心，怕他搞鬼，因此总是派一个太监去监督，叫作监军。哪个地方有总兵官，哪个地方就有监军。监军可以直接向皇帝写报告，因为他是皇帝直接派出去的。因此，不但总兵官要听他的话，就是像巡抚这一类的地方官也要听他的话。这样，就形成了中央和地方都是太监当家的局面，明朝的政治变成太监的政治了。此外，明朝的皇帝贪图享受，为了满足自己生活上的欲望，哪个地方收税多就派一个太监去，哪个地方有矿藏也派一个太监去，叫作"税使""矿使"。全国的主要矿区，东北起辽东，西南到云南，以及武汉、苏州等大城市都有税使、矿使搜刮民脂民膏。这些太监很不讲道理，他们的任务就是弄钱。他们根本不懂得什么矿，更不懂得怎么开采，却要开矿。只要听说这个地方有金矿就要开，而且规定要在这里开三百两、五百两。如果开不出来怎么办？就要这个地方的老百姓来赔。老百姓要反抗，他就说你的房子下面有矿，把房子拆了开矿。收税也很厉害。苏州有很多机户，纺织工人数量很大。他们要加税，每一张织机要加多少钱。老百姓交不起就请愿。请愿也不行。结果就起来反抗，把太监打死，形成市民暴动。苏州市民暴动出了一个英雄人物，叫作葛贤。这个人后来被杀了。因为明朝政府要屠杀参加暴动的市民，他挺身出来顶住了。不仅在苏州，在武汉、辽宁、云南各个地方都发生了市民暴动。有的地方把太监赶跑了，有的地方把太监下面的人逮住杀了。市民暴动是明朝后期历史的一个特征。人民的生活日益困难，不但农民活不下去，城市工商业者也活不下去了，他们便起来反对暴政。

因此，当时一些比较有见解的政治家，就在政治上提出了一些主张。譬如大家知道的海瑞就是这样。他提出了什么主张呢？他做苏州巡抚，管理江苏全省和安徽一部分。这个地区的土地情况怎样呢？前面说到明朝初年土地比较分散，阶级斗争比较缓和。可是一百多年以后，情况改变了，土地全部集中在大地主、大官僚的手中，而且越来越集中。就在海瑞所管辖的地区松江府，出了一个宰相叫徐阶，他就是一个大地主，家里有二十万亩土地。土地都被大地主占有，农民没有土地，只能逃亡。土地过分集中的结果，使农民活不下去，阶级矛盾越来越尖锐。海瑞看出了毛病，他想缓和这种情况。当然，他不能也不知道采取革命的手段。他采取什么办法呢？他认为要解决人民的生活问题，要使人民不去搞武装斗争反对政府，就必须使这些穷人有土地可种。土地从哪里来呢？土地都在大地主手里，而大地主所以取得这些土地，主要的手段是非法的强占。因此他提出这样一个政治措施：要求他管辖地区内的大地主阶级，凡是强占的土地一律退还给老百姓，使老百姓多多少少有一些土地可以耕种，能够活下去。这样来缓和阶级矛盾。他坚决主张这种做法。这一来，大地主阶级就联合起来反对他，结果这个苏州巡抚只做了半年多就被大地主阶级赶跑了。海瑞的办法能不能解决当时的土地问题？当然不可能。把大地主阶级强占的一部分土地归还给老百姓能不能稍微缓和一下阶级矛盾呢？可以缓和一下。可是办不到，因为地主阶级不肯放弃他们已经到手的东西。海瑞是非失败不可的。类似海瑞这样的政治家当时还有没有呢？有的。他们也感到了阶级矛盾和阶级斗争的严重性，认为这个政权维持不下去。但是能不能提出一个解决的办法呢？谁也没有办法。不但统治阶级，就连农民起义的领袖也提不出解决的办法来。

阶级矛盾日益尖锐的结果，最后形成了明末的农民大起义。崇祯时代，各地方的农民都起来斗争，最后形成两支强大的军事力量，一支以李自成为首，一支以张献忠为首。他们有没有明确地提出解决阶级矛盾的办法呢？也没有。李自成后期曾经提出"迎闯王，不纳粮"的口号争取广大农民的支持，结果他的队伍一下子就发展到一百多万，农民、小手工业者、城市贫民都跟着他走。但是不纳粮也不能解决问题。现在有一个材料，就是山东有一个县，李自成曾经统治过那个地方，当时有人主张分田给百姓。分了没有呢？没有分。他提不出明确的办法，不但提不出消灭地主阶级的根本方针，甚至连孙中山那样的"平均地权"的办法也提不出。所以消灭封建剥削，消灭地主阶级这个根本问题，在古代历史上的任何时期都不能解决。不但地主阶级知识分子、官僚提不出解决办法，就是反对封建地主阶级的农民起义领袖也提不出解决的办法，这个问题只有在我们这个时代才能解决。我们研究过去的农民革命、农民起义时，不能把我们今天的思想意识强加于古人。我们这个时代能办到的事，不能希望古人也能办到。否则就是非历史主义的观点。目前史学界在有些问题上存在一些偏向，总希望把农民起义的领袖说得好一些，说得完满一些，不知不觉地把自己所理解的东西加在古人身上。这是不科学的，非马克思主义的观点。我们只能根据历史事实来理解、来解释、来研究和总结历史，而不可以采取别的办法。

附带讲一个小问题。前面提到巡按御史，到底巡按御史是个什么官？我们经常看京戏，很多京戏里都有这么一个官。所谓八府巡按，威风得很。他是干什么的呢？我们前面讲过御史，就是十三道御史，是按照行政区划设置的。每一道御史的职务就是监察他这个地区的官吏和政务。同时，中央有一个机构叫都察院。都察院的官吏叫左右都御史，左右都御史下面是左右副都御史，左右副都御史下面是左右佥都御史，再下面就是御史和巡按御史。巡按御史是由都察院派出去检查地方工作的。凡是地方官有违法失职的，他们有权提出意见来。他们还可以监察司法工作，有的案子判得不正确，他们可以提出意见。老百姓申冤的，地方官那里不能解决问题，可以到巡按御史这里来告。这就是戏上八府巡按的来源。御史的官位大不大呢？不大，只是七品官。当时县官也是七品官。知识分子考上进士以后，有一批人就分配做御史。御史管的事情很少，可是在地方上有很高的职权。为什么呢？因为他代表中央，代表都察院，是皇帝的耳目之官。建立这样一种制度的目的是什么呢？目的是想通过巡按御史的监察工作，来缓和当时人民和政府之间的矛盾，解决一些问题。贪官污吏，提出来把他罢免；冤枉的案子帮助平反。于是老百姓对这样的官员寄予很大的希望，希望他们能帮助自己申冤。这种愿望，在当时的一些文学作品中得到了反映。虽然这些人在实际政治生活中并没有解决什么问题，但是一些文学家、艺术家在一定程度上反映了人民的要求，创作了许多这类题材的作品，特别是明、清两代有很多剧本是反映这个思想的。这些作品大体上有这样一些共同的内容：一类是描写老百姓受了冤枉，被大地主、大官僚陷害，被关起来或者判处了死刑，最后一个巡按给他翻了案。或者是描写皇庄的庄头作威作福，不但庄田范围以内的佃农，就是庄田附近的老百姓也受他们的欺侮。姑娘被抢走了，家里面的东西被抢走了，后来遇上侠客打抱不平，或者清官出来把问题解决了。在明朝后期和清朝前期，有不少的小说、剧本是描写这些恶霸、庄头的残暴行为的。这是一类。另一类作品反映了当时知识分子的出路问题。当时的知识分子无非是通过考试中秀才、中举人、中进士。中了进士干什么呢？当巡按御史。因此有很多作品是这样的题材：一位公子遇难，在后花园里遇到一位小姐。小姐赠送他多少银子。以后上北京考上了进士，当上了八府巡按。最后夫妻团圆。这个时期的文学作品大体上有这几方面的题材，反映了这个时期的政治生活、阶级斗争的一些问题。

五、建州女真问题

现在讲第一部分的最后一个问题，建州问题。建州的历史和明朝一样长。在明朝初期和中期的时候，建州是服从明朝的。从明朝初年起一直到努尔哈赤的时候都是这样，努尔哈赤曾经被明朝封为"龙虎将军"。但是清军入关以后，清朝皇帝忌讳这段历史，他们不愿意让人们知道他们的祖先和明朝有关系。因此，清朝写的一些历史书把这几百年间建州和明朝的关系整个取消了，把这段历史的真实情况隐瞒起来，说他们的祖先从来就是独立的，跟明朝没有关系。凡是记载他们的祖先与明朝的关系的历史书，他们都想办法搜来毁掉。《四库全书总目提要》里有一部分禁毁书目，大体上有两类：一类是书里面有某些文章对清朝表示不满的；另一类就是牵涉到清朝的祖先的。这也是一种地方民族主义思想在作怪。因此这一段历史很长时间被埋没了。最近二三十年才有人进行研究。

现在讲讲建州这个部族的发展变化。建州在过去叫女真，金朝就是女真族建立的。建州女真就是金的后代。为什么叫建州呢？因为他们居住的地区长白山一带就叫建州。后来努尔哈赤统治了东北，建立了政权，国号仍称为"后金"。到了他儿子的时候才改国号为"清"。建州在明朝初年的时候，还没有进入农业社会，还不知道种地，生产很落后，文化当然也很落后。那时他们靠什么生活呢？靠打猎、采人参过活。把兽皮、人参一些奇特的物产跟汉人、朝鲜人交换他们所需要的布匹、铁锅一类的东西。所以建州人的经济生活跟汉人、朝鲜人分不开。后来由于人口的增加，对粮食的生产感到很迫切了。但是他们自己不会种，怎么办呢？找汉人、朝鲜人替他们种。于是通过战争把汉人、朝鲜人俘虏过去做他们的奴隶。有大量的汉文和朝鲜资料说明建州族的农业生产是农奴生产。建州贵族自己是不参加农业劳动的。农奴也不是他们本族人，而是俘虏来的汉人和朝鲜人。

他们通过以物换物的方法从汉人那里取得铁器。到了十五世纪后期，他们俘虏了一些汉人铁匠，自己开始开矿、炼铁。有了铁器，生产水平提高了。到了努尔哈赤的时候，通过战争把原来的许多小部族统一起来，定居在辽阳以南一个叫赫图阿拉的地方。努尔哈赤一方面统一了东北的许多部族，另一方面他又用很大的力量来接受汉人的文化。在他左右有一批汉族的知识分子。他和过去的封建帝王一样，注意研究历史，接受历史上的经验教训，来制定他的政策方针和军事斗争方针。

上面简单地谈了一下建州的社会发展过程。现在我们来讲讲建州跟明朝的关系。在明朝初期，建州分为三种：分布在现在的松花江一带的叫海西女真。因为松花江原来的名字叫海西江。分布在长白山一带的叫建州女真。因为这些人主要居住在现在的依兰县。这个地方在历史上曾建立过一个国家，叫作"渤海国"。渤海国人把依兰县称为建州，因此住在这个地方的女真人称为建州女真。住在东方沿海一带的叫"野人女真"。"野人女真"的文化最落后。海西和建州又称为熟女真。"野人女真"又称为生女真。"野人女真"经常活动在忽剌温江一带，因此野人女真又称为忽剌温女真，也叫"扈伦"。从历史发展来看，熟女真是金的后代，生女真可能是另外一个种族。这三种女真分布的地区大致是这样：东边靠海，西边和蒙古接近，南边是朝鲜，北边是奴儿干（现在的库页岛）。在明朝建国以后，西边就是明朝，南边是朝鲜，北边是蒙古。

在明朝几百年间，东北建州族的历史也就是跟蒙古、朝鲜、明朝三方面发生关系的历史。明朝初期，有一部分建州族住在朝鲜境内，他们和朝鲜的关系很深，有一些酋长还由朝鲜政府封他们的官。同时，这些酋长又和明朝发生关系，明朝也给他们封官号。明朝对这三种女真采取什么政策呢？采取分而治之的政策。所谓分而治之就是不让他们团结成为一个力量，老是保持若干个小的单位。所以从明太祖建国以后起，直到明成祖的几十年间，明朝经常派人到东北地区去，跟三种女真的各个地区的酋长联系，封他们的官，建立了一百多个卫所，用这些酋长充当卫所的指挥使。这样作对这些女真族的上层分子有没有好处呢？有好处，他们接受了明朝的官位以后，就得到了一种权力。明朝政府给他们一种许可证，当时叫作"勘合"。有了这种"勘合"就可以在每年一定的时候到明朝边界来做买卖。没有这个东西就不行。对那些大头头，明朝政府就封他们为都督。历史上最早的建州族领袖有这么几个人，一个叫猛哥帖木儿（这是蒙古名字，当时受蒙古的影响），另一个叫阿哈出。这两个人是首先跟明朝来往、受明朝政府封官的。猛哥帖木儿后来成为明朝所建立的建州左卫的酋长，阿哈出是建州卫的指挥使。根据朝鲜的历史记载，阿哈出和明成祖有过亲戚关系（这点在汉文的记载中没有）。永乐时代，明朝又派了大批官员到东北库页岛地区建立了一个机构，叫"奴儿干都司"。至此，明朝前前后后在东北地区建立了一百八十四个卫所。这些卫所建立以后，明朝政府有什么军事行动，譬如跟蒙古打仗，这些建州酋长就派兵参加明朝的军队。这样，他们慢慢由原住的地方往西移，越来越靠近辽东（就是现在的辽东半岛）。他们一方面跟明朝的关系很好，另方面也经常发生矛盾。矛盾表现在两个方面：一方面是前面所说的，他们为取得农业和手工业生产的劳动力，就俘虏汉人，这样就引起了冲突；另一个就是通商，物资上的交换得不到满足的时候，也发展成为军事冲突。同样，建州和朝鲜的关系也是如此，有和平时期，也有战争时期。

经过几十年以后，原来的一百八十四个单位发生了变化，有的小单位并到大单位里去了，单位的数目减少了，但是军事力量却强大起来。在这种情况下，建州族某些酋长有时就依靠朝鲜来抗拒明朝，有时又依靠明朝来抗拒朝鲜。结果，明朝政府便跟朝鲜政府商量，在1438年，两方面的军队合起来打建州，杀了一些建州领袖。建州因为遭受到这次损失，在原来的地方待不下去了，于是就搬到浑河流域，在赫图阿拉的地方住下来。原来左右卫是分开的，到了这里以后，两个卫所合在一起了。这样，它的力量反而比过去更强大了。到了万历时代，右卫酋长王杲和他的儿子阿台跟明朝发生了冲突。当时明朝在东北的军事总指挥叫李成梁。他是朝鲜族人，是一个很有名的军事将领。他把王杲、阿台包围起来。右卫被包围了，而左卫酋长叫场和他的儿子塔失是依靠明朝的，他们给李成梁当向导。结果明朝的军队大举向右卫进攻，把王杲、阿台杀死了。同时把叫场、塔失也杀死了。塔失的儿子是谁呢？就是努尔哈赤。所以努尔哈赤以后起兵反对明朝时提出了七大恨，其中有一条就是明朝把他的父亲和祖父杀害了。

努尔哈赤在他父亲和祖父死时还很年轻，当时部族里剩下的人很少了，明朝后期的历史记载说李成梁把他收养下来。所以他从小就接受了汉族文化。长大以后，他就把自己部族的力量组织起来。他采取依靠明朝的方针，把建州族俘虏的汉人奴隶送回给明朝。这样便取得了明朝政府的信任。1587年，他以自己的军事力量把附近地区的部族吞并了。1589年被明朝封为都督，力量得到了发展。这个时候，建州部族里面另外两支强大的军事力量发生冲突和残杀，努尔哈赤就利用这次冲突来发展自己的实力。日本侵略朝鲜的时候，他表示愿意帮助明朝打日本。结果明朝和朝鲜都拒绝了他。1595年，明朝政府封努尔哈赤为龙虎将军，他成了东北地区军事实力最强大的领袖。

正当努尔哈赤的力量越来越强大的时候，明朝政府内部发生了许多问题。1589年，播州土司起兵反抗明朝，打了十几年的仗。1592年在现在的宁夏地区，少数民族的反抗又引起了战争。同一年丰臣秀吉侵入朝鲜，接连打了七年仗。在这样的情况下，明朝自己的问题很多，就顾不上努尔哈赤了。努尔哈赤利用这个机会更加积极地发展自己的力量，统一各个部族。他统一的方法有两个：一个办法是用军事力量征服；另一个办法是通婚，通过婚姻关系把许多部族组织起来。到了1615年，东北辽东半岛以东的大部分地区已经被努尔哈赤所统一了。军事力量壮大以后，他建立了自己的军事制度。1600年，他规定三百人组成一个牛录（大箭的意思）。

1615年又进一步把五个牛录组成为一个甲喇，五个甲喇组成为一个固山。他一共有四个固山。每一个固山有一面旗。分为红、黄、蓝、白四个旗，共有三万兵力。后来军事力量更加强了，俘虏的人更多了，于是又增加了四个旗，就是镶红旗、镶黄旗、镶蓝旗、镶白旗。一共为八个旗。后来征服了蒙古族，组成为蒙古八旗。再后来又把俘虏的汉人组成为汉军八旗。他的军事组织跟生产组织是统一的，每一个牛录（三百人）要出十人、四头牛来种地，每家要生产一些工艺品。1659年开始开金矿、银矿，并建立了冶铁手工业。这一年他创造了文字，用蒙古文字和建州语创造了一种新的文字。这种文字后来就成为老满文。加上标点就变成新满文。1616年（万历四十四年），努尔哈赤自称为皇帝，国号"后金"，年号"天命"，他认为他的一切都是上天的指示。他这个家族自己搞了一个姓，叫"爱新觉罗"。爱新觉罗是什么意思呢？在建州话里，爱新是金，觉罗是族，就是金族。用这个来团结组织东北女真族的力量。从他的国号和姓就说明他是继承金的。两年以后，他出兵攻打明朝。以上讲的就是努尔哈赤以前东北建州的具体情况。这些情况说明什么呢？

（1）建州这个部族并不是像清朝的史书上所记载的那样，是从努尔哈赤才开始的。而是从明朝初年起，建州族就在东北地区活动。

（2）建州族和明朝、蒙古、朝鲜三方面都有关系。可以明显地看出，猛哥帖木儿就是蒙古名字。汉人、蒙古、朝鲜的文化对它都有影响。它接受了这几方面的东西提高了自己。

（3）明朝对东北女真族的政策是分而治之，但这个政策后来失败了。女真各部要求团结，从生活和文化的提高来说，从加强军事力量来说，都需要团结在一起。尽管中间遭到一些挫折，但是并不能阻止三种女真的团结。努尔哈赤一生的活动主要是为了实现这个愿望，他统一了东北许多部族。统一是好事还是坏事呢？应该说是好事情，不是坏事。努尔哈赤统一东北的各个部族，在民族发展的历史上是有贡献的。

（4）东北建州部族社会发展的过程是：初期过着游牧生活，不善于耕种。后来俘虏汉人、朝鲜人去耕种，有了农业生产；同时也懂得了使用铁器、生产铁器，初步提高了自己的生活水平和生产水平。努尔哈赤取得了沈阳、辽阳以后，封建化的过程加快了，在很大的程度上接受了汉人的文化和生产方式。但是必须了解，建州族在其发展过程中是有自己的特点的。上面所说的八旗，表面上是军事组织，实际上是社会组织和生产组织，这三者是统一的。八旗军队在出去打仗的时候，明确规定俘虏到的人口和物资应该拿出一部分交给公家，剩下的才归自己。在努尔哈赤时代，八旗的头子还都有很大的权力，许多事情都要经过他们共同商量，取得他们的同意后才能做出决定。这种情况一直到努尔哈赤的儿子清太宗的时候才改变，才提高了皇帝的地位。而把八旗首领的地位降低了。

最后讲讲"满洲"这个名字的来源问题。这个名字到底是从什么地方来的？现在还没有完全解决。根据明朝的历史记载，在清太宗以前从来没有出现过"满洲"这个名字。一直到清太宗时才称"满洲"。后来又称为"满族"。在外国的地图上把中国的东北叫满洲，后来我们自己也跟着外国人这样叫。现在可能的解释是：建州族信仰佛教。佛教里有一个佛叫作"文殊"，满族人把文殊念作"满住"。1348年明朝跟朝鲜合起来打建州，很多建州人被杀，其中有一个领袖就叫李满住（女真族里有不少人叫满住，用宗教上的名词作为自己的名字）。可能"满洲"就是从"满住"演变而来的。从"文殊"演变为"满住"，又从"满住"演变为"满洲"。这是一个试探性的解释，还不能说是科学的结论。其他方面的材料还没有。因此，究竟为什么叫"满洲"，现在还不能下最后的结论。

以上我们介绍了建州的一些情况。我们对待汉族和满族的关系，也应该像对待汉族和蒙古族的关系一样。在明朝，汉族和满族之间是打过仗，但是更多的时候是不打仗的。清太宗改国号为清，到清世祖顺治入关（1644年），正式建立了清朝。清朝统治中国二百多年，它是中国历史上最后的一个王朝。清朝末年一些革命党人进行反满斗争，出了不少的书，宣传清朝的黑暗统治，宣传反满。这在那个时期是必要的。可是经过几十年，到了现在我们如果还是这样来对待满族就不应该了。我们是多民族的国家，各个民族一律平等。一方面要承认清朝进行过多次非正义的战争，有过黑暗统治；另一方面也要承认清朝统治的二百多年并不都是黑暗时代，其中有一个时期的历史是很辉煌的。譬如像康熙、乾隆时代就是清朝的全盛时代，这个时代不但巩固了国家的统一，而且有所发展。我们中国今天的疆域是什么时候造成的？是康熙、乾隆时代奠定的。我们继承了他们的遗产。所以毛主席说："今天的中国是历史的中国的一个发展……我们不应当割断历史。"我们对清朝的历史必须要有足够的估价，对康熙、乾隆巩固国家的统一、发展国家的统一也要有足够的估价。应该给它以应有的尊重。不但对历史应该给予应有的尊重，今天在民族关系上也应该注意这点。解放以后，中央曾经发出过这样的指示，就是满清两个字不要连用。清朝就是清朝，满族就是满族。要把清朝统治者和广大的满族人民区别开，并不是所有的满族人都是清朝的统治者。满族人民在清朝统治下同样是受剥削、受压迫的。至于清朝统治者，他们做过坏事，但是在有些事情上也做过好事，而且做了很大的好事。应该从历史事实出发，好就是好，不好就是不好。

第六章 几个问题

一、郑和（三宝太监）下西洋

首先说明西洋是指什么地方。明朝时候把现在的南洋地区统称为东洋和西洋。西洋指的是现在的印度支那半岛、马来半岛、印度尼西亚、婆罗洲等地区；东洋指的菲律宾、日本等地区。在元朝以前已经有了东、西洋之分，为什么有这样的分法呢？因为当时在海上航行要靠针路（指南针），针路分东洋指针和西洋指针，因此在地理名词上就有"东洋"和"西洋"。郑和下西洋指的是什么地方呢？主要是指现在的南洋群岛。

中国人到南洋去的历史很早，并不是从郑和开始的。远在公元以前，秦朝的政治力量已经达到现在的越南地区。到了汉武帝的时候，现在的南洋群岛许多地区已经同汉朝有很多往来。这种往来分两类：一类是官方的，即政府派遣的商船队；一类是民间的商人。可是像郑和这样由国家派遣的船队，一次出去几万人、几十条大船（这些船是当时世界上最大的船，也就是当时世界上最大的海军），不但到了现在南洋群岛的主要国家，而且一直到了非洲。其规模之大，人数之多，范围之广，那是历史上前所未有的，就是明朝以后也没有。这样大规模的航海，在当时世界历史上也没有过。郑和下西洋比哥伦布发现新大陆早八十七年，比第亚士发现好望角早八十三年，比奥斯达·加马发现新航路早九十三年，比麦哲伦到达菲律宾早一百一十六年。比世界上所有著名的航海家的航海活动都早。可以说郑和是历史上最早的、最伟大的、最有成绩的航海家。

问题是为什么在十五世纪的前期中国能派出这样大规模的航海舰队，而不是别的时候？这个问题历史记载上有一种说法，说郑和下西洋仅仅是为了寻找建文帝的下落。这种说法是不正确的。上次我们讲到，明成祖从北京打到南京，夺取了他的侄子建文帝的帝位。建文帝是明太祖的孙子，他做了皇帝以后，听信了齐泰、黄子澄等人的意见，要把他的一些叔叔——明太祖封的亲王的力量消灭掉，以加强中央集权。他解除了一些亲王的军事权力，有的被关起来，有的被废为庶人。于是燕王便起兵反抗，打了几年，最后打到南京。历史记载说燕王军队打到南京后，"宫中火起，帝不知所终"。"帝不知所终"这句话是经过了认真研究的，因为当时宫里起了火，把宫里的人都烧死了，烧死的尸首分不清到底是谁，就发生了一个建文帝到底死了没有的疑案。假如没有死，他跑出去了的话，那么，他就有可能重新组织军队来推翻明成祖的统治。从当时全国的形势来看是存在这个问题的。因为建文帝是继承他祖父明太祖的，全国各个地方都服从他的指挥。明成祖虽然在军事上取得了胜利，但是并没有把建文帝的整个军事力量摧毁，他的军事力量只是在今天从北京到南京的铁路沿线上，其他地方还是建文帝原来的势力。因此明成祖就得考虑建文帝到底还在不在？如果是逃出去了，又逃到了什么地方？他得想办法把建文帝逮住。于是他派了礼部尚书（相当于现在的内务部长）胡濙，名义上是到全国各地去找神仙（当时传说有一个神仙叫张三丰），实际上是去寻找建文帝。前后找了二三十年。《明史·胡濙传》说胡濙每次找了回来都向明成祖报告。最后一次向皇帝报告时，成祖正在军中，胡濙讲的什么别人都听不到，只见他讲了以后明成祖很高兴。历史学家们认为，最后这一次报告，可能是说建文帝已经死了。另外，明成祖又怕建文帝不在国内，跑到国外去了。所以他在派郑和下西洋的时候，要郑和在国外也留心这件事。这是可能的，但这不是郑和下西洋的主要目的。郑和下西洋主要是由于经济上的原因。

这里插一个问题，讲讲明成祖和建文帝之间的斗争说明什么问题。明成祖以后的各代对建文帝的下落一事也非常重视。万历皇帝就曾经同他的老师谈起这个问题，问建文帝到底到哪里去了，为什么经过一百多年还搞不清楚。当时出现了很多有关建文帝的书，这些书讲建文帝是怎么逃出南京的，经过些什么地方，逃到了什么地方。有的书说他到了云南，当了和尚，跟他一起逃走的那些人也都当了和尚。诸如此类的传说越来越多。此外，记载建文帝事迹的书也越来越多。这说明什么问题呢？说明一个政治问题。建文帝在位期间，改变了他祖父明太祖的一些做法。他认为明太祖所定下来的一些制度，现在经过了几十年，应该改变。当时建文帝周围的一些人都是些儒生，缺乏实际斗争经验，他们自己出的一些办法也并不高明。尽管如此，建文帝的这种举动还是得到了不少人的支持。但是明成祖起兵反对他。在明成祖看来，明太祖所规定的一切制度都是尽善尽美的。他不容许建文帝改变祖先的东西。因此，明成祖和建文帝之间的斗争就是保持还是改变明太祖所定的旧制度的斗争。在这个斗争中建文帝失败了。明成祖做了皇帝以后，把建文帝改变了的一些东西又全部恢复过来。一直到明朝灭亡，二百多年都没有变动。

在这种情况下，有不少的知识分子对明成祖的政治感到不满，不满意他的统治。他们通过什么方式来表达这种不满呢？公开反对不行，于是通过对建文帝的怀念来表达。他们肯定建文帝，赞扬建文帝。实际上就是反对明成祖。因此，关于建文帝的传说就越来越多了。现在我们到四川、云南这些地方旅行，到处可以发现所谓建文帝的遗址。这里有一个庙说是建文帝住过的，那里有一个寺院，里头有几棵树，说是建文帝栽的。有没有这样的事情呢？没有。明末清初有个文人叫钱谦益（这个人政治上很糟糕）写了文章专门研究这个问题。当时许多书上都说：当南京被燕兵包围时，城门打不开，建文帝便剃了头发，跟着几个随从的人从下水道的水门跑出去了。钱谦益说这靠不住，南京下水道的水门根本不能通出城去。他当时做南京礼部尚书，宫殿里的情况是很熟悉的。此外，还有很多不合事实的传说，他都逐条驳斥了。最后他做了这样的解释：假如建文帝真的跑出去了，当时明成祖所统治的地区只是从北京到南京的交通线附近，只要建文帝一号召，全国各地都会响应他，他还可以继续进行斗争。但结果没有这样。这就可以得出一个结论：建文帝是死在宫里了。但当时不能肯定，万一他跑了怎么办？所以就派人去找。我认为这样解释比较说得通。

现在我们继续讲郑和下西洋的问题。如果说郑和下西洋的主要目的是找建文帝，那是不合事实的；但也不能说完全没有这方面的动机。因为当时的怀疑不能解决，通过他出去访问，让他注意这个问题是可能的。那么，郑和下西洋的主要目的到底是什么呢？这就是上次所说的，是国内经济发展的必然结果。经过1348年到1368年二十年的战争，经济上受到了很大的破坏。但是经过洪武时期采取的恢复生产、发展生产的措施以后，人口增加了，耕地面积扩大了，粮食、棉花、油料的产量都提高了，人民的生活有了改善，政府的财政税收比以前多了。随之而来，对国外物资的需要也增加了。这种对国外物资需要的增加主要在两个方面：一方面是人民日常生活所需要的物资，主要是香料、染料。香料主要是用在饮食方面做调料，就是把菜做得更好一些，或者使某种菜能收藏得更久。像胡椒就是人民所需要的东西。胡椒从哪里来呢？是从印度来的，一直到现在还是如此。还有其他许多香料也大多是从南洋各岛来的。在南洋有个香料岛，专门出产香料。另一种是染料，为什么对染料的需要这样迫切呢？明朝以前，我们的祖先常用的染料都是草木染料，譬如蓝色是草蓝，或者是矿物染料。这样的染料一方面价钱贵，另一方面又容易褪色。进口染料就可以解决这些问题。朝鲜族喜欢穿白衣服，我们国内有些人也喜欢穿白衣服，为什么？原因很简单，因为买不起染料。封建社会里，皇帝穿黄衣服，最高级的官穿红衣服，再下一级的官穿紫衣服、穿蓝衣服，最下等的穿绿衣服。为什么用衣服的颜色来区别呢？也很简单，染料贵。老百姓买不起染料，只好穿白衣服。所以古人说"白衣""白丁"，指的是平民。这些封建礼节都是由物质基础决定的。因此就有向国外去寻找染料的要求。这一类，是人民的日常生活所需要的。另外一类是毫无意义的消费品，主要是珠宝。这是专门供贵族社会，特别是宫廷里享受的。有一种宝石叫"猫儿眼"，还有一种叫"祖母绿"，过去谁也不知道是什么样子，只知道是宝石。最近我们在万历皇帝的定陵里发现了这两种东西。这些东西都是从外国买来的。除了珠宝以外，还有一些珍禽异兽。当时的人把一种兽叫作麒麟，实际上就是动物园里的长颈鹿。与对外物资需要增加的同时，由于国内经济的发展，一些可供出口的物资，如绸缎、瓷器（主要是江西瓷，其他地区也有一些）、铁器（主要生产工具）的产量也增加了。

　　除了经济上的条件以外，还有一个很重要的条件，就是当时中国对外的航海通商已有悠久的历史。从秦朝开始，经过唐朝、南宋到元朝，在这个漫长的时期内，政府的商船队、私人的商船队不断出去。有些私人商船队发了财。到了明朝，由于长期的积累，已经具备了丰富的航海知识和有经验的航海人员。有了这些条件，就出现了从明成祖永乐三年（1405年）到他的孙子明宣宗宣德八年（1433年）二十八年之间以郑和为首的七次下西洋的事迹。

郑和出去坐的船叫作"宝船"，政府专门设立了制造宝船的机构。这种船有多大呢？大船长四十丈，宽十八丈；中船长三十七丈，宽十五丈。当时在全世界再没有比这更大的船了。一条船可以载多少人呢？根据第一次派出的人数来计算，平均每条船可以坐四百五十人。每次出去多少人呢？有人数最多的军队，此外还有水手、翻译、会计、修船工人、医生等，平均每次出去二万七八千人。这样的规模是了不起的，后来的哥伦布、麦哲伦航海每次不过三四只船，百把人，是不能和这相比的。谁来带领这么多人的航海队呢？明朝政府选择了郑和。因为郑和很勇敢，很有能力。同时，当时南洋的许多国家都是信仰回教的，而郑和也是个回教徒（但他同时也信仰佛教），他的祖父和父亲都曾经朝拜过麦加。回教徒一生最大的愿望就是到麦加去磕一个头，凡是去过麦加的人就称为哈只。选派这样的回教徒到信仰回教的地方去就可以减少隔阂，好办事。在郑和带去的翻译里面也有一些人是回教徒，这些人后来写了一些书，把当时访问的一些国家的情况记载下来了。这些书有的流传到现在。有人问：郑和是云南人，他怎么成了明成祖部下的大官呢？这很简单，洪武十四年的时候，明太祖派兵打云南，把元朝在云南的残余势力打败了，取得了云南。在战争中俘虏了一些人，郑和就是在这次战争中被俘虏的。他当时还是一个小孩，后来让他做太监，分给了明成祖。他跟明成祖出去打仗时，表现很勇敢，取得了明成祖的信任。因此明成祖让他担负了到南洋各国去访问的任务。

　　他们第一次出去坐了六十二艘大船，带了很多军队。这里发生了这样的问题：他们既然是到外国去通商、去访问，为什么要带这么多军队？这是因为当时从中国去南洋群岛的航线上有海盗，这些海盗不但抢劫中国商船，而且别的国家到我们这里来做买卖的商船也抢。郑和用强大的军事力量把海盗消灭了，这样就保证了航路的畅通。另外，为了防止外国来侵犯他们，也需要带足够的军事力量。郑和到锡兰的时候，锡兰国王看到中国商船队的物资很多，他就抢劫这些物资。结果郑和把他打败了，并把他俘虏到北京。后来明朝政府又把他放回去，告诉他，只要你今后不再当强盗就行了。可见为了航行的安全，郑和带军队去是必要的。郑和率领的军事力量虽然很强大，用现在的话来说，他带去了好几个师的军队，而当时南洋没有一个地区有这样强大的军事力量。但是郑和的军队只是用于防卫的。他所进行的是和平通商。尽管当时有这样的力量、这样的可能，但是没有占领别人的一寸土地。后来，比郑和晚一百年的西方人到东方来就不同了。他们一手拿商品，一手拿宝剑，把所到的地方都变成他们的殖民地。如葡萄牙人到了南洋以后就占领了南洋的一些岛屿。当然，在我们的历史上个别的时候也有占领别人的土地的事情。但总的来说，我们国家不是好侵略的国家，我们国家没有占领别国的领土，这和西方资本主义国家有本质的不同。根据当时保留下来的记载，可以看出郑和和南洋各国所进行的贸易是平等的，而不是强加于人的。交易双方公平议价，有些书上记载得很具体，说双方把手伸到袖子里摸手指头议价。现在我们国内有些地方还用这种办法。郑和所到的地区都有中国的侨民，有开矿的，有做工的，有做买卖的，各方面的人都有。有的地方甚至是以华侨为中心，华侨在经济上占主导地位。因此郑和每到一个地方都受到欢迎。

郑和每到一个国家，除了把自己带去的大量商品卖给他们外，也从这些国家带一些商品到中国来。从第一次出去以后，他就选择了南洋群岛的一个岛屿作为根据地，贮积很多货物，以此地为中心，分派商船到各地贸易等，各分遣船队都回到此地后，再一同回国。在前后不到三十年的时期中，印度洋沿岸地区他都走到了，最远到达了红海口的亚丁和非洲的木骨都束。木骨都束是索马里的首都，现在叫作摩加迪沙。前年摩加迪沙的市长访问北京的时候，我们对他讲：我们的国家五六百年前就有人访问过你们。他听了很高兴。

通过郑和七次下西洋，中国和南洋的航路畅通了，对外贸易大大地发展了，出国的华侨也就更多了。通过这几十年的对外接触，中国跟南洋这些地区的关系越来越深，来往也越来越多。由于华侨的活动，以及中国的先进的生产工具传入这些国家，这样，南洋地区的生产也越来越进步。所以，郑和下西洋的历史事实说明，我们这个国家有这样一个很好的传统：就是不去侵略人家。正因为这样，直到现在，尽管时间过去了五六百年，但是郑和到过的国家，很多地方都有纪念他的历史遗址。因为郑和叫三宝太监，所以很多地方都用三宝来命名。像郑和下西洋这样的事以往历史上是没有的，明朝以后也没有，这是明朝历史上一件很突出的事情。

现在要问：郑和第七次下西洋以后，为什么不去第八次呢？这里有客观的原因，也有主观的原因。客观原因是八十多年以后，欧洲人到东方来进行殖民活动，阻碍了中国和南洋诸国的往来。主观的原因有这几方面：第一，政治上的原因。明成祖死了以后，他的儿子做皇帝。这个短命皇帝很快又死了，再传给下一代，这就是宣宗。宣宗做皇帝时还是个八九岁的小孩，不懂事。于是宫廷里便由他的祖母当权；政府则由三杨（杨士奇、杨荣、杨溥）掌握。三杨在朝廷里当了二三十年的机要秘书。三个老头加上一个老太太掌握国家大权。这些人和明成祖不一样。明成祖有远大的眼光。他们却认为他多事，你派这么多人出去干什么？家里又不是没吃的、没喝的。不过明成祖在世时他们不敢反对，明成祖一死，他们当了家，就不准派人出去了；第二，组织这样的商队需要一个能代替郑和的人，因为郑和这时已经六十多岁，不能再出去了；第三，经济上的原因。从外国进口的物资都是消费物资，不能进行再生产。无论是香料还是染料，都是消费品，珠宝就更不用说了，更是毫无意义的东西。以我们的有用的丝绸、铁器、瓷器来换取珠宝，这样做划不来。虽然能解决沿海一些人的生活问题，但是好处不大，国家开支太多。所以，为了节约国家的财政开支，后来就不派遣商队出国了。正当明朝停止派船出国的时候，欧洲人占领了南洋的香料岛，葡萄牙人占领了我们的澳门。他们是用欺骗手段占领澳门的。开头他们向明朝的地方官说：他们的商船经常到这个地方来，遇到风浪把货物打湿了，要租个地方晒晒货物。最初还给租钱，后来就不给了，慢慢地侵占了这个地方，一直到现在还占领着。*

从欧洲人到东方来占领殖民地以后，中国的形势就改变了。经过清朝几百年，特别是鸦片战争以后，许多帝国主义国家从几个方面包围中国：印度被英国占领了，缅甸被英国占领了，越南被法国占领了，菲律宾先被西班牙占领，后又被美国占领了，东方的日本走上了资本主义道路，向外进行侵略扩张活动。所以近百年的中国，四面被资本主义国家和帝国主义国家所包围，再加上清朝政府的日益腐败，就使中国逐步变成了半殖民地、半封建的国家，进入了半封建、半殖民地的社会。

二、资本主义萌芽问题

关于资本主义萌芽问题，现在学术界还在争论，有许多不同的意见。有的人认为资本主义萌芽很早，有的人认为很晚。所提供的史料的时间性都很不肯定，从八世纪到十六、十七世纪都有。特别是关于《红楼梦》的社会背景的讨论展开以后更是如此。是在什么情况下产生了《红楼梦》这部作品呢？它的社会基础是什么？《红楼梦》中的贾宝玉反对科举、尊重妇女的思

---

*澳门已在 1999 年 12 月 20 日回归。——编者注。

想是从哪里来的？他骂念书人，骂那些举人、秀才都是禄蠹，说女孩子是水做的，男人是泥做的，这样的思想认识是在什么情况下发生的？对于这一系列的问题提出了各种不同的看法，各有各的论据。而且关于"萌芽"这个词的意义也有不同的理解。比如种树，种子种下去以后，慢慢地露出了头，这叫萌芽；又如泡豆芽菜，把豆子放在水里，长出一点东西，这也叫萌芽。既然只是萌芽，它就不是已经成熟了的东西，还只是那么一点点。假如是整棵的菜，那就不是萌芽；至于开了花、结了果的东西就更不是萌芽了。所以要把这些情况区别开。可是现在某些讨论中存在有这样的问题：将萌芽看成已经开花结果的东西。这实际上就不是资本主义萌芽，而是资本主义的成熟阶段了，还有人认为中国资本主义早已经成熟了，中国社会早已经进入了资本主义社会。这样一来就发生了一系列的大问题：中国既然早已进入了资本主义社会，那么，怎么解释1840年以后中国进入了半殖民地半封建的社会？一百年来我们反对封建主义、反对帝国主义的问题怎么解释？

关于这个问题，我自己有些看法，也不一定成熟，提出来大家讨论。我想，要说明某个时期有某个事物萌芽，必须要有一个界限。这个界限是什么呢？就是要具体地指出一些事实，这些事实是以往的时期所不可能发生和没有发生过的，只有到了这个时候才能发生的。没有这个界限就会把历史一般化了。试问：这个时期发生过，一百年以前发生过，五百年以前也发生过，这怎么能说明问题？而且这些新发生的东西不应该是个别的。仅仅只在某个时期、某个地区出现的个别的东西能不能说明问题呢？不能说明问题。因为我们的国家这样大，经济发展不平衡，有先进的，有落后的，沿海和内地不同，平原和山区也不同。不要说别的地方，就说北京吧，全市面积有一万七千平方公里，市内和郊区就不同，因此，个别时期所发生的个别的事情也会有所不同。所以作为一个事物的萌芽，必须是这个东西过去没有发生过，现在发生了，而且不是个别的。只有这样看才比较科学。现在我们根据这个精神来看资本主义萌芽问题。我想把问题局限在十四世纪到十六世纪所发生的主要事件上面，特别是十六世纪中叶这个明朝人自己已感觉到发生巨大变化的时期，着重提出那些在这时期以前所没有发生，或虽已发生而很不显著，这个时期以后成为比较普遍、比较显著的一些问题。

第一，关于手工工场。在明朝初年的时候，有一个人叫徐一夔，他写了一本书叫《始丰稿》。这本书里面有一篇文章叫《织工对》，这篇文章讲到元末明初，在浙江杭州地方有许多手工业纺织工场。这些纺织工场的经营方式是怎样的呢？有若干间房子和若干部织机，工人都是雇工，他们不占有生产工具。生产工具是谁的呢？是工场老板的。老板出房子，出机器，出原料。工人出劳动力。工人在劳动以后可以取得若干计日工资，工资随着工人的技术熟练程度不同而有高有低，其中有一些技术水平比较高的，可以得到比一般工人加倍的工资，假如这家工场不能满足他的要求，别的工场可以拿更高的工资把他请去，劳动强度很高，工人弄得面黄肌瘦。这是元末明初（十四世纪）的情况，当时这样的工场在杭州不只一个。但是能不能说在十四世纪时就已经普遍地有了资本主义萌芽呢？因为只有这一个地区的资料，我看不能。但是从这里可以看出，在十四世纪中期，个别地区已经有了这样相当大的手工工场，老板通过这样的生产手段来剥削雇用工人的历史事实。这说明当时已经有一部分农村劳动力转化为城市雇用劳动者。这种情况在十四世纪以前是没有的。

第二，新的商业城市兴起。在讨论中有不少文章笼统地提到明朝有南京、北京、苏州等三十三个新的商业城市，来说明这个时期商业的发展。有三十三个商业城市是不错的，但是时间有问题。因为并不是整个明朝都是这样的情况。事实上，这些城市之成为商业城市是在明成祖以后。当明成祖建都北京以后，为了解决粮食的运输问题，把运河挖深、加宽了。这样，通过水运不仅保证了粮食的运输，其他商品的运输也畅通了，因而促进了南北物资的交流。这样，到了宣宗（十五世纪中期）时期，沿运河一带的许多城市开始繁荣起来。这时候，由于农业、手工业的发展，国内市场扩大了。这是一方面。另一方面，当时为了保证货物的流通，沿长江、运河及布政使司所在地建立了三十三个钞关。明朝用的货币叫宝钞（纸币）。关于纸币的情况这里不能详细说了，只说明一条，明朝的纸币很不合理，它不兑现，开头拿一张钞票还能换到一些物资，后来就不行了。政府只发钞票，越发越多，超过了实际物资的几百倍。在这种情况下，钞票就贬值了。明朝政府为了提高钞票的信用，采取收回钞票的政策，怎样收回呢？其中一个办法就是增加税额。因此就在各个商业城市设立了一个机构，叫作"钞关"。一共设立了三十三个钞关。钞关干什么呢？就是向往来的货物收税。纳税时就用钞票交纳。钞关设在商业城市，有三十三个钞关就有三十三个商业城市，这是不错的。但有些人就根据这个数字说整个明朝只有三十三个商业城市，这就不确切了。因为设立钞关是明宣宗时候的事情，宣宗以前没有。而就商业城市来说，在明成祖的时候就不止三十三个，后来又有所增加。因此，不标明确切的时间，以一个时期的情况来概括整个明朝，是不符合当时存在的客观事实的。随着商业城市的增加，商人、手工业工人也增加了，这就形成了一个市民阶层（这个阶层主要是指手工业者、中小商人）。这些人为了保卫他们自己的利益，建立了很多行会，有事情共同商量，采取一致的行动。在这种情况下就发生了明朝末年的市民暴动。这里应该指出：所谓"市民"这个概念不能乱用。有些人把当时的进士、举人、秀才等官僚都算作市民，这就模糊了阶级界限。这些人都是当时的统治者，不是被统治者。把市民阶层扩大化，混淆统治者与被统治者之间的界限，这是不对的。

第三，倭寇、葡萄牙海盗和沿海通商问题。明朝中叶，以朱纨为中心的一派人反对对外通商，对海盗采取镇压的政策，因而引起沿海地主阶级的反对，形成一个政治上的斗争。在这个斗争中，朱纨最后失败了。这种性质的斗争在以往的历史上是从来没有过的。汉朝、唐朝、宋朝、元朝都有过对外通商，有时还很繁盛，大量的中国人到海外去经商；不但如此，国内有不少地方还住有许多外国商人。在唐朝的时候，广州就有数量众多的番商。其中主要是阿拉伯人，他们住的地方叫番坊。其他如扬州、长安等地方也住了不少的外国商人，对外通商也很频繁。但是像明朝那样，代表通商利益的官僚地主在政治上形成一种力量，和内地一些反对通商的地主进行斗争，这种斗争影响到政府的政策，这种情况却是以往的历史上所没有的。为什么明朝会出现这种新的情况呢？因为明朝国内、国外的市场日益扩大，商业资本日益发展，商人地主在政府里有了自己的代言人。商人地主在政治上有了地位，这在历史上是个新问题。关于这个问题，近年来也有人持不同的意见。北京大学有个学生写了一篇文章，说朱纨镇压海盗是爱国的行为。朱纨是个爱国者，这观点是没有问题的，朱纨确实是爱国者，可是不能拿这个来否认当时在政治上存在着不同的意见。当时已经出现了代表沿海通商地主利益的政治活动家，这和朱纨是否爱国是两回事。我们并没有说朱纨不爱国。这点不必争论。问题在于这个时期出现了两种不同的意见，一种意见主张通商，一种意见反对通商，这是历史事实，是过去所没有的。

第四，内地的某些官僚地主也参加商业活动和经营手工工场。这方面的例子很多，大家所熟悉的《游龙戏凤》中的正德皇帝（明武宗），他就开了许多皇店。这是十六世纪初期的事情。嘉靖时有个贵族叫郭勋（《三国演义》最早的刻本是他搞的），在北京开了许多店铺。另外有个外戚叫周瑛，在河西务开店肆做买卖。现在这个地方已经很萧条了。可是在明朝的时候，由于南方的粮食、物资运到北方来都要经过这里，因此是个很繁华的地方。这样的例子举不胜举。在地方上，明朝四品以上的官到处经商。四品有多大呢？知府就是四品。知县是七品。原来明朝有一条规定，禁止四品以上的官员做买卖。但是行不通。事实上官做得越大，买卖也做得越多越大。特别是像苏州这样的地方，很多退休官员开各种各样的铺子，有的发了大财，成了百万富翁。官员经商过去也有，但是在明初还多半是武官，到了明朝中叶这种情况就改变了，不但武官经商，文官也经商；不但小官经商，大官也经商；不但经商，而且还经营手工工场。华亭人徐阶做宰相时，"家中多蓄织妇，岁计所织，与市为贾"。这种现象也是过去没有过的。过去的官僚认为做买卖有失身份，社会上看不起。士、农、工、商，商放在最后。孟子就骂商人是"垄断"，认为他们不花劳动，出卖别人生产的东西从中取利，是不道德的事情，有身份的人不干这种事。汉朝以来，各个历史时期都曾不同程度地实行过重农抑商的政策。当时社会上一般是看不起商人的，当然也有个别地区有个别例外的情况。但是到十六世纪以后，这种看法就改变了，不只武官，就连皇帝、贵族、官僚都抢着做买卖，商人的社会地位也提高了。

第五，当时的人对这个时期社会情况变化的总结。十六世纪中期社会经济情况发生的变化，明朝人看得很清楚，有不少人就各方面变化的情况做出了总结。

首先，从社会风俗方面来说。明朝人认为嘉靖以前和嘉靖以后是两个显著不同的时代。有不少著书的人指出了正德、嘉靖以后社会风俗的变化。在嘉靖以前，妇女的服装很朴素；嘉靖以后变了，很华丽，讲究漂亮了。宴会请客，原来一般是四碗菜一碗汤，后来变成六碗、八碗，以至十二碗、十六碗菜。山东《郓城县志》记载在嘉靖以前老百姓很朴素、很老实，嘉靖以后变了，讲排场了，普通老百姓穿衣服向官僚看齐，向知识分子看齐。穷人饭都吃不上，找人家借点钱也要讲排场。总之，从吃饭、娱乐到家庭用具都不像过去了。这个时候，看到一些老实、朴素的人，大家认为不好，耻笑他。《博平县志》讲嘉靖以后过去好的风气没有了，过去乡村里没有酒店，也没有游民，嘉靖中期以后变了，到处都有酒店，二流子很多。当时有一种风气，一个人有名，有字，还要起别号。嘉靖皇帝就有很多别号。不但知识分子起别号，就连乞丐也有别号。

其次，在文化娱乐方面。嘉靖以前唱的歌曲主要是北曲，嘉靖以后南曲流行了，而且唱的歌词主要是讲男女恋爱的。嘉靖以前不大讲究园亭建筑，嘉靖以后，到处修假山、建花园，光南京就有园亭一百多所，苏州有好几十所，北方就更多了，清华园这些地方都是过去的园亭。明朝前期有一条规定，官员禁止嫖娼妓，嘉靖以后，这个纪律不生效了，文人捧妓女成为风气，为她们写诗、写文章，甚至选妓女为状元、榜眼、探花。戏剧方面，过去只有男戏，嘉靖以后就有女戏了。很多做过大官的人写剧本，像《牡丹亭》的作者汤显祖就是一个官。元曲的作者没有一个是高级官员，都是一些下层社会的人，有的在衙门里当一个小办事员，有的做医生；可是明朝戏曲的作者，大部分都是举人、进士，有些还是高级官员。明朝后期盛行赌博，官吏、士人以不会赌博、打纸牌为耻。

再次，从政治方面来看。《明史·循吏传序》提到嘉靖以前一百多年，一方面休养生息，发展生产，另一方面政治上比较清明，好官比较多。譬如大家知道的《十五贯》里面有个况钟，连做十几年的苏州知府，是个好官。另外一个周忱也是个好官，他做苏州巡抚二十一年，在《十五贯》里被刻画坏了，这是不对的。此外，像于谦连做河南、山西巡抚十九年。嘉靖以前，有好些巡抚连任几年甚至十几年的，这是明朝后期所没有的情况。明朝后期好官就少了。做官讲资格，一讲资格就坏事了，只要活得长就可以做大官；相反，真正能给老百姓做点事情的人就到处碰壁。像海瑞就是这样，到处遭到大地主阶级的反对，办不了好事情。明朝后期有个知识分子陈帮彦对吏治的这种变化做了总结，他说：在嘉靖以前，做官的人还讲个名节，做官回到家里，人家问他赚多少钱，他要生气；嘉靖以后发生了根本性的变化，做官等于做买卖，计较做这个官赚钱多还是赚钱少，在这个地方做官赚钱多，另外换一个赚钱少的地方就不愿意去。到富庶的地方去做官，亲友设宴庆贺；如果到穷地方去，大家就叹息。做官和发财联起来了，念书是为了做官，做官是为了发财。当时升官是凭什么呢？一个是凭资格，一个是凭贿赂。当时叫"送礼"。地方官三年期满要进京，朝廷要考核他的成绩。这时就是他"送礼"的时候了。送了礼就可以升官。所谓送上黄米、白米若干担，即指黄金、白银若干两。后来改为送书若干册，书的后面附上金子、银子，叫作"书帕"。所以明朝后期的地方官上任以后先刻书。但是他们又没有什么学问，于是粗制滥造，乱抄一气。

以上这些情况说明，由于整个社会经济的变化，即农业、手工业生产的发展，商业的繁荣，影响到了社会各方面。一些大地主把一部分从土地剥削所得的财产投资于手工业和商业，这样，过去被社会上所歧视的商人的地位就提高了。国家的高级官员有不少人变成了商人。经商成为社会风气。商人赚了钱就奢侈浪费，造成社会上的虚假繁荣现象。封建秩序、封建礼法开始受到冲击，从而在文学艺术方面也出现了反映这种社会生活的作品。

第六，货币经济的发展。在明朝以前，白银已经部分使用，但是还不普遍，还没有作为正式的货币。元朝使用钞票。明朝初年用铜钱，由于老百姓已经有了用钞票的习惯，反而不习惯用铜钱，只好仍然用钞票。但是由于明朝对钞票管理不善，无限制地发行，又不兑现，因而引起通货膨胀，钞价贬值，由一贯钞值银一两贬至只值一两个钱，钞票的经济意义逐渐没有了。钞票不能用，铜钱的重量又太大，短途进行交易还可以，像从南到北的远距离交易，带大量的铜钱就不行，几万、几十万铜钱很重，不方便。在这种情况下白银就日渐流通于市场。白银有它的优点：它的质量不会变，既能分割，化整为零；又能把一些分散的银子铸成一锭，化零为整。白银价值比较高，一两白银可以抵一千钱。因此社会上对白银的需要越来越迫切。

上次讲过，明朝建都北京，粮食主要要从南方运来。四五百万石粮食的运费要由农民负担，运费超过粮食价格的几倍，农民负担很重。所以到明英宗时，逐渐改变了这种办法。有些地方税收开始改折"金花银"，像这个地区应该送四石粮食，现在不要你交粮食了，改交一两银子。政府用一两银子同样可以买到四石粮食。由于国内市场的扩大和税收折银的结果，银子的需要量就大大增加了，原有的银子不够市场上的需要。因此在万历时期就出现了采银的高潮。政府征发许多人，到处开银矿，苛征暴敛，引起国内人民的反对。

通过对外贸易的入超，大量的白银输入了。西班牙人从墨西哥运白银到吕宋，由吕宋转运中国，以换取中国的丝织品和瓷器。到后期，墨西哥的银圆也大量流入中国。这样，国内白银数量逐渐增加。所以到万历初年，赋役制度大改变，把原来的田赋制度改为"一条鞭法"，使赋役合一。从此大部分地区的赋税和徭役改折银两。

由于手工业和商业的发展，商品流通的客观需要，远距离的大量的交易需要共同的货币做媒介，因而白银普通地应用起来了。这种情况也是以往历史上所没有发生过的。

第七，文学作品上的反映。唐朝、宋朝也有传奇小说，里面的主角是些什么人？主要是官僚、士大夫、文人，等等。写市井人物的作品很少。到明代中叶以后出现了以市井人物为主人公的作品。例如《白蛇传》的故事，在《西湖三塔记》中的三怪是：乌鸡、水獭、白蛇，男主角是将门之后——奚宣赞（岳飞部下的将官奚统制之子）。而《洛阳三怪记》的三怪是：赤斑蛇、白猫精、白鸡精，男主角却是开金银铺的老板潘松了。流传到现在的《白蛇传》只剩下二怪：白蛇和青蛇，男主角则是开生药铺的许仙。故事的主角从将门之后的奚宣赞转变为生药铺的许仙，这一变化是值得我们注意的。

又如《金瓶梅》，是万历二十二年以后的作品，写嘉靖、万历年间的事。主角西门庆也是开生药铺的。与西门庆来往的篾片、清客都是官僚地主的后人，原来的地位比西门庆高，后来没落了，成为西门庆的门客。以这样一些人物为中心的小说，在过去是没有的。

此外，在"三言""二拍"中，如《卖油郎独占花魁》《倒运汉巧遇洞庭红》等，主角是卖油小贩和偶然发财的穷汉，这也都是当时的社会现实在文艺作品中的具体反映。

第八，明朝后期有了一些替商人说话的政治家。譬如徐光启，他是上海人，是最早接受西洋科学，介绍和传播西洋科学，如物理学、化学、天文学的一个人。他家里原来是地主，后来兼营商业。他本人中了进士，做过宰相。在他的思想中，反映了保护商人特权的要求，他提出了维护商人利益的具体建议。当时国家财政困难，西北有许多荒地，他就主张政府允许各地的地主阶级招募农民来开垦荒地。开垦荒地多的，除了粮食给他外，还可以允许这个地主家里的子弟有多少人考秀才、多少人上学，给他以政治保证。从他这种主张来看，他是当时从地主转为商人的这一集团在政治上的代表人物。

总的来说，上面所讲的这些问题是明朝以前没有发生过的，或者虽然发生过，但并不显著。当时的人也认识到了嘉靖前和嘉靖后所发生的这种巨大变化。当然，他们还不能理解这叫作资本主义萌芽。从我们今天来看，这个变化是旧的东西改变了，新的东西露出了头。这些例子都可以作为资本主义萌芽来看。但是这些萌芽并没有成长，以后又遭到了压力，因此到鸦片战争以前中国还不能进入资本主义社会。资本主义还处在萌芽状态。

这方面的材料直到现在还是不够完备的，还没有进行认真的研究。上面谈的只是个人的看法，不一定对，更不一定成熟，只供同志们参考。

第七章　明初的恐怖政治

洪武二十八年（1395年）正式颁布《皇明祖训》。这一年，朱元璋已经是六十八岁的衰翁了。

在这一年之前，桀骜不驯的元功、宿将杀光了，主意多端的文臣杀绝了，不顺眼的地主巨室杀得差不多了，连光会掉书袋子搬弄文字的文人也大杀特杀，杀得无人敢说话，甚至出一口大气了。杀，杀，杀！杀了一辈子，两手都涂满了鲜血的白头刽子手，踌躇满志，以为从此可以高枕无忧，皇基永固，子子孙孙吃碗现成饭，不必再操心了。这年五月，特别下一道手令说："朕自起兵至今四十余年，亲理天下庶务，人情善恶真伪，无不涉历。其中奸顽刁诈之徒，情犯深重，灼然无疑者，特令法外加刑，意在使人知所警惧，不敢轻易犯法。然此特权时措置，顿挫奸顽，非守成之君所用长法。以后嗣君统理天下，止守《律》与《大诰》，并不许用黥、刺、劓、阉、割刑。臣下敢有奏用此刑者，文武群臣即时劾奏，处以重刑。"[1]

其实明初的酷刑，黥、刺、劓、劓、阉、割还算是平常的，最惨的是凌迟。凡是凌迟处死的罪人，照例要杀三千三百五十七刀，每十刀一歇一吆喝，慢慢地折磨，硬要被杀的人受长时间的痛苦。[2]其次有刷洗，把犯人光

----

[1]　《明太祖实录》卷二百三十九。

[2]　邓之诚《骨董续记》卷二"廷杖"条引《张文宁年谱》，计六奇《明季北略》记郑鄤事。

身子放在铁床上，浇开水，用铁刷刷去皮肉。有枭令，用铁钩钩住脊骨，横挂在竿上。有称竿，犯人缚在竿上，另一头挂石头对称。有抽肠，也是挂在竿上，用铁钩钩入谷门把肠子钩出。有剥皮，贪官污吏的皮放在衙门公座上，让新官看了发抖。此外，还有挑膝盖、锡蛇游种种名目。[1]也有同一罪犯，加以墨面文身、挑筋去膝盖剁指，并且五刑的。[2]据说在上相时，老皇帝的脾气好坏很容易看出来，要是这一天他的玉带高高地贴在胸前，大概脾气好，杀人不会多。要是撤玉带到肚皮底下，便是暴风雨来了，满朝的官员都吓得脸无人色，个个发抖，准有大批人应这劫数。[3]这些朝官，照规矩每天得上朝，天不亮起身梳洗穿戴，在出门以前，和妻子诀别，吩咐后事，要是居然活着回家，便大小互相庆贺，算是又多活一天了。[4]

　　四十年中，据朱元璋自己的著作，《大诰》《大诰续编》《大诰三编》和《大诰武臣》的统计，所列凌迟、枭示、种诛有几千案，弃市（杀头）以下有一万多案。三编所定算是最宽容的了。"讲十监生三百六十四人，愈见奸贪，终不从命，三犯四犯而至杀身者三人，三犯而诽谤杀身者又三人，姑容戴斩、绞、徒流罪在职者三十人，一犯戴死罪、徒流罪办事者三百二十八人。"[5]有御史戴死罪，带着脚镣，坐堂审案的；有挨了八十棍回衙门做官的。其中最大的案件有胡惟庸案、蓝玉案、空印案和郭桓案，前两案株连被杀的四万人，后两案合计有七八万人。[6]所杀的人，从开国元勋到列侯裨将、部院大臣、诸司官吏到州县胥役、进士监生、经生儒士、富人地主、

① 吕毖《明朝小史》卷一《国初重刑》。
② 《大诰》：《奸吏建言第三十三》《刑余攒典盗粮第六九》；《续诰·相验囚尸不实第四十二》；《三编·逃囚第十六》。
③ 徐祯卿《翦胜野闻》。
④ 赵翼《二十二史札记》卷三十二"明祖晚年去严刑"条引《草木子》。
⑤ 《明史》卷九十四《刑法志》，《大诰三编》二进士监生戴罪办事。
⑥ 《明史》卷九十四《刑法志》。

僧道屠沽，以至亲侄儿、亲外甥，无人不杀，无人不可杀，一个个地杀，一家家地杀，有罪的杀，无罪的也杀，"大戮官民，不分臧否"。[①]早在洪武七年，便有人向他控诉，说是杀得太多了，"才能之士，数年来幸存者百无一二"。[②]到洪武九年，单是官吏犯笞以上罪，谪戍到凤阳屯田的便有一万多人。[③]十八年九月在给萧安石子孙符上也自己承认："朕自即位以来，法古命官，列布华夷，岂期擢用之时，并效忠贞，任用既久，俱系奸贪！朕乃明以宪章，而刑责有不可恕。以至内外官僚，守职维艰，善能终是者寡，身家诛戮者多。"[④]郭桓案发后，他又说："其贪婪之徒，闻桓之奸，如水之趋下，半年间弊若蜂起，杀身亡家者，人不计其数。出五刑以治之，挑筋、剁指、刖足、髡发、文身，罪之甚者欤？"[⑤]

政权的维持建立在流血屠杀、酷刑暴行的基础上，这个时代，这种政治，确确实实是名符其实的恐怖政治。

胡惟庸案发于洪武十三年，蓝玉案发于洪武二十六年，前后相隔十四年。主犯虽然是两个，其实是一个案子。

胡惟庸是初起兵占领和州时的帅府旧僚，和李善长同乡，又结了亲。因李善长的举荐，逐渐发达，洪武三年拜中书省参知政事，六年七月拜右丞相。

中书省综掌全国大政，丞相对一切庶务都有专决的权力，统率百官，只对皇帝负责。这制度对一个平庸的、唯唯否否、阿附取容的"三旨相公"型的人物，或者对手是一个只顾嬉游逸乐、不理国事的皇帝，也许不会引起

① 《明史》卷一三九《周敬心传》："洪武二十五年上疏极谏：洪武四年录天下官吏，十三年连坐胡党，十九年逮官吏积年为民害者，二十三年罪妄言者，大戮官民，不分臧否。"
② 《明史》卷一三九《茹太素传》。
③ 《明史》卷一三九《韩宜可传》。
④ 《明朝小史》卷二。
⑤ 《大诰三编·逃囚第十六》。

严重的冲突。或者一个性情谦和容忍，一个刚决果断、柔刚互济倒也不致坏事。但是胡惟庸干练有为，有魄力，有野心，在中书省年代久了，大权在手，威福随心，兼之十年宰相，门下故旧僚友也隐隐结成一个庞大的力量，这个力量是靠胡惟庸做核心的。拿惯了权的人，怎么也不肯放下。朱元璋呢，赤手空拳建立的基业，苦战了几十年，拼上命得到的大权，平白被人分去了一大半，真是倒持太阿，授人以柄，想想又怎么能甘心！困难的是皇帝和丞相的职权，从来不曾有过清楚的界限，理论上丞相是辅佐皇帝治理天下的，相权是皇权的代表，两者是二而一的，不应该有冲突。事实上假如一切庶政都由丞相处分，皇帝没事做，只能签字画可，高拱无为。反之，如皇帝躬亲庶务，大小事情一概过问，那么，这个宰相除了伴食画诺以外，又有什么可做？

这两个人性格相同，都刚愎、都固执、都喜欢独裁、好揽权，谁都不肯相让。许多年的争执、摩擦，相权和皇权相对立。最后，冲突表面化了。朱元璋有军队，有特务，失败的当然是文官。在胡惟庸以前，第一任丞相李善长小心怕事，徐达经常统兵在外，和朱元璋的冲突还不太明显严重（刘基自己知道性子太刚，一定合作不了，坚决不干）。接着是汪广洋，碰了几次大钉子，末了还是赐死。中书官有权的如杨宪，也是被杀的。胡惟庸是任期最长、冲突最厉害的一个。被杀后，索性取消中书省，由皇帝兼行相权，皇权和相权合而为一。洪武二十八年手令："自古三公论道，六卿分职，自秦始置丞相，不旋踵而亡。汉唐宋因之，虽有贤相，然其间所用者多有小人，专权乱政。我朝罢相，设五府、六部、都察院、通政司、大理寺等衙门，分理天下庶务，彼此颉颃，不敢相压，事皆朝廷总之，所以稳当。以后嗣君并不许立丞相，臣下敢有奏请设立者，文武群臣即时劾奏，处以重刑。"[①]这里所说的"事皆朝廷总之"的朝廷，指的便是他自己。胡惟庸被杀在政治制度史上的意义，是治权的变质，也就是从官僚和皇家共治的阶段，转变为官僚成奴才，皇帝独裁的阶段。

胡惟庸之死只是这件大屠杀案的一个引子，公布的罪状是擅权枉法。以后朱元璋要杀不顺眼的文武臣僚，便拿胡案做底子，随时加进新罪状，把它放大、发展。一放为私通日本，再放为私通蒙古。日本和蒙古，"南倭北虏"，是当时两大敌人，通敌当然是谋反。三放又发展为串通李善长谋逆，最后成为蓝玉谋逆案。罪状愈多，牵连的罪人也更多，由甲连到乙，乙攀到丙，转弯抹角像瓜蔓一样四处伸出去，一网打尽，名为株连。被杀的都以家族做单位，杀一人也就是杀一家。坐胡案死的著名人物有御史大夫陈宁、中丞涂节、太师韩国公李善长、延安侯唐胜宗、吉安侯陆仲亨、平凉侯费聚、南雄侯赵庸、荥阳侯郑遇春、宜春侯黄彬、河南侯陆聚、宣德侯金朝兴、靖宁侯叶升、申国公邓镇、济宁侯顾敬、临江侯陈镛、营阳侯杨通、淮安侯华中，高级军官毛骧、李伯升、丁玉，和宋濂的孙子宋慎。宋濂也被牵连，贬死茂州。坐蓝党死的除大将凉国公蓝玉以外，有吏部尚书詹徽、侍郎傅友文、开国公常升、景川侯曹震、鹤庆侯张翼、舳舻侯朱寿、东莞伯何荣、普定侯陈桓、宣宁侯曹泰、会宁侯张温、怀远侯曹兴、西凉侯濮玙、东平侯韩勋、全宁侯孙恪、沈阳侯察罕、徽先伯桑敬和都督黄辂、汤泉等。胡案有《昭示奸党录》，蓝案有《逆臣录》，把口供和判案都详细记录公布，让全国人都知道这些"奸党"的"罪状"。[②]被杀公侯中，东莞伯何荣是何真的

① 《明太祖实录》卷二三九。
② 参看钱谦益《太祖实录辨证》，潘柽章《国史考异》，《燕京学报》十五期吴晗《胡惟庸党案考》。

儿子，何真死于洪武二十一年，被帐下旧校捏告生前党胡惟庸，勒索两千两银子。何家子弟到御前分析，朱元璋大怒说："我的法，这厮把做买卖！"把旧校绑来处死。到二十三年何荣弟崇祖回广东时：

> 兄把袂连声：弟弟，今居官祸福顷刻，汝归难料再会日。到家达知伯叔兄弟，勿犯违法事，保护祖宗，是所愿望！

可是，逃过了胡党，还是逃不过蓝党。何家是岭南大族，何真在元明之际保障过一方秩序，威望极高，如何放得过？据何崇祖自述：

> 洪武二十六年，族诛凉国公蓝玉，扳指公侯文武家，名蓝党，无有分别。自京及天下，赤族不知几万户。长兄四兄宏维暨老幼咸丧。三月二十日夜鸡鸣时，家人彭康寿叩门，吾床中闻知祸事，出问故云："昨晚申时，内官数员带官军到卫，城门皆闭。是晚有公差出城，私言今夜抄提员头山何族，因此奔回。"……军来甚众，吾忙呼妻封氏各自逃生。

崇祖一房从此山居岛宿，潜形匿迹，一直到三十一年新帝登极大赦，才敢回家安居。[1]

李善长死时已经七十七岁了，帅府元僚，开国首相，替主子办了三十九年事，儿子做驸马，本身封国公，富极贵极，到末了却落得全家诛戮。一年后，有人替他上疏喊冤说：

> 善长与陛下同心，出万死以取天下，勋臣第一，生封公，死封王，男尚公主，亲戚拜官，人臣之分极矣。借今欲自图不轨，尚未可知。而今谓其欲佐胡惟庸者，则大谬不然。人情爱其子，必甚于兄弟之子（善长弟存义子佑是胡惟庸的从女婿），安享万全之富贵者，必

---

① 何崇祖《庐江郡何氏家记》（玄览堂丛书续集本）。

不侥幸万一之富贵。善长与惟庸，犹子之亲耳，于陛下则亲子女也。使善长佐惟庸成，不过勋臣第一而已矣，太师国公封王而已矣，尚主纳妃而已矣，宁复有加于今日？且善长岂不知天下之不可幸取，当元之季，欲为此者何限，莫不身为齑粉，覆宗绝祀，能保首领者几何人哉！善长胡乃身见之，而以衰倦之年身蹈之也？凡为此者，必有深仇激变，大不得已。父子之间，或至相挟以求脱祸。今善长之子祺，备陛下骨肉亲，无纤芥嫌，何苦而忽为此？若谓天象告变，大臣当灾，杀之以应天象，则尤不可。臣恐天下闻之，谓功如善长且如此，四方因之解体也。今善长已死，言之无益，所愿陛下作戒将来耳。

说得句句有理，字字有理，朱元璋无话可驳，也就算了。①

二案以外，开国功臣被杀的，还有谋杀小明王的凶手德庆侯廖永忠，洪武八年以僭用龙凤不法等事赐死；永嘉侯朱亮祖父子于十三年被鞭死；临川侯胡美于十七年犯禁伏诛；江夏侯周德兴于二十五年以帷薄不修、暧昧的罪状被杀；二十七年，杀定远侯王弼、永平侯谢成、颍国公傅友德；二十八年杀宋国公冯胜。周德兴是朱元璋儿时放牛的伙伴，傅友德、冯胜功最高，突然被杀，根本不说有什么罪过，正合着古人说的"飞鸟尽，良弓藏；狡兔死，走狗烹"的话。②

不但列将以次诛夷，甚至替他坚守南昌七十五日，力拒陈友谅，造成鄱阳湖大捷，奠定王业的功臣，义子亲侄朱文正也以"亲近儒生，胸怀怨望"被鞭死。③义子亲甥李文忠，十几岁便在军中南征北伐，立下大功，也因为左右多儒生，礼贤下士，有政治野心被毒死。④刘基是幕府智囊，运谋决

① 《明史》卷一百二十七《李善长传》。
② 王世贞《史乘考误》，钱谦益《太祖实录辨证》，潘柽章《国史考异》。
③ 刘辰《国初事迹》，孙宜《洞庭集·大明初略三》，王世贞《史乘考误》卷一。
④ 王世贞《史乘考误》卷一，钱谦益《太祖实录辨证》卷五，潘柽章《国史考异》卷二。

策，不止有定天下的大功，并且是奠定帝国规模的主要人物，因为主意多，看得准，看得远，被猜忌最深，洪武元年便被休致回家，[1]又怕隔得太远会出事，硬拉回南京，终于被毒死。[2]徐达为开国功臣第一，小心谨慎，也逃不过。洪武十八年病了，生背疽，据说这病最忌吃蒸鹅，病重时皇帝却特赐蒸鹅，没办法，流着眼泪当着使臣的面吃，不多日就死了。[3]这两个元功的特别被注意，被防闲，满朝文武全知道，给事中陈汶辉曾经上疏公开指出："今勋旧耆德，咸思辞禄去位，如刘基、徐达之见猜，李善长、周德兴之被谤，视萧何、韩信其危疑相去几何哉！"[4]

武臣之外，文官被杀的也着实不少。有记载可考的有宋思颜、夏煜、高见贤、凌说、孔克仁，这几人都是初起事时的幕府僚属。宋思颜在幕府里的地位仅次于李善长。夏煜是诗人，和高见贤、杨宪、凌说一伙，专替朱元璋"伺察搏击"，尽鹰犬的任务，告密栽赃，什么事全干，到末了也被人告密，先后送了命。[5]朝官中有礼部侍郎朱同、张衡，户部尚书赵勉，吏部尚书余熂，工部尚书薛祥、秦逵，刑部尚书李质、开济，户部尚书茹太素，春官王本，祭酒许存仁，左都御史杨靖，大理寺卿李仕鲁，少卿陈汶辉，御史王朴、纪善、白信蹈等。[6]外官有苏州知府魏观，济宁知府方克勤，番禺知县道同，训导叶伯巨，晋王府左相陶凯等。[7]茹太素是个刚性人，爱说老实

---

① 刘辰《国初事迹》。
② 《明史》卷三〇八《胡惟庸传》、卷一二八《刘基传》，刘璟《遇恩录》。
③ 徐祯卿《翦胜野闻》。
④ 《明史》卷一三九《李仕鲁传附陈汶辉传》。
⑤ 《明史》卷一三五《宋思颜传》。
⑥ 《明史》卷一三六《朱升传》，卷一三七《刘三吾传》《宋讷传》《安然传》，卷一三八《陈修传》《周祯传》《杨靖传》《薛祥传》，卷一三九《茹太素传》《李仕鲁传》《周敬心传》。
⑦ 《明史》卷一四〇《魏观传》、卷二八一《方克勤传》、卷一四〇《道同传》、卷一三九《叶伯巨传》、卷一三六《陶凯传》。

话，几次为了话不投机被廷杖，降官，甚至镣足治事。一天，在便殿赐宴，朱元璋赐诗，说："金杯同汝饮，白刃不相饶。"太素磕了头，续韵吟道："丹诚图报国，不避圣心焦！"元璋听了倒也很感动。不多时还是被杀。李仕鲁是朱熹学派的学者，劝皇帝不要太尊崇和尚道士，想学韩文公辟佛，来发扬朱学。料想着朱熹和皇帝是本家，这着棋准下得不错，不料皇帝竟不卖朱夫子的账，全不理会。仕鲁急了，闹起迂脾气，当面交还朝笏，要告休回家。元璋大怒，叫武士把他掼死在阶下。陶凯是御用文人，一时诏令、封册、歌颂、碑志多出其手，做过礼部尚书，制定军礼和科举制度，只为了起一个别号叫"耐久道人"，犯了忌讳被杀。员外郎张来硕谏止取已许配的少女做宫人，说"于理未当"，被碎肉而死。参议李饮冰被割乳而死。[1]叶伯巨在洪武九年以星变上书，论用刑太苛说：

> 臣观历代开国之君，未有不以仁德结民心，以任刑失民心者，国祚长短，悉由于此。……议者曰宋元中叶，专事姑息，赏罚无章，以致亡灭。主上痛惩其弊，故制不宥之刑，权神变之法，使人知惧而莫测其端也。臣又以为不然。开基之主，垂范百世，一动一静，必使子孙有所持守，况刑者国之司命，可不慎欤！夫笞、杖、徒、流、死，今之五刑也。用此五刑，既无假贷，一出乎大公至正可也。而用刑之际，多裁自圣衷，遂使治狱之吏，务趋求意旨，深刻者多功，平反者得罪，欲求治狱之平，岂易得哉！近者特旨杂犯死罪，免死充军，又删定旧律诸则，减宥有差矣。然未闻有戒敕治狱者，务从平恕之条，是以法司犹循故例，虽闻宽宥之名，未见宽宥之实。所谓实者，诚在主上，不在臣下也。故必有罪疑惟轻之意，而后好生之德洽于民心，此非可以浅浅期也。何以明其然也？古之为士者以登仕为荣，以罢职

---

① 刘辰《国初事迹》。

为辱，今之为士者以泯迹无闻为福，以受玷不录为幸，以屯田工役为必获之罪，以鞭笞捶楚为寻常之辱。其始也，朝廷取天下之士，网罗据摭，务无余逸，有司敦迫上道，如捕重囚。比到京师，而除官多以貌选，所学或非其所用，所用或非其所学。洎乎居官，一有差跌，苟免诛戮，则必在屯田工役之科，率是为常，不少顾惜。此岂陛下所乐为哉！诚欲人之惧而不敢犯也。窃见数年以来，诛杀亦可谓不少矣，而犯者相踵，良由激劝不明，善恶无别，议贤议能之法既废，人不自励而为善者怠也。有人于此，廉如夷、齐，智如良、平，少戾于法，上将录长弃短而用之乎？将舍其所长苛其所短而置之法乎？苟取其长而舍其短，则中庸之材争自奋于廉智；倘苛其短而弃其长，则为善之人皆曰某廉若是，某智若是，朝廷不少贷之，吾属何所容其身乎？致使朝不谋夕，弃其廉耻，或事掊克，以备屯田工役之资者，率皆是也。若是非用刑之烦者乎！汉尝徙大族于山陵矣，未闻实之以罪人也，今凤阳皇陵所在，龙兴之地，而率以罪人居之，怨嗟愁苦之声，充斥园邑，殆非所以恭承宗庙意也。

朱元璋看了气极，连声音都发抖了，连声说这小子敢如此！快逮来！我要亲手射死他！隔了些日子，中书省官趁他高兴的时候，奏请把叶伯巨下刑部狱，不久死在狱中。[1]

照规定，每年各布政使司和府州县都得派上计吏到户部，核算钱粮军需等账目，数目琐碎畸零，必须府合省，省合部，一层层上去，一直到部里审核报销，才算手续完备。钱谷数字有分毫升合不符合，整个报销册便被驳回，得重新填造。布政使司离京师远的六七千里，近的也是三四千里，册子

---

[1] 《明史》卷一百三十九《叶伯巨传》。

重造不打紧，要有衙门的印才算合法，为了盖这颗印，来回时间就得一年半载。为了免得部里挑剔，减除来回奔走的麻烦，上计吏照例都带有预先备好的空印文书，遇有部驳，随时填用。到洪武十五年，朱元璋忽然发觉这事，以为一定有弊病，大发雷霆，下令地方各衙门的长官主印者一律处死，佐贰官杖一百充军边地。其实上计吏所预备的空印文书是骑缝印，不能作为别用，也不一定用得着，全国各衙门都明白这道理，连户部官员也是照例默认的，算是一条不成文法律。可是案发后，朝廷上谁也不敢说明详情，有一个不怕死的老百姓，拼着命上书把这事解释明白，也不中用，还是把地方长吏一杀而空。当时最有名的好官济宁知府方克勤（建文朝大臣方孝孺的父亲）也死在这案内。上书人也被罚充军。[①]

郭桓是户部侍郎。洪武十八年，有人告发北平二司官吏和郭桓通同舞弊，从六部左右侍郎以下都处死刑，追赃七百万，供词牵连到各直省官吏，死的又是几万人。追赃又牵连到全国各地，中产之家差不多全被这案子搞得倾家荡产，财破人亡。这案子激动了整个社会，也大伤了中产阶级和中下级官僚的心，大家都指斥攻击告发此案的御史和审判官，议论沸腾，情势严重。朱元璋一看不对，赶紧下手诏条列郭桓等罪状，说是：

> 户部官郭桓等收受浙西秋粮，合上仓四百五十万石，其郭桓等只收六十万石上仓，钞八十万锭入库，以当时折算，可抵二百万石，余有一百九十万石未曾上仓。其桓等受要浙西等府钞五十万贯，致使府州县官黄文等通同刁顽人吏边原等作弊，各分入己。

> 其所盗仓粮，以军卫言之，三年所积卖空。前者榜上若欲尽写，恐民不信，但略写七百万耳。若将其余仓分并十二布政司通同盗卖见在仓粮，及接受浙西等府钞五十万张卖米一百九十万不上仓，通算诸色课

① 《明史》卷九十四《刑法志》、卷一百三十九《郑士利传》。

程鱼盐等项，及通同承运库官范朝宗偷盗金银，广惠库官张裕妄支钞六百万张，除盗库见在金银宝钞不算外，其卖在仓税粮及未上仓该收税粮及鱼盐诸色等项，共折米算，所废者二千四百余万（石）精粮。

其应天等五府州县数十万没官田地，夏秋税粮，官吏张钦等通同作弊，并无一粒上仓，与同户部官郭桓等尽行分授。

意思是追赃七百万还是圣恩宽容，认真算起来该有二千四百万，这几万人死得决不委屈。话虽如此说，到底觉得有些不妥，只好借审刑官的头来平众怒，把原审官杀了一批，再三申说，求人民的谅解。[①]一年后，他又特别指出："自开国以来，惟两浙、江西、两广、福建所设有司官，未尝任满一人，往往未及终考，自不免于赃贪。"[②]可见杀这些贪官污吏是不错的，是千该万该的。不过，倒过来说，杀了二十年的贪官污吏，而贪官污吏还是那么多，沿海比较富饶区域的地方官，二十年来甚至没有一个能够做满任期，都在中途犯了赃贪得罪，由此可见专制独裁的统治，官僚政治和贪污根本分不开，单用严刑重罚、恐怖屠杀去根绝贪污，是不可能有什么效果的。

在鞭笞、苦工、剥皮、抽筋，以至抄家灭族的威胁空气中，凡是做官的，不论大官小官，近臣远官，随时随地都会有不测之祸，人人在提心吊胆、战战兢兢过日子。这日子过得太紧张了，太可怕了，有的人实在受不了，只好辞官，回家当老百姓。不料又犯了皇帝的忌讳，说是不肯帮朝廷做事："奸贪无福小人，故行诽谤，皆说朝廷官难做。"[③]大不敬，非杀不可。没有做过官的儒士，怕极了，躲在乡间不敢出来应考做官，他又下令地

① 《明史》卷九十四《刑法志》，《大诰》二十三《郭桓卖放浙西秋粮》、四十九《郭桓盗官粮》。
② 《大诰续编》。
③ 《大诰·奸贪诽谤第六十四》。

方官用种种方法逼他们出来，"有司敦迫上道，如捕重囚"。还立下一条法令，说是："率土之滨，莫非王臣，寰中士大夫不为君用，是自外其教者，诛其身而没其家，不为之过。"①贵溪儒士夏伯启叔侄各剁去左手大指，立誓不做官，被拿赴京师面审，元璋气虎虎发问："昔世乱居何处？"回说："红寇乱时，避兵于福建、江西两界间。"不料"红寇"这名词正刺着皇帝的痛处：

> "朕知伯启心怀忿怒，将以为朕取天下非其道也。"特谓伯启
> 曰："尔伯启言红寇乱时，意有他忿。今去指不为朕用，宜枭令籍没
> 其家，以绝狂愚夫仿效之风。"

特派法司押回原籍处决。②苏州人才姚润、王谟被征不肯做官，也都被处死，全家籍没。③

洪武朝朝臣幸免于屠杀的，只有几个例子：一个是大将信国公汤和，原是朱元璋同村子人，一块儿长大的看牛伙伴，比元璋大三岁。起兵以后，诸将地位和元璋不相上下的，都闹别扭，不听使唤，只有汤和规规矩矩，小心听话，服从命令。到晚年，徐达、李文忠死已多年，汤和宿将功高，明白老伙伴脾气，心里老大不愿意，让诸大将仍旧掌兵权，苦的是嘴里说不出。他首先告老交出兵权，元璋大喜，立刻派官给他在凤阳盖府第，赏赐稠渥，特别优厚，算是侥幸老死在床上。④一个是外戚郭德成，郭宁妃的哥哥。一天他陪朱元璋在后苑喝酒，醉了爬在地上去冠磕头谢恩，露出稀稀的几根头发，元璋笑着说："醉疯汉，头发秃到这样，可不是酒喝多了。"德成仰头说："这几根还嫌多呢，薙光了才痛快。"元璋不作声。德成酒醒，才知道闯了大祸，怕得

---

① 《大诰二编·苏州人才第十三》。
② 《大诰三编·秀才剁指第十》，《明史》卷九十四《刑法志》。
③ 《大诰三编·苏州人才第十三》，《明史》卷九十四《刑法志》。
④ 《明史》卷一百二十六《汤和传》。

要死，只好索性装疯，剃光了头，穿了和尚衣，成天念佛。元璋信以为真，告诉宁妃说："原以为你哥哥说笑话，如今真个如此，真是疯汉。"不再在意。党案起后，德成居然漏网。①一个是御史袁凯。有一次朱元璋要杀许多人，叫袁凯把案卷送给皇太子覆讯，皇太子主张从宽。袁凯回报，元璋问："我要杀人，皇太子却要宽减，你看谁对？"袁凯不好说话，只好回答："陛下要杀是守法，东宫要赦免是慈心。"元璋大怒，以为袁凯两头讨好，脚踏两头船，老滑头，要不得。袁凯大惧，假装疯癫。元璋说疯子不怕痛，叫人拿木钻来刺他的皮肤，袁凯咬紧牙齿，忍住不喊痛。回家后，自己拿铁链锁住脖子，蓬头垢面，满口疯话。元璋还是不放心，派使者去召他做官，袁凯瞪眼对使者唱月儿高曲，爬在篱笆边吃狗屎，使者回报果然疯了，才不追究。这一次朱元璋却受了骗，原来袁凯预先叫人用炒面拌砂糖，捏成段段，散在篱笆下，爬着吃了，救了一条命，朱元璋哪里会知道？②

吴人严德珉由御史升左佥都御史，因病辞官，犯了忌讳，被黥面充军南丹（今广西），遇赦放还。布衣徒步做老百姓，谁也不知道他曾做过官，到宣德时还很健朗。一天因事被御史所逮，跪在堂下，供说也曾在台勾当公事，颇晓三尺法度。御史问是何官，回说洪武中台长严德珉便是老夫。御史大惊谢罪，第二天去拜访，却早已挑着铺盖走了。有一个教授和他喝酒，见他脸上刺字，头戴破帽，问老人家犯什么罪过，德珉说了详情，并说先时国法极严，做官的多半保不住脑袋。说时还北面拱手，嘴里连说："国恩！国恩！"③

元璋有一天出去私访，到一破寺，里边没有一个人，墙上画一布袋和尚，有诗一首："大千世界浩茫茫，收拾都将一袋藏，毕竟有收还有放，放

---

① 《明史》卷一三一《郭兴传》。

② 《明史》卷二百八十五《袁凯传》，徐祯卿《剪胜野闻》，陆深《金台纪闻》。

③ 《明史》卷一三八《周祯传》。

宽些子又何妨。"墨迹还新鲜，是刚画刚写的，赶紧使人去搜索，已经不见了。[①]这故事不一定是真实的，不过，所代表的当时人的情绪却是真实的。

（原载《中建·北平版》第1卷第2期，1948年8月5日）

---

① 徐祯卿《翦胜野闻》。

第八章　胡惟庸党案考

一、《明史》所记之胡惟庸

　　胡惟庸事件是明代初叶的一件大事，党狱株连前后十四年，一时功臣宿将诛夷殆尽，前后达四万余人。[1]且因此和日本断绝国交关系，著之《祖训》。[2]另一方面再三颁布《昭示奸党录》《臣戒录》《志戒录》《大诰》《世臣总录》诸书，谆谆告谕臣下，以胡惟庸为前鉴。[3]到明成祖时代，还引这事件来诫谕臣下，勿私通外夷。[4]明代诸著作家的每一部提及明初史迹的著述中，都有这事件的记载。清修明史且把胡氏列入"奸臣传"。[5]在政治制度方面，且因此而永废丞相，分权于六部、五府、都察院、通政司、大理寺等衙门。[6]在这事件的影响方面说，一时元功宿将皆尽，靖难师起，仅余耿炳文、吴祯等支撑御侮，建文因以逊国。[7]综之，从各方面说，无论是属于政治的，外交的，军事的，制度的，易代的，这事件之含有重大意义，

---

① 《明史》卷九四《刑法志》、卷一三二《蓝玉传》。
② 《皇明祖训》首章，《明史》卷三百十二《日本传》。
③ 《皇明大政记》卷三。
④ 《明政统宗》七。
⑤ 《明史》卷三〇八。
⑥ 《皇明祖训》首章，《高皇帝实录》卷一二九。
⑦ 《弇州史料后集》卷六一。

其影响及于有明一代，则无可置疑。

《明史》记此事颠末云：

自杨宪诛，帝以惟庸为才，宠任之。惟庸亦自励，尝以曲谨当上意，宠遇日盛。独相数岁，生杀黜陟，或不奏径行。内外诸司上封事，必先取阅，害己者辄匿不以闻。四方躁进之徒及功臣武夫失职者争走其门，馈遗金帛名马玩好不可胜数。

大将军徐达深嫉其奸，从容言于帝。惟庸遂诱达阍者福寿以图达，为福寿所发。

御史中丞刘基亦尝言其短。久之，基病，上遣惟庸挟医视，遂以毒中之。基死，益无所忌。与太师李善长相结，以从女妻其从子佑。

学士吴伯宗劾惟庸，几得危祸。自是势益炽。

其定远旧宅井中忽生石笋，出水数尺，谀者争引符瑞。又言其祖父三世冢上，皆夜有火光烛天。惟庸益喜自负，有异谋矣。

吉安侯陆仲亨自陕西归，擅乘传。帝怒责之曰："中原兵燹之余，民始复业，籍户买马，艰苦殊甚。使皆效尔所为，民虽尽鬻子女，不能给也。"责捕盗于代县。平凉侯费聚奉命抚苏州军民，日嗜酒色。帝怒，责往西北招降蒙古，无功。又切责之，二人大惧。惟庸阴以权利胁诱二人，二人素骁勇，见惟庸用事，密相往来。尝过惟庸家，酒酣，惟庸屏左右言："吾等所为多不法，一旦事觉，如何！"二人益惶惧，惟庸乃告以己意，令在外收集军马。

又尝与陈宁坐省中阅天下军马籍，令都督毛骧取卫士刘遇宝及亡命魏文进等为心膂，曰："吾有所用尔也。"

太仆寺丞李存义者，善长之弟，惟庸婿李佑父也。惟庸令阴说善长，善长已老，不能强拒，初不许，已而依违其间。

惟庸益以为事可就，乃遣明州卫指挥林贤下海招倭与期会。又遣元故臣封绩①致书称臣于元嗣君，请兵为外应，事皆未发。

会惟庸子驰马于市，堕死车下，惟庸杀挽车者。帝怒，命偿其死。惟庸请以金帛给其家，不许。惟庸惧，乃与御史大夫陈宁、中丞涂节等谋起事，阴告四方及武臣从己者。十二年九月占城来贡，惟庸等不以闻，中官出见之，入奏。帝怒，切责省臣，惟庸及广洋顿首谢罪，而微委其咎于礼部，礼部又委之中书，帝益怒，尽囚诸臣，穷诘主者。未几赐广洋死。广洋妾陈氏从死，帝询之，乃入官陈知县女也。大怒曰："没官妇女只给功臣家，文臣何以得给？"乃敕法司取勘。于是惟庸及六部堂属咸当坐罪。

明年正月，涂节遂上变告惟庸，御史中丞商暠时谪为中书省吏，亦以惟庸阴事告。帝大怒，下廷臣更讯，词连宁、节。廷臣言节本预谋，见事不成，始上变告，不可不诛。乃诛惟庸、宁并及节。

惟庸既死，其反状犹未尽露，至十八年李存义为人首告，免死安置崇明。十九年十月林贤狱成，惟庸通倭事始著。

二十一年蓝玉征沙漠，获封绩，善长不以奏。至二十三年五月事发，捕绩下吏，讯得其状，逆谋大著。会善长家奴卢仲谦首善长与惟庸往来状，而陆仲亨家奴封帖木亦首仲亨及唐胜宗、费聚、赵雄（明按"雄"当作"庸"，以赵庸封南雄侯致误，《李善长传》可证。）三侯与惟庸共谋不轨。帝发怒，肃清逆党，词所连及，坐诛者三万余人，乃为《昭示奸党录》布告天下，株连蔓引，迄数年未靖云。②

---

① 《列卿记》—《胡惟庸传》引《实录》作封续，北平图书馆藏《实录》作封绩。
② 《明史》卷三〇八《胡惟庸传》。

惟庸通倭事，《明史》云：

先是胡惟庸谋逆，欲借日本为助，乃厚结宁波卫指挥林贤，佯奏贤罪，谪居日本，令交通其君臣。寻奏复贤职，遣使召之。密致书其王，借兵助己。贤还，其王遣僧如瑶率兵卒四百余人，诈称入贡，且献巨烛，藏火药刀剑其中。既至，而惟庸已败，计不行。帝亦未知其狡谋也。越数年，其事始露，乃族贤而怒日本特甚，决意绝之，专以防海为务。[1]

与李善长谋逆事，《明史》云：

京民坐罪应徙边者，善长数请免其私亲丁斌等，帝怒按斌，斌故给事惟庸家，因言存义等往时交通惟庸状。命逮存义父子鞫之，词连善长云："惟庸有反谋，使存义阴说善长，善长惊叱曰：'尔言何为者？审尔，九族皆灭！'又使善长故人杨文裕说之云：'事成当以淮西地封为王。'善长惊不许，然颇心动。惟庸乃自往说，善长犹不许。久之，惟庸复遣存义进说，善长叹曰：'吾老矣，吾死，汝等自为之。'"

或又告善长云将军蓝玉出塞至捕鱼儿海，获惟庸通沙漠使者封绩，善长匿不以闻。于是御史交章劾善长。而善长奴卢仲谦等亦告善长与惟庸通赂遗，交私语。狱具，谓善长元勋国戚知逆谋不发举，狐疑观望，怀两端，大逆不道。会有言星变，其占当移大臣，遂并其妻女弟侄家口七十余人诛之。而吉安侯陆仲亨、延安侯唐胜宗、平凉侯费聚、南雄侯赵庸、荥阳侯郑遇春、宜春侯黄彬、河南侯陆聚等皆同时坐惟庸党死。而已故营阳侯杨璟、济宁侯顾时等追坐者又若干人。

---

[1] 《明史》卷三二二《日本传》。

帝手诏条列其罪，傅著狱词，为《昭示奸党三录》布告天下。①

谷应泰记胡惟庸被诛前又有云奇告变一事：

> 正月戊戌，惟庸因诡言第中井出醴泉，邀帝临幸，帝许之。驾出西华门，内使云奇冲跸道勒马衔言状，气方勃，舌駃不能达意，太祖怒其不敬，左右挞捶乱下，云奇右臂将折，垂毙，犹指贼臣第弗为痛缩。上悟，乃登城望其第，藏兵复壁间，刀槊林立，即发羽林掩捕考掠，具状磔于市。②

综结以上的记载，胡惟庸党案的构成及经过是：

（1）胡惟庸擅权罔上。

（2）谋刺徐达。

（3）毒死刘基。

（4）与李善长相结交通。

（5）定远宅井生石笋，祖莹夜有火光，因有异志。

（6）结陆仲亨、费聚为助。

（7）收纳亡命。

（8）令李存义、杨文裕说李善长谋逆。

（9）遣林贤下海招倭，倭使如瑶伪贡率兵为助。

（10）遣封绩称臣于元求援。

（11）惟庸杀挽车者，太祖责偿死。

（12）阻占城贡使，被罪。

（13）私给文官以入官妇女坐罪。

（14）涂节上变。商暠白其私事。

---

① 《明史》卷一二七《李善长传》。

② 《明史纪事本末》卷一三《胡蓝之狱》。

（15）请上幸第谋刺，为云奇所发。

（16）狱具伏诛。胡党之名起。

（17）林贤狱成。

（18）李善长被杀。

（19）对日绝交。

（20）胡党株蔓数万人，元功宿将几尽。

以下试参证中日记载，说明这一事件的真相和明代初叶中日间的国际关系。

二、云奇告变

胡惟庸党案的真相，到底如何，即明人亦未深知，这原因大概是由于胡党事起时，法令严峻，著述家多不敢记载此事。到了事过境迁以后，实在情形已被湮没，后来的史家只能专凭《实录》，所以大体均属相同。他事有不见于《实录》的，便只能闭户造车，因讹传讹，所以极多矛盾的同时记载。正因为这许多记载之暧昧矛盾，所以当时人便有怀疑它的。郑晓以为："国初李太师、胡丞相、蓝国公诸狱未可知。"[1]王世贞是明代的一个伟大精核的史学家，他的话应该可信了，他说：

> 胡惟庸谋逆，阴约日本国贡使以精兵装巨舶，约是日行弑，即大掠库藏，泛舟入海，事泄伏诛。上后却日本之贡以此。[2]

---

[1] 《今言》卷一四四。

[2] 王世贞《史乘考误》。

他的儿子王士骐却不惜反对他的话，对这事件深为致疑，他以为：

按是年（十三年）正月诛丞相胡惟庸，廷臣讯辞第云使林贤下海招倭军，约期来会而已。不至如野史所载，亦不见有绝倭之诏。本年日本两贡无表，又其将军奉丞相书辞意倨慢，故诏谕之。中云："前年浮辞生衅，今年人来匪诚。"不及通胡惟庸事，何耶？近年勘严世蕃亦云交通倭虏，潜谋叛逆，国史谓寻端杀之，非正法也。胡惟庸之通倭，恐亦类此。①

由此可见这事件的可信程度正如徐阶所授意的严世蕃狱词一样。按《明史》载世蕃狱具，徐阶以为彰主过，适所以活之，为手削其草。②略云：

曩年逆贼汪直勾倭内讧，罪在不宥。直徽州人，与罗龙文姻旧，遂送十万金世蕃所，拟为授官。……龙文亦招聚王直通倭余党五百余人谋于世蕃。班头牛信亦自山海卫弃伍北走，拟诱致北房，南北响应……③

于是复勘实以"交通倭虏，潜谋叛逆，具有显证"上，严家由是方倒。狱辞中通倭诱虏二事，恰好作胡惟庸事件的影子。

在以上所引的史料中，冲突性最显著的是《明史》所记涂节商暠告变和《纪事本末》所记的云奇告变二事。因为假使前者是真，则惟庸已得罪被诛，无请临幸谋刺之可能。假使后者是真，则惟庸亦当日被诛，无待涂、商二人之告发。质言之，两件告发案必有一件是假，或者两件都假，断不能两件都真。现试略征群籍，先谈云奇事件。

---

① 《皇明驭倭录》一。
② 《明史》卷三○八《严嵩传》。
③ 王世贞《国朝丛记》严世蕃供辞。

谷应泰关于云奇的记载，确有所本。此事最先见于雷礼所引《国琛集》①。记述与谷氏小有异同。其文云：

> 太监云奇南粤人。守西华门，迩胡惟庸第，刺知其逆谋。胡诳言所居井涌醴泉，请太祖往观，銮舆西出，云虑必与祸，急走冲跸，勒马衔言状。气方勃崒，舌骏不能达。太祖怒其犯跸，左右挝捶乱下，云垂毙，右臂将折，犹奋指贼臣第。太祖乃悟，登城眺顾，见其壮士披甲伏屏帷间数匝，亟返楼殿，罪人就擒。召奇则息绝矣。太祖追悼奇，赐赠葬，令有司春秋祀之。墓在南京太平门外，钟山之西。

自后王世贞撰《胡惟庸传》即引此文，不过把"诳言所居井涌醴泉"改为"伪为第中甘露降"②，把地下涌出来的换成天上掉下来的罢了。邓元锡索性把他列入《宦官传》，以为忠义之首，不过又将名字改成奇云奇。③傅维麟本之亦为立专传④，仍复其名为云奇。其他明清诸著述家如陈建⑤、严从简⑥、邓球⑦、尹守衡⑧、彭孙贻⑨、谷应泰⑩，日人如饭田忠彦⑪等均深信不疑，引为实录。

在上引的诸家记载中，有一个共通的可疑点。这疑点是云奇身为内使，所服务地点与胡惟庸第相近，他既知胡氏逆谋，为什么不先期告发，

---

① 《国朝列卿纪》一《胡惟庸传》附录。
② 《弇州别集·胡惟庸传》。
③ 邓元锡《皇明书》十三《宦官传》。
④ 傅维麟《明书》卷一五七《胡惟庸传》、卷一五八《云奇传》。
⑤ 《皇明从信录》卷七。
⑥ 《殊域周咨录》卷二。
⑦ 《皇明泳化类编》卷一二七《防细》。
⑧ 《皇明史窃·宦官传》。
⑨ 《明史纪事本末补编》五《宦官贤奸》。
⑩ 《明史纪事本末》卷十三。
⑪ 饭田忠彦《野史》卷二八二《外国传一》。

一定要到事迫眉睫，方才闯道报警呢？这问题彭孙贻氏把它弥缝解答了。他说：

> 时丞相胡惟庸谋大逆，居第距门甚迩。奇刺知其事，冀欲发未有路，适惟庸谬言所居井涌醴泉，邀上往赏，驾果当西出，奇虑必有祸，会走犯跸……

总算勉强可以遮过读者的究诘。但据以上诸书所记，惟庸请明太祖到他家里来看醴泉或甘露的日子是洪武十三年正月戊戌。据《明史》惟庸即以是日被诛。[①]这样当天请客，当天杀头，中间并未经过审讯下狱的阶段，在时间上是否发生问题呢？这问题夏燮曾引《三编质实》证明其不可能，他说：

> 考《实录》正月癸巳朔，甲午中丞涂节告胡惟庸谋反，戊戌赐惟庸等死。若然，则正月二日惟庸已被告发，不应戊戌尚有邀帝幸第之事。[②]

我们在时间上的比较，已知此事非真。如再从事实方面考核，南京城高数仞，胡惟庸第据文中"壮士匿屏帷（或厅事）间"决非无屋顶——露天可知（《有学集》一〇三引《明人纪载》说：南京城西华门内有大门北向，其高与诸宫殿等，后门甍栋具在，曰旧丞相府，即胡惟庸故第）。无论西华门离胡第怎样近（事实上愈近只能看屋脊），就譬如在景山山顶罢，故宫就在足下，除了黄澄澄的屋瓦以外，我们能看出宫殿内的任何事物出来吗？同理，胡第非露天，就使明太祖真有登过城这一回事，又何从知道胡第伏有甲兵，此甲兵且伏在厅事中，屏帷间！

---

① 《明史·太祖本纪二》。
② 《明通鉴》卷七《考异》。

据《国琛集》说胡惟庸第在西华门内——禁中。王世贞《旧丞相府志》颇疑其非是。考《昭示奸党第二录》载卢仲谦供，谓胡惟庸私第在细柳坊，按《洪武京城图志》：广艺街在上元县西，旧名细柳坊，一名武胜坊。又考《街市图》：广艺街在内桥之北，与旧内相近。则惟庸私第之不在禁中明甚。再按《实录》：丙午（1366年）八月拓建康城；初旧内在建康旧城中，因元南台为宫，稍庳隘，上乃命刘基等卜地，定新宫于钟山阳。戊申（1368年）正月自旧内迁新宫。由是知明太祖之迁居新宫在洪武元年，旧内固近惟庸第，新宫则在建康城北，云奇事件如在洪武十三年，则根本为不可能。

由以上的推断，云奇事件之无稽荒谬，已决然无可疑。不过这一传说又从何发生的呢？云奇与胡惟庸虽无关系，但这事件的本身是否有存在的可能性呢？这两疑问，何孟春氏的《云奇墓碑》将给我们以一个满意的解答。

> 南京太平门外钟山西有内官享堂一区，我太祖高皇帝所赐，今加赠司礼监太监云公奇葬地也。案旧碑公南粤人，洪武间内使，守西华门。时丞相谋逆者居第距门甚迩，公刺知其事，冀因隙以发。未几，彼逆臣言所居井涌醴泉……

> 公所遭谋逆者旧状以为胡蓝二党。夫胡惟庸之不轨在洪武十三年，蓝玉在二十六年，胡被诛后，诏不设丞相，至蓝十四年矣。春敢定以胡为是，以补旧碑之缺，备他日史官之考证。[①]

可见胡惟庸谋逆的真相，明初人就不大清楚。旧碑阙以存疑，尚不失忠实态度。何孟春自作聪明，硬断定为胡惟庸，后此史官，虽以此事不见《实

---

① 《国朝献征录》卷一一七《何孟春赠司礼监太监云公奇墓碑铭》。

录》，亦援引碑文，定为信谳，自王世贞以下至彭孙贻、饭田忠彦等都笃信其事，因讹传讹，结果当然是到处碰壁，怎么也解释不出时间性与空间的不可能和事实上的矛盾了。钱谦益《明太祖实录辨证》三说："云奇之事，国史野史，一无可考。嘉靖中朝廷因中人之请而加赠，何孟春据中人之言而立碑。"所谓中人，潘柽章以为是高隆。他说：

> 云奇事起于中官高隆等，相传为蓝玉时事。而何孟春从而附会之，以为玉未尝为丞相，故又移之胡惟庸。凿空说鬼，有识者所不道。[①]

他疑心云奇事件是由邵荣三山门谋逆之事衍变来的。他说：

> 然考之史，惟平章邵荣尝伏兵三山门内欲为变，上从他道还，不得发。与墓碑所称相类。三山门在都城西南与旧内相近，上登城眺察，难悉睹也。岂云奇本守三山门，讹而为西华耶？或云奇以冲跸死，而宋国兴之告变踵至耶？事有无不可知，史之阙文，其为是欤？[②]

三、如瑶藏主之贡舶

《明史》所记之如瑶贡舶事，明清人记载极多。日人记载则多据中籍移译，虽间有疑其支离者，亦仅及派使者之为征西或幕府，对于事实本身，则均一致承认。

关于胡惟庸通倭之明清人记述，其主要事实多根据《实录》及《大诰》，《明史》和《实录》更不过详略之异，大体一无出入。文中洋洋洒洒

---

① 《国史考异》卷二之一一。
② 同上。邵荣谋反事见《明史》卷一二五《常遇春传》。

据口供叙述胡惟庸的罪状，于通倭投虏事，仅有二句：

> 惟庸使指挥林贤下海招倭军，约期来会。又遣元臣封绩致书称臣于元，请兵为外应。[1]

惟庸诛后数日，在宣布罪状的演辞中，亦未提及通倭一字：

> 己亥，胡惟庸等既伏诛，上谕文武百官曰："……岂意奸臣窃国柄，枉法诬贤，操不轨之心，肆奸欺之蔽，嘉言结于众舌，朋比逞于群邪。蠹害政治，谋危社稷，譬堤防之将决，烈火之将燃，有滔天燎原之势，赖神发其蠹，皆就殄灭……"[2]

于罢中书省诏中，亦只及其枉法挠政诸罪：

> 癸卯，罢中书省，诏曰："……丞相汪广洋、御史大夫陈宁昼夜淫昏，酣歌肆乐，各不率职，坐视废兴。以致胡惟庸私构群小，夤缘为奸，或枉法以惠罪，或挠政以诬贤，因是发露，人各伏诛……"[3]

即在十六年后，太祖和刘三吾的谈话中，胡惟庸的罪状，也不过只是擅作威福和僭侈：

> 二十八年十一月上谓翰林学士刘三吾等曰："奸臣胡惟庸等擅作威福，谋为不轨，僭用黄罗帐幔，饰以金龙凤纹。迩者逆贼蓝玉，越礼犯分，床帐护膝，皆饰金龙，又铸金爵为饮器，家奴至于数百，马坊廊房，悉用九五间数，僭乱如此，杀身亡家。"[4]

惟庸诛后七年，始于所颁《大诰》中提及林贤：

> 维十九年十二月望皇帝三诰于臣民曰："……帝若曰前明州卫指挥贤私通惟庸，劫倭舶，放居倭，惟庸私使男子旺借兵私归贤，贤将

---

① 《明太祖高皇帝实录》卷一二九。

② 《明太祖高皇帝实录》卷一二九。

③ 《明太祖高皇帝实录》卷一二九，《明太祖文集》卷二《废丞相大夫罢中书诏》。

④ 《皇明大事记》卷九《高皇帝御制及纂辑诸书》。

辅人乱，不宁于黔黎，诛及出幼子。"①

在洪武二十八年九月所颁《祖训》中②，方才正式列出惟庸通倭的记载，其文云：

> 四方诸夷皆限山隔海，僻在一隅，得其地不足以供给，得其民不足以使令，若其自不揣量，来挠我边，则彼为不祥。彼既不为中国患，而我兴兵轻犯，亦不祥也。吾恐后世子孙倚中国富强，贪一时战功，无故兴兵，致伤人命，切记不可。但胡戎与西北边境，互相密迩，累世战争，必选将练兵，时谨备之。

今将不征诸夷国名列后：

东　　北　　朝鲜国

正东偏北　　日本国（虽朝实诈，暗通奸臣胡惟庸，谋为不轨，故绝之。）

正南偏东　　大琉球国　小琉球国

西　　南　　安南国　真腊国　暹罗国　占城国　苏门答腊　西洋国爪哇国　湓亨国　白花国　三弗齐国　浡泥国③

考《明史·胡惟庸传》谓："十九年十月林贤狱成，惟庸通倭事始著。"查《实录》十九年十月条不载此事。胡惟庸罪状中之通倭一事，据史言发觉在十九年，其唯一之根据为当时官书《大诰三编》。据此则十九年以前不当有绝倭之事，而事实上则却相反。《祖训》之成，据《大事记》所言第一次编成于洪武二年④。第二次在六年五月⑤。第三次在二十八年九月，重

---

① 《名山藏·刑法记》。
② 《皇明大事记》卷九。
③ 《皇明祖训》首章页五。
④ 《大事记》卷九《封建》。
⑤ 《大事记》卷九《高皇帝御制及纂辑诸书》。

定名为《皇明祖训》，其目仍旧，而更其《箴戒》章为《祖训》首章。①由是可知最后定本即仍洪武六年之旧，不过把原来《箴戒》章改成首章而已。胡惟庸事败在洪武十三年正月，通倭事发在十九年十月，不应先于洪武六年绝倭！细绎《祖训》文意，知其大旨不过戒子孙勿务远略损国威，所列不征之国，亦以其阻绝海洋，不易征服，于胡惟庸事，初无关涉。盖日本之被列为不征之国事在洪武六年以前，在洪武十九年到二十八年这时期中方把胡惟庸事加入，作为佐证。后来读史的人不留心，把不征之国和胡惟庸事因《祖训》先后放在一起，就混为一事，并误为有因果关系。因胡惟庸狱词和《大诰》所载，辗转附会，惟庸之通倭谋逆及明廷因之与日绝交数事，遂成信谳了。

《国朝列卿纪》所记全用《实录》原文，明代向例于《实录》修成后即焚稿扃史馆中，不为外人所见。所以后来人的记载大部分可说都是根据《列卿记》这部书。

因为《皇明祖训》《大诰》和《实录》中的记载，出于朝廷。后来的史家便都一致相信，以为事实。自郑晓②、郎瑛③、章潢④、邓元锡⑤、茅瑞征⑥、茅元仪⑦、陈仁锡⑧、张复⑨、叶向高⑩、方孔炤⑪、黄道周⑫及《制御

① 《大事记》卷九《封建》。
② 《吾学编·皇明四夷上·日本》。
③ 《七修类稿》卷五《日本》。
④ 《图书编》卷五十《日本国》。
⑤ 《皇明书》卷一六六《日本传》。
⑥ 《皇明象胥录》卷二《日本》。
⑦ 《武备志》卷二百三十《日本考》。
⑧ 《潜确类书》卷十三《日本》。
⑨ 焦竑《皇明人物考》附录张复《南倭考》。
⑩ 《苍霞草》卷十九《日本考》。
⑪ 《全边略记》卷九《海略》。
⑫ 《博物典汇》卷二十《日本》。

四夷典故》①诸书，一致以为太祖朝之中日绝交，是因为如瑶贡舶事件；如《苍霞草》所记：

　　　　已复纳兵贡艘中助逆臣胡惟庸，惟庸败，事发，上乃著《祖训》示后世毋与倭通。

《吾学编》《制御四夷典故》《皇明世法录》《图书编》诸书云：

　　　　十五年归廷用又来贡，于是有林贤之狱，曰故丞相胡惟庸私通日本，盖《祖训》所谓日本虽朝实诈，暗通奸臣胡惟庸，谋为不轨，故绝之也。是时惟庸死且三年矣。十七年如瑶又来贡，坐通惟庸，发云南守御。

渡边世祐《室町时代史》（页二三五）亦谓：

　　　　时明胡惟庸谋反，使宁波之指挥官请援于征西将军。征西府使僧如瑶率精兵四百余人伪入贡赴之。谋觉，胡惟庸伏诛，逮林贤狱起，我邦通谋事发觉，太祖大怒，尔后一时交通遂绝。

何乔远②、郑若曾③、严从简④诸人记林贤与如瑶之事迹较详尽，《名山藏·王享记》云：

　　　　丞相胡惟庸得罪惧诛，谋借倭不轨，奏调金吾卫指挥林贤备倭明州。阴遣宣使陈得中谕贤送日本使出境，则诬指为寇以为功。贤听惟庸计，事觉，惟庸佯奏贤失远人心，谪居之倭中。既惟庸请宥贤复职，上从之。惟庸以庐州人李旺充宣使召贤，且以密书奉日本王借精锐人为用，王许之。贤还，王遣僧如瑶等率精锐四百余人来，诈献巨

① 《制御四夷典故·日本国考略》。
② 《名山藏·王享记一·日本》。
③ 《筹海图编》二。
④ 《殊域周咨录》卷二。

烛，烛中藏火药兵器。比至惟庸已败，上犹未悉贤通惟庸状，发四百余人云南守御……十五年惟庸事觉，上追怒惟庸，诛贤磔之。于是名日本曰倭，下诏切责其君臣，暴其过恶天下，著《祖训》绝之。

所记恰与《大诰》合。《筹海图编》亦采此说，而误以胡惟庸为枢密使，为王士骐所讥。[①]且以为先于洪武十六年诏绝日本，二十年如瑶事发，时代与各书歧异。日人辻善之助据之以为怀良亲王已于前四年卒，足证使非征西所遣。[②]书中标明日使为归廷用，足补何氏之缺：

日本使归廷用入贡方物，厚赏回还，明州备倭指挥林贤在京随驾，时交通枢密使胡惟庸，潜遣宣使陈得中密与设谋，令将归廷用诬为倭寇，分用赏赐。中书省举奏其罪，流贤日本。洪武十六年诏绝日本之贡。贤流三年，逆臣胡惟庸暗遣人充宣使，私往日本取回，就借练精兵四百，与僧如瑶来献巨烛，中藏火药兵具，意在图乱，上大怒，磔贤于市，乃降诏责其君臣，绝其贡。

《殊域周咨录》本之，而以为十三年发如瑶云南守御，林贤事发则在洪武二十年。日人饭田忠彦[③]、荻野由之[④]、辻善之助[⑤]、栗田元次及木宫泰彦[⑥]和德人希泊鲁秃（Sicboldt）[⑦]诸人所记大率根据以上所引。

李开先所记则与诸书微异，其所撰《宋素卿传》云[⑧]：

自洪武年间因胡惟庸通倭密谋进寿烛，内藏刀箭。将夷以铜甑蒸

① 《皇明驭倭录》一。
② 辻善之助《海外交通史话》一五，页三〇三。
③ 《野史》卷二八二《外国传一·明上》。
④ 《日本史讲话》页五六三至五六五。
⑤ 《海外交通史话》页三〇三。
⑥ 《综合日本史概说》三二《足利时代之外国关系》，《中日交通史》下卷第七章《日本使之往来与胡惟庸事件》。
⑦ 《异国丛书》四《日本交通贸易史》页二六三。
⑧ 李开先《闲居集》文九。

死，绝其进贡。

这是他把永乐三年十一月日本使者自治倭寇的记载[1]和如瑶贡舶事件混在一起误为一事的错误。

以上诸家所记都属于胡惟庸使林贤通倭，如瑶伪贡事件。王世贞一流的史家所记，则与此异：

> 日本来贡使，私见惟庸，乃为约其王，令舟载精兵千人，伪为贡者，及期会府中，力掩执上，度可取，取之；不可，则掠库物泛舸就日本有成约。[2]

以下便接着叙云奇事件，把这两件事发生连带关系。他在另一记载中又说：

> 十三年丞相胡惟庸谋叛，令（日使）伏精兵贡艘中，计以表里挟上，即不遂，掠库物，乘风而遁。会事露悉诛。而发僧使于陕西四川各寺中，著训示后世，绝不与通。[3]

又把这事件和如瑶发生关系。陈仁锡[4]、朱国桢[5]诸人都相信这一说，引为定谳。稍后谷应泰、夏燮等，便兼采两家矛盾之说，并列诸事，作最完备之记录。[6]

读了以上诸家记述之后，最后我们试一持与当时的官书一核，看到底哪些史料是可靠的，哪一些是不可靠的，《大诰三编》说：

> 前明州卫指挥林贤出海防倭，接至日本使者归廷用入贡方物。
> 其指挥林贤移文赴都府，都府转奏，朕命以礼送来至京。廷用王事既

---

① 《明史》卷三二二《日本传》。
② 王世贞《弇州别集·胡惟庸传》。
③ 王世贞《日本志》。
④ 《皇明世法录》八五《韩国公传》。
⑤ 《开国臣传》卷二《韩国李公传》。
⑥ 《明史纪事本末》卷一三《胡蓝之狱》，《明通鉴》卷七。

毕，朕厚赏令归，仍命指挥林贤送出东海，既归本国。不期指挥林贤当在京随驾之时，已与胡惟庸交通，结成党弊。及归廷用归，惟庸遣宣使陈得中密与设计，令林指挥将廷用进贡舡只，假作倭寇舡只，失错打了，分用朝廷赏赐，却仍移文中书申禀。惟庸佯奏林指挥过，朕责指挥林贤就贬日本。居三年，惟庸暗差庐州人充中书宣使李旺者私往日本取回，就借日本国王兵，假作进贡来朝，意在作乱。其来者正使如瑶藏主左副使左门尉右副使右门尉，率精兵倭人带甲者四百余名——倭僧在外——比至，胡惟庸已被诛戮，其日本精兵，就发云南守御。洪武十九年朕将本人命法司问出造反情由，族诛了当。呜呼人臣不忠者如此！[1]

又云：

其指挥林贤年将六旬，又将辅人为乱，致黔黎之不宁，伤生所在，岂不得罪于天人者乎！遂于十九年冬十月二十五日将贤于京师大中桥及男子出幼者皆诛之，妻妾婢之。[2]

我们且不推敲这事件的本身是否可靠，明太祖这样一个枭桀阴忮的人的话——一面之辞是否可信。光和其他的记载比较，至少以下几件事是明太祖或胡惟庸所未曾想及的。这几点是：

（1）诈献巨烛，烛中藏火药兵器的聪明主意。

（2）日本贡使私见惟庸，约贡千人相助绑票的事。

（3）时间的矛盾。

（4）归廷用十五年之再贡发觉事。

（5）奏调林贤备倭明州事。

---

[1] 潘柽章《国史考异》卷二之一三，《大诰三编》页三九《指挥林贤胡党第九》。
[2] 同上。

（6）三年前惟庸初由右丞改左，正得宠眷而反惧诛事。

四、胡惟庸之罪状

洪武十三年正月胡惟庸被诛时的罪状是：

（1）毒死刘基。

（2）阻隔占城贡使。

（3）私给文臣以没官妇女。

（4）枉法挠政，朋比为奸。

刘基事据《明史》本传说[①]：

> 基在京病时，惟庸以医来，饮其药，有物积腹中如拳石。其后中丞涂节首惟庸逆谋，并谓其毒甚致死云。

据《胡惟庸传》，则惟庸之毒基，实为太祖所遣：

> 御史中丞刘基亦尝言其短，久之，基疾，上遣惟庸挟医视，遂以毒中之。

据《行状》所述，基未死前且曾以被毒状告太祖，太祖不理[②]：

> 洪武八年正月，胡丞相惟庸以医来视疾，饮其药二服，有物积腹中如拳石，遂白于上，上亦未之省也，自是疾遂笃。三月上以公久不出，遣使问之，知其不能起也，特御制文一通，遣使驰驿送公还乡里，居一月而薨。

即由史臣纂修之《实录》，也说太祖明知刘基被毒事：

---

① 《明史》卷一百二十八《刘基传》。
② 《皇明名臣琬琰录》七黄纪委（伯生）《诚意伯刘公行状》。

御史中丞涂节言前诚意伯刘基遇毒死，广洋宜知状。上问广洋，广洋对以无是事。上颇闻基方病时，丞相胡惟庸挟医往候，因饮以毒药。乃责广洋欺罔，不能效忠为国，坐视废兴……①

由上引诸记载，参以《明史·刘基传》所叙胡惟庸与基之宿怨，乘隙中伤，太祖对基怀疑事。可知胡惟庸之毒基，确受上命，所以刘基中毒后，虽质言情状，亦置不理。并且派人看他会不会死，直到确知他必定要死，方派人送他回家。我们看汪广洋之死是为涂节告发，胡惟庸之被罪，也和刘基死事牵连，但在宣布胡氏罪状时，却始终没提起这事。由此可见"欲盖弥彰"，涂节之所以与胡惟庸骈戮东市，其故亦正在是。

关于阻隔占城贡使事《明史》云：

洪武十二年占城贡使至都，中书不以时奏，帝切责丞相胡惟庸、汪广洋，二人遂获罪。②

《实录》载此事较详，其文云：

十二年九月戊午，占城国王阿答阿者遣其臣阳须文旦进表及象马方物，中书臣不以时奏。内臣因出外，见其使者以闻，上亟召见，叹曰："壅蔽之害，乃至此哉！"因敕责省臣曰："朕居中国，抚辑四夷，彼四夷外国有至诚来贡者，吾以礼待之。今占城来贡方物既至，尔宜以时告，礼进其使臣，顾乃泛然若罔闻知，为宰相辅天子出纳帝命，怀柔四夷者固当如是耶！"丞相胡惟庸、汪广洋等皆叩头谢罪。③

《明史》言："帝怒，切责省臣，惟庸及广洋顿首谢罪，而微委其咎于

① 《明太祖实录》卷一二八。
② 《明史》卷三二四《占城传》。
③ 《明太祖实录》卷一二六，《皇明大事记》卷一三四《夷朝贡》。

礼部，礼部又委之中书，帝益怒，尽囚诸臣，穷诘主者。"《高皇帝文集》卷七载《问中书礼部慢占城入贡第二敕》云：

> 敕问中书礼部必欲罪有所归。古有犯法者犯者当之，此私罪也。今中书礼部皆理道出纳要所，九月二十五日有慢占城入贡事，问及省部，互相推调，朕不聪明，罪无归著，所以囚省部，概穷缘由，若罪果有所证，则罪其罪者，仍前推调，未得释免。

旨意极严重，接着就是涂节上变告反，由此可见惟庸已于十二年九月二十五日下狱，到十二月又发生汪广洋妾陈氏从死事，再下法司取勘，涂节窥见太祖有欲杀之意，逢迎上变，遂于次年正月被诛。

庚午诏书中所指的"枉法朋比"，《明史》所记无实事可征。李善长狱后数年方发觉，此时当不能预为周纳。惟吴伯宗事别见其本传云[①]：

> 胡惟庸用事，欲人附己，伯宗不为屈。惟庸衔之，坐事谪居凤阳，上书论时政，因言惟庸专恣不法，不宜独任，久之必为国患，辞甚剀切。帝得奏召还，赐衣钞。

则伯宗自以坐事谪徙，亦未尝得"危祸"也。刘崧事见《高皇帝文集》七《召前按察副使刘崧职礼部侍敕》云：

> 奸臣弄法，肆志跳梁，拟卿违制之责。迩者权奸发露，人各伏诛。卿来，朕命官礼部侍郎，故兹敕谕。

其朋比事，当时人的记载，《国初事迹》中有这样一条：

> 杨宪为御史中丞。太祖尝曰："杨宪可居相位。"数言李善长无大才。胡惟庸谓善长曰："杨宪为相，我等淮人不得为大官矣。"宪因劾汪广洋不公不法，李善长奏排陷大臣，放肆为奸等事，太祖以极

---

① 《明史》卷一三七《吴伯宗传》。

刑处之。①

刘辰曾佐太祖戎幕，所记当得之见闻，较可征信。且善长、惟庸均为淮人，惟庸之进用，又为善长所援引，为保全禄位树立党援计，其排斥非淮系人物，又为势之所必至。不过据这一条史料的引证，也仅能证明惟庸之树党而已。《高皇帝文集》卷十六《跋夏珪长江万里图》文中有指摘惟庸受赃语，不过尽他所能指摘的也还不过一幅不甚著名的图。其文云：

> 洪武十三年春正月奸臣胡惟庸权奸发露，令法司捕左右小人询情究源，良久，人报左相赃贪淫乱甚非寡欲。朕谓来者曰：果何为实，以验赃贪？对曰：前犯罪人某被迁，其左相犹取本人山水图一轴，名曰《夏珪长江万里图》。朕犹未信，遣人取以验，去不逾时而至，吁！微物尚然，受赃必矣。

促成惟庸谋反的动机，据《明史》说是：

> 会惟庸子乘马于市，堕死车下，惟庸杀挽车者，帝怒，命偿其死。惟庸请以金帛给其家，不许。惟庸惧，乃与御史大夫陈宁、中丞涂节等谋起事，阴告四方及武臣从己者。

此文全据《实录》，而略其下一段。今补列如下：

> 上日朝，觉惟庸等举措有异，怪之，涂节恐事觉，乃上变告。②

据上文所申述，我们知道惟庸于十二年九月下狱取勘，《实录》所记太祖自己在朝堂上觉察惟庸举措，事实上为不可能。《宪章录》③《皇明法传录》④诸书因其矛盾，舍去不录，《明史》因之。我们如再细心检讨一下，就可以知道不但《实录》之事后增饰和《明史》诸书之截短取长是靠不住，

---

① 刘辰《国初事迹》（"金华丛书"本）。
② 《明太祖实录》卷一二九。
③ 薛应旂《宪章录》卷七。
④ 陈建《皇明法传录》卷七。

即其所记之惟庸子死事，也是同样的叫人不敢相信。如王世贞记惟庸狱起前之所谓促成谋反之动机云：

> 会其家人为奸利事，道关榜辱关吏，吏奏之，上怒，杀家人，切责，丞相谢不知乃已。

> 又以中书违慢，数诘问所由。惟庸惧，乃计曰："主上鱼肉勋旧臣，何有我耶！死等耳，宁先发，毋为人束，死寂寂。"①

同样地是在叙述同一事件，并且用同一笔法，但所叙的事却全不相符，一个说是惟庸子死，一个说是惟庸家人被诛。显见这两种不同的记载是出于两种不同的来源，由此又可知胡惟庸事件在明嘉靖以前是怎样一个纷乱矛盾的样子了。

《高皇帝文集》卷七有《谕丞相枉序班敕》，所谓丞相当即指惟庸言，但细绎敕意，亦只是责其刑罚不中而已。敕云：

> 传曰：刑罚不中，则民无所措手足。今日序班奏，昨晚一使自山西至，一使自太仓来省，引进将至与姓名，且曰郎中教只于此处候丞相提奏引见，已而终不见，郎中复唤，于是不敢引见，是有丞相怪责，不由分诉，刑及二十而肤开，甚枉之。因序班奏枉，试释之，若为上者教人正其事而后罪人不行，此果刑罚之中乎？

总之，在上文所引述的史料中，我们找不出有"谋反"和"通倭""通虏"的具体的记载。这正好像一个故事，时代越后，故事的轮廓便越扩大，内容也越充实。到了洪武二十三年后胡惟庸的谋反便成铁案，装点得有条有理了。钱谦益引《昭示奸党三录》说②：

---

① 《国朝献征录》卷一一。
② 《太祖实录辨证》三。

自洪武八年以后，惟庸与诸公侯约日为变，殆无虚月，或候上早朝，则惟庸入内，诸公侯各守四门，或候上临幸，则惟庸扈从，诸公侯分守信地，皆听候惟庸调遣，期约举事。其间或以车驾不出而罢，或以宿卫严密，不能举事而罢，皆惟庸密遣人麾散，约令再举，五年之中，期会无虑二百余。

考《太祖本纪》胡惟庸以洪武六年七月壬子任右丞相，十年九月辛丑改左[1]。其时惟庸正被恩眷，得太祖信任。《高皇帝文集》二载是时《命丞相大夫诏》：

朕平天下之初，数更辅弼，盖识见浅薄，任非其人。前丞相汪广洋畏懦迂滑，其于申冤理枉，略不留意。以致公务失勤，乃黜为岭南广省参政，观其所施，察其自省。今中书久阙丞相，御史台亦阙大夫，揆古稽今，诚为旷典，特命左丞相胡惟庸为中书右丞相，中丞陈宁为右御史大夫。且惟庸与宁自广洋去后，独署省台，协诚匡济，举直错枉，精勤不怠，故任以斯职。播告臣民。云云。

据《奸党录》所言，则不特《实录》所记惟庸诸谋叛动机为子虚，即明人诸家所言亦因此而失其立足点。因为假使惟庸已蓄意谋叛，其行动且早至被诛之五年前，且屡试屡败，则何以史文又曲为之隐？于《奸党三录》所云"五年之中期会为变无虑二百余次"一事至不著一字！何以《明史》及《弇州别集》诸书仅著其"以祥瑞自喜有异谋""令费聚陆仲亨收集军马""收集亡命""通倭款房""被责谋起事"诸近疑似暧昧之刑法上所谓"意图"的记载，而及略其主要之已举未遂行为！

《实录》记李善长狱事，尤暧昧支离，使人一见即知其捏造。盖其所述

① 《明史》卷二《太祖本纪二》。

谋反情事，皆援据当时狱辞，其不可信，又无待究诘。且即以所叙和《昭示奸党录》所条列善长诸招一校，亦有未核。①《实录》云：

> 太仆寺丞李存义者，善长之弟，惟庸之婿父也。以亲故往来惟庸家。惟庸令存义阴说善长同起，善长惊悸曰："尔言何为者！若尔，九族皆灭。"存义惧而去，往告惟庸，惟庸知善长素贪，可以利动。后十余日，又令存义以告善长，且言事若成，当以淮西地封公为王，善长虽有才能，然本文吏计深巧，佯惊不许，然心颇以为然，又见以淮西之地王己，终不失富贵，且欲居中观望，为子孙后计，乃叹息起曰："吾老矣，由尔等所为。"存义还告，惟庸喜，因过善长，善长延入，惟庸西面坐，善长东面坐，屏左右款语良久，人不得闻，但遥见颔首而已。惟庸欣然就辞出，使指挥林贤下海招倭军约期来会，又遣元臣封绩致书称臣于元，请兵为外应。②

《明史》别据明人所记以为说善长以封王者为其故人杨文裕③。干其冤抑，特载解缙所代草之王国用奏疏剖解甚明④。钱谦益据当时招辞谓：

> 洪武十年九月惟庸以逆谋告李存义，使阴说善长，未得其要领。乃使其旧人杨文裕许以淮西地封王，是年十一月，惟庸亲往说善长，善长犹越趄未许，即国史所记惟庸西面坐善长东面坐者是也。然此时善长未许，至十二年八月，存义再三往说，善长始有：我老了你每自做之语。⑤

在上载的两项文件的矛盾中，最显著的是时间问题。《实录》说惟庸

① 《有学集》卷一〇四。
② 《明太祖实录》卷一二九。
③ 《明史》卷一二七《李善长传》。
④ 同上。
⑤ 《太祖实录辨证》四。

几经游说善长，得其赞许后，方进行通倭款虏二事，《实录辨证》据当时口供考定为洪武十二年八月事。惟庸被诛在次年正月，离定谋只是五个月间的事。下狱在九月，离定谋更仅一月。据《明史·日本传》《名山藏·王享记》《筹海图编》诸记载，惟庸先遣林贤为明州卫指挥，再佯奏其罪谪日本，使交通其君臣，再请宥贤复职，以李旺召之，且以密书奉日本王借精锐人为用。然后有如瑶藏主之贡舶事件。林贤在日本的时间，《大诰三编》和《筹海图编》都说是三年。其回国在洪武十六年后，这当然是不可靠。（郑若曾连胡惟庸卒年都弄不清楚，以为是洪武二十年间事）。不过无论如何，照那时代的航海情形，这一来一往总非一二月可办。据雷礼记如瑶第一次来华之时日为洪武十四年七月戊戌[①]，正值惟庸败后一年，事颇巧合。不过我们所注意的是胡惟庸能否在死后再派人去召回林贤，在定谋和被诛的五个月中要容纳至少要三年以上的时间才办得到的事实是否可能？通倭事发的年月据《明史》说是在洪武十九年十月，但除当时的官书《大诰》外，我们翻遍《实录》也找不出有这项记载的存在。即在钱谦益所引胡党供辞中亦不及此事。同时在日本方面，除了引征中国的记载外，亦不著如瑶使节之任何事实。甚至在中日双方的若干记载中，有的连日本使者和派遣者的本身都有无数异说。这到底是什么缘故呢？很明显的，此种不被当事人所注意的时间问题，因为事实的本身，出于故意捏造或附会，事后编制，只图假题入罪，便不能顾及时间上的冲突。更因为所附会周纳的故事见于朝廷所颁发的《大诰》，大家不敢不相信，载诸记录，因讹传讹，遂成铁案了。

惟庸私通外夷的第二件事是通虏。《明史》说：

> 遣故元臣封绩致书称臣于元嗣君，请兵为外应。……二十一年蓝玉征沙漠，获封绩，善长不以奏，至二十三年五月事发，捕绩下吏，

① 《皇明大政记》卷三。

285

讯得其状，逆谋大著。

《李善长传》亦言：

> 将军蓝玉出塞至捕鱼儿海，获惟庸通沙漠使者封绩，善长匿不以闻。

嗣后王世贞[①]、朱国桢[②]诸人所记，均据之以封绩为元臣或元遗臣。这一些记载的根据都很有来历，《实录》记：

> 封绩河南人，故元臣来归，命之官，不受，遣还乡又不去，谪戍于边，故惟庸等遗书遣之。惟庸诛，绩惧不敢归，蓝玉于捕鱼儿海获绩，善长匿不以奏。

按《昭示奸党录》所载封绩供辞：

> 封绩招云："绩系常州府武进县人。幼系神童。大军破常州时被百户掳作小厮，拾柴使唤。及长，有千户见绩聪明，招为女婿。后与妻家不和，被告发迁往海南住。因见胡、陈擅权，实封言其非；为时中书省凡有实封到京，必先开视，其有言及己非者即匿不发，仍诬罪其人。胡丞相见绩所言有关于己，匿不以闻，诈传圣旨，提绩赴京，送刑部鞫问坐死。胡丞相着人问说，你今当死，若去北边走一遭，便饶了你。绩应允，胡丞相差宣使送往宁夏，耿指挥（忠）、居指挥、于指挥（琥）、王指挥等处，耿指挥差千户张林、镇抚张虎、李用转送亦集乃地面，行至中途，遇达达人爱族保哥等就与马骑，引至火林，见唐兀不花丞相，唐兀不花令儿子庄家送至哈剌章蛮子处，将胡丞相消息备细说与：着发兵扰边，我奏了将京城军马发出去，我里面好做事。"

---

① 《弇州别集·李善长传》。
② 《开国臣传》卷二《韩国李公传》。

《国史考异》二引《庚午记书》亦云：

> 于琥（都督于）显男。先在宁夏任指挥时，听胡、陈分付，囚军
> 封绩递送出京，往草地里通知消息。后大军克破胡营，获绩究问，二
> 人反情，由是发觉。

与《实录》《明史》《弇州别集》《开国臣传》及明代诸记载家如黄
金[①]、陈仁锡[②]、何乔远、雷礼诸人所言无一相合。由是知不但封绩非元臣，
非河南人，非胡惟庸亲信，且与李善长亦始终无涉。不但上述诸正史及野记
无一可信，即上引之封绩供辞亦不必实有，因为明代兵制初不集中兵力于首
都，而于沿边要隘及内部冲区设卫分镇，明初尤重视北边防务，以燕王棣守
北边，隶以重兵，自后九边终明一代为防虏重镇。即有侵轶，初无用于京军
之调动，假使真有封绩使元这一件事，胡惟庸自身任军国大政，反说出这样
荒谬绝伦的话，理宁可通！

由上引证，可知所谓通倭通虏都是"莫须有"的事。上文曾说过：胡
惟庸事件正像一个在传说中的故事，时间越后，故事的范围便越扩大。根
据这个原则，我们试再检校一下胡惟庸私通外夷这一捏造的故事的范围的
扩大。

在时代较前的记载中，胡惟庸私通外夷的范围，仅限明代一代所视为大
患的"南倭北虏"。稍后便加上一个三佛齐，再后又加上一个卜宠吉儿，最
后又加上一个高丽。

《太祖实录》洪武三十年中，载胡惟庸通三佛齐事：

> 三十年，礼部奏诸番国使臣客旅不通。上曰："……近者安南、

---

① 黄金《皇明开国功臣传》卷一《李善长传》。
② 《皇明世法录》卷八五《韩国公传》。

占城……西洋、邦嗒剌等凡三十国，以胡惟庸谋乱，三佛齐乃生间谍，绐我使臣至彼。爪哇国王闻知其事，戒饬三佛齐，礼送还朝。是后使臣商旅阻绝，诸国王之意，遂尔不诵……"

于是礼部咨暹罗王曰："……我朝混一之初，海外诸番莫不来庭。岂意胡惟庸造逆，通三佛齐，乃生间谍，绐我信使，肆行巧诈。……可转达爪哇，俾以大义告于三佛齐，三佛齐原系爪哇统属，其言彼必信，或能改过从善，则与诸国咸礼遇之如初，勿自疑也。"[①]

永乐五年诏敕陕西官吏，又有通卜宠吉儿事：

八月敕陕西行都司都司都指挥陈敬等及巡按监察御史，禁止外交。

上曰："臣无外交，古有明戒，太祖皇帝申明此禁，最为严切。如胡惟庸私往卜宠吉儿，通日本等处，祸及身家，天下后世，晓然知也……"[②]

高岱记太祖朝事，说胡惟庸和高丽也有关系：

十七年甲子三月上因高丽使来不遵臣礼，以贿结逆臣胡惟庸，事觉，遣其使还。以敕谕辽东守将唐胜宗、叶升，令绝高丽，勿通使命。[③]

这样，胡惟庸私通外夷，东通日本高丽，西通卜宠吉儿，南通三佛齐，北通沙漠，东西南北诸夷，无不与胡惟庸之叛逆，发生关系。

---

① 《明太祖实录》，《皇明大事记》卷一三，《皇明驭倭录》一。
② 涂山《明政统宗》卷七。
③ 高岱《鸿猷录》卷六。

五、明初之倭寇与中日交涉

如瑶贡舶事件，记载纷纭，多不可信。举其矛盾处之显著者如使节之派遣者或以为征夷将军源义满，或以为征西将军怀良亲王。明人如郑晓[①]、雷礼[②]、章潢[③]、何乔远[④]、李言恭[⑤]、陈仁锡[⑥]、王士骐[⑦]、邓元锡[⑧]、茅瑞征[⑨]、严从简[⑩]、方孔炤[⑪]诸人均以为助胡惟庸谋逆者为怀良亲王。茅元仪、叶向高诸人则以为派遣如瑶来华者为征夷将军。《日本考》云：

> 十三年再贡皆无表，以其征夷将军源义满所奉丞相书来，书倨甚，命锢其使。明年复贡，命礼臣为檄，数而却之。已复纳兵贡艘中助逆臣胡惟庸。惟庸败，事发，上乃著《祖训》示后世，毋与倭通。[⑫]

此以贡舶之来为在十四年后，时胡惟庸已死垂二年，叶向高所记全同。[⑬]日人松下见林采其说，谓：

> 明太祖答日本征夷大将军曰："前奉书我朝丞相。"丞相谓胡

---

① 《吾学编·大政记一》，《皇明四夷考上·日本》。
② 《皇明大政记》卷三。
③ 《图书编》卷五〇《日本国考》。
④ 《名山藏·王享记一·日本》。
⑤ 《日本国考》卷二《朝贡》。
⑥ 《皇明世法录》卷七五《海防·日本》。
⑦ 《皇明驭倭录》一。
⑧ 《皇明书》卷一六六《日本传》。
⑨ 《皇明象胥录》卷二《日本》。
⑩ 《殊域周咨录》卷二。
⑪ 《全边略记》卷九《海略》。
⑫ 《武备志》二三《四夷》八。
⑬ 《苍霞草》卷一九《日本考》。

惟庸也。又《武备志》曰："征夷将军源义满所奉丞相书来，已复纳兵贡艘中助胡惟庸。"观此则义满助胡惟庸者也。[1]

荻野由之反之，肯定如瑶为怀良所遣。[2]希泊鲁秃则不特坚持怀良遣使之说，且著其遣使之年为元中元年（洪武十七年，1384年）并云：

胡之谋图被发觉，诛三族，如琢（即如瑶，刊讹）不知入明，故被捕流云南，数年之后，被宥归国。[3]

小林博氏亦主是说，且记此阴谋之发觉时间为弘和二三年间（明洪武十五、十六年，1382—1383）。[4]辻善之助则误据《筹海图编》所记，以贡舶为洪武二十年事，而断云：

时怀良亲王死已四年，良成亲王继任，无出兵海外之余裕，此事恐为边陲倭寇之首魁所为。[5]

他知道怀良的卒年，因以断定贡舶非其所遣，同时他却忘记了胡惟庸也已死了八年，这事如何能同胡惟庸发生连系！木宫泰彦亦主二十年之说，且以怀良之遣使事为必有。他说：

此所指日本国王系指怀良亲王，细读《明史》，自能了解。此事不见于《日本国史》，但弘和元年曾有为亲王使者抵明之僧，由当时亲王对明之强硬态度，与弘安以来养成之冒险的风气推之，想必有此事也。[6]

所说纯据想象，虚构楼阁，不足置信。

在另一方面的各家记载纷歧，也不一而足，如如瑶贡舶所纳兵士或以

---

① 《异称日本传》卷中八，页四六。
② 《日本史讲话》页五六三至五六五。
③ 《日本交通贸易史》页二六三（"异国丛书"本）。
④ 《详说日本历史》页二八五。
⑤ 《海外交通史话》页三〇三。
⑥ 《日支交通史》下《征夷府与明朝之交涉》。

为四百人（《名山藏》《明史》诸书），或以为千人（《弇州别集》《献征录》诸书），通倭之经过，或以为使林贤下海招约（《明史》），或以为适日本贡使来因与私约（《弇州别集》），林贤狱具或以为在洪武十九年十月（《明史》），或以为在洪武十五年（《皇明书》《制御四夷典故》《皇明世法录》），或以为在二十年（《殊域周咨录》），如瑶末次来华或以为在十七年（《皇明书》），或以为在十九年（《大政记》），或以为在二十年（《筹海图编》）。如瑶末次来华之谪徙地方或以为发陕西（《明史纪事本末》），或以为发云南（《名山藏》《殊域周咨录》），或以为发川陕（《日本国志》），如瑶所率精兵或以为尽被诛夷（《献征录》《明史纪事本末》），或以为尽发云南守御（《皇明书》《名山藏》）。种种歧异矛盾，指不胜屈。

如瑶贡舶事在《日本国史》既无足征，中籍所记又荒唐如此，由此可知这本是一件莫须有的事，如瑶即使真有其人，也不过只是一个通常的使僧，或商贩，和胡惟庸党案根本无关。

向来中日两方的记载都以为明初中日绝交的主要原因是如瑶贡舶事件。上文既已论及如瑶贡舶之莫须有，以下试略一述中日初期交涉之经过，以说明其绝交前后之情势，从反面证明在此情势中实无容纳如瑶贡舶事件之可能。

明初中日两方之所以发生外交关系的原因，在中国方面是因为倭寇出没，请求制止，在日本方面则可说完全是基于经济的关系。

《明史》说：

> 明兴，高皇帝即位，方国珍、张士诚相继诛服，诸豪亡命往往纠岛人入寇山东滨海州县。[1]

---

[1] 《明史》卷三二二《日本传》、卷九一《兵志》，《闽书》卷一四六《岛夷志》。

日本在王朝之末，纪纲大乱，濑户内海，海贼横行，至镰仓时代不绝。南北争乱之顷，其势逾逞。伊豫之住人村上三郎左卫门义弘者统一近海海贼为之首长，义弘死后，北昌显家之子师清代为首长，率其党以掠夺为事。[①]入寇者以萨摩、肥后、长门三州之人居多，其次则大隅、筑前、筑后、博多、日向、摄摩、津州、纪伊、种岛，而丰前、丰后、和泉之人亦间有之，盖因商于萨摩而附行者，其来或因贡舶，或因商舶。[②]随风所之，南至广东，北至辽阳，无不受其荼毒。[③]由是海防成明代大政，设成置寨，巡捕海倭，东南疲于奔命。[④]

明廷要解决倭患，只有三个办法：上策是用全国兵力，并吞日本以为藩属，倭患不扫自除。中策是以恩礼羁縻，示以小惠，许以互市，以其能约束国人为相对条件。下策是不征不纳，取闭关政策。努力防海，制止入犯。在这三个办法中，最难办到的是下策，因为中国海岸线延长二万里，倭寇可以随处侵入，中国却没有这财力和兵力来到处设防，即使可能，兵力太单了也不济事。上策也感觉困难，因为中国是一个大陆国，没有强大的海军，要征服这一倔强的岛国，简直办不到。并且基于过去隋、元二代的历史教训，也不敢轻易冒这大险。元吴莱曾作了一篇《论倭》的文章，反复地说明伐倭之无益和大海之阻隔，要征服它是不可能的事。他建议应当遣使往谕，以外交的手腕去解决倭寇问题。[⑤]这篇文章影响到明代的对日政策，明太祖差不多全盘地接受了他对元朝的劝告和建议，毅然地抛弃上策，把日本列为十五不征之国之一，著在《祖训》。

① 渡边世祐《室町时代史》页二三四，《日本海上史论·日明交通与海贼》。
② 《图书编》卷五〇《日本国序》。
③ 李言恭《日本考》。
④ 《明史》卷九一《兵志》。
⑤ 《续文章正宗》五吴莱《论倭》。

但是，一个国家要能行使它的统治权，先决问题是这个国家的统一。不幸在这时期，日本国内却陷于南北分裂的对峙局面，政治上的代表人物，在北朝是征夷将军源义满，在南朝是征西将军怀良亲王，北朝虽愿和中国通商，解决它财政上的困难，南朝却以倭寇为利，且以政治地位的关系，也不肯让北朝和明有任何外交关系。以此，明廷虽经几度的努力，终归无效，结果仍不得不采取下策，行闭关自守之计。

第一次的倭寇交涉完全是恐吓性质，洪武二年三月明廷派吴用、颜宗鲁、杨载、吴文华使日，到征西府责以倭寇责任诏书云：

……间者山东来奏，倭兵数寇海边，生离人妻子，损害物命，故修书特报正统之事，兼谕越海之由。诏书到日，如臣奉表来庭，不臣则修兵自固，永安境土，以应天休。如必为寇盗，朕当命舟师扬帆诸岛，捕绝其徒，直抵其国缚其王，岂不代天伐不仁者哉！惟王图之。[1]

怀良的答复是杀明使五人，拘留杨载、吴文华两人三个月方才放回。[2]

三年三月又作第二次交涉，以莱州府同知赵秩往谕，委婉劝导中含有恐吓的意味，诏书说：

……蠢尔倭夷，出没海滨为寇，已尝遣人往问，久而不答，朕疑王使之故扰我民，今中国奠安，猛将无用武之地，智士无所施其谋，二十年鏖战精锐，饱食终日，投石超距，方将整饬巨舟，致罚于尔邦，俄闻被寇者来归，始知前日之寇，非王之意，乃命有司暂停造舟之役。

呜呼！朕为中国主，此皆天造地设，华夷之分。朕若效前王恃甲兵之众，谋士之多，远涉江海，以祸远夷安靖之民，非上帝之所托，亦人事之不然。或乃外夷小邦故逆天道，不自安分，时来寇扰，此必神人共

① 何乔远《闽书》卷一四六《岛夷志》，《皇明驭倭录》一。
② 《修史为征》一《大明皇帝书》。

怒，天理难容，征讨之师，控弦以待；果能革心顺命，共保承平，不亦

美乎！……①

　　一面又派前曾使日之杨载送还捕获之日本海贼僧侣十五人，想用示惠

的手腕，使日本自动地禁捕倭寇。②这一次的交涉，总算博得相当的成功。

洪武四年十月怀良遣其臣僧祖来进表笺，贡方物，并僧九人来朝。又送至明

州、台州被掳男女七十余口。③

　　日使祖来到南京后，明廷向之经过几度的咨询，才恍然知日本国内分裂

情形，怀良并非日本国王，以前几次的交涉，不幸都找错了对手。④

　　明廷于是改变方针，想和北朝直接交涉。洪武五年五月特派僧仲猷祖

阐、无逸克勤为使，以日僧椿庭海寿、权中巽为通事，使者一行八人，送祖

来回国。⑤先是建德二年（洪武四年）肥后守菊池武光奉怀良亲王起兵谋复

筑紫，与今川贞世（了俊）战于镇西，败绩，贞世寻为镇西探题，势力方

盛。⑥怀良由博多移于肥后之菊池。⑦明使一登岸，新设的北朝守土官见其与

祖来同来，以为是征夷府向中国乞师回来的使节，因加以拘辱。⑧不久即遣

送至京，滞留二月，始就归途。⑨途经征西府，怀良愤其秘密入京，及颁示

大统历有使奉正朔之意，复加拘辱。⑩七年五月始还南京。⑪

　　这一次对北朝交涉的结果，北朝因连年征战，帑藏奇绌，正盼能和中

①　《皇明驭倭录》一。

②　《修史为征》一《大明皇帝书》。

③　《皇明驭倭录》一，《明史·日本传》。

④　瑞溪周凤《善邻国宝记》上。

⑤　《皇明驭倭录》一，《明史·日本传》。

⑥　《日本外史》七《足利氏》上。

⑦　《阿苏文书》。

⑧　宋濂《翰苑续集》七《送无逸勤公出使还乡省亲序》。

⑨　《花营三代记》。

⑩　木宫泰彦《日支交通史·征西府与明朝之交涉》，《明史·日本传》。

⑪　《明史·日本传》。

国通商，解决财政上的困难，所以明使一至京，便完全容纳禁倭之请，一面因征西府梗中日商道，派兵来攻。①一面派僧宣闻溪（揔州太守圆宣）、净业、喜春备方物来贡，又送还所掳中国及高句丽民百五十人。这是征夷府第一次遣明的使节，不幸因无正式国书，征南之举又失败，道路不通，被明廷疑为商人假冒，以拒绝接待。②

同年大隅守护之岛津氏久和征西府之菊池武政都遣使来贡，冀图通商，明廷以其非代表国家，且不奉正朔，均却之。又以频入寇掠，命中书移牒责之。③

洪武八年七月征西府遣僧延用文圭（归廷用，圭廷用）奉表贡马及方物，表词倔强负固。④此时明廷对日方有进一步之了解，他们知道日本南朝在利用倭寇，万不肯加以禁止，自闭财源。北朝虽极盼通商，并愿禁倭，但为南朝所阻，无力制止，其他派使入贡者又全是不能代表政府的大名藩士和唯利是图的商人。外交解决的途径至此全穷，在事实上不能不放弃中策，予日本以经济上的封锁，一面严修海防为自卫之计了。

明廷虽已决计绝日，但在表面上仍和日本派来的正式使节虚与委蛇，希望能得外交上的转机。洪武十三四年间和征夷、征西两方打了几次笔墨官府。⑤征西府的挑战倔强态度，给明廷以极大的侮辱。明廷极力容忍。⑥以后通使较稀，但仍未完全断绝外交关系。公元1383年怀良亲王死，北朝势旺，忙于国内之统一运动，和明廷的关系因之暂时停止。

根据以上简约的叙述，可知明初即已列日本为十五不征之国之一，其地

---

① 《日本外史》五《楠木氏附北昌氏》。
② 《明史·日本传》，《大明会典》一〇五《主客清吏司》。
③ 《皇明驭倭录》一，《明史·日本传》。
④ 《皇明驭倭录》一。
⑤ 《明太祖实录》卷一三二，《明太祖文集·二》卷一六《设礼部问日本国王，日本将军》。
⑥ 《明史·日本传》。

位和朝鲜、安南、爪哇、渤泥诸国同。明廷之所以决意绝日的原因是倭寇频繁，日政府不能禁止。无再向请求或恫吓之必要。且绝日的动机肇于洪武八年，在三次交涉失败之后，在胡惟庸死前五年。胡氏死后中日亦未完全断绝国交，时有使节往来。洪武十九年后的中日关系疏淡，则以倭患较稀，日本国内政治势力发生变化之故。由此可知一切关于胡惟庸和明初中日国际关系之传说，均系向壁虚造，毫无根据。

六、胡惟庸党案之真相

据上文所论证，我们知道关于中日关系部分：

（1）明初明廷通好日本的真正原因，纯为请其禁戢倭寇。在日本方而，征西府借海贼寇掠所得支撑偏局，一面虚与明廷委蛇，借得赏赐贸易之大利，故态度倔强，有恃无恐。征夷府极盼能和明廷缔结正当的外交关系，盼能因而达通商的愿望，但因政局不统一，且阻于南朝之割据，没有禁倭的力量。兼之明廷数度来日的使节，都因不明国情而发生严重的误会。日本使节则因其非代表整个国家，不能禁倭，且有时无正式国书和商人冒名入贡因而入寇的阕隔，使明廷不敢接待。在明初十数年中虽努力交涉，用尽外交上恫吓讲理示惠的能事，但倭寇仍不因之少减，对方仍蛮不讲理，明廷不得已，改采下策，却仍藕断丝连，企图贯彻前策。

（2）明太祖列日本于十五不征之国，事在洪武六年以前，和如瑶贡舶及绝交事根本无关。

（3）如瑶贡舶事纯出捏造。即使有如瑶其人，亦与胡案无任何联属。

（4）林贤下海招倭事，据记载上之矛盾及时间上之不可能，亦可决为必无。虽证出官书，不足置信。

关于胡案部分：

（1）云奇事件出于中人附会，也许即由邵荣谋叛事转讹。

（2）刘基被毒，出于明太祖之阴谋。胡惟庸旧与刘基有恨，不自觉地被明太祖所利用，胡下狱后涂节窥见明太祖欲兴大狱之意旨因以此上告，商暠亦受朝廷指，发其阴事，胡案因起。同时涂节等因触明太祖私稳，亦被杀灭口。

（3）占城贡使事及汪广洋妾从死事都只是胡惟庸和廷臣连带下狱的偶然口实，不过借此使人知胡失宠，无形中示意言官使其攻击胡氏，因以罗织成狱的一个过程而已。

（4）李善长狱与封绩使元事根本无关系。《明史》诸书所记封绩事最荒谬不可信。李善长之被株连，其冤抑在当时解缙所代草之王国用疏辞辨之甚明。

胡惟庸的本身品格，据明人诸书所记是一个枭猾阴险、专权树党的人。以明太祖这样一个十足的自私惨刻的怪杰自然是不能相处在一起。一方面深虑身后子懦孙弱，生怕和他自己并肩起事的一般功臣宿将不受制驭，因示意廷臣，有主张地施行一系列的大屠杀，胡案先起，继以李案，晚年太子死复继以蓝案。胡惟庸的被诛，不过是这一大屠杀案的开端。

胡案的组织过程，根据当时的公私记载，很显然地摆露在我们的目前。在胡案初起时胡氏的罪状只是擅权植党，这条文拿来杀胡惟庸有余，要用以牵蔓诸勋臣宿将却未免小题大做。在事实上有替他制造罪状的必要。明代的大患是南倭北虏，人臣的大罪是结党谋叛，于是明太祖和他的秘书们便代替胡氏设想，巧为造作，弄一个不相干的从未到过北边的江苏人封绩，叫他供出胡惟庸通元的事迹，算作胡党造反的罪状。后来又觉得有破绽，便强替封绩改籍为河南人，改身份为元遗臣，又叫他攀出李善长，引起第二次屠杀。一面又随便拣一个党狱中人林贤，捏造出一串事迹，算他通倭。恰巧胡惟庸死后不久，日使或日商来华因无国书被明廷诘责，他们就把这两件事并为一事，装点成有因果关系，再加上洪武六年前所纂的《皇明祖训》中的文证，这反情便成铁案了。同时中日关系因倭寇问题恶化，明廷感于外交的失败，不得不采取下策，闭关自守，却又不愿自承失败，贻讥藩属，就大事宣传名正言顺地把绝倭的责在委在莫须有先生的如瑶头上。为取信于天下后世计，又把事特别写在《大诰》中叫全国人读，一面又在《祖训》首章加入小注，于是胡惟庸之通虏通倭，成为信谳，明廷也从此脱卸了外交失败的耻辱。

除上文所说的政治的国际的关系之外，胡案构交的因素，还有经济的阶级的关系在鼓动着。

明初连年用兵，承元疲敝之后，益以兵荒天灾，国库奇绌。一面又因天下未定，不能不继续用兵。明太祖及其部属大抵都出身卑贱，自来就不满于一般专事剥削于地主巨商，因此除不断用徙富民的政策以夺其田产以益军实外，又不断地寻出事来择肥而噬，屡兴大狱的目的只是措财筹款，最显著的如《明史·刑法志》所记郭桓事件：

> 郭桓吏部侍郎也。帝疑北平二司官吏李或、赵全德等与桓为奸利，自六部左右侍郎下皆坐死。赃七百万，词连直省诸官吏，系死者数万人，覆赃所寄借遍天下，民中人之家大抵皆破。

只是一疑心，就筹出七百万的大款，这是一件最便当的生财大道。又如空印事件：

> 十五年空印事发。每岁布政司府州县吏诣户部核钱粮军需诸事，以道远预持空印文书，遇部驳即改以为常。及是帝疑有奸，大怒，论

诸长吏死，佐贰榜百戍边。

也只是一疑心，把天下的财政官长都杀了，杀头与籍没相连，这一疑心又自然地筹了一笔大款。胡案、蓝案的副目的也不外此，在这一串党狱中，把一切够得上籍没资格的一起给网进去，除了不顺眼的文官、桀骜的宿将以外，他所特别注意的是由大地主充当的粮长和大富豪充当的盐商，如《大诰三编》所举出的于友、李茂实、陆和仲和他书所记的浦江郑氏、苏州沈氏诸狱，均足以证明此狱的动机。

另一方的明太祖自身出身寒贱，寄迹缁流，且又赋性猜嫌，深恐遭知识分子所讥刺。在他初起事的时候，不能不装作礼贤下士的神气，借作号召，及至大事已定，便不惜吹毛求疵，屡兴文字之狱。又恐知识分子不为所用，特颁《大诰》，立寰中士夫不为君用之目。一面算是严刑示威，一面却也不无带着一些嫉视的阶级意识。《大诰》中所列文士得罪者不下千人。在胡蓝二狱中所杀的几万人中大部是属于知识分子，其中之著者如宋濂以一代帝师匡翊文运，仍不惜曲为归纳，以其孙慎与胡党有连为辞，流之致死。其他同时诸文士，凡和明太祖稍有瓜葛的也都不得善终，赵瓯北《二十二史札记》曾替他算过一笔草账。另一方面却极力设学兴教，进用宋讷一流刻薄寡恩的教师，用廪禄刑责造就出一批听命唯谨的新知识分子出来，做皇帝个人的驯仆，来代替老一辈的士大夫。这是明太祖巩固君权的方法，也是这几次大狱的起因。

（原载《燕京学报》第十五期，1934年6月）

第九章　明初的学校

一

专制独裁的君主，用以维持和巩固统治权的法宝，是军队、法庭、监狱、特务和官僚机构，用武力镇压，用公文办事。

明太祖朱元璋原来是红军大帅郭子兴的亲兵，一步步升官，做到韩宋的丞相国公，龙凤十年（1364年，元顺帝至正二十四年）做吴王，四年后爬上宝座做明朝的开国皇帝。本来是靠武力起的家，化家为国后，有的是队伍，红军嫡系的，敌军收买过来的，投降的杂牌军，官民犯罪充军的，不够，再按户口抽壮丁，总数约莫有两百万，编制作卫（师）所（团），分驻全国各地，执行武装弹压警戒的任务。

明太祖明白，武力可用以夺取政权，却不能用以治国，而且军官大多数不识字，也办不了公文。即使有识字的，也不能做高级执政官，武人当政，历史上的例子说明不是好办法。结论是要治国必需建立一个得心应手，御用的官僚机构，而官僚必得用文人。于是，问题来了。从朝廷到地方，从省府部院寺监到州县，各级官僚得十几万人，白手成家的明太祖，从哪儿去找这么些忠心的而又能干的文人？

当然，第一个想到的是元朝的旧官僚。除了在长期战争中被消灭了的一部分以外，剩下的会办事有才力的一批，早已来投效了；不肯来的，用威吓手段，说是"智谋之士""坚守不起，恐有后悔"，也不敢不来。[①]其余有的是贪官污吏，有的人老朽昏庸，有的人怀念元朝的恩宠，北逃沙漠[②]，有的人厌恶、恐惧新朝，遁迹江湖，埋名市井[③]。尽管新朝用尽了心机，软话硬拉，要凑齐这个大班子，人数还差得太远。

第二想到的是元朝的吏。元朝是以吏治国的。从元世祖以后，甚至执政大臣也用吏来充当，造成风气，中原一带，稍稍识字能办公文的，投身台阁做吏，显亲扬名。南方的士人既不能从科举出身，又不甘心做吏，境况日渐没落，不免对北方的吏发生妒忌嫌恨的感情。[④]明太祖是南方人，当然不免怀有南方人共同的看法。他又深知法令愈繁冗，条格愈详备，一般人不会办，甚至不能懂，吏就愈方便作弊，舞文弄法，闹成吏治代替了官治，代替了君治，这是对皇家统治有严重损害的。[⑤]而且，办公文的诀窍，程序格式条例，成为专业，不是父子，就是师徒世传，结成行帮，自成团体。行帮是可怕的，把治权交给行帮，起腐蚀作用，更可怕。以此，吏不但不能用，而且得用种种方法来防范、压制。在明代，吏不许做官，国子监生有罪罚充吏役，便是这个道理。

第三只好任用没有做过官的读书人。读书人当然想做官，可是有的人也有顾忌，顾忌的是失身份："海岱初云扰，荆蛮遂土崩，王公甘久辱，奴仆尽同升。"[⑥]和奴仆同升也许还不太重要，重要的是这个政权还不太巩固，

① 《明史》卷二八五《张以宁传》附《秦裕伯传》。
② 《明史》卷一二四《扩廓帖木儿传》附《蔡子英传》。
③ 《明史》卷二八五《杨维桢传》《丁鹤年传》。
④ 余阙《青阳文集》卷四《杨君显民诗集序》。
⑤ 《明太祖实录》卷二六、卷一二六。
⑥ 贝琼《清江诗集》卷八《述怀·二十二韵寄钱思复》。

对内未统一，北边蒙古还保有强大力量。有的人顾忌的是这个政权是淮帮，大官位都给淮人占完了："两河兵合尽红巾，岂有桃源可避秦？马上短衣多楚客，城中高髻半淮人。"[1]有的人顾忌的是做了官一有不是，有杀头的，有戴斩罪办事的，有镣足办事的，有罚做苦工的，有抄家的，甚至还有抽筋剥皮的刑罚。朝官上朝，战战兢兢，下朝回家，这天侥幸平安，便阖家欢祝。[2]做官固然可以发财，可是，要拼着命，甚至带上阖家阖族的命，有一些人是要多多考虑的。明太祖要读书人出来做官，还是有人借故逃避，没办法，甚至立下"寰中士夫不为君用"，不肯做官就要杀头的条文，也可以看出明初官僚人才的缺乏，和需要的迫切了。

第四是任用地主做官，称为荐举。有富户、耆民、孝悌力田、税户人才（纳粮最多的大地主）等名目。有一出来便做尚书、府尹、副都御史、布政使、参政、参议等大官的，最多的一次到过三千七百多人。[3]可是，还不够用，而且，这些地主官僚的作风也不完全适合新朝的要求。

旧的人才不够用，只好想法培养新的了。明太祖用自己的训练方法，造成大量的新官僚。这个官僚养成所叫作国子监。

《明史·选举志》说："学校有二，曰国学，曰府州县学。"

二

研究明代国子监的材料，除《明史·选举志》以外，关于南京国子监

---

① 贝琼《清江诗集》卷五《秋思》。
② 详见作者《朱元璋传》。
③ 《明史》卷七一《选举志三》。

的，有黄佐的《南雍志》，北京国子监有《皇明太学志》。此外，《大明会典》卷七十八《学校门》也有简单的记载。

明初制度，参加科举的必须是学校的生员，学校生员做官则不一定经由科举。以此，学校是做官所必由的大路，政府和社会都极看重。可是，从明成祖以后，进士独占了做官的门路，监生出路日坏。从明景帝开生员纳粟纳马入监之例以后，国子监成为富豪子弟的京师旅邸，日渐废弛。从明武宗以后，非府州县学生也可以纳银入监，做个挂名学生，以依亲为名，根本不必入学，国子监到此完全失去初创的意义，只剩下一个招牌了。因之，研究明代学校和政治的关系，洪武一朝是最有代表性的时期。

国子监的前身是国子学。宋龙凤十一年（1365年，元顺帝至正二十五年）以元故集庆路儒学改建。有博士、助教、学正、学录、典乐、典书、典膳等官。在建学的前一年，未有校址，先已任命了国子博士和国子助教，在内府大本堂教皇子和胄子（贵族大官子弟）。吴元年（1367年）定国子学官制，祭酒正四品，司业正五品，博士正七品，典簿正八品，助教从八品，学正正九品，学录从九品，典膳省注。洪武四年（1371年）中书省户部定文武官禄，祭酒二百七十石，司业一百八十石，博士八十石，典簿七十石，助教六十五石，学正六十石，学录五十石。十四年又更定官员品数，祭酒一人，从四品，司业二人，正六品，监丞二人，正八品，博士五人，助教十五人，典簿一人，俱从八品，学正十人，正九品，学录七人，典籍一人，俱从九品。掌馔二人，杂职。又改建国子学于鸡鸣山之南。十五年改国子学为国子监。二十四年，又改司业监丞各一人。①从祭酒到掌馔都是朝廷命官，任免都出于吏部。

---

① 黄佐《南雍志》卷一《事纪》。

学校官在学的职务分工，据洪武十五年钦定的监规：祭酒是正官，衙门首长，专总理一应事务，要整饬威仪，严立规矩，表率属官，模范后进。属官赴堂禀议事务，质问经史，皆须拱立听受，不得即便坐列，正官亦不得要求虚誉，辄自起身，有紊礼制。祭酒和其他同僚，是长官和属僚的关系，就国子监说，是一监之长，勉强比附现代名词，相当于校长，但是，这个校长并无聘任教员之权，因为一切教员都是部派的。监丞品位虽低，却参领监事，凡教官怠于师训，生员有亵规矩，并课业不精，廪膳不洁，并从纠举。务要夙夜尽公，严行约束，毋得徇情，以致废弛。①不但管学生规矩课业，还兼管教员教课成绩，办公处叫"绳愆厅"，器用除公案公椅以外，特备有行扑红凳二条，拨有直厅皂隶二名，"扑作教刑"。刑具是竹篦，皂隶是行刑人，红凳是让学生伏着挨打的。②照规定，监丞立集愆册一本，各堂生员敢有不遵学规，即便究治。初犯记录（记过），再犯决竹篦五下，三犯决竹篦十下，四犯发遣安置（开除、充军、罚充吏役）。③监丞对学生，不但有处罚权，而且有执行刑罚之权，学校法庭刑场合而为一。当然，判决和执行都是片面的，学生绝对没有辩解申说和要求上诉的权利。这职位就管束学生而论，有点像现代的训导长。掌馔是管师生膳食的，膳夫由朝廷拨囚徒充役，洪武十五年六月敕谕监丞等："囚徒膳夫，俱系死囚，若不听使令，三更五点不起，有误生员饮食，一两遍不听，打五十竹篦，三遍不听处斩。做贼的割了脚筋，若监丞典簿掌馔管束不严，打一百圆棍，如不死，仍发云南。有通了学里学外人偷了学里诸物者处斩，家下人发云南，钦此。"④这种刑法是超出当时的《大明律》之外的。典簿职掌文案，凡一应学务，并支

---

① 黄佐《南廱志》卷九《学规本末》。

② 《南廱志》卷一六《器用》。

③ 《南廱志》卷九《学规本末》。

④ 《南廱志》卷一〇《谟训考》。

销钱粮，季报课业文册等项，皆须明白稽考。又管出纳，又管教务，类似现代学校里的总务长和教务长。典籍是图书馆长。

祭酒同时也是教员，和博士助教学正学录等官，职专教诲，务在严立课程，用心讲解，以臻成效。如或怠惰，不能自立，以致生员有戾规矩者，举觉到官，各有责罚。①换言之，教员如不能使生员循规蹈矩，所遭遇到的不是解聘，而是更严重的刑事处分。

学校的教职员全是官。学生呢？来源有两类，一类是官生，一类是民生。官生又分两等，一等是品官子弟，一等是土司子弟和海外学生（留学生）。官生是由皇帝指派分发的，出自特恩，民生由各地地方官保送。②官生入学的目的，是为了"皇子将有天下国家之责，功臣子弟将有职任之寄"。皇子在内府大本堂，功臣子弟入国学。教之之道，以正心为本，学的是如何统治的"实学"，不必像文士那样记诵辞章。③洪武十六年文渊阁大学士宋讷任国子监祭酒，明太祖特派太师韩国公李善长、礼部尚书任昂和谏院、翰林院等官到监，举行特别考试，考定教官生员高下，分别班次。又以公侯子弟在学读书，怕不服教员训诲，特派重臣曹国公李文忠兼领国子监事，将军做校长，扑罚违教的官生，整顿学风。④官生中有云南、四川等处土官子弟，日本琉球暹罗诸国学生，琉球学生来得最多。就洪武一朝官民生比例，据《南廱志》卷一五《储养考》：

---

① 《南廱志》卷九《学规本末》。
② 《南廱志》卷一五。
③ 《南廱志》卷一《事纪》。
④ 《明史》卷六九《选举志》。

洪武四年	官民生二千七百二十八名	
十五年	五百七十七名	
十六年	七百六十六名	
十七年	九百八十名	
二十三年	九百六十九名	
二十四年	一千五百三十二名	官生四十五名 民生一千四百八十七名
二十五年	一千三百九名	官生十六名 民生一千二百九十三名
二十六年	八千一百二十四名	官生四名 民生八千一百二十名
二十七年	千五百二十名	官生四名 民生一千五百一十六名
三十年	一千八百二十九名	官生三名 民生一千八百二十六名

国子学时代只有洪武四年的生员总数，据《大明礼令》："凡国学生员，一品到九品文武官子孙弟侄，年一十二岁以上者充补，以一百名为额。民间俊秀年一十五岁以上，能通《四书》大义，愿入国学者，中书省闻奏入学，以五十名为额。"[1]则在洪武四年以前，官生与民生的比例是二比一。官生是主体，民生不过陪衬而已。国子监时代，洪武十五年到二十三年，只举官民生总数，无法知道比例。从二十四年到三十年，有五个年度的在

---

[1] 《皇明制书》。

学人数记录，二十四年官生占总数三十四分之一，二十五年八十二分之一，二十六年二千零三十分之一，二十七年三百三十分之一，三十年六百十分之一。在这个记录中，值得指出的：第一，官生占监生总数比例极小；第二，官生就学比例逐年减少，从四十五名降为三名；第三，洪武二十六年监生员数突然激增，次年又突然减少；第四，官生中琉球生悦慈从洪武二十五年到三十年，留学至少有六年之久。[①]

如上文所说，明太祖建立国子学的目的，是为了教育胄子（贵族官僚子弟），甚至在改组为国子监以后，还特派重臣勋戚李文忠兼领，管束官生。为什么从二十四年以后，官生数目反而年少一年，和民生的比例，从二比一到一比二千零三十，主体变为附庸，完全失去立学的用意呢？这道理说来也极为简单：公侯子弟成年的袭爵任官，不必入学，未成年的入学得经圣旨特派，纨绔少年，束发受经，不过虚应故事，爵位官职原来不靠书本辞章。那么，除非皇帝特命，又何必入学。此其一。从洪武十三年胡惟庸党案发作后，功臣宿将，连年被杀，到洪武末年，除汤和、耿秉文、李景隆、徐辉祖几家以外，其余的差不多杀干净了。功臣本人被杀，子弟如何能入学？此其二。至于官僚子弟的入学令，限一百名的有效期限恐怕只是适用在洪武三年之前，以后实施极为严格，非奉特旨，不能入学，人数当然不可能太多。此其三。[②]而且，大官子弟自有荫官一途，用不着走国子监这条路，这样，国子监就自然而然衍变作专门训练民生做官的衙门了。

洪武二十六年监生人数突增的原因，是因为有新的政治任务，人手不够，特别扩大保送，说详下文。

---

① 琉球生入南监，最后一次是嘉靖十七年，二十三年回去的（1538—1544）。《明史·选举志》作"成化正德时（1465—1521），琉球生犹有至者"，是错的。
② 《南廱志》卷一《事纪》，《明史·选举志》。

三

民生的来源，分贡监、举监两类。国子监的学生通称监生。贡监出于岁贡，原来依据历史上的成规，地方官有贡"士"于朝廷的义务。洪武元年令民间俊秀能通文义者，充国子学生。二年立府州县学。四年正月，诏择府州县学生之俊秀通经者入国学，得二千七百二十八人。到十五年正月，礼部以州县所贡子弟，推选未至，奏令各按察司，于年二十以上，厚重端秀者，务拔其尤，岁贡一人入监，著为令。从这一命令，可以看出在此以前，保送监生是州县官的任务，此后则改归按察司选送。洪武四年以前，选士于民间，四年以后，选士于地方学校，州县学和国子监成为学制上的联系衔接衙门，民生在地方学校受初级训练，选拔到国子监受高级训练，国子监成为全国青年人才集中的场所。十六年又令礼部榜谕天下府州县学，自明年为始，岁贡生员各一人，正月至京师，从翰林院试经义、四书义各一道，判语一条，中式的（及格）入国子监，不中的原学教官罚停廪禄（扣薪水），生员罚为吏。则又把贡士之权改归地方学校教官，贡生在入监之前，得经翰林院主持的甄别试验。[①]

学生入监，主持选送的是府州县官、按察司官、本学教官。入学考试，主持考试的是翰林院官。入监后主持训育的是国子监官。受训完毕后，监生的出路，而且是唯一的出路，是替皇帝做官，"学而优则仕"。

贡监据洪武十五年十六年的法令，府州县学岁贡生员一人，是有一定名额的。这定额在洪武朝发生过两次例外，第一次在洪武二十五年四月，

---

① 《南雍志》卷一《事纪》，《明史·选举志》。

"初令天下府学岁贡二人，州学二岁贡三人，县学每岁贡一人入监，明年如常"。突然增加保送名额，照例岁贡生应于次年正月到京师，因为这法令，洪武二十六年的官民生总数就增加到八千一百二十四名。第二次在洪武三十年，这一年"本监以坐堂（在学）人少，诚恐诸司再取办事不敷，移文礼部，上令照二十五年例，于是入监遂众"。据上文记录，三十年度的官民生总数是一千八百二十九名，三十一年的名额，虽然没有记录，大概和二十六年度的相差不远。从后一例子的理由，可以明白这两次增加名额的原因，是因为朝廷诸司办事人员的迫切需要，说明了在学监生同时也是朝廷的办事人员。

举监是举人入监。洪武初年择年少举人入国子监读书。洪武十八年，又令会试下第举人送监卒业，是补习班或先修班的意思。

监生入学后，还得再经过一次编级考试，分堂（级）肄业。

国子监分六堂，六堂又分三等。初等生员通四书、未通经书的，入正义、崇志、广业三堂。修业期一年半以上。初等生修业期满，文理条畅的，升中等，入修道、诚心二堂，修业期一年半以上。中等生修业期满，经史兼通，文理都优的升高等，入率性堂。生员升入率性堂，依学规规定，根据勘合文簿（点名册）坐堂时日，满七百天才够资格。

司业二名，分为左右，各提调三堂。博士五员，分五经，于彝伦堂西设座教训六堂，依本经考课。[1]

功课内容，分《御制大诰》、《大明律令》、《四书》、《五经》、刘向《说苑》等书（后来又加上《御制为善阴骘》《孝顺事实》《五伦书》等书）。[2]最主要的是《大诰》。《大诰》是明太祖自己写的，有《续编》

---

① 《南雍志》卷九《学规本末》。
② 《皇明太学志》卷七。

《三编》《大诰武臣》，一共四册，主要内容是列举他所杀的人的罪状，使人民知所警戒，和教人民守本分，纳田租，出夫役，替朝廷当差的训话。洪武十九年以《大诰》颁赐监生，二十四年三月，特命礼部官说："《大诰》颁行已久，今后科举岁贡人员，俱出题试之。"礼部行文国子监正官，严督诸生熟读讲解，以资录用，有不遵者，以违制。[①]违制是违抗圣旨的法律术语，这罪名是很大的。皇帝颁布的杀人罪状，列作学生的必修功课，而且，作为考试的科目，用法令强迫全国生员非熟读讲解不可，这道理是用不着什么解释的。其次，训练学生的目的是做官，《大明律令》必然是必读书。而且"载国家法制，参酌古今之宜，观之者亦可以远刑辟"。《四书》《五经》是儒家的经典，洪武五年，明太祖面谕国子博士赵俶："尔等一以孔子所定经书诲诸生。"[②]孔子的思想是没有问题的，尊王正名，君君臣臣父父子子这一套，最合帝王的需要。可是，孟子就不同了，洪武三年，他开始读《孟子》，读到有几处对君上不客气的地方，大发脾气，对人说："这老头要是活到今天，非严办不可！"下令国子监撤去孔庙中孟子配享的神位，把孟子逐出孔庙。他认为这本书有反动的毒素，得经过严密的检查。洪武二十七年（1394年）特别敕命组织一个"审查委员会"，执行检删任务的是当时的老儒刘三吾，把《尽心篇》的"民为贵，社稷次之，君为轻"；《梁惠王篇》"国人皆曰贤""国人皆曰可杀"一章；"时日曷丧，予及汝偕亡"和《离娄篇》"桀纣之失天下也，失其民也，失其民者，失其心也"一章；《万章篇》"天与贤则与贤"一章；"天视自我民视，天听自我民听""君有大过则谏，反覆之而不听，则易位"以及类似的"闻诛一夫纣矣，未闻弑君也""君之视臣如草芥，则臣视君如寇雠"：一共八十五

---

① 《南雍志》卷一《事纪》。
② 《南雍志》卷一《事纪》。

条，以为这些话不合"名教"，全给删节掉了。只剩下一百七十几条，刻板颁行全国学校。这一部经过大手术切割的书，叫作《孟子节文》。所删掉的八十五条，"课士不以命题，科举不以取士"。①至于《说苑》，则因为"多载前言往行，善善恶恶，昭然于方册之间，深有劝诫"，是当作修身或公民课本被指定的。此外，也消极地禁止某些书不许诵读，如洪武六年面谕赵俶时所说："若苏秦、张仪，縱战国尚诈，故得行其术，宜戒勿读。"由此可见，学校功课的项目，内容的去取，必读书和禁读书，学校教官是无权说话的，一切都由皇帝御定。②有时高兴，连考试的题目也出，例如圣制策问十六道，试举一例，敕问文学之士，整个题目如下：

吁，时士之志，奚不我知，其由我不德而致然耶？抑士晦志而有此耶？呜呼艰哉！君子得不易，我知，人惟彼苍之昭鉴，必或福志之将期，然迩来云才者群然而至，及其用也，才志异途，空矣哉！③

日常功课，监规规定：一是写字。每日写仿一幅，每幅十六行，行十六字，不拘家格，或羲、献、智、永，欧、虞、颜、柳，点画撤捺，必须端楷有体，合格书法，本日写完，就于本班先生处呈改，以圈改字少为最。逐月通考，违者痛决（打）。二是背书。三日一次背书，每次须读《大诰》一百字，本经一百字，《四书》一百字，即平均每日背一百字。不但熟记文词，务要通晓义理。若背诵讲解全不通者，痛决十下。三是作文。每月务要作课六道：本经义二道，《四书》义二道，诏、诰、章、表、策论、判语（公家

<hr>

① 《明史》卷一三九《钱唐传》，卷五〇《礼志四》，李之藻《頖宫礼乐疏》卷二，全祖望《鲒埼亭集》卷三五《辨钱尚书争孟子事》，北平图书馆藏洪武二十七年刊本《孟子节文·刘三吾孟子节文题辞》："《孟子》一书，中间词气之间抑扬太过者八十五条。其余一百七十余条，悉颁之中外校官，俾读是书者知所本旨。自今八十五条之内，课士不以命题，科举不以取士，一以圣贤中正之学为本。"
② 《南廱志》卷一《事纪》。
③ 《南廱志》卷一〇《谟训考圣制策问》。

文书）内科（选）二道。不许不及道数，仍要逐月作完送改，以凭类进。违者痛决。

升到率性堂的学生，采积分制。积分之法，孟月试本经义一道，仲月试论一道，诏、诰、章、表内科一道，季月试经史策一道，判语二条。每试文理俱优与一分，理优文劣者半分，文理纰缪者无分。岁内积至八分者为及格，与出身（官职）。不及格仍坐堂肄业（留级）。试法一如科举之制，果有材学超越异常者，呈请皇帝特别加恩任官。[①]

四

国子监坐堂监生最多的时期，将近万人，校舍规模是相当宏大的，校址东至小教场，西至英灵坊，北至城坡土山，南至珍珠桥。左有龙舟山，右有鸡鸣山，北有玄武湖，南有珍珠河。"延袤十里，灯火相辉。"监内建筑，正堂一，支堂六，每堂一十五间，是师生讲习的地方。有馔堂二所，是会馔的地方。书楼十四间藏书。光哲堂十五间住琉球官生。号房（学生宿舍）约二千间。此外有射圃、仓库、酱醋房、水磨房、晒麦场、菜圃、养病房等建筑。规模最宏大的是供奉孔子和列代贤哲的文庙。[②]

监生穿一定的服装，形式也是明太祖钦定的，用玉色绢布，宽袖皂缘，皂绦软巾，叫作襕衫。每年冬夏衣由朝廷颁赐。膳食公费，全校会馔。有家眷的特许带家眷入学，每月支食粮六斗。皇帝特赐，有时赐及学生的家长，例如洪武十二年赐诸生父母帛各四匹。或赐及妻子，如洪武二十七年，赐监

---

① 《南廱志》卷九《学规本末》。
② 《南廱志》卷七、卷八《规制考》。

生有家属的六百二十五人，每人钞五锭（这年官民生总数是一千五百二十人，有家眷的占百分之三十八）。三十年又赐监生夏布大小人五匹，家属每人二匹。①

监生请假休学，只有在奔丧，完姻，父母年已七十必须侍养，或妻子死亡等情形下，才被准许。而且得由皇帝亲自准许。请假日期有严格规定，洪武十六年令监生入监三年，有父母者，照地远近，定限归省。其欲挈家成婚者亦如之，俱不许过限。父母丧照例丁忧。伯叔兄长丧而无子者，亦许立限奔丧。十八年令监生有父母年老无次丁者，许还原籍侍养，其妻死子幼者许送还乡，给与脚力，立限还监，违者罚之。二十二年，礼部奏准，监生毕姻般取，照省亲例入监三年者方许。三十年令监生省亲等事，量道路远近，定具在途往还日月：每日水路一百里，陆路六十里；直隶限四阅月，河南、山东、江西、浙江、湖广限六阅月，北平、两广、福建、山西、陕西限八阅月。其住家月日：省亲三阅月，毕姻两阅月，送幼子还乡一阅月，丁忧照官员例不计闰，俱二十七月。凡过限两月以上者，送问复监。同年有违限监生二百一十七人，祭酒比例拟奏，发充吏役。三十一年又有违限监生二百二十人，命吏部铨除远方典史以困役之。

不但监生请假休学，要得特许，连教员请假，也必得经过同样程序，如洪武十二年助教吴伯宗奏请省亲，明太祖特许给假四个月就是一个例子。

坐堂期间，管制极端严格，表面上历次增订的监规，总共五十六款，除关于教官部分以外，关于约束防闲监生的，如：

各堂生员，在学读书，务要明体适用，以须仕进。宜各遵承师训，循规蹈矩，凡出入起居，升堂会馔，毋得有犯学规。违者痛治。

各堂生员每日诵受书史，并须在师前立听讲解。其有疑问，必须

---

① 《南雍志》卷一《事纪》。

跪听，毋得傲慢，有乖礼法。

绝对禁止学生对人对事的批评，和团结组织，甚至班与班之间也禁止来往：

今后诸生毋得到于别堂，往来相引，议论他人长短，因而交结为非。违者从绳愆厅纠察，严加治罪。

有等无志之徒，往往不行求师问道，专务结党特顽，故言饮食污恶。切详此等之徒，果系何人之子？其所造饮食，千百人所用皆善，独尔以为不善，果君子欤？小人欤？是后必有此生事者，具实奏闻，令法司枷镣，禁锢终身，在学役使，以供生徒。

生员往来议论，就难免对学校设施，对政治良窳有意见，有结论，就难免不发生学潮，针对的办法是隔离和孤立。至于结党，发生组织力量，就无法管束和训导了，非严办不可。在太祖朝严刑重法，大量屠杀的恐怖空气中，监生不能也不敢提出原则性的反抗，只好从生活不满的方面来发泄，因之，故言饮食污恶，对饥饿的抗议就成为学潮的主题了。抗议饥饿的行动，如不是集体提出，学规另有专条："生员毋得擅入厨房，议论饮食美恶，及鞭挞膳夫。违者笞五十，发回原籍，亲身当差。"这和枷镣禁锢终身役使的处分，轻重相去是极大的。此外禁例，如不许穿常人衣服；有事先于本堂教官处禀之，毋得径行烦索；凡遇出入，务要有出恭入敬牌；以及无病称病，出外游荡，会食喧哗，点问（名）不到，不许燕安怠惰，解衣脱巾，喧哗嬉笑。号房不许私借他人住坐，不许作秽，不许酣歌夜饮等二十七条，下文都是"违者痛决！"最最严重的一款是：

在学生员，当以孝悌忠信礼义廉耻为本，必先隆师亲友，养成忠厚之心，以为他日之用。敢有毁辱师长及生事告讦者，即系干名犯义，有伤风化，定将犯人杖一百，发云南地面充军。①

　　明太祖寄托培养官僚的全部责任于国子监，这一条款就是授权国子监教官，用刑法清除所有不服从不听调度的反抗分子。毁辱师长的含义是非常广泛的，无论是语言、行动、思想、文字上的不同意，以至批评，都可任意解释。被周纳的犯人是不能也不许可有辩解的机会的。至于生事告讦，更可随便运用，凡是不遵从学规的，不满意现状的，要求对某方面教学或生活有所改进的，都可以用生事告讦的罪状片面判决之，执行之。国子监第一任祭酒宋讷是这条学规的制定人，明初人说他办学极意严酷，以求符合明太祖的政策。在他的任内，监生走投无路，经常有人被强制饿死（这也是有学规的依据的，洪武十五年第二次增订学规：师生如有病患，不能行履者，许令膳夫供送。若无病不行随众会食者，不与当日饮食），以至自缢死。他连死尸也不肯放过，一定要当面验明，才许棺殓。②后来他的儿子宋复祖继任司业，也学他父亲"诚诸生守讷学规，违者罪至死"③。学录金文徵反对宋讷的过分残暴，想法子救学生，向明太祖提出控诉说："祭酒办学太严，监生饿死了不少人。"太祖不理会，说是祭酒只管大纲，监生饿死，罪坐亲教之师，和祭酒无干。文徵又设法和同乡吏部尚书余熂商量，由吏部出文书令宋讷以年老退休（洪武十八年宋讷七十五岁，已经过了法令规定该致仕的年龄了）。不料宋讷在辞别皇帝时，说出并非真心要辞官，太祖大怒，追问缘因，立刻把余熂、金文徵和学录田子真、何操，学正陈潜夫都杀了，还把罪状出榜在国子监前面，也写在大诰里头。这次反迫害的学潮，在一场屠杀后被压平，

①　《南廱志》卷九《学规本末》。
②　赵翼《二十二史札记》卷三一《明史立传多存大体条》引叶子奇《草木子》，按坊本《草木子》无此条。
③　《明史》卷一三七《宋讷传》。

从此再也没有人敢替饿死缢死的学生说话了。①

洪武二十七年第二次学潮又起，监生赵麟受不了虐待，出壁报提出抗议，学校以为是犯了毁辱师长罪。照学规是杖一百充军。为了杀一儆百，明太祖法外用刑，把赵麟杀了，并且在国子监前立一长竿，枭首示众。（这在明太祖的口头语，叫枭令，比处死重一等。）二十八年又颁行《赵麟诽谤册》和《警愚辅教》二录于国子监。三十年七月二十三日，又召集祭酒司业和本监教官，监生一千八百二十六员名，在奉天门当面训话。训词说：

恁学生每听着：先前那宋讷做祭酒呵，学规好生严肃，秀才每循规蹈矩，都肯向学，所以教出来的个个中用，朝廷好生得人。后来他善终了，以礼送他回乡安葬，沿路上着有司官祭他。

近年着那老秀才每做祭酒呵，他每都怀着异心，不肯教诲，把宋讷的学规都改坏了，所以生徒全不务学，用着他呵，好生坏事。

如今着那年纪小的秀才官人每来署学事，他定的学规，恁每当依着行。敢有抗拒不服，撒泼皮，违犯学规的，若祭酒来奏着恁呵，都不饶：全家发向武烟瘴地面去，或充军，或充吏，或做首领官。

今后学规严紧，若无籍之徒，敢有似前贴没头帖子，诽谤师长的，许诸人出首，或绑缚将来，赏大银两个。若先前贴了票子，有知道的，或出首，或绑缚将来呵，也一般赏他大银两个。将那犯人凌迟了，枭令在监前，全家抄没，人口迁发烟瘴地面。钦此！②

这篇有名的训词，在中国教育史上是空前的。唯一可以比拟的，大概是北魏太平真君五年（444年）禁止民间私立学校，违者"师身死，主人门诛"那道敕令吧。国子监前面的长竿，是专作枭令学生用的，一直到正德十四年

---

① 《南雍志》卷一《事纪》、卷一〇《谟训考》，《明史·宋讷传》。
② 《南雍志》卷一〇《谟训考》。

（1519年）明武宗南巡，这个顽皮年轻皇帝，学他祖宗的榜样，化装出来侦察，走过国子监前，看见这个怪竿子（那时代还没有挂旗子的礼俗），弄糊涂了，问明白说是挂学生子脑袋的。他说："学校岂是刑场！"而且，"哪个学生又敢犯我的法令！"才叫人撤去。这竿子一共竖了一百二十六年。①

其实，并不是明武宗比他的祖宗更仁慈，而是一百多年来，进士科已经完全代替了国子监的地位，做官的不再从国子监出来，国子监已是破落的冷而又穷的衙门，会馔因为经费不够停止了，连房子倒塌了，朝廷也不肯修理，靠募捐才能补葺一下。它已失去了明初官僚养成所的地位，当然，也用不着这根刺目的不相称的竿子了。

国子监既然是为皇家制造官僚的工厂，用严刑峻法来捏塑官僚，那么，皇家对这工厂的技师，自有其划一的雇用标准。和监规的尺度一样，明初的国子监教官，是被严刑约束着，连一丝一毫自由的气氛也不许可有的。例如第一任国子学博士和祭酒许存仁，在明太祖幕府十年，是从龙旧臣，洪武元年被劾逮死狱中。表面上的罪名是私用学官什器，娶妾饰床以象牙，非师臣体，实际上是因为明太祖刚即位做皇帝，存仁便告辞回家，犯了忌讳。司业刘丞直劝他："主上方应天顺人，兴高采烈，你要回家，也该等待一会。"存仁没理会，果然因此致死。②第二任祭酒梁贞也得罪放归田里。第三任魏观，后来在苏州知府任上被杀。第四任乐韶凤以不职病免。第五任李敬以罪免。第六任吴颙因为武官子弟怠学，宽纵不能制裁被斥免。国子监第一任祭酒是宋讷，屠杀生徒，最被恩礼，可是明太祖还不放心，经常派人伺察，有时还在暗中画他的相貌，一喜一怒，都有报告。③第二任龚敩，得罪的罪状

---

① 《南雍志》卷四《事纪》。
② 《南雍志》卷一《事纪》、卷二一《刘丞直传》，《明史·宋讷传》，刘辰《国初事迹》。
③ 《明史·宋讷传》。

是有监生告假还家，没有报告皇帝，祭酒便准了假。明太祖大怒，以为"卖放""置于法"。第三任胡季安坐胡惟庸党案得罪。第四任杨淞，因为擅自分配学生宿舍，原来有廊房二十间，所住学生以罪被逐，留下空屋，明太祖令北城兵马司封钥，杨淞因为宿舍不够住，自作主张，准许学生住进去，结果是因此"掇祸"。[①]最末一任张显宗就是奉天门训话里的年纪小的秀才官人，上任不久，明太祖便死了，算是侥幸没有意外。统计三十多年来的历任祭酒，只有以残酷著名的宋讷是善终在任上，死后的恩礼也特别隆重，可以说是例外，其他的不是得罪，便是被杀。

痛决，充军，罚充吏役，枷镣终身，饿死，自缢死，枭首示众，明初的国子监是学校，又是监狱，又是刑场。不止是学生，也包括教官在内，在受死刑所威胁的训练，造成绝对服从的、奴性的官僚。

五

明初的国子学、国子监，所负荷的制造和训练官僚的任务，据《南雝志》和《明史·选举志》所记：

洪武二年，择国子生试用之，巡行列郡，举其职者，竣事覆命，即擢行省左右参政、各道按察司佥事及知府等官。

五年四月，以国子生王铎摄监察御史，擢浙江布政司左参政。

六年九月，纂修日历，选善书者誊写，国子生陈益旸等与焉。令吏部选国子生之成材者，量材授主事、给事中、御史等官。

八年三月，命丞相往国子学，考校老成端正、学博经通者，分教

---

① 《南雝志》卷一《事纪》。

318

天下，令郡县廪其生徒而立学焉。又命御史台精选以分教北方。于是选国子生林伯云等三百六十六人，给廪食赐衣服而遣之。六月以国子生李扩等为监察御史。

九年三月，以武英堂纪事国子生黄义为湖广行省参政，赵信为考功监丞。九月，遣国子生往陕西祭平凉卫指挥秦虎。国子生奉命出使自此始。寻命国子生分行列郡，集事之未完者，如古行人之职，皆量道路远近，赐钞为费而遣之。

十年正月，国子生试用于列郡者，皆授县丞主簿，人赐夏衣一袭，宝钞三十贯。命中书省臣，凡有亲在者，量程给假归省，然后之官。十月，召国子生分教郡县者还京师，令吏部擢用。

十二年，上以国子生多未仕者，谓中书省臣曰："朕甚欲尊显诸生，虑其未悉朕意。且诸生入学之日久矣，其令归省其亲，赐其父母帛各四匹。有妻孥者携以来，月与粟钱，务得其欢心。"于是王文同等一百三十四人皆告归，有司如诏赉之。

十四年八月，以国子生茹瑺为承敕郎。

十七年三月，令礼部颁行科举成式，凡三年大比，子午卯酉年乡试，辰戌丑未年会试，祭酒司业择国子生之性资敦厚，文行可称者应之。是年国子生升至率性堂者，入试文渊阁，擢杨文忠为首，除永福县丞。

十八年二月会试，比揭榜，国子生多在前列（会试黄子澄第一，殿试丁显、练子宁居首甲），上大喜。

十九年四月，吏部奏用监生十四人，皆为六品以下官。五月，上以天下郡县多吏弊民蠹，皆由杂流得为牧民官。乃命祭酒司业择监生千余人送吏部，除授知州知县等职。

二十年二月，鱼鳞图册成。先是上命户部核实天下土田，而苏松富民，畏避徭役，以田产诡寄亲邻佃仆，相习成风，奸弊百出。于是富者愈富，贫者愈贫。上闻之，遣国子生武淳等往，随税粮多寡，定为几区，每区设粮长四人，使集里甲耆民，躬履田亩以量度之。量其方圆，次其字号，悉书主名及尺丈四至，编类为册，绘状若鱼鳞然故名。至是浙江、直隶、苏州等府县册成进呈，上喜，赐淳等钞锭有差。三月，监生古朴奏言，家贫愿仕，冀得禄以养母，上嘉之，除工部主事，迎养就京师。十二月，擢监生李庆署都察院右佥都御史。

二十一年三月，殿试，监生任亨泰廷对第一，召祭酒宋讷褒谕之。命撰进士题名记，立碑于监门。

二十二年二月，初令监生同御史王英、进士齐德照刷文卷。

二十四年三月，以监生许观会试殿试皆第一，召国子监官褒奖之。八月，初令监生往后湖清查黄册（全国户籍）。户部所贮天下黄册，俱送后湖收架，委监察御史二员、户科给事中一员、监生一千二百名，以旧册比对清查，如有户口田粮埋没差错等项，造册径奏。是年选监生有练达政体者，得方文等六百三十九人，命行御史事，稽核天下百司案牍。

二十五年七月，擢监生师逵、墨麟等为监察御史，夏原吉为户部主事。

二十六年十月，诏祭酒胡季安选监生年三十以上能文章者三百四十一人，命吏部除授教谕等官。以监生刘政、龙镡等六十四人为行省布政使、按察两使及参政参议副使、佥事等官。

二十七年八月，遣监生及人才分诣天下郡县，督吏民修治水利，给道里费而行。

二十九年四月，令吏部以次录用国子监生，毋使淹滞。六月初令监生年长者，分拨诸司，历练政事。凡历事监生，随本衙门司务，分勤谨平常才力不及奸顽等项引奏。勤谨者仍历事，阙官以次取用。平常再历，才力不及送监读书，奸顽充吏（计南京五府六部等衙门历事监生二百十八名，户部等衙门写本监生二十八名，差拨内外衙门办事监生一百二十四名），称为拨历法。

三十年二月，擢监生卢祥为刑部郎中。

明代官制，都察院右佥都御史正四品，郎中正五品，主事正六品，监察御史正七品，给事中从七品。布政使从二品，参政从三品，参议从四品，按察使正三品，副使正四品，佥事正五品。知府正四品，知州从五品，知县正七品，县丞正八品，主簿正九品。教谕无品级。从洪武二年到三十一年这一时期监生任官的情形来看，第一，监生并没有一定的任官资序，最高的可以做到地方大吏从二品的布政使，最低的做正九品的县主簿，以至无品级的教谕。第二，监生也没有固定的任官性质，部院官、监察官、地方最高民政财政官、司法官，以至无所不管的亲民的府州县官和学校官，监生几乎无官不可做。第三，除做官以外，在学的监生，有奉命出使的，有奉命巡行列郡的，有稽核百司案牍的，有到地方督修水利的，有执行丈量记录土地面积定粮的任务的，有清查黄册的，有写本的，有在各衙门办事的，有在各衙门历事的。第四，三十年来监生的任官，以洪武二年和二十六年为最高，十九年为最多。"故其时布列中外者，太学生最盛。"[1]大体说来，从国子学改为国子监以后，监生的出路已渐渐不如初年，从做官转到做事，朝廷利用大批监生做履亩定粮、督修水利、清查黄册等基层技术工作。至于为什么洪武二年和二十六年大量任用监生做高官呢？理由是第一，刚开国人才不够，只

① 《明史》卷六九《选举志》。

能以国子生出任高官。第二，洪武二十六年二月蓝玉被杀，牵连致死的文武官僚、地方大吏为数极多，多少衙门都缺正官，监生因之大走官运。至于为什么洪武十九年监生任官的竟有千余人之多呢？那是因为上一年闹郭桓贪污案，供词牵连到直省官吏因而系死者有几万人，下级官吏缺得太多的缘故。至于为什么在洪武十五年以后，监生做官的出路一天不如一天呢？那是因为从十五年以后，会试定期举行，每三年一次，进士在发榜后即刻任官，要做官的都从进士科出身，甚至监生也从进士科得官，国子监已不再是唯一的官僚养成所了。进士释褐，授给事、御史、主事、中书、行人、评事、太常国子博士和府推官、知州、知县等官①，监生原来的出路为进士所夺，只好去做基层技术工作和到诸司去历事了。

六

明代地方学校的建立，始于洪武二年。明太祖以为元代学校之教，名存实亡，战争以来，人习于战斗，惟知干戈，莫识俎豆。他常说治国之要，教化为先，教化之道，学校为本。如今京师已有太学，而地方学校尚未兴办，面谕中书省臣令府州县都立学校，礼延师儒，教授生徒，讲论圣道。于是大设学校，府设教授，州设学正，县设教谕各一，训导府四、州三、县二，生员府学四十人、州三十人、县二十人。师生月廪米人六斗，地方官供给鱼肉。②

① 《明史》卷七〇《选举志》。
② 《南廱志》卷一《事纪》，《明史》卷六九《选举志》。

入学生员享受免役特权，除本身外，还免其家差徭二丁。①在学专治一经，以礼乐射御书数设科分教。

统治地方学校情形，完全和国子监一致。洪武十五年颁禁例十二条于全国学校，镌立卧碑，置于明伦堂之左，不遵者以违制论，禁例中最重要的有下列各条：

一，今后州县学生员，若有大事干于己家者，许父兄侄具状入官辩诉。若非大事，含情忍性，毋轻至于公门。

一，生员之家，父母贤智者少，愚痴者多，其父母欲行非为，则当再三恳告。

这两条，前一条不许生员交结地方官，后一条要使生员为皇家服务，在民间替朝廷清除"非为"②。另一条：

一，军民一切利病，并不许生员建言。果有一切军民利病之事，许当该有司、在野贤才、有志壮士、质朴农夫、商贾技艺皆可言之，诸人毋得阻挡。惟生员不许！

军民一切利病即政治问题，地方官、在野人士，甚至农工商人都可提出建议，任何人都有权讨论政治，唯独不许学生说话。并且在同一条文内，重复地说"不许生员建言""惟生员不许"，声色俱厉，呼之欲出。明太祖为什么单单剥夺了生员讨论政治的权利呢？因为他害怕群众，害怕组织，尤其害怕有群众基础有组织能力的知识分子。他认清这个力量，会得危害他的统治，因之，非加以高压，严厉禁止，不许有声音不可。至于其他人士，个别的发言，个别的建议，没有群众做后盾，不发生力量，他

---

① 《大明会典》卷七八《学校》。
② "非为"是明太祖的口头和文字上常用术语，含有特别内容，和他常用的"异为""他为"同义。

不但不禁止，反而形式上加以奖励，学学古代帝王求言的办法，倒使他可以得到好名誉。

知识青年对于现实政治不能说话，不许有声音，明太祖的统治就巩固了。可是，他没有想到代替说话的是农民的竹竿和锄头，朱家的政权，到后来还是被竹竿和锄头所倾覆。

地方学校之外，洪武八年又诏地方立社学（乡村小学），延师儒以教民间子弟。

府州县学和社学都以《御制大诰》和《律令》做主要必修科。①

在官僚政治之下，地方学校只存形式，学生不在学，师儒不讲论。社学且成为官吏迫害剥削人民的手段，明太祖曾大发脾气，申斥地方官吏说：

> 好事难成。且如社学之设，本以导民为善，乐天之乐。奈何府州县官不才酷吏，害民无厌。社学一设，官吏以为营生。有愿读书者无钱不许入学，有三丁四丁不愿读书者受财卖放，纵其愚顽，不令读书。有父子二人，或农或商，本无读书之暇，却乃逼令入学，有钱者又纵之。无钱者虽不暇读书，亦不肯放，将此凑生员之数，欺诳朝廷。

他怕"逼坏良民不暇读书之家"，只好住罢（停办）社学，不再"导民为善"了。②

从国子监到社学，必读的书，必考的书，是明太祖所亲自写定的《大诰》（从文理不通、思想昏乱、词语鄙陋、语气狂暴、态度蛮横几点看来，确非儒生所能代笔），想用以为治国平天下、统一思想的"圣经宝典"。他

---

① 《大明会典》卷七八《学校》。
② 《御制大诰·社学第四十四》。

在书末指出：

> 朕出是诰，昭示祸福，一切官民诸色人等，户户有此一本，若犯
> 笞杖徒流罪名，每减一等，无者每加一等。所在人民，熟观为戒。[①]

又说：

> 朕出斯令，一曰大诰，一曰续编，斯上下之本，臣民之至宝，发
> 布天下，务必户户有之。敢有不敬而不收者，非吾治化之民，迁居化
> 外，永不令归，的的不虚示。[②]

以帝王之威，用减刑用充军，利诱威胁，命令人民读他的"至宝"，命
令学生熟读讲解他的至宝，可惜，人民是不识"宝"的，利诱不理，威胁无
用。成化时（1465—1487）陆容记《大诰》的下落说：

> 国初惩元之弊，用重典以新天下，故令行禁止，若风草然。然
> 有面从于一时而心违于身后者，如《大诰》，惟法司拟罪云有《大
> 诰》减一等云尔，民间实未之见，况复有讲读者乎！[③]

明太祖有方法统治学校，屠杀学生，可是，他没办法办社学，也没办法
使人民读他的《大诰》。有生死人之权，有富贵贫贱人之权，而终于无人读
他藏他的"至宝"，不要说读，人民甚至连看都没有看见，这大概是专制独
裁者应有的共有的悲哀吧！

1948年2月3日于清华园

（《清华学报》十五卷一期）

---

① 《御制大诰·颁行大诰第七十四》。
② 《大诰续编·颁行续诰第八十七》。
③ 《菽园杂记》卷五。

第十章　明初社会生产力的发展

一、农业生产的恢复和发展

"地主阶级对于农民的残酷的经济剥削和政治压迫，迫使农民多次地举行起义，以反抗地主阶级的统治。从秦朝的陈胜、吴广、项羽、刘邦起，中经汉朝的新市、平林、赤眉、铜马和黄巾，隋朝的李密、窦建德，唐朝的王仙芝、黄巢，宋朝的宋江、方腊，元朝的朱元璋，明朝的李白成，直至清朝的太平天国，总计大小数百次的起义，都是农民的反抗运动，都是农民的革命战争。中国历史上的农民起义和农民战争的规模之大，是世界历史上所仅见的。在中国封建社会里，只有这种农民的阶级斗争、农民的起义和农民的战争，才是历史发展的真正动力。因为每一次较大的农民起义和农民战争的结果，都打击了当时的封建统治，因而也就多少推动了社会生产力的发展。"[①]

明初的社会生产力的发展是元末农民起义的结果，它首先表现在农业生产的恢复和发展方面。

经过二十年长期战争的破坏，人口减少，土地荒芜，是明朝初年的普

[①]《毛泽东选集》卷二五，九五页。

遍现象。例如唐宋以来的交通要道、繁华胜地的扬州，为青军（又名一片瓦、长枪军，是地主军队）元帅张明鉴所据，军队搞不到粮食，每天杀城里的老百姓吃。龙凤三年朱元璋部将缪大亨攻克扬州，张明鉴投降，城中居民仅余十八家。新任知府以旧城虚旷难守，只好截西南一隅筑而守之。①如颍州，从元末韩咬儿在此起义以后，长期战乱，民多逃亡，城野空虚。②特别是山东河南地区，受战争破坏最重，"多是无人之地"。③洪武元年闰七月大将军徐达率师发汴梁，徇取河北州县，时兵革连年，道路皆榛寨，人烟断绝。④有的地方，积骸成丘，居民鲜少。⑤洪武三年，济南府知府陈修和司农官报告：北方郡县近城之地多荒芜。⑥到洪武十五年晋府长史致仕桂彦良还说："中原为天下腹心，号膏腴之地，因人力不至，久致荒芜。"二十一年河北诸处，还是田多荒芜，居民鲜少。三十年常德、武陵等十县土旷人稀，耕种者少，荒芜者多。⑦名城开封，以户粮数少，由上府降为下府。⑧洪武十年，以河南、四川等布政司所属州县，户粮多不及数，凡州改县者十二，县并者六十。十七年令凡民户不满三千户的州改为县者三十七。⑨

针对这种情况，朱元璋于吴元年五月下令凡徐、宿、濠、泗、寿、邳、东海、襄阳、安陆等郡县及今后新附土地人民，桑麻谷粟税粮徭役，尽行蠲免三年，让老百姓喘一口气，把力量投入生产。⑩集中力量，振兴农业，用

---

① 《明太祖实录》卷五。
② 同前书卷三三。
③ 顾炎武《日知录》卷一〇《开垦荒地》。
④ 《明太祖实录》卷二九。
⑤ 同前书卷一七六。
⑥ 同前书卷五三。
⑦ 同前书卷一四八、二五〇。
⑧ 同前书卷九六、一九三。
⑨ 同前书卷一一二、一六四。
⑩ 同前书卷一八。

移民屯田、开垦荒地的办法调剂人力的不足。兴修水利，种植桑棉，增加农业生产的收入。官给耕牛种子，垦荒地减免三年租税，遇灾荒优免租粮等措施，解决农民的困难。此外，还设立预备仓、养济院等救济机关。

他常说："四民之业，莫劳于农，观其终岁勤劳，少得休息。时和岁丰，数口之家犹可足食，不幸水旱，年谷不登，则举家饥困……百姓足而后国富，百姓逸而后国安，未有民困穷而国独富安者。"①又说："夫农勤四体，务五谷，身不离畎亩，手不释耒耜，终岁勤动，不得休息。其所居不过茅茨草榻，所服不过练裳布衣，所饮食不过菜羹粝饭，而国家经费皆其所出……凡一居处服用之间，必念农之劳，取之有制，用之有节，使之不致于饥寒，方尽为上之道。若复加之横敛，则民不胜其苦矣。"②政府收入主要来自农村，粮食布帛棉花、人力都靠农民供给，农业生产如不恢复和发展，这个政权是支持不下去的。

移民的原则是把农民从窄乡移到宽乡，从人多田少的地方移到人少地广的地方。洪武三年六月，徙苏州、松江、嘉兴、湖州、杭州无业农民四千多户到濠州种田，给牛具种子，三年不征其税。又移江南民十四万户于凤阳。九年十月徙山西及真定民无产者于凤阳屯田。十五年九月迁广东番禺、东莞、增城降民二万四千四百余人于泗州屯田。十六年迁广东清远瑶民一千三百七人于泗州屯田，以上皆为繁荣起义根据地及其附近的措置。二十一年八月以山东、山西人口日繁，迁山西泽、潞二州民之无田者往彰德、真定、临清、归德、太康诸处闲旷之地，置屯耕种。二十二年以两浙民众地狭，务本者少而事末者多，命杭、湖、温、台、苏、松诸郡民无田者许令往淮河迤南滁、和等处起耕。山西贫民徙居大名、广平、

---

① 《明太祖实录》卷二五〇。
② 同前书卷二七。

东昌三府者，凡给田二万六千七十二顷。二十五年徙山东登、莱二府贫民五千六百三十五户就耕于东昌。二十七年迁苏州府崇明县无田民五百余户于昆山开种荒田。二十八年青、兖、登、莱、济南五府民五丁以上及小民无田可耕者起赴东昌，编籍屯种，凡一千五十一户，四千六百六十六口。到二十八年十一月东昌三府屯田迁民共五万八千一百二十四户，政府收租三百二十二万五千九百八十余石，棉花二百四十八万斤。彰德等四府屯田凡三百八十一处，屯田租二百三十三万三千三百一十九石，棉花五百零二万五千五百余斤。①凡移民垦田都由政府给予耕牛种子路费。洪武三年定制，北方郡县荒芜田地，召乡民无田者垦辟，户给十五亩，又给地二亩种蔬菜，有余力的不限顷亩，皆免三年租税。其马驿巡检司急递铺应役者，各于本处开垦，无牛者官给之。若王国所在，近城存留五里以备练兵牧马，余处悉令开耕。②又令凡开垦荒田，各处人民先因兵燹遗下田土，他人开垦成熟者听为己业。业主已还，有司于附近荒田拨补。复业人民现在丁少而原来田多者，不许依前占护，止许尽力耕垦为业。现今丁多而原来田少者，有司于附近荒田验丁拨付。③洪武二十四年令公侯大官以及民人，不问何处，惟犁到熟田，方许为主。但是荒田，俱系在官之数。若有余力，听其再开。又令山东概管农民，务见丁著役，限定田亩，着令耕种。敢有荒芜田地流移者，全家迁发化外充军。二十八年令，二十七年以后新垦田地，不论多寡，俱不起科（收田租），若地方官增科扰害者治罪。鼓励人民大力开垦。④

① 《明太祖实录》卷二二三、二三六、二四三，《明史》卷七七《食货志一》。
② 《明太祖实录》卷五三。
③ 《大明会典》卷一七《户部田土》。
④ 同前书，《明太祖实录》卷二四三。

也有从少数民族地区移民到内地屯垦的,如徐达平沙漠,徙北平山后民三万五千八百余户散处诸府卫,充军的给衣粮,为民的给田土。又以沙漠遗民三万二千八百多户屯田北平,置屯二百五十四,开地一千三百四十三顷。

此外,吴元年十月徙苏州富民到濠州居住,因为他们帮着张士诚抵抗,还不断说张王好话的缘故。[①]洪武十五年命犯笞杖罪的犯人都送到滁州种苜蓿。[②]二十二年命户部起山东流民居京师,人赐钞二十锭,俾营生业。[③]二十八年徙直隶、浙江民二万户于京师,充仓脚夫。[④]

江南苏、松、杭、嘉、湖一带十四万户富民被强迫迁住凤阳,离开了原来的乡里田舍,还不许私自回去。这举动对于当时东南地主阶级是极大的打击。旧社会的旧统治阶级离开了原来占有的土地,同时也就丧失了社会地位和政治上的作用。相对地以朱元璋为首的新统治阶级却从而加强了对这一地区人民的控制了。这十几万家富户从此以后,虽然不敢公开回到原籍,却伪装成乞丐,以逃荒为名,成群结队,老幼男妇,散入江南诸郡村落乞食,到家扫墓探亲,第二年二三月间又回到凤阳。年代久了,也就成为习惯。五六百年来凤阳花鼓在东南一带是妇孺皆知的民间艺术。歌词是:

家住庐州并凤阳,凤阳原是好地方,自从出了朱皇帝,十年倒有九年荒。[⑤]

朱元璋在克集庆后,便注意水利。到建国以后,越发重视,用全国的财力人力进行大规模的水利工程。洪武元年修江南和州铜城堰闸,周

---

① 《明太祖实录》卷二一。
② 同前书卷一四三。
③ 同前书卷一九六。
④ 同前书卷二四三,《明史》卷七七《食货志一》。
⑤ 赵翼《陔余丛考》卷四一《凤阳丐者》。

回二百余里。四年修治广西兴安县灵渠，可以溉田万顷。六年开上海胡家港，从海口到漕泾千二百余丈，以通海船。八年开山东登州蓬莱阁河，浚陕西泾阳县洪渠堰，溉泾阳、三原、醴泉、高陵、临潼田二百余里。九年修四川彭州都江堰。十二年修陕西西安府甜水渠，引龙首渠水入城，居民从此才有甜水可吃。十四年筑海盐海塘，浚扬州府官河。十七年筑河南磁州漳河决堤。决荆州岳山坝以通水利，每年增官田租四千三百余石。修江南江都县深港坝河道。十八年修筑黄河、沁河、漳河、卫河、沙河堤岸。十九年筑福建长乐海堤。二十三年修江南崇明海门决堤二万三千九百余丈，役夫二十五万人。疏四川永宁所辖水道。二十四年修浙江临海横山岭水闸、宁海奉化海堤四千三百余丈，筑上虞海堤四千丈，改建石闸。浚定海、鄞二县东钱湖，灌田数万顷。二十五年凿江南溧阳银墅东坝河道四千三百余丈，役夫四十万人。二十七年浚江南山阳支家河。凿通广西郁林州相隔二十多里的南北二江，设石陡诸闸。二十九年修筑河南洛堤。三十一年修治洪渠堰，浚渠十万三千余丈。这些规模巨大用人力到几十万人的工程，没有统一的安定的全国力量的支持，是不可能设想的。除此以外，元璋还要全国各地地方官，凡是老百姓对水利的建议，必须即时报告。洪武二十七年又特别嘱咐工部工员，凡是陂塘湖堰可以蓄水泄水防备旱灾潦灾的，都要根据地势一一修治。并派国子生和人才到全国各地督修水利。二十八年综计全国郡县开塘堰四万九百八十七处[1]，河四千一百六十二处，陂渠堤岸五千四十八处。[2]

移民屯田，开垦荒地，兴修水利是增加谷物产量，增加国家租税的主要措施。也就是经过革命斗争后，政府不得不稍为对农民让步的具体表现。

---

[1] 《明太祖实录》，《明史》卷八八《河渠六·直省水利》。
[2] 《明太祖实录》卷二四三，顾炎武《日知录》卷一二《水利》。

此外，元璋还特别着重经济作物的增产，主要的是桑麻木棉和枣柿栗胡桃等等。龙凤十一年六月下令凡农民有田五亩到十亩的，栽桑麻木棉各半亩，十亩以上的加倍，田多的照比例递加。地方官亲自督视，不执行命令的处罚。不种桑的使出绢一匹，不种麻和木棉的出麻布或棉布一匹。[1]洪武元年把这制度推广到全国，并规定科征之额，麻每亩科八两，木棉每亩四两，栽桑的四年以后再征租。二十四年于南京朝阳门钟山之麓，种桐、棕、漆树五千余万株，岁收桐油棕漆，为修建海船之用。[2]二十五年令凤阳、滁州、庐州、和州每户种桑二百株，枣二百株，柿二百株。令天下卫所屯田军士每人种桑百株，随地宜种柿栗胡桃等物，以备岁歉。二十七年令户部教天下百姓务要多种桑枣和棉花，并教以种植之法。每一户初年种桑枣二百株，次年四百株，三年六百株。栽种过数目造册回奏，违者全家发遣充军。执行的情况，如湖广布政司二十八年的报告，所属郡县已种果木八千四百三十九万株。全国估计，在十亿株以上。二十九年以湖广诸郡官于种桑，而种之者少，命于淮安府及徐州取桑种二十石，派人送到辰、沅、靖、全、道、永、宝庆、衡州等处（今湖南及广西北部一带），各给一石，使其民种之。发展这一地区蚕丝生产和丝织工业。[3]为了保证命令的贯彻执行，下诏指出农桑为衣食之本，全国地方官考课，一定要报告农桑的成绩，并规定二十六年以后栽种桑枣果树，不论多少，都免征赋。[4]作为官吏考绩的主要内容，违者降罚。又设置老人击鼓劝农，每村置鼓一面，凡遇农种时月，五更擂鼓，众人闻鼓下田，该管老人点闸（名）。若有懒惰不下田的，许老人责决，务要严切督

---

① 《明太祖实录》卷一五，《明史》卷一三八《杨思义传》。

② 《明太祖实录》卷二七、二〇七，查继佐《罪惟录·明太祖本纪一》。

③ 《明太祖实录》卷二一五、二二二、二三二、二四三、二四六，《明会典》，朱国桢《大政记》，《明通纪》。

④ 《明太祖实录》卷七七、二四三。

并，见丁著业（每人都做活），毋容惰夫游食。若是老人不肯劝督，农民穷窘，为非犯法到官，本乡老人有罪。平时老人每月六次手持木铎，游行宣讲勤农务本的道理。①颁发教民榜文说：

今天下太平，百姓除粮差之外，别无差遣，各宜用心生理，以足衣食，如法栽种桑麻枣柿棉花，每岁养蚕，所得丝绵，可供衣服，枣柿丰年可以卖钞，俭年可当粮食。里老尝督，违者治罪。②

洪武元年下诏田器不得征税。③四年、二十五年遣官往广东、湖广、江西买耕牛以给中原屯种之民。④二十八年命乡里小民或二十家或四五十家团为一社，每遇农急之时有疾病，则一社助其耕耘，庶田不荒芜，民无饥窘。户部以此意广泛晓谕。⑤各地报告修城垣建营房浚河道造王宫等工程，都反复告以兴作不违农时的道理，等秋收农隙时兴工。⑥对农业增产有成绩的地方官，加以擢升。如太平知府范常积极鼓励农民耕作，贷民种子数千石，到秋成大丰收，官民都庾廪充实。接着兴学校，延师儒，百姓很喜欢。召为侍仪。⑦陶安知饶州，田野开辟，百姓日子过得好，离任时，百姓拿他初来时情况比较，歌颂他："千里榛芜，侯来之初；万姓耕辟，侯去之日。"南丰百姓也歌唱典史冯坚："山市晴，山鸟鸣，商旅行，农夫耕，老瓦盆中冽酒盈，呼嚣窸窣不闻声。"⑧农村里呈现出一片繁荣欢乐的气象。

对贪官污吏，用严刑惩治。洪武二年二月元璋告谕群臣说："尝思昔在

---

① 《明太祖实录》卷二五五，谷应泰《明史纪事本末》卷一四《开国规模》。
② 《古今图书集成·农桑部》。
③ 《明太祖实录》卷三〇。
④ 同前书卷六一、二二三。
⑤ 同前书卷二三六。
⑥ 同前书卷一一二、一一八、一五三、一五九、一六三。
⑦ 同前书卷二七。
⑧ 朱彝尊《明诗综》卷一〇〇。

民间时，见州县官吏多不恤民，往往贪财好色，饮酒废事，凡民疾苦，视之漠然，心实恨之。故今严法禁，但遇官吏贪污蠹害吾民者，罪之不恕。"[1] 四年十一月立法凡官吏犯赃罪的不赦。下决心肃清贪污，说："此弊不革，欲成善政，终不可得。"二十五年又编《醒贪简要录》，颁布中外。[2]官吏贪赃到钞六十两以上的枭首示众，仍处以剥皮之刑。府州县衙门左首的土地庙，就是剥皮的刑场，也叫皮场庙。有的衙门公座旁摆人皮，里面是稻草，叫做官的触目惊心，不敢做坏事。[3]地方官上任赏给路费，家属赐衣料。来朝时又特别告诫以："天下新定，百姓财力俱困，如鸟初飞，木初植，勿拔其羽，勿撼其根。"[4]违法的按法惩办。从开国以来，两浙、江西、两广、福建的地方官，因贪赃被法办，很少人做到任满。[5]

苏、松、嘉、湖田租特别重，洪武十三年下诏减削。[6]凡各地闹水旱灾荒歉收的，蠲免租税。丰年无灾荒，也择地瘠民贫的地方特别优免。灾重的免交二税之外，还出官府贷米，或赈米和布、钞。各地设预备仓，出地方耆老经管，存贮粮食以备救灾。设惠民药局，凡军民之贫病者，给以医药。设养济院，贫民不能生活的许入院赡养，月给米三斗，薪三十斤，冬夏布一匹，小口给三之二。灾伤州县，如地方官不报告的，特许耆民申诉，处地方官以死刑。二十六年又令户部，授权给地方官在饥荒年头，得先发库存米粮赈济，事后呈报，立为永制。三十多年来，赏赐民间布、钞数百万，米百多万石，蠲免租税无数。[7]

① 《明太祖实录》卷三九。
② 同前书卷六九、二二〇。
③ 赵翼《二十二史札记》卷三三《重惩贪吏》。
④ 《明史》卷二八一《循吏传序》。
⑤ 《大诰续编》。
⑥ 《明太祖实录》卷一三〇。
⑦ 同前书卷五三、二〇二、二一一、二三一，朱健《古今治平略》，《明史》卷七八《食货志二》。

几十年的安定生活，休养生息，积极鼓励生产的结果，社会生产力不但恢复，而且大大发展了：第一表现在垦田数目的增加，以洪武元年到十三年的逐年增加的垦田数目来作例：

洪武元年　　　　七百七十余顷

　　　二年　　　八百九十八顷

　　　三年　　　二千一百三十五顷（山东、河南、江西的数字）

　　　四年　　　十万六千六百六十二顷

　　　六年　　　三十五万三千九百八十顷

　　　七年　　　九十二万一千一百二十四顷

　　　八年　　　六万二千三百八顷

　　　九年　　　二万七千五百六十四顷

　　　十年　　　一千五百十三顷

　　十二年　　　二十七万三千一百四顷

　　十三年　　　五万三千九百三十一顷

十三年中增加的垦田数字为一百八十万三千一百七十一顷。到洪武十四年全国官民田总数为三百六十六万七千七百一十五顷。增垦面积的数字占十四年全国官民田数字的二分之一。由此可知洪武元年的全国已垦田面积不过一百八十多万顷（不包括东北、西北未定地方和夏的领土四川和云贵等地）。再过十年，二十四年的数字为三百八十七万四千七百四十六顷。[①]经过多年的垦辟和大规模全面的丈量，二十六年的数字为

[①] 《明太祖实录》卷一四〇、二一四。

八百五十万七千六百二十三顷。①比十四年又增加了四百八十四万顷,比洪武元年增加了六百七十万顷。

第二表现在本色税粮收入的增加,洪武十八年全国收入麦米豆谷二千八十八万九千六百一十七石②,二十三年为三千一百六十万七千六百石③,二十四年为三千二百二十七万八千九百八十三石④,二十六年为三千二百七十八万九千八百石。⑤二十六年比十八年增加了三分之一的收入。和元代全国岁入粮数一千二百一十一万四千七百余石相比,增加了差不多两倍。⑥历史家记述这时期生产发展的情况说:"是时宇内富庶,赋入盈羡,米粟自输京师数百万石外,府县仓廪蓄积甚丰,至红腐不可食。岁歉,有司往往先发粟赈贷,然后以闻。"⑦

第三表现在人口数字的增加,洪武十四年统计,全国有户一千六十五万四三百六十二,口五千九百八十七万三千三百五。⑧二十六年的数字为户一千六百五万二千八百六十,口六千五十四万五千八百十二。⑨比之元朝极盛时期,元世祖时代的户口:户一千一百六十三万三千二百八十一,口五千三百六十五万四千三百三十七⑩,户增加了三百四十万,口增加了

---

① 《明史》卷七七《食货志一·田制》。

② 《明太祖实录》卷一七六。

③ 《明太祖实录》卷二〇六。

④ 同前书卷二一四。

⑤ 同前书卷二三〇。《明史·食货志》:"赋役作夏秋二税,收麦四百七十余万石,米二千四百七十余万石。"

⑥ 《元史》卷九三《食货志·税粮》。

⑦ 《明史》卷七八《食货志二·赋役》。《明太祖实录》卷二四一:"山东济南府广储、广丰二仓,粮七十五万七千石,蓄积既多,岁久红腐。"

⑧ 《明太祖实录》卷一四〇,卷二一四:"二十四年为户一千零六十八万四千四百三十五,口五千六百七十七万四千五百六十一。"口数比十四年少三百万,是不应该的,可能传写有错误,今不取。

⑨ 《明史》卷七七《食货志一·户口》。

⑩ 《元史》卷九三《食货志》。

七百万。

第四表现在府县的升格，明制以税粮多少定府县等级：县分上中下三等，标准为田赋十万石、六万石、三万石以下。府也分三等，标准为田赋二十万石以上、以下，十万石以下。[①]从洪武八年起，因为各地方经济的恢复和发展，垦田和户口的增加，田赋收入增加了，不断地把府县升格，例如开封原为下府，因为税粮数超过三十八万石，八年正月升为上府。河南怀庆府税粮增加到十五万石，陕西平凉府户口田赋都有增加，三月升为中府。十二月以太原、凤阳、河南、西安岁收粮增加，升为上府，扬州、巩昌、庆阳升为中府，明州之鄞县升为上县。山东莱州税粮不及，降为中府。[②]扬州残破最重，经过八年时间，已经恢复到收田赋二十万石下的中府了，从这个名城的恢复，可以推知全国各地社会生产力的恢复和发展的情况。

第五由于粮食的增产，特别是桑麻棉花和果木的普遍种植，农民的收入增加了，生活改善了，购买力提高了。农业生产的恢复和发展，一方面为纺织工业提供了原料，一方面农民所增加的购买力又促进了刺激了商业市场的繁荣，出现了许多新的以纺织工业为中心和批发绸缎棉布行号的城市。

二、棉花的普遍种植和工商业

棉布传入中国很早，南北朝时从南洋诸国输入，称为吉贝、白叠。[③]国

---

① 《明史》卷七八《食货志二·赋役》。
② 《明太祖实录》卷九六、九八、一〇二。
③ 张勃《吴录·地理志》；《南史》：《呵罗单传》《干陀利传》《婆利传》《中天竺传》《渴盘陀传》；《北史·真腊传》；《梁书·林邑传》；《唐书·环王传》。

内西北高昌（今新疆吐鲁番）产棉，唐灭高昌，置西州交河郡，土贡氎布。氎布就是白叠。[1]宋元间已有许多地区种棉，但是在全国规模内普遍种植和纺织技术的提高，则是明朝初年的事情。[2]

在明代以前，平民穿布衣，布衣指的是麻布的衣服。[3]冬衣南方多用丝绵做袍，北方多用毛皮做裘。虽然也有用棉布做衣服卧具的，但因为"不自本土所产，不能足用"。[4]唐元稹诗："木绵温软当棉衣。"元太祖、世祖遗衣皆缣素木绵，动加补缀。[5]宋谢枋得诗："洁白如雪积，丽密过锦纯，羔缝不足贵，狐腋难比伦……剪裁为大裘，穷冬胜三春。"[6]可见棉布到宋末还是很珍贵的物品。

宋代福建、广东种植棉花的日多[7]，琼州是纺织中心之一，妇女以吉贝织为衣衾，是当地黎族的主要副业生产。[8]元代从西域输入种子，种于陕西，捻织毛丝，或棉装衣服，特为轻暖。[9]元灭南宋后，浙东、江东、江西、湖广诸地区也推广棉花的种植，生产量增加，棉布成为商品，服用的人

---

① 《南史·高昌传》《唐书·地理志》。

② 明丘濬《大学衍义补》："至我国朝，其种乃遍布于天下，地无南北皆宜之，人无贫富皆赖之，其利视丝枲盖百倍焉。故表出之，使天下后世，知卉服之利，始盛于今代。"

③ 孔鲋《小尔雅》："麻纻葛曰布。"桓宽《盐铁论》："古者庶人耋老而后衣丝，其余则仅麻枲，故曰布衣。"《陈书·姚察传》："门生送麻布一端，谓之曰：'吾所衣者，止是麻布。'"

④ 元王祯《木绵图谱序》引《诸番杂志》。

⑤ 《元史·英宗本纪》。

⑥ 《古今图书集成·木绵部》。

⑦ 周去非《岭外代答》卷六。赵汝适《诸番志》下。方勺《泊宅编》："闽广多种木棉。"彭乘《续墨客挥犀》上："闽岭以南多木棉，土人竞植之，有至数千株者，采其花为布，号吉贝布。"《通鉴》卷一五九胡三省注："木绵江南多有之。……织以为布，闽广来者尤为丽密。"丘濬《大学衍义补》："宋元之间始传其入中国，关陕闽广首得其利，盖此物出外夷，闽广通海舶，关陕壤接西域故也。"李时珍《本草纲目》："此种出南番，宋末始入江南。"

⑧ 《宋史·崔与之传》。

⑨ 《农桑辑要》。

日多。①至元二十六年（1289年）四月置浙东、江东、江西、湖广、福建木绵提举司，责令当地人民每年输纳木绵十万匹，以都提举司总之。二十八年五月罢江南六提举司岁输木棉。②成宗元贞二年（1296年）始定江南夏税输以木绵布绢丝绵等物。③

由于种棉面积的增加，种植和纺绩的技术需要总结和交流，元世祖至元十年司农司编印《农桑辑要》，以专门篇幅记棉花的种植方法。④纺绩的工具和技术由于各地方劳动人民的创造和交流，日益进步。据十二世纪八十年代间的记载，雷、化、廉州，南海、黎峒的少数民族，采集棉花后，"取其茸絮，以铁筋碾去其子，即以手握茸就纺"⑤。稍后的记载提到去子后，"徐以小弓，弹令纷起，然后纺绩为布"⑥。到十三世纪中期，诗人描写长江流域纺绩情形说："车转轻雷秋纺雪，弓湾半月夜弹云。"⑦已经有纺车、弹弓和织机了。江南地区的织工，"以铁铤辗去其核，取如绵者，以竹为小弓，长尺四五寸许，牵弦以弹绵，令其匀细，卷为小筒，就车纺之，自然抽绪如缲丝状"。但是所织的布，不如闽广出产的丽密。⑧琼州黎族人民所织的巾，上出细字，杂花卉，尤为工巧。⑨黄河流域主要陕西地区的纺织工具和技术比较简陋，只有辗去棉子的铁杖和木板，棉花的用途只是捻织粗棉线和装制冬衣。⑩一直到十三世纪末年，松江乌泥泾的人民，因为当地土

---

① 王祯《木绵图谱序》："木绵产自海南，诸种艺制作之法，骎骎北来，江淮川蜀，既获其利。至南北混一之后，商贩于此，被服渐广，名曰吉布，又曰棉布。"
② 《元史》卷一五《世祖本纪》。
③ 《元史》卷九三《食货志·税粮》。
④ 《农桑辑要》卷二。
⑤ 赵汝适《诸番志》下，周去非《岭外代答》卷六。
⑥ 方勺《泊宅编》中。
⑦ 陆心源《宋诗纪事补》卷七五艾可叔《木棉诗》。
⑧ 《资治通鉴》卷一五九胡三省注。
⑨ 方勺《泊宅编》中。
⑩ 《农桑辑要》。

地硗瘠，粮食不够，搞副业生产，从闽广输入棉花种子，还没有蹈车椎弓这些工具，用手剖去棉子，用绵线弦竹弧弹制，工具和技术都很简陋，产品质量不高，人民生活还是很艰苦。[①]

元成宗元贞间（1295—1297）乌泥泾人黄道婆从琼州附海舶回来，她从小就在琼州旅居，带回来琼州黎族人民的先进纺织工具和技术，教会家乡妇女以做造、捍、弹、纺、织之具，和错纱、配色、综线、挈花的技术，织成被褥带帨，其上折技、团凤、棋局、字样，粲然若写。一时乌泥泾所制之被成为畅销商品，名扬远近，当地人民生活提高，靠纺织生活的有一千多家。[②]诗人歌咏她："崖州布被五色缫，组雾䌷云粲花草，片帆鲸海得风回，千柚乌泾夺天造。"[③]当地妇女参加纺绩生产的情形，诗人描写："乌泾妇女攻纺绩，木棉布经三百尺，一身主宰身窝低，十口勤劳指头直。"[④]到了明朝初年，不但江南地区的农村妇女普遍参加纺绩劳动，连有些地主家庭的妇女，也纺纱绩布，以给　岁衣资之用了。[⑤]松江从此成为明代出产棉布的中心，"其布之丽密，他方莫并"[⑥]。"衣被天下"[⑦]。松江税粮宋绍兴时只有十八万石，到明朝增加到九十七万石，其他杂费又相当于正赋，负担特别重，主要是依靠纺织工业的收入，"上供赋税，下给俯仰"。[⑧]

---

① 陶宗仪《辍耕录》卷二四《黄道婆》。

② 王逢《梧溪集》卷三《黄道婆祠》。

③ 同前书。

④ 同前书卷七《半古歌》。

⑤ 郑涛《旌义编》二："诸妇每岁公堂（公共所有）于九月俵散木棉，使成布匹，限以次年八月交收，通卖钱物，以给一岁衣资之用。"郑涛是浙江浦江著名大族地主郑义门的族长，《旌义编》有洪武十一年宋濂序。

⑥ 《群芳谱》。

⑦ 《梧浔杂佩》。

⑧ 徐光启《农政全书》卷三五《木棉》。

黄道婆传入琼州制棉工具和技术之后的二十年，王祯所著《农书》，列举制棉工具有搅车即踏车，是去棉子用的。二弹弓，长四尺许，弓身以竹为之，弦用绳子。三卷筵，用无节竹条扦棉花成筒。四纺车。五拨车，棉纱加浆后稍干拨于车上。六軖车，用以分络棉线。七线架。到元末又有了檀木制的椎子，用以击弦。[①]生产工具更加完备和提高了，为明代纺织工业的发展准备了技术条件。

　　朱元璋起事的地区，正是元代的棉业中心之一。灭东吴后，又取得当时全国纺织业中心的松江，原料和技术都有了基础，使他深信推广植棉是增加农民收入和财政收入的有效措施。龙凤十一年下令每户农民必须种木棉半亩，田多的加倍。洪武元年又把这一法令推广到全国。棉花的普遍种植和纺织技术的不断提高，明代中叶以后，棉布成为全国流通的商品，成为人民普遍服用的服装原料，不论贵贱，不论南北，都以棉布御寒，百人之中，止有一人用茧绵，其余都用棉布。过去时代人穿的缊袍，用旧絮装的冬衣，完全被用木棉装的胖袄所代替了。[②]就全国而论，北方河南、河北气候宜于植棉，地广人稀，种植棉花的面积最大，是原料的供给中心。南方特别是长江三角洲一带，苏州、松江、杭州等地人民纺绩技术高，是纺绩工业的中心。这样又形成原料和成品的交流情况，原棉由北而南，棉布由南而北。[③]从经济上把南方和北方更紧密地连系起来了。

　　明初松江之外，另一纺织工业中心是杭州，由于简单商品经济的发展，出现了置备生产工具和原料的大作坊资本家，和除双手以外一无所有出卖劳动力的手工业工人。资本家雇用工人，每天工作到夜二鼓，计日给

---

① 参看俞正燮《癸巳类稿》卷一四《木棉考》。《历史教学》1954年第四期冯家升《我国纺织家黄道婆对于棉织业的伟大贡献》。
② 宋应星《天工开物》卷上《乃服》。
③ 王象晋《木棉谱序》，徐光启《农政全书》卷三五《木棉》。

工资。这种新的剥削制度的出现，正表示着社会内部新的阶级的形成，除封建地主对农民的剥削以外，又产生了大作坊资本家对手工业工人的剥削关系。明初曾经做过杭州府学教授徐一夔所作的《织工对》，典型地记述了这种新现象：

> 钱塘相安里有饶于财者，率居工以织，每夜至二鼓。……老屋将压，杼机四五具南北向，列工十数人，手提足蹴，皆苍然无神色。……日佣为钱二百，衣食于主人。以日之所入，养父母妻子，虽食无甘美而亦不甚饥寒。……于凡织作，咸极精致，为时所尚。故主之聚易以售，而佣之直亦易以入。

> 有同业者佣于他家，受直略相仪。久之，乃曰：吾艺固过于人，而受直与众工等，当求倍直者而为之佣。已而他家果倍其直。佣之主者阅其织果异于人，他工见其艺精，亦颇推之。主者退自喜曰：得一工胜十工，倍其直不吝也。[①]

由此可见明初大作坊的一般情况，值得注意的是：在同一里巷，有若干同一性质的大作坊；大作坊主人同时也是棉布商人；从个体的生产到大作坊的集体生产，有了单纯协作，出品精致畅销；经营这种大作坊有利可图，资本家很赚钱，作坊也多了。资本家付给技术高的工人工资，虽为一般工人工资的两倍，但仍可得到五倍的剩余价值。

棉花棉布的生产量大大增加，政府的税收也增加了，以税收形式缴给国库的棉花棉布，成为供给军队的主要物资，和必要时交换其他军需物资的货币代用品。洪武四年七月诏中书省："自今凡赏赐军士，无妻子者给战袄一袭；有妻子者给棉布二匹。"[②]每年例赏，如洪武二年六月

---

① 《始丰稿》卷一。徐一夔，天台人，《明史》卷二八五有传。
② 《明太祖实录》卷六七。

以木棉战袄十一万赐北征军士①，四年七月，赐长淮卫军士棉布人二匹，在京军士十九万四百余人棉布人二匹。②十二年给陕西都指挥使司并护卫兵十九万六千七百余人棉布五十四万余匹，棉花十万三千三百余斤。③北平都指挥使司卫所士卒十万五千六百余人布二十七万八千余匹，棉花五万四千六百余斤。④十三年赐辽东诸卫士卒十万二千一百二十八人，棉布四十三万四百余匹，棉花十七万斤。十六年给四川等都司所属士卒五十二万四千余人，棉布九十六万一千四百余匹，棉花三十六万七千余斤。⑤十八年给辽东军士棉布二十五万匹，北平燕山等卫棉布四十四万三千匹，太原诸卫士卒棉布四十八万匹，等等。⑥平均每年只赏赐军衣一项已在百万匹上下，用作交换物资的如洪武四年七月以北平、山西运粮困难，以白金三十万两、棉布十万匹，就附近郡县易米，以给将士。又以辽东军卫缺马，发山东棉布贯马给之。⑦十三年十月，以四川白渡、纳溪的盐换棉布，遣使入西羌买马。⑧十七年七月诏户部以棉布往贵州换马，得马一千三百匹。三十年以棉布九万九千匹往"西番"换马一千五百六十匹。⑨皇族每年供给，洪武九年规定亲王冬夏布各一千匹，郡王冬夏布各一百匹。⑩在特殊需要的情况下，临时命令以秋粮改折棉布，如六年九月诏直隶府州和浙江、江西二行省，今年秋粮以棉布代输，以给边戍。⑪

---

① 《明太祖实录》卷四二。
② 同前书卷六七。
③ 同前书卷一二五。
④ 同前书卷一二八。
⑤ 同前书卷一五〇、一五六。
⑥ 同前书卷一七二、一七四。
⑦ 同前书卷六七。
⑧ 同前书卷一三四。
⑨ 同前书卷一六三、二五二。
⑩ 同前书卷一四。
⑪ 同前书卷八五。

和鼓励普遍植棉政策相反，朱元璋对矿冶国营采取消极的方针，往往听任人民自由开采。磁州临水镇产铁，元时尝于此置铁冶，炉丁万五千户，每年收铁百余万斤。洪武十五年有人建议重新开采，元璋以为利不在官则在民，民得其利则利源通而有利于官，官专其利则利源塞而必损于民。而且各冶铁数尚多，军需不缺，若再开采，必然扰民。把他打了一顿，流放海外。①济南、青州、莱州三府每年役民二千六百六十户，采铅三十二万三千多斤，以凿山深而得铅少，也命罢采。②十八年以劳民罢各布政司煎炼铁冶。二十五年重设各处铁冶，到二十八年内库贮铁三千七百四十三万斤，后备物资已经十分充足，又命罢各处铁冶。并允许人民自由采炼，岁输课程，每三十分取其二。三十一年以内库所贮铁有限，而营造所费甚多，又命重开铁冶。③综计洪武时代设置的铁冶所：江西进贤、新喻、分宜，湖广兴国、黄梅，山东莱芜，广东阳山，陕西巩昌，山西交城、吉州，太原、泽、潞各一所，共十三所。此外还有河南均州、新安，四川蒲江，湖南茶陵等冶，每年输铁一千八百四十余万斤。④

宫廷和军队所需的一切物品，都由匠户制造。匠户是元明两代的一种特殊制度，把有技艺的工匠征调编为匠户，子孙世袭。分为民匠、军匠二种。明初匠户的户籍，完全依据元代的旧籍，不许变动。⑤洪武二十六年定每三年或二年轮班到京役做的匠户名额为二十三万二千八十九名⑥，由工部管辖。固定做工的叫住坐匠户，由内府内官监管辖。军匠大部分分属于各地卫

① 《明太祖实录》卷一四五。
② 同前书卷一五〇。
③ 同前书卷一七六、二四二、二五六。
④ 《明史》卷八一《食货志·铁冶所》，《大明会典》。
⑤ 《大明会典》卷一九《户口》。
⑥ 同前书卷一八九，《明史·严震直传》。

所，一部分属于内府兵仗局、军器局和工部的盔甲厂。①属各地卫所的军匠总数二万六千户。②每户正匠做工，得免杂差，仍免家内一丁以帮贴应役。余丁每名每年出办缴纳工食银三钱，以备各衙门因公务取役雇觅之用。正匠每月工作十天，月粮由官家支给。③

轮班匠户包括六十二行匠人。后来又细分为一百八十八种行业，从笺纸、裱褙、刷印、刊字、铁匠、销金、木、瓦、油、漆、象牙、纺棉花，到神箭、火药等等，每种人数由一人到八百七十五人不等。内廷有织染局、神帛房，和后湖（今南京玄武湖）织造局，四川、山西诸行省和浙江绍兴织染局，规模都较大。留在地方的匠户除执役于本地织染局的以外，如永平府就有银、铁、铸铁、锡、钉铰、穿甲等二十二行。④

匠户人数多，分工细，凡是宫廷和军队所需用的手工业制造品，都由匠户执役的官手工业工场的各局制造供给。这种封建制度的生产，使得宫廷和军队的需要，不需倚靠市场，便可得到满足；同时它所生产的成品，亦不在市场流通，这样，就直接对社会上的私人手工业作坊的扩大生产起了束缚和阻碍的作用。官手工业工场的生产是不须计较成本的，因为劳力和原料都可以向人民无代价征发或由全国各地贡品的方式供给，不受任何限制，官营手工业工场的产品即使有部分作为商品而流入市场，私人手工业作坊的产品也不能和它竞争。在另一面，自元代以来就把技术最好的工人签发为匠户，子孙世袭，连技术也被垄断了，私人手工业作坊所能雇用的只是一般工人，技术提高受了一定的限制。明初把匠户分作住坐、轮班两种，轮班的除分班定期轮流应役以外，其余的时间归自己支配，制成的产品可以在市场出售，对

① 《大明会典》卷一八八。

② 《明史》卷一五七《张本传》。

③ 《大明会典》卷一八九。

④ 《云南大学学报》吴晗《元明两代之"匠户"》。

于技术的钻研及其改进发生一定的刺激作用，所以轮班制对于社会生产力的发展是比较上为害略小的。但是总而言之，这种无偿的强制的劳役，不能不引起匠户的反抗，逃亡之外，唯一可以采取的手段是怠工和故意把成品质量降低。以此，匠户制度虽然曾经在个别情况下对生产技术的改进起了作用，推进了社会生产力的发展，但就其全面而说，则是束缚和阻碍生产技术的不断提高；妨碍私人手工业工场的发展；隔绝商品的流通；对社会生产力的发展和原始资本积累都起着扼制、停滞的消极作用。

朱元璋对商业采轻税政策，凡商税三十分取一，过此者以违令论。税收机构在京为宣课司，府县为通课司。洪武元年诏中书省，命在京兵马指挥司并管市司，三日一次校勘街市斛斗秤尺，稽考牙侩姓名，规定物价。在外府州各城门兵马，一体兼管市司。[①]十三年谕户部，自今军民娶嫁丧葬之物，舟车丝布之类都不征税。并大量裁减税课司局三百六十四处。南京人口密集，军民住宅都是公家修建，连廊枇比，没有空地。商人货物到京无处存放，有的停在船上，有的寄放城外，牙侩从中把持价格，商人极以为苦。元璋了解这种情况以后，就叫人在三山门等门外盖几十座房子，叫作塌坊，专放商货，上了税后听其自相贸易。[②]为了繁荣市面，二十七年命工部建十五座楼房于江东诸门之外，令民设酒肆其间，以接四方宾客，名为鹤鸣、醉仙、讴歌、鼓腹、来宾、重译，等等。修好后还拿出一笔钱，让文武百官大宴于醉仙楼，庆祝天下太平，与民同乐。[③]

棉花的普遍种植，棉布质量的提高，工资制手工业作坊的产生，新的蚕丝纺织工业区的开辟，轮班匠的技术和产品的投入市场等等，加上税收机构

① 《明太祖实录》卷三四。
② 《明太祖实录》卷二一一，《明史》卷八一《食货志·商税》。
③ 《明太祖实录》卷二三四。

的减缩和轻税政策的刺激，商业市场大大活跃了，不但连系了南方和北方，也连系了城市和乡村以及全国的边远地区，繁荣了经济，改善了提高了人民生活，进一步地加强了国家的统一。

商品的生产和吐纳的中心，手工业作坊和批发行号的所在地，集中着数量相当巨大的后备工人和小商摊贩，城市人口剧烈地增加了。明初的工商业城市有南京、北平、苏州、松江、镇江、淮安、常州、扬州、仪真、杭州、嘉兴、湖州、福州、建宁、武昌、荆州、南昌、吉安、临江、清江、广州、开封、济南、济宁、德州、临清、桂林、太原、平阳、蒲州、成都、重庆、泸州等地。[①]

随着生产的恢复和发展，工商业的活跃，作为贸易媒介的全国统一货币的需要是愈来愈迫切了。

在朱元璋称王以前，元代的不兑现纸币中统交钞因为发行过多，军储供给，赏赐犒劳，每日印造，不可数计，舟车装运，轴轳相接，京师用钞十锭（一锭为钞五十贯，一贯钞的法定价格原为铜钱一千文）换不到一斗米。[②]至正十六年中统交钞已为民间所拒用，交易都不用钞，所在郡县都以物货相交易。[③]十七年铸至正之宝大钱五品称为权钞，以硬币代替纸币，结果纸币也罢，大钱代钞也罢，人民一概不要。人民嘲笑权钞的歌谣中说："人吃人，钞买钞，何曾见？"

朱元璋占应天后，首先铸大中通宝钱，以四百文为一贯，四十文为两，四文为一钱。平陈友谅后，命江西行省置货泉局。即帝位后，发行洪武通宝钱，分五等：当十、当五、当三、当二、当一。当十钱重一两，当一钱重

---

① 《明宣宗实录》卷五〇。
② 《元史》卷九七《食货志·钞法》。
③ 孔齐《至正直记》卷一，《元史》卷九七《食货志·钞法》。

一钱。应天置宝源局,各行省都设宝泉局专管铸钱,严禁私铸。洪武四年改铸大中洪武通宝大钱为小钱。虽然有了统一的货币,但是铜钱分量重,价值低,不便于数量较大的交易,也不便于远地转运,并且,商人用钞已经有了长期的历史,成为习惯了,用钱感觉不方便,很有意见。[①]

铜钱不便于贸易,决定发行纸币。七年设宝钞提举司,下设抄纸、印钞二局,宝钞、行用二库。八年命中书省造"大明宝钞",以桑穰为纸料,纸质青色,高一尺,广六寸,外为龙文花栏,上横额题"大明通行宝钞",其内上栏之两旁各篆文四字:右旁篆"大明宝钞",左旁篆"天下通行"。其中图绘钱贯形状,以十串为贯,标明币值一贯,下栏是:"中书省(十三年后改为户部)奏准印造大明宝钞,与铜钱通行使用,伪造者斩,告捕者赏银二十五两(十三年后改为赏银二百五十两)。仍给犯人财产。洪武年月日。"背和面都加盖朱印。边沿标记字号一贯的画钱十串,五百文的画五串,以下是四百文、三百文、二百文、一百文,共六种。规定每钞一贯准钱千文,银一两。四贯准黄金一两。二十一年加造从十文到五十文的小钞。[②]

为了保证宝钞的流通,在发行时就以法律禁止民间不得以金银物货交易,违者治罪,告发者就以其物给赏。人民只准以金银向政府掉换宝钞。并规定商税钱钞兼收,比例为收钱十分之三,收钞十分之七,一百文以下的只收铜钱。[③]在外卫所军士每月食盐给钞,各盐场给工本钞。十八年命户部凡天下官禄米以钞代给,每米一石支付钞二贯五百文。[④]

---

① 《明史》卷八一《食货志·钞法》。
② 《大明会典》卷三一《钞法》,《明史》卷八一《食货志·钞法》。
③ 《大明会典》卷三一《钞法》。
④ 《明太祖实录》卷一七六。

宝钞的发行是适合当时人民需要的，对商业的繁荣起了作用。但是朱元璋抄袭元朝的钞法，只学了后期崩溃的办法，没有懂得元代前期钞法之所以通行，受到广大人民喜爱的道理。原来元初行钞，第一，有金银和丝为钞本准备金，各路无钞本的不发新钞；第二，印造有定额，计算全国商税收入的金银和烂钞兑换数量作为发行额数；第三，政府有收有放，丁赋和商税都收钞；第四，可以兑换金银，人民持钞可以向钞库换取金银。相反，元代钞法之所以崩溃，是因为把钞本动用光了；无限制滥发造成恶性膨胀，只发行不收回，不能兑换金银，烂钞不能换新钞。[①]洪武钞法以元代后期钞法做依据，因之，虽然初行的几年，由于行用方便和习惯，还能保持和物价的一定比例，但是，由于回收受限制，发行量没有限制，发行过多，收回很少，不兑现纸币充斥于市场，币值便不能维持了。

宝钞发行的情况，以洪武十八年二月二十五日到十二月止为例，宝钞提举司钞匠五百八十名所造钞共九百九十四万六千五百九十九锭。[②]明代以钞五贯为一锭，这一年的发行额约为五千万贯，合银五千万两。明初每年国库银的收入，不过几万两，一年的发行额竟相当于银的收入一千倍左右，加上以前历年所发，数量就更大了。更由于印制的简陋，容易作假，伪钞大量投入市场[③]，币值就越发低落了。二十三年两浙市民以钞一贯折钱二百五十文[④]，二十七年降到折钱一百六十文[⑤]。到三十年杭州诸郡商贾，不论货物

---

① 参看《中国社会科学集刊》七卷二期吴晗《元史食货志法补》、《人文科学学报》二卷一期吴晗《记大明通行宝钞》二文。
② 《大诰续编·钞库作弊第三二》。
③ 《大诰·伪钞第四八》："宝钞通行天下，便民交易。其两浙江东西民有伪造者，句容县民杨馒头本人起意，县民合谋者数多，银匠密修锡板，文理分明，印纸马之户同谋刷印，捕获到官。自京至于句容，所枭之尸相望。"
④ 《明太祖实录》卷二〇五。
⑤ 《明太祖实录》卷二三四。

贵贱，一以金银定价，索性不用宝钞了。①元璋很着急，三番五次地申明：钞一贯应折钱一千文，旧钞可以换新钞，禁用铜钱，禁用金银交易等等办法，还是不济事，钞值还是日益低落，不被人民所欢迎。到成化时（1465—1487）洪武钱民间全不通行，宝钞只是官府在用，一贯仅值银三厘，或钱二文，跌到原定法价的千分之二。②

大约百年以后由于对外贸易的发展，银子流入国内的一天天增多了。这样，在官府和市场就同时使用两种货币，官府支出用价值极低的纸币，收入却要银子，市场出入都用银子。银子终于逐渐代替了宝钞成为全国通行的通货。

三、人民的义务

红军起义的目的，就民族解放战争而说，洪武元年解放大都，蒙古统治集团北走，民族压迫的政权被推翻，这一历史任务是光辉地完成了。但是，另一个目的，解除阶级压迫的任务，却不可能完成。一部分旧的地主参加了新政权，出身农民的红军将领也由于取得政权而转化成新的地主阶级了，其中朱元璋和他的家族便是新地主阶级的代表人物。

元末红军起义对旧地主阶级发生了淘汰的作用，一部分地主被战争所消灭了，一部分地主却由于战争而巩固和上升了他们的地位。

元末的农民，大部分参加了革命战争。他们破坏了旧秩序和压迫人民的统治机构。地主们正好相反，他们要保全自己的生命财产，就不能不维护旧

---

① 《明太祖实录》卷二五一。
② 陆容《菽园杂记摘抄》卷五。

秩序，就不能不拥护旧政权，阶级利益决定了农民和地主分别站在敌对的阵营。在战争爆发之后，地主们用全力组织武装力量，称为"民"军或"义"军，建立堡砦，抵抗农民军的进攻。现任和退休的官吏、乡绅、儒生和军人是地主军的将领，他们受过教育，有文化，有组织能力，在地方上有威望，有势力。虽然各地方的地主军人各自为战，没有统一指挥和作战计划，军事力量也有大小强弱的不同，但因为数量多，分布广，作战顽强，就成为反对红军的主要的敌人了。经过二十年的战争，长江南北的巨族右姓，有的死于战争，有的流亡到外地[①]，参加扩廓帖木儿、孛罗帖木儿两支地主军的湖、湘、关、陕、鲁、豫等地的地主，也随着这两支军队的消灭而消灭了。一部分地主为战争所消灭，另一部分地主如刘基、宋濂、叶琛、章溢等则积极参加了红军，共同建立新政权，成为大明帝国新统治集团的组成部分，和由农民起义转化的新地主们一起，继续对广大农民进行压迫和剥削。

朱元璋和他的将领都是农民出身的，过去曾亲身经受过地主的压迫和剥削。但在革命战争过程中，本身的武装力量不够强大，为了壮大自己，孤立敌人，又非争取地主们参加不可，浙东这几家大族的合作，是他的所以取得胜利的基本条件之一。到了他自己和将领们都转化成为大地主以后，和旧地主们的阶级利益一致了，但又发生了新的矛盾，各地地主用隐瞒土地面积、荫庇漏籍人口等手段和皇家统治集团争夺土地和人力，直接危害到帝国的财政税收，地主阶级内部矛盾的深化，促成了帝国赋役制度的整顿和改革。

元璋于龙凤四年取金华后，选用宁越（金华）七县富民子弟充宿卫，名为御中军。[②]照当时的军事形势看来，这是很重要的军事措施，因为把地主们的子弟征发为禁卫军人，随军征战，等于做质，就不必担心这些地

---

① 贝琼《清江诗集》卷八《送王子渊序》。
② 《明太祖实录》卷六。

区地主的军事反抗了。洪武十九年选取直隶、应天诸府州县富民子弟赴京补吏，凡一千四百六十人①，也是一样作用。对地主本身，洪武三年做的调查，以田税多少比较，浙西的大地主数量最多，以苏州一府为例，每年纳粮一百石以上到四百石的四百九十户，五百石到一千石的五十六户，一千石到二千石的六户，二千石到三千八百石的二户，共五百五十四户，每年纳粮十五万一百八十四石。②三十年又做了一次调查，除云南、两广、四川以外，浙江等九布政司，直隶、应天十八府州，地主们田在七顷以上的共一万四千三百四十一户。编了花名册，把名册藏于内府印绶监，按名册以次召来，量才选用。③

对地主的政策，双管齐下，一是任为官吏或粮长，一是迁到京师。在科举法未定之前，选用地主做官，叫作税户人才，有做知县、知州、知府的，有做布政使以至朝廷的九卿的。④又以地主为粮长，以为地方官都是外地人，不熟悉本地情况，吏胥土豪作弊，任意克削百姓。不如用有声望的地主来征收地方赋税，负责运到京师，可以减少弊病。⑤洪武四年九月命户部计算土田租税，以纳粮一万石为一区，选占有大量田地纳粮最多的地主为粮长，负责督收和运交税粮。⑥如浙江行省人口一百四十八万七千一百四十六户，每年纳粮九十三万三千二百六十八石，设粮长一百三十四人。⑦粮长下设知数一人，斗级二十人，运粮夫千人。⑧并规定对粮长的优待办法，凡粮

① 《明太祖实录》一七九。
② 同前书卷四九。
③ 同前书卷二五二、二五四。
④ 吴宽《匏翁家藏集》卷七五《施孝先墓表》。
⑤ 宋濂《朝京稿》卷五《上海夏君新圹铭》，吴宽《匏翁家藏稿》卷五二《恭题粮长敕谕》。
⑥ 《明太祖实录》卷六八。
⑦ 同前书卷七〇。
⑧ 同前书卷八五。

长犯杂犯死罪和徒流刑的可以纳钞赎罪。①三十年又命天下郡县每区设正副粮长三名，编定次序，轮流应役，周而复始。②凡粮长按时运粮到京师的，元璋亲自召见，合意的往往留下做官。③元璋把征粮和运粮的权力交给地主，以为"此以良民治良民，必无侵渔之患矣"。④"免有司科扰之弊，于民甚便。"⑤事实上恰好相反，地主做了粮长以后，在原来对农民剥削的基础上，更加上了国家赋予的权力，如虎敷翼，农民的痛苦更深更重了。如粮长郏阿乃起立名色，科扰民户，收肛水脚米、斛面米、装粮饭米、车脚钱、脱夫米、造册钱、粮局知房钱、看米样中米等等，通计苛敛米三万二千石，钞一万一千一百贯。正米止该一万，郏阿乃个人剥削部分竟达米二万二千石，钞一万一千一百贯。农民交纳不起，强迫以房屋准折，揭屋瓦，变卖牲口以及衣服段匹布帛锅灶水车农具，等等。⑥又如嘉定县粮长金仲芳等三名巧立名色征粮附加到十八种。⑦农民吃够了苦头，无处控诉。⑧朱元璋也发觉粮长之弊，用严刑制裁，尽管杀了一些人，粮长的作恶，农民的被额外剥削，依然如故。⑨

除任用地主做官收粮以外，同时还采用汉高祖徙天下豪富于关中的政策，洪武二十四年徙天下富户五千三百户于南京。⑩三十年又徙富民一万四千三百余户于南京，称为富户。元璋告诉工部官员说："昔汉高祖徙

① 《明太祖实录》卷一〇二。
② 同前书卷二五四。
③ 《明史·食货志二·赋役》，《匏翁家藏稿》卷四十三《尚书严公流芳录序》。
④ 《明太祖实录》卷六六。
⑤ 同前书卷一〇二。
⑥ 《大诰续编》卷四七。
⑦ 同前书卷二一。
⑧ 黄省曾《吴风录》。
⑨ 宋濂《朝京稿》卷五《上海夏君新圹铭》。
⑩ 《明太祖实录》卷二〇。

天下豪富于关中，朕初不取，今思之，京师天下根本，乃知事有当然，不得不尔。"①

地主们对做官做粮长当然很高兴，感激和支持这个维护本阶级利益的政权。但同时也不肯放弃增加占领田土和人力的机会，用尽一切手段逃避对国家的赋税和徭役，两浙地主所用的方法，把自己田产诡托（假写在）亲邻佃仆名下，叫作"铁脚诡寄"。普遍成为风气，乡里欺骗州县，州县欺骗府，奸弊百出，叫作"通天诡寄"。②此外，还有洒派、包荒、移丘换段等等手段。元璋在处罚这些地主以后，气忿地指出：

> 民间洒派、包荒、诡寄、移丘换段，这等都是奸顽豪富之家，将次没福受用财赋田产，以自己科差洒派细民；境内本无积年荒田，此等豪猾买嘱贪官污吏及造册书算人等，其贪官污吏受豪猾之财，当科粮之际，作包荒名色征纳小户，书算手受财，将田洒派、移丘换段，作诡寄名色，以此靠损小民。③

地主把负担转嫁给贫民，结果是富的更富，穷的更穷。④地主阶级侵占了皇家统治集团应得的租税和人力，农民加重了负担，国家一方面田赋和徭役的收入、供应减少，一方面农民更加穷困饥饿，动摇了侵蚀了统治集团的经济基础，阶级内部发生矛盾，斗争展开了。

经过元末二十年的战争，土地簿籍多数丧失，保存下来的一部分，也因为户口变换，实际的情况和簿籍不相符合。大部分土地没有簿籍可查，逃避了国家赋役；有簿籍的土地，登记的面积和负担又轻重不一，极不公平。朱元璋抓住这中心问题，向地主进行斗争。方法是普遍丈量土地和调查登记

---

① 《明太祖实录》，《明史》卷七七《食货志一》。
② 《明太祖实录》卷一八〇。
③ 《大诰续编》卷四。
④ 《明太祖实录》卷一八〇。

人口。

洪武元年正月派周铸等一百六十四人往浙西核实田亩，定其赋税。①五年六月派使臣到四川丈量田亩。②十四年命全国郡县编赋役黄册。二十年命国子生武淳等分行州县，编制鱼鳞图册。③前后一共用了二十年的时间，才办好这两件事。

丈量土地所用的方法，是派使臣往各处，随其税粮多少，定为几区，每区设粮长四人，会集里甲耆民，量度每块田亩的方圆，作成简图编次字号，登记田主姓名和田地丈尺四至，编类各图成册，以所绘的田亩形状像鱼鳞，名为鱼鳞图册。

人口普查的结果，编定了赋役黄册。把户口编成里甲，以一百一十户为一里，推丁粮多的地主十户做里长，余百户为十甲。每甲十户，设一甲首。每年以里长一人，甲首一人，管一里一甲之事。先后次序根据丁粮多少，每甲轮值一年。十甲在十年内先后轮流为国家服义务劳役，一甲服役一年，有九年的休息。在城中的里叫坊，近城的叫厢，乡都的皆叫作里。每里编为一册，里中有鳏寡孤独不能应役的，带管于一百一十户之外，名曰畸零。每十年，地方官以丁粮增减重新编定服役的次序，因为册面用黄纸，所以叫作黄册。

鱼鳞图册是确定地权的所有权的根据，赋役黄册是征收赋役的根据，通过土地和人户的普查，制定了这两种簿籍，颁布了租税和徭役制度。不但大量漏落的土田人口被登记固定了，国家增加了物力和人力，稳定了巩固了统治的经济基础，同时，也有力地打击了一部分地主阶级，从他们手中夺回

① 《明太祖实录》卷二九。

② 同前书卷一七四。

③ 同前书卷一三五、一八〇。

对一部分土地和人口的控制，从而大大增强了皇家统治集团的权力，更进一步走向高度的集中、专制。朱元璋的政权，比过去任何一个时代，都更加强大、集中、稳定、完备了。

对城乡人民，经过全国规模的土地丈量，定了租税，在册上详细记载土地的情况，原坂、坟衍、下隰、沃瘠、沙卤的区别，并规定凡置买田地，必须到官府登记及过割税粮，免掉贫民产去税存的弊端，同时也保证了政府的税收；十年一次的劳役，使人民有轮流休息的机会，这些措施，确实减轻了人民的负担，鼓舞了农民的生产情绪，对于社会生产力的推进，起了显著的作用。

对破坏农业生产的吏役，用法律加以制裁，例如"松江一府坊厢中不务生理，交结官府者一千三百五十名，苏州坊厢一千五百二十一名，皆是市井之徒，不知农民艰苦，帮闲在官，自名曰小牢子、野牢子、直司、主文、小官、帮虎，其名凡六。不问农民急务之时，生事下乡，搅扰农业。芒种之时，栽种在手，农务无隙，此等赍执批文，抵农所在，或就水车上锁人下车者有之，或就手内去其秧苗锁人出田者有之……纷然于城市乡村扰害人民"。[1]元璋下令加以清理，除正牢子合应正役以外，其他一概革除，如松江府就革除了小牢子、野牢子等九百余名。[2]一个地方减少了四分之三为害农民的吏役，这对于农民正常进行生产是有很大好处。

朱元璋虽然对一部分地主进行了斗争，对广大农民做了让步，一部分地主力量削弱了，农民生产增加了。但是，这个政权毕竟是地主阶级的政权，首先为地主阶级服务，即使对农民采取了一些让步的措施，其目的也还是为了巩固和强化整个地主阶级的统治权。无论是查田定租，无论是编户定

---

① 《大诰续编·罪除滥役第七四》。
② 《大诰续编·松江逸民为害第二》。

役，执行丈量的是地主，负责征收粮米的还是地主，当里长甲首的依然是地主，在地方和朝廷做官的更非地主不可，从下而上，从上而下的重重地主统治：地主首先要照顾的是自己家族和亲友的利益，决不会照顾到小自耕农和佃农。由于凭借职权的方便，剥削舞弊都可以通过国家政权来进行，披上合法的外衣，农民的痛苦越发无可申诉；而且，愈是大地主，愈有机会让子弟受到教育，通过科举和税户人才等等成为官僚绅士，官僚绅士享有合法的免役权，洪武十年朱元璋告诉中书省官员："食禄之家，与庶民贵贱有等，趋事执役以奉上者，庶民之事也。若贤人君子，既贵其身，而复役其家，则君子野人无所分别，非劝士待贤之道。自今百司见任官员之家有田土者，输租税外，悉免其徭役，著为令。"十二年又下令："自今内外官致仕还乡者，复其家终身无所与。"①连乡绅也享有免役权了。在学的学生，除本身免役外，户内还优免二丁差役。②这样，现任官、乡绅、生员都豁免差役，有办法逃避租税，完粮当差的义务，便完全落在自耕农和贫农身上了。自耕农和贫农不但要出自己的一份，其实官僚绅士地主的一份，亦何尝不由农民实际负担，官僚地主不交的那一份，他们也得一并承当下来。官僚绅士越多的地方，人民的负担就越重。

人民的负担用朱元璋的话叫作"分"，即应尽的义务。洪武十五年他叫户部出榜晓谕两浙、江西之民说："为吾民者当知其分，田赋力役出以供上者，乃其分也。能安其分，则保父母妻子，家昌身裕，为忠孝仁义之民。"不然呢？则"不但国法不容，天道亦不容矣！"应该像"中原之民……惟知应役输租，无负官府"。只有如此，才能"上下相安，风俗淳美，共享太平

---

① 《明太祖实录》卷一一一、一二六。
② 张居正《太岳集》卷三九《请申旧章饬学政以振兴人才疏》。

之福"。①

朱元璋要求人民尽应役输税的义务，定下制度，要官吏奉公守法，严惩贪污，手令面谕，告诫谆谆，期望上下相安，共享太平之福。但是官吏并不肯照他的话办事，地主做官只是管百姓，并不想替百姓办事，结果许多制度命令都成为空文，官僚政治的恶果当时便有人明确地指出：

> 今之守令，以户口钱粮狱讼为急务。至于农桑学校，王政之本，乃视为虚文而置之，将何以教养斯民哉！以农桑言之，方春，州县下一白帖，里甲回申文状而已，守令未尝亲视种艺次第，旱涝戒备之道也。

官吏办的是公文，公文上办的事应有尽有，和实际情况全不相干。上官按临地方检查的也是公文，上下都以公文办事，"法出而奸生，令下而诈起"。这是洪武九年的情形。②十二年后，解缙奉诏上万言书，也说：

> 臣观地有盛衰，物有盈虚，而商税之征，率皆定额，是使其或盈也奸黠得以侵欺，其歉也良善困于补纳。夏税一也，而茶椒有粮，果丝有税，既税于所产之地，又税于所过之津，何其夺民之利至于如此之密也。且多贫下之家，不免抛荒之咎。今日之土地无前日之生植，而今日之征聚有前日之税粮，或卖产以供税，产去而税存；或赔办以当役，役重而民困。土田之高下不均，起科之轻重无别，膏腴而税反轻，瘠卤而税反重。③

道理也清楚得很，正因为是"贫下之家"，才被迫抛荒，地主负担特别轻，不但不会抛荒的。而且尽力兼并膏腴之田是地主的，瘠卤之田是贫民

---

① 《明太祖实录》卷一五〇。
② 《明史》卷一三九《叶伯巨传》。
③ 《明史》卷一四七《解缙传》。

的，地主阶级自己定的税额，当然是膏腴轻而瘠卤重。

严惩贪污，贪污还是不能根绝，用朱元璋自己的话来证明吧，他说：

> 浙西所在有司，凡征收，害民之奸，甚如虎狼。且如折收秋粮，府州县官发放，每米一石，官折钞二贯，巧立名色，取要水脚钱一百文，车脚钱三百文，口食钱一百文。库子又要辨验钱一百文，蒲篓钱一百文，竹篓钱一百文，沿江神佛钱一百文。害民如此，罪可宥乎！①

折粮原来是便民的措施，浙西运粮一石到南京，要花四石运费，百姓困苦不堪。②改折为钞，可以减轻了浙西农民五分之四的负担。钞是用不着很大运费和蒲竹篓包装的，但地方官还是照运粮的办法苛敛，用种种名色加征至九百文，约合折价的百分之五十。急得朱元璋只是跺脚，说："我欲除贪赃官吏，奈何朝杀而暮犯！今后犯赃者，不分轻重皆诛之！"③

洪武一朝，"无几时不变之法，无一日无过之人"④。是历史上封建政权对贪污进行斗争最激烈的时期，杀戮贪官污吏最多的时期。虽然随杀随犯，不可能根本清除贪污，但是朱元璋下定决心，随犯随杀，甚至严厉到不分轻重都杀，对贪污的减少是起了作用的，对人民有好处，人民是感谢他，支持他的。

1955年4月14日

（原载《历史研究》第三期，1955年6月）

---

① 《大诰·折粮科敛第四十一》。
② 宋濂《芝园续集》卷四《故岐宁卫经历熊府君墓铭》。
③ 刘辰《国初事迹》。
④ 《明史》卷一四七《解缙传》。

第十一章　后金之兴起

一、建州三卫之分设

当明太祖崛起于濠泗，用兵力统一中国时，清代皇室的始祖童猛哥帖木儿（肇祖孟特木）也正在朝鲜境内活动。二百年后，他的后人努尔哈赤吞并海西、蒙古诸部，起而和明对抗。二百五十年后，经山海关守将吴三桂开门请入，就定都北京，继承了明室的统治权。

童猛哥帖木儿属于女直族中之建州部。女直分三种：分布于松花江以北一带者为海西女直；居住于自依兰县（三姓）至瑚尔喀江沿岸，绵亘于长白山一带者为建州女直；在东方沿海州一带者则为野人女直。海西以松花江一名海西江得名，建州则以依兰县旧为渤海时代之建州，野人则指其文化之落后。前二种明人称为熟女直，后者称为生女直，又以此部族皆行猎于黑龙江支流之忽剌温江沿岸，亦称为忽剌温野人（清人记载亦称为扈伦）。熟女直为金人后裔，生女直则或为东北西比利亚族之一种。以上所说的女直原名女真，因避辽兴宗讳更名女直。

女直诸族分布东北，东滨海，西接兀良哈，南邻朝鲜，北至奴儿干。三面强邻。明太祖建国后，更和辽东都司接壤。以此，在明代几百年中，女直诸族始终介在明和蒙古、朝鲜的三方关系中，利用三方面的不同关系，时而归附朝鲜，时而归明，时而助蒙古攻明，又时而助明征蒙古，周旋于三大国之间，慢慢地养成一股不可侮的实力，起而收服蒙古诸部，征服朝鲜，入主中国。在这长期活动中的主角和成功者是自称为后金的建州部。

建州前期之史事，始见于朝鲜《李朝实录》及《龙飞御天歌》，《实录》太祖十二年条。

> 东北一道本肇基之地也，畏威怀德久矣。野人酋长，远至移阑豆漫，皆来服事。常佩弓剑，入卫潜邸，昵侍左右，东征西伐，靡不久焉。如女真则斡朵里豆漫、夹温猛哥帖木儿、火儿阿豆漫、古论阿哈出、托温豆漫、高卜儿阅……等是也。上即位量授万户千户之职。

《龙飞御天歌》卷七第五十三章记：

> 斡朵里、火儿阿、托温三城，其俗谓之移阑豆漫，犹言三万户也。盖以万户三人分领其地，故名之。自庆源府西北行一月而至。

移阑女真语数词ilan 即"三"，豆漫Tumen 意为"万"，移阑豆漫即三万户之译文。此三万户所领斡朵里地在海西江（松花江）之东，火儿阿江（瑚尔喀江）之西。火儿阿地在二江合流之东，即今依兰县。托温地在二水合流之下流地点，和元代水达达路的五万户的比对，恰当其中的三万户。上记三酋长中，猛哥帖木儿为后来明廷所设建州左卫酋长，阿哈出则为建州卫军民指挥使司指挥使。

当女直三万户臣服于朝鲜李朝时，明廷也正在努力经营东北，绥抚女直诸族。洪武四年（1371年）元平章刘益以辽东降附后，即设定辽都卫于辽东，列戍置将，着手经营。洪武五年三路出师北伐后，蒙古人远窜西北，明廷得以全力经略东北，置金、盖、复三州，收复开原、铁岭之地。六年置辽阳府县。八年改定辽都卫为辽东都司，废所属州县悉隶卫所，一切均以军政行之。时高丽政府仍和北元交通，明将周鹗、徐玉、陈玉等乃深入经略，直至鸭绿江右岸以北至辉发河流域之地，断绝高丽与北元之交通路，强迫高丽降服。洪武十六年元海西右丞阿鲁灰率众内附，二十年命冯胜率军征服盘踞金山和北元呼应的纳哈出。二十一年复击溃元军于捕鱼儿海，元主脱古思帖木儿仅以身免，寻为其臣也速迭儿所弑，自是蒙古遂分东西二部，不复能与明抗。东虏诸将相继降明，明为置全宁卫于今巴林地，泰宁卫于今洮南附近，福余卫于今齐齐哈尔地，朵颜卫于今儿洮河上源，应昌卫于达里泊湖畔以安置之，全宁、应昌二卫寻叛去，泰宁、福余、朵颜则仍服属于明，是为兀良哈三卫。又置大宁卫于热河，寻改为北平行都司，封宁王于此以镇之。又置广宁、义州诸卫，封辽王于广宁，封韩王于开原，沈王于沈阳，经略东北未附诸地。

元在辽东之势力既尽颠覆，明廷乃于东北三姓方面置三万卫以镇抚北部，东南朝鲜境置铁岭卫以统御南部。《明太祖实录》洪武二十年十二月庚午条：

> 置辽东三万卫指挥使司，以千户侯史家奴为指挥佥事。

三万卫原设于建州部所在之斡朵里，后以粮饷难继，退设于元开元故城（在珲春东，与辽河之开原不同地）。又承元旧置兀者野人乞列迷女直军民万户府以招抚野人，所辖区域包含今黑龙江下流一带。同时依元以合兰府为中心统辖女直野人之制，于朝鲜咸镜南道南端，江原道界上之铁岭置铁岭卫。铁岭原为元代极盛时之南边界线，但此时已成为朝鲜内地，深入设卫，在事实上发生困难，《明太祖实录》洪武二十年十二月壬申条录记要求高丽归还元代旧疆，仍以铁岭为两国界线：

> 命户部咨高丽王，以铁岭北东西之地，旧属开元，与土著军民女直、鞑靼、高丽人等辽东统之。铁岭之内，旧属高丽，人民悉听本国管属。疆境既正，各安其守，不得复有所侵越。

又二十一年三月辛丑条：

> 先是诏指挥佥事刘显等至铁岭立站，招抚鸭绿江以东夷民。

《高丽史》卷一三十《辛禑传》亦记：

> 西北面都安抚使崔元沚报：辽东都司遣指挥二人，以兵千余，来至江界，将立铁岭卫。帝豫设本卫镇抚等官，皆至辽东。自辽东至铁岭，置七十站，站置百户。

高丽君臣大震，以崔莹为八道都统使，领兵五万攻辽。大将李成桂行至威化岛，回军虏崔莹，废辛禑，不久即自立为王，是为李朝之始。同时明军来设卫者亦阻于事实上的困难，不能深入高丽腹地，仅于高丽江界（满浦）对岸之黄城（洞沟）附近进行招抚工作。未几又以后方之联络困难，移卫址于奉集堡，《明太祖实录》洪武二十一年三月辛丑条：

> 置铁岭卫指挥使司。先是元将校金完哥等率其部属金千吉等来附。至是遣指挥佥事李文、高显镇抚杜锡置卫于奉集县，以抚安其众。

廿六年四月又再徙于沈阳、开元两界古器州今铁岭地。

明设三万卫、铁岭卫后，和女直部族发生直接关系，火儿阿万户阿哈出入朝南京，纳女于燕王[1]，至成祖即位，阿哈出复入朝，赐姓名为李思诚[2]。永乐元年十一月诏设建州卫军民指挥使司，以阿哈出为指挥使。并遣千户王可仁等至朝鲜招抚女直。继由阿哈出之进言，永乐三年复遣使至斡朵里[3]招谕童猛哥帖木儿，时朝鲜官猛哥帖木儿为上护军，并令其弟及养子与妻弟均入宿卫，极力以爵赏笼络，不使归明。继又官猛哥帖木儿为庆源等处管事万

---

[1] 见《李朝太宗实录》四年十二月庚午条。

[2] 此据叶向高《四夷考》，《明实录》作李诚善。

[3] 吾都里、斡朵怜，在朝鲜会宁境内斡木河地。童猛为兀狄哈所侵，南下出珲春平野，入居朝鲜境内，所住地仍系旧名。

户，使当守边之任。但猛哥帖木儿仍随明使入朝，受职为建州卫都指挥使，是为建州左卫之始。

在另一方面，永乐元年遣行人邢枢于黑龙江流域，招抚奴儿干诸部野人酋长来朝，二年置奴儿干卫，七年四月又置奴儿干都指挥使司，通先后置卫所一百八十四，兀者托温千户等所二十，又于开原设安乐州，于辽阳设自在州以处降人，量授以官，听其耕牧自便。极力用分化政策，因地设卫，各领敕书印绶，予以定期入贡及互市之权利，使不致团结入寇，为患边境。

建州卫自归明后，极为忠顺，除遣子弟入侍外，并调军随从征伐。永乐八年八月阿哈出子释家奴以从征阿鲁台功，由建州卫指挥使升为都指挥佥事，并赐姓名为李显忠。时黑龙江一带野人经明廷之招抚，骤然得势，南下压迫西南方面之建州女直，李显忠遂舍去原住之依兰地，永乐十年十一月得明廷准许，悉众南下移卫所于今吉林北面之乌拉街。永乐末年复受忽剌温野人之侵逼，李显忠子李满住再率众南徙于婆猪江（佟家江、佟佳江）沿岸怀仁县附近。时朝鲜英主世宗努力向北边拓地，建州卫不堪其逼胁及忽剌温野人之扰害，正统三年复远徙灶突山（呼兰哈达）东南浑河之上，赫图阿拉之地。忽剌温野人则随建州卫之退徙而进展，据有吉林及乌拉之地，是为后来之海西四部。

左卫童猛哥帖木儿时在朝鲜境内亦大肆活动，朝鲜受其威胁，至废庆源府，移王室祖墓德陵、安陵于咸州以避之。永乐九年以避朝鲜之攻击，移住于前代开元路之凤州（辉发江上流之房州，山城子）。永乐末年福余卫及忽剌温受蒙古之排击而南下，凤州感受威胁，左卫又复还至会宁旧居。宣德八年明廷进猛哥帖木儿官为右都督，其弟凡察为都指挥使。同年七月开阳（开原）女直阳木答兀纠合七姓野人（东海兀狄哈诸部野人女直之一派）攻杀猛哥帖木儿及其长子权豆（阿古），左卫部众多死。朝鲜乘机经营东北面，恢复旧地，猛哥帖木儿弟凡察及其子董山谋徙入朝鲜内地被拒，且被压迫，于是遂谋西徙，正统五年潜从会宁逃出，辗转西奔至赫图阿拉和建州本卫合住，傍明塞下安居。分处多年的两卫到此因意外之结果而重复合流团结，这在建州女直发展史上是一件特别值得注意的大事。

左卫西迁后，凡察和董山又因争掌卫印，发生内讧。

初猛哥帖木儿死后，凡察代领其众，以卫印亡失，请明廷另给新印，时董山深得部众之望，又获已失之旧印，遂和凡察争为酋长，明廷几度调停，凡察和董山仍不相下，正统六年八月辽东总兵官曹义提出一个折中办法，解决左卫的争端，始得无事，《明英宗实录》记：

> 丁丑辽东总兵官都督佥事曹义言：此奉敕旨，以凡察、董山争掌卫印，宜审其所部人情所属者授之，臣即遣人奉宣诏旨，而二人各执一词，纷纷不一。遂同至开原，臣反覆谕以朝廷法制，凡察乃黾勉出其新印，且欲身自入朝陈论。已省令暂还本卫，至秋后赴京，臣窃观其部落意响，颇在董山，而凡察怏怏，终难安靖。永乐中野人恼纳塔失叔任争印，太宗皇帝令恼纳掌忽鲁哈卫，塔失掌弗提卫，其人民各随所属。今兹事体，与彼相同，请设建州右卫以处凡察，庶消争衅。以靖边陲。上命俟其来朝议之。

至次年二月遂下令分建州左卫设建州右卫，升都督佥事董山为都督同知，掌左卫事，都督佥事凡察为都督同知，掌右卫事，董山收掌旧印，凡察给新印收掌。从此建州始分为三，凡察仍居赫图阿拉，董山则复南下移住佟佳江流域。至万历时右卫酋长王杲及其子阿台跋扈，为名将李成梁所灭，左卫董山的后裔叫场及其子他失实为明军向导，他失子努尔哈赤即后来之清太祖，其母即为右卫酋长王杲（阿古）的孙女，明人因此称之为"王杲遗孽"。

从此建州三卫都近明边，和辽东接壤，接受中原文化，奠定了后来发展的基础。

二、明之贡市政策与成化三年之役

明廷对东北的治理方法，在洪武时代取积极的招抚政策，以三万卫和铁岭卫为南北两大军事中心，于辽东置东宁卫及安乐、自在二州，安置来降的夷人。这政策的施行遭遇到两种困难，第一是所拟设的军事中心和后方距离太远，运输粮饷及补充军实均感困难，第二是降人的安置耗去国家过大的费用，不能持久。因此这两个预期深入女直所处地带的军事中心不能不渐次移近塞下，对于安置降人的特别区的兴趣也逐渐冷淡下去。到永乐时代，改取消极的招抚政策，利用东北的大族和女直的名酋做中心，用赏赐爵禄去招抚各地的土人，每一个来朝的酋长都给以敕书和印绶，因地而立卫所的名称，即以其酋长为指挥使、指挥金事、镇抚等官，统率其部服属于明。凡卫所移徙及酋长承继必须得政府许可。他们对明廷的义务是"忠顺看边""约束部下安居乐业"。所得的权利是入贡和互市。这样，明廷不费巨大的军力和粮饷，每年耗费一些照例的赏赐，便得以保持东北一带的统治权，和维持辽东边塞的安全。同时，因卫所的个别设立，无形中分化了女直诸族的团结，使其个别独立，成为一盘散沙的局面，不能起来和明廷为难，这政策在当时收到了显著的功效，保持了几十年的安定局面。

入贡和互市的名义虽然不同，其实都是一种特许贸易。这两种不同名义的贸易，都须证明确属某卫酋长的派遣方许入关，证明的手续是呈验明廷所颁的敕书。因此，凡欲和明贸易的夷人，必须先在政治上服属于明，方能领得敕书，得到通商权利。女直诸族的文化比较落后，他们需要铁器、农具、丝织品、衣料诸工艺品，不能不以东北所产的人参、貂皮、药材、牲畜诸天然产品来和明人博易。在这种正常的通商关系之下，维持了两个民族间之和平。反之，在这种关系破裂，不能换取他们所需要的生活必需品的时候，便不惜用武力来侵袭边塞，掳掠熟谙耕种方法的农民和工人去为他们做生产劳动者。据《朝鲜李朝实录》的记载，此项被女直种人所掳的汉人，不堪虐待，秘密逃奔朝鲜，由朝鲜政府护送回国者为数极多，其大部分无法逃脱者便永远被留，成为女直种人的奴隶和生产技术的教师。被掳者中的智识分子便成为他们文化教师和谋主，直接促进女直诸族的文化和经济生活的发展。同样地，朝鲜边民也遭受了此种厄运，朝鲜政府并且因为转送逃亡汉人的缘故，引起女直诸族的忿恨，边境屡被攻击。

入贡和互市都有严密的规定。入贡时每卫人数和贡路都由政府指定，《明会典》记：

> 建州卫、建州左卫、建州右卫、毛怜卫每卫岁许一百人，建州寄住毛怜达子岁十二人。其余海西各卫并站所地面，每处岁不过五人。其都督来朝许另带有进贡达子十五人同来。贡道由辽东开原城。近年定海西每贡一千人，建州五百人，岁以十月初验放入关，十二月终止，如次年正月以后到边者边臣奏请得旨，方准验放。

贡物则规定为马、貂鼠皮、猞猁狲皮、海青、兔鹘、黄鹰、阿胶、殊角（即海象牙）。所得到的代价是称为"回赐"的彩缎绢布，按贡物的价值偿还相当的货物。其入贡人员自都督以下照各人的身份别有缎绢衣服的给赐。贡事完毕后许于特设的国际商场会同馆开市三日，和商民交易。

入贡之贸易对象为政府，互市则为定期之边地贸易，明廷开设市场之目的在求马匹，故通常称为马市。王世贞《弇州史料》记：

> 永乐三年立辽东、开原、广宁马市，定价上上马绢八匹、布十二
> 匹，上马绢四匹、布六匹，中马绢三匹、布五匹，下马绢二匹、布四
> 匹，驹绢一匹、布三匹。其互市一于开原城南以待海西女直，一于开
> 原城东，一于广宁以待朵颜三卫，各去城四十里。

开原一市为女直诸部之指定市场，距海西较近，而建州诸部则须北上经广顺、镇北二关，始能入市。自三卫合住后，建州女直已逼处明塞下，天顺八年（1464年）经建州左卫都督董山之请求，特开抚顺关，专为建州入贡及互市之入口，《明宪宗实录》天顺八年四月乙未条：

> 敕辽东镇守总兵等官，遇有建州等卫女直到边，须令从抚顺关口
> 进入，仍于抚顺城往来交易，务在抚谕得宜，防闲周密，以绝奸宄之
> 谋，毋或生事阻挡，致失夷情，及纵令窥瞰，致引边患。

从此不必再绕道从镇北关出入，直接西向入关，距辽沈密迩，独处关门要地，通辽人，输辽货，和汉人同化，奠定了建州本部发展的基础。

正统以前，明国力充裕，边备整饬，女直慑于明之威力，虽间有寇扰，不为大害。至正统末年宦官王振当国，贿赂公行，政事废弛，土木之变，英宗被掳，瓦剌也先入寇京师，别部脱脱不花犯辽东，建州诸酋李满住、董山等并从为乱，抄略边境，在连年混战中，许多大酋都死于兵乱，尽失所赐敕书，以此其子孙不得袭职，在入贡时不能享受卫所高级官吏的待遇，只能用舍人名义入关，"在道不得乘驿传，赐宴不得预上席。赏赐视昔又薄"。所进土产质地不好的立为边臣所退还，不能享受"给赐"的权利，由此对明廷发生反感，边警因之日增。同时，因兵乱的影响，不但丧失了许多部落的领袖和证明身份的文件，而且无形中使许多卫所自然消灭，许多卫所因之而流移迁徙，和原住地不生关系，给予少数的强酋以兼并强大的机会。

在另一方面，女直诸部贪于入贡之利，来朝人数渐多，明廷不胜供给之费，下令限定人数。《明宪宗实录》记：

> 天顺八年十月乙巳，会昌侯孙继宗、吏部尚书王翱等议奏：自古抚御外夷，来则嘉其慕义，固不厌其多而拒之，亦不病其少而招之。今野人女直僻在东荒，永乐间相率归附，时月有期，名数有限。近来络绎不绝，动以千计。彼所贪得者宴赏之优厚，而豺狼之心，亦何厌之有哉。若不限其来数，中国劳费实多，限之太狭，则失其向化之心，合酌量事体，建州、毛怜等卫，卫许百人，海西、兀者等卫，卫许三五（十）人，不得重复冒名，审验然后入关。从之。

女直诸部骤然失去一批进益，多不平。在边关互市时，又时为地方官吏克减抚赏盐物，更挑起他们的愤恨，由此时时阑入盗寇，在成化二年一年中建州、海西两部寇边至九十七次，杀掠至十余万人。这时辽东长吏也已深知边患的起因，奏请戒饬守臣，勿过为拣选贡物，《实录》又记：

> 成化二年十月甲寅，整饬边备左都御史李秉言：建州、毛怜、海西等诸部落野人女直来朝贡，边臣以礼部拟定名数，验其方物，貂皮纯黑，马肥大者始令入贡，否则拒之。且貂产于黑龙江迤北，非建州、毛怜所有。臣闻中国之待夷狄，来则嘉其慕义，而接之以礼，不计其物之厚薄也。若必责其厚薄，则虏性易离，而或以启衅，非圣朝怀远人厚往薄来之意。今年海西、建州等夷人，结构三卫，屡扰边疆，进贡使臣，一介不至，凡以此也。今边报日闻，若不更定其制，恐边患日甚一日，所系非轻。礼部因请戒饬辽东守臣，自后夷人来朝入贡，验数放入，不得过为拣择，以起边衅。从之。

可是这时的海西、建州已经是"进贡使臣，一介不至"，起而"结构三卫，屡扰边疆"，明廷虽然命令边吏改善态度，也不能制止他们的侵掠了。

女直诸部从土木之变后，对明廷已失去过去之敬畏态度，桀骜恣肆，不大肯听约束，经景泰至天顺中，愈形活动。同时朝鲜英主世祖登极，极力笼络诸名酋，李满住、董山及其亲属纷纷入朝，受朝鲜官职，乞取盐粮及赏赐，朝鲜方面，也采取和明廷同样的政策，厚抚入朝诸酋，保持边境的安宁。事为明廷所知，遣使严词诘问，不许双方私交，彭孙贻《山中闻见录》九记：

> 天顺二年董山潜结朝鲜，授中枢院使。巡抚都御史程信令自在知州佟成阳廉他事，得朝鲜授山制书以闻，上遣给事中往朝鲜，锦衣译者往建州，各支吾，出制书，始服，贡马谢。

自后明廷虽屡次敕禁朝鲜私通中国属夷，但朝鲜仍在明人监视下秘密和建州诸部交通，建州三卫则取两属的形式，向双方维持有利的关系，向时又乘机入寇，攻明则昵鲜，攻鲜则又昵明，贡使和我武装的游击队往往同时出发，两国边境连年被扰，结果有成化二年之役。

明廷深知董山为寇边之祸首，特派都督佥事武忠往建州招谕，董山虽悔罪入朝，但仍桀骜无礼，其部落仍寇边不绝。明廷因决定大举入剿，成化三年五月命左都御史李秉提督军务，武靖伯赵辅佩靖虏将军印，充总兵官，往辽东调兵征建州女直。七月礼部主事高冈请拘留董山于辽东，时董山已还至广宁，复崛强不听敕谕，因被拘系。同时，又遣使朝鲜令从后路夹攻。

朝鲜方面亦正苦于建州之攻掠，在明兵未出前，已定分五路控巢剿灭之计。但恐为明廷责其擅杀属夷，因迟迟未发，八月得李秉、赵辅移咨云：

> 建州三卫世蒙国恩，授予官职以荣其身，拨与土地以安其居。迩者悖逆天道，累犯辽东边境，致廑圣虑。特命当爵统领大势官军，将以捣扫其巢穴，绝其种类，以谢天神之怒，以雪生灵之忿。但缘建州

后路与朝鲜国地方相连，虑有残贼败走，遁入彼国边方逃命投生。已经议奏请敕朝鲜国王随机设备，截其后路，倘遇建州穷寇奔遁到彼，就便截杀。①

因即乘机出兵，命大将康纯、南怡、鱼有沼等分二道，以九月二十六日由满浦入攻婆猪江，斩李满住及其子古纳哈等，候明兵不至，焚掠而还。明军五万人分三道以九月二十四日出兵，沿途遇强烈抵抗，至十月初四五日始抵建州三卫之根据地，屠古城（即灶突山），收所掳男妇一千二百余人。以冰雪班师。于是诛董山于广宁，建州名酋一时并灭。

建州经此打击后，虽势力骤衰，但其实力则并未全被歼灭，余众声言为董山复仇，仍入寇不已。明廷仍不能不致力于防边，筑抚顺、瑷阳、清河诸堡，设兵戍守。朝鲜则特设仇宁万户，备建州入侵。时董山子脱罗（土老）继起领诸部，明廷因使袭职为都指挥同知，李满住孙完者秃、凡察后人卜哈秃亦并袭职，仍时时寇边。成化末年太监汪直用事，边吏邀功，几度出塞剿杀，俱无成功，会建州方面亦渐趋衰微，不能为大患，脱罗以下之世系至不见于记录。嘉靖初海西诸部骤强，替代了建州的地位，和明廷接触。

三、南关与北关之仇杀与努尔哈赤之兴起

建州名酋董山在成化初年谋连合海西女直对明作战，董山被诛后，海西诸部仍纠合建州残部为明边患，其最著者为叶赫、哈达、乌拉、辉发四部。

叶赫出于明初之塔鲁木卫，正德初酋长速长加以寇边被斩于开原，其子

---

① 《李朝世祖实录》卷四十三。

祝孔革①就抚，官都督。至嘉靖初塔山前卫酋长速黑忒②以杀山贼猛克，通诸夷贡路功，进官左都督，是为哈达族之祖。叶赫初据吉林近旁之山地，后移进开原，于镇北关通贡市，明人称为北关。哈达为建州语山峰之义，即野人女直中之山夷，初据离开原四百里之松花江边，后移至开原东南之哈达城，于广顺关通贡市，明人称为南关。其别部据吉林北方之乌拉街为乌拉（乌喇、兀拉）部。辉发（灰扒）出于黑龙江岸之尼麻察部，渐移至松花江上支流之辉发江，因以为族名。清人合称为扈伦四部，扈伦即朝鲜记录之忽剌温，亦即今黑龙江之呼伦。原住开原附近之海西女直为野人女直所侵逼，弃地南下，海西地渐为扈伦四部所有，由是野人女直之扈伦四部，转而为海西女真。

嘉靖二十二三年左右，哈达酋长王忠（速黑忒子）以叶赫酋长祝孔革寇扰明边，执而戮之，以功进都督佥事。其侄王台③继掌卫事，对明益恭顺，为明御边垂数十年，忠勤不懈。时祝孔革遗孽逞加奴④、仰加奴⑤亦对明臣服，取得由镇北关入贡之特权。王台恐其报怨，以女妻仰加奴，又纳祝孔革女温姐为妾。至万历三年擒杀建州酋长王杲，威势愈盛。

王杲⑥为凡察后裔，袭任建州右卫都指挥使，好乱数盗边，自嘉靖三十六年以后，前后杀明边将数十人，万历四十一年副总兵黑春捣杲巢，杲诱伏媳妇山，生得春磔之。常深入辽阳，掠孤山，掳抚顺汤站。万历二年复诱杀守备裴承祖，辽东总兵李成梁提兵攻破其所居红力寨，杲逃奔哈达，王

① 《明实录》作竹孔革，清人记录作褚孔格。《山中闻见录》作祝孔革。
② 清人记录作绥屯，又作锡赫忒。何乔远《名山藏》作速黑武。此据《全边略记》及《山中闻见录》。
③ 《清实录》作万汗。
④ 《清实录》作清嘉努。
⑤ 《清实录》作杨吉努。
⑥ 《清实录》作阿古都督。

台奉明廷命执送阙下，诏赐爵为龙虎将军，以其二子为都督佥事。由此哈达所属东尽辉发乌拉，南尽清河建州，北尽叶赫，延袤千里，内属堡塞。时明廷亦努力于辽东之拓殖事业，徙筑宽奠六堡（宽奠、长奠、永奠、大甸、新甸、张其哈喇甸），逐出占住之建州女直，尽收鸭绿江下流沃土之利，屯田殖边。东建州酋长王兀堂等环跪请市，自此开原以南，抚顺、清河、瑷阳、宽甸皆有市场，悉从明约束。

王台晚年势渐不振，叶赫仰加奴谋报父仇，结婚蒙古以与哈达及明抗，王杲遗子阿台[①]亦时时谋报复。台子虎儿罕（扈尔干）又嗜杀，部下多叛投叶赫，辉发乌拉及建州多不受节制，所辖二十余寨仅余五寨。诸子又生内讧。万历十年台竟以忧愤死，诸子虎儿罕、猛骨孛罗、康古陆争父遗业，康古陆遂亡命叶赫。未几虎儿罕死，遗子歹商幼弱，猛骨孛罗得袭，康古陆复归，妻其父妾温姐，三分遗业，猛骨孛罗以其母温姐故，亦助康古陆攻歹商，哈达势益衰。叶赫乘机勾引蒙古诸族来攻，明廷以哈达为中国藩屏，谕令罢兵，不听。辽东巡抚李松与总兵李成梁因设计伏兵中固城，叶赫二酋入关索赏，擒斩之。又出兵围叶赫本部，勒令听南关约束，哈达以此得少安息。可是不久逞加奴子卜寨、仰加奴子那林孛罗收拾余烬，又日夜谋报仇，勾引蒙古恍忽太攻掠不已，猛骨孛罗、康古陆反投叶赫攻歹商（猛骨孛罗为仰加奴婿）。万历十六年李成梁复出兵助歹商攻叶赫降之，分海西敕书九百九十九道，以五百道归南关，四百九十九道归北关，令无相侵犯。未几康古陆、温姐相继死，歹商乃结婚于新兴之强酋建州部努尔哈赤以自固，万历十九年为叶赫所刺杀。其部下尽属猛骨孛罗，又日与北关构怨，势益孤。那林孛罗复纠蒙古族攻南关。猛骨孛罗不能抵抗，质子女于建州求援，努尔哈赤执杀之，以次尽杀王台遗裔，遂灭南关。

---

① 清人记录作阿太章京。

373

王杲死后，其子阿台亡命叶赫，诱其攻明及哈达报父仇。数深入辽东掳掠，万历十一年春复入寇沈阳。李成梁用阿台婿他失父子为间，举兵剿灭之。《明史钞略·李成梁传》记：

> 春，阿台复纠虏大举，分道入至沈阳城，南临浑河。成梁引军驰至虎皮驿援之。阿台方拥千骑掠抚顺，徐引去。成梁闻阿台有婿曰他失，其父曰叫场，乃使叫场绐阿台而潜以兵袭之。从抚顺出塞百余里，直捣古勒塞，塞三面壁立，壕堑甚设，成梁火攻之二昼夜，射阿台死，而秦得倚已自他道捣其党阿海寨诛之，凡得级三千三百有奇。我军死伤亦略相当。王杲子孙至是无噍类。已而并杀叫场、他失于阿台城下。他失子即清太祖也，以幼得不死，留置帐下。

阿台清人称为阿太章京，阿海为毛怜卫夷，清人称为阿亥章京。叫场《清实录》作觉昌安，称景祖，他失《清实录》作塔克世，称显祖。叫场为建州左卫都督佥事，嘉靖三十九年叩关入贡，至此遂为明军做间谍诱杀阿台，功成后父子并为明军所杀。

他失子努尔哈赤自幼即以质子入侍大将李成梁门下，濡染汉人文化。阿台灭后，成梁俾为都指挥，领祖父遗众，时时于抚顺二关诸堡送还所掠人口，以自结于明，复听命斩叛夷克五十以献。万历十五年筑居城于哈阑哈达，尽收苏子河流域诸部，次年佟佳江边之董鄂部来归后，势力骤盛。万历十七年以功升都督，骤跻崇阶，与南关埒，借中国名号耀东方，势愈强。《皇明从信录》记：

> 又因贡夷马三非，述祖父与图王杲阿台，有殉国忠。今复身率三十二酋保塞，且钤束建州、毛怜等卫，验马起贡，请得升职长东夷。时开原参政成逊、辽海参政栗在廷会查，本夷原领敕三十道，系都指挥。伊祖父为乡导剿王杲，并死兵火，良然。今努尔哈赤屡还

汉人口，且斩克五十有功，得升都督，制东夷便。总督侍郎张缙彦以闻，报可。是时万历十七年九月也。

时南北关构怨，战争无虚日，努尔哈赤因操纵其间，收渔人之利。至万历二十年日本侵朝鲜，明廷征全国兵往救，努尔哈赤因请出兵征倭自效，虽为明及朝鲜所拒，但仍以保塞功，于万历二十三年进秩为龙虎将军，继王台而雄长东方。

努尔哈赤崛起之际，正明廷内忧外患交迫之时，万历十七年播州宣慰司使杨应龙反，用兵数十万，相持十年，西南大部糜烂，至二十八年始为刘綎所平。万历二十年二月宁夏土达哱拜反，至九月始平。五月日本丰臣秀吉大发兵侵朝鲜，明倾全国力发兵往救，用兵七年，明倾全国均为之疲敝。经过这接连而来的几次大战争，财政陷于破产，不能支持，再加上皇室的过分豪奢，浪用国库的款项，诸王大婚、宫殿营造等等费用，更增加了国民的负担，弄得民穷财尽，于是到处派遣矿使开矿，《明史·陈增传》：

（万历）二十年宁夏用兵费币金二百余万，其冬朝鲜用兵，首尾八年费币金七百余万，二十七年播州用兵又费币金二三百万，三大征踵接，国用大匮。而二十四年乾清、坤宁两宫灾，二十五年皇极、建极、中极三殿灾。营建之资，计臣束手，矿税由此大兴矣。其遣官自二十四年始，其后言矿者争走阙下，帝即命中官与其人偕往，天下在在有之。……大珰小监纵横绎骚，吸髓饮血，以供进奉。大率入公帑者不及什一，而天下萧然，生灵涂炭矣。

这一倒行逆施的举动，更促进了整个社会的经济破产，到处因矿使和税监的残暴和过分剥削，引起民变和兵变。派驻辽东的税监高准专横尤甚，任意陷害地方官吏，扣除军士月粮，和边将争功，山海关内外咸被其毒。同时御边名将李成梁也因年老位高，暮气渐深，其诸子及将均习于奢靡，不能作战。在这情形下，给予努尔哈赤以一个自由发展的机会。

努尔哈赤统一东北部族的方法：结婚政策和武力讨伐并用。一面和叶赫、哈达、乌拉缔结多方面的婚姻关系，更进一步和蒙古科尔沁札鲁特诸族通婚，利用血缘关系扩展其势力和联络许多有力的部族。一方面用其卓越之军力征服其敌人，万历二十一年击破来袭之北关、南关乌拉、辉发及蒙古诸族之联军于古勒寨下，杀卜寨，擒乌拉会长卜占台，其势力遂达松花江上流之地。二十七年又乘南北两关之争，执杀猛骨孛罗，二十九年遂并南关，和明廷正式立于敌对的地位。三十五年灭辉发，四十一年灭乌拉，其酋长卜占台逃奔北关。又以兵力招抚东海长白山及瑚尔喀江流域散居之瓦尔喀、渥集、虎尔哈等女直部族，征发其壮丁为兵。至万历四十三年时，辽东边墙外东北全境之大半，统统为他所统一了。

在内治方面，因平定诸部兵数增加之结果，万历二十九年创定兵制，以三百人为一牛录（niau），以额真（ejen）一人为其长。至四十三年以牛录为单位，五牛录为甲喇（jalo），置甲喇额真，更合五甲喇为固山（Gusa），置固山额真。固山额真之下又置左右梅勒（Meise）额真。初设四固山，以旗区别为四旗统兵三万，后增为八旗（红、黄、白、蓝、镶红、镶黄、镶白、镶蓝）统兵六万，以亲族任固山额真谓为固山贝勒。后来兵力发展，又加入蒙古人和汉人的军队，别出为蒙古旗、汉军旗。奠定了一代兵制基础。民政方面的设施也和兵制的创定相表里，万历四十三年六月下令各牛录额真，部内各出十人和四牛屯田，开垦荒地，贮谷以备不时之用。别设哈番（hafan）官十六员，笔帖式（bijeci，书记）八员以掌会计。置理政听讼大臣五人，札尔固齐（Jaruguci，断事官）十人佐理国事。在工艺方面，因武器和农具之需要增加，为求自给自足计，于万历二十七年始开金银矿及铁冶。同年又命额尔德尼、噶盖以蒙古字合女真语创制新字，颁行国中，后经著名学者达海之修改，成为后来之"满"文。

万历四十四年（1616年）正月努尔哈赤以国内粗定，自称为覆育列国英明皇帝，建元天命。自以为金之后人，命国号为后金，定姓为爱新觉罗，爱新（Aishin）意为金，觉罗（Giols）意为族，表明其承金而起，以收揽女真诸部之人心。两年复遂誓师攻明，做更进一步之发展。

四、后金国与明之冲突及其发展

万历初年李成梁所开拓之宽奠六堡，包有鸭绿江下流之沃土，二十余年后，招集屯垦户数至六万余家。时受建州侵袭，辽东兵力疲敝，不能维持。至万历三十三年竟弃地予敌，《明史钞略·李成梁传》记：

清太祖（努尔哈赤）以保塞功加龙虎将军，奄有建州、毛怜诸卫，侵朝鲜，并灰扒黑龙江上诸夷，拓地数千里，数使人来言新疆，新疆者成梁所开宽奠六堡也。成梁乃谋于巡抚赵楫，谓鸦鹘关外，鸭绿以西，宽奠以东数百里居民逼建州耕种市易，请弃其地予之，而招其民内徙，楫以闻。副总兵刘应棋争之曰：今张其佃哈喇泊之间，居民输租屯粮，乐业已久，一旦迁徙，惊扰居民。况边地尺寸不可弃，敌心何厌，亏边境，损国威，无甚此者。成梁大怒，应棋抑郁成疾告归。冬十一月成梁招谕居民不从，使其侄婿韩宗功率军数千，驱之内徙，遂焚其庐舍器物皆尽。时天寒冰雪，哭声动地，多僵馁不支及堕水缢死者无算。弃新疆，予建州。复屡请金缯，即以暧阳、清河缘边田税赏之，坐得膏腴地数百里，益富强，轻中国。

此后又为参假及越境采参、车价诸问题发生纠纷。万历四十二年和明边将定立界碑，明不越界屯种，建州不越界为盗。但此种约言双方均不能实行。至四十六年遂以七大恨誓师，大举攻明。所谓七大恨主要的几条是："二祖无罪见杀，曲护北关，越界采参，自称其祖宗与南朝看边进贡，忠顺已久。……怀此七恨，莫可告诉，辽东都司既已尊若神明，万历皇帝复如隔于天渊，踌躇徘徊，无计可施，于是告天兴师，收聚抚顺，欲使万历皇帝因事询情，得申冤怀。"四月十五日以入市为名，勒众三万，诱陷抚顺，降游击李永芳。总兵张承胤自广宁往援，中伏全军陷没。七月自鸦鹘关入陷清河城，守将邹储贤战死，辽东大震。

在明廷方面，这时朝廷正忙于党争，大臣纷纷去位，库藏空虚，生民涂炭，万历三十六年十月大学士叶向高曾疏言此时情形说：

今日九卿大僚，缺乏已极，每衙门不过一人，而又或以真病，或以被言，皆杜门求去。其见在供职者，惟戎政尚书李化龙、礼部侍郎杨道宾、工部侍郎刘元霖三人，而道宾又欲给假，化龙又偶感寒疾，尚未出户，长安道上，遂无九卿之迹。又户部尚书赵世卿以边饷匮乏，无可设处，困苦悲号，几无生处。工部又以夷赏无措，兵部光禄寺又以供应难支，求借户工二部，彼此束手，相怨相尤。又京民困苦，逃亡流窜，每闻号诉，尽为酸心，叩其受害之故，半为铺垫，半为奸胥，于国家曾无分毫之利，而徒竭民脂膏，填此沟壑，其亦倒置之甚也。倘有风尘之警及于国门，九列无官，仓库无钱，京师无民，即有民亦不肯为我用，臣不知何所恃也。

神宗高拱深宫，三十年不和廷臣见面，齐、楚、浙三党极力排斥东林党人，因京察和梃击问题互相攻击排挤。边饷则累年积欠，将士解体，内地则饥歉连年，盗贼蜂起。努尔哈赤一起兵袭击，便手足无措，到处显示崩溃的现象。可是党争仍不因之稍息，反借封疆为题目，边臣守御大计受制于朝中不谙事故的言官，边臣的起黜以党论为依归，军事的进退亦以朝臣的纸上文章为依据，于是辽事遂一坏而不可收拾。

清河陷没后，以杨镐为经略，整理边备。万历四十七年二月二十一日分四路出师，各将二万五千人，总兵马林出靖安堡趋开原、铁岭，与叶赫兵南下攻后金之北，杜松出抚顺趋沈阳攻其西，李如柏出鸦鹘关趋清河攻其南，刘𬭊出晾马佃趋宽奠攻其东，以朝鲜都元帅姜弘立、金景瑞所统兵万三千为诸后援。时军饷兵器均未经充分筹备，𬭊将又多起自废籍，忽促出征，未能招集其久经训练之部下精锐，李如柏为经略杨镐所亲信，和杜松、刘𬭊不和，刘𬭊为南将，又和西将杜松不相下，朝廷则恐师老财匮，强迫即日出兵，于是草率部署誓师，同日于辽阳出发。

后金于事先得明兵四路来征之情报，窥定抚顺方面为明军主力所在，以全力抵抗，三月一日大破杜松军于浑河之萨尔浒山，杜松战死，一军皆没。二日复乘胜败马林军于尚间崖，马林遁还，叶赫兵闻败退走。后金既败西北二路之明兵，急还兴京（赫图阿拉）守御，时刘𬭊军转战深入，已迫兴京，四日为后金军所包围，全军皆覆，𬭊亦战死。朝鲜军不战降。李如柏军逗留不进，三路败报闻急撤还。在四日中明三路军皆覆没，将吏死者三百余，丧师四万六千。在后金方面，则几无损失而获得非常之胜利。同年六月后金乘胜取开原，七月屠铁岭，破蒙古喀尔喀部，八月遂灭叶赫，除去明廷最后之东北边藩。自此东北除辽东、辽西一部分外完全为后金所统治。

三路覆没后，明廷以熊廷弼为辽东经略，廷弼锐意兴复，极力整军设备，图保辽阳。他在赴任前《赴边甚急疏》中刻画当时廷臣的疲缓心理说：

> 往抚顺之败，诸臣尝急矣，及贼去则缓，以致清河之陷，而诸臣又急，贼去则又缓，以致三路之败，而诸臣又急，贼去则又缓，及致开原之陷，而诸臣又大急矣，及闻贼去，又私幸可旦夕无事也，此诸

臣之情也。当其急而议兵议饷，门面之语，岂不通融，而及其缓，则争执如故。当其急而议调议募，纸之数岂不好看，而及其缓，则寝阁勿提，当其急而用臣催臣，相需之意，岂不甚殷，而及其缓，则推卸不顾，此又于诸臣之情也。……贼急而急，贼缓而缓……以致有今日之祸，则听缓急于贼而不能自急之效也。

当时辽东的兵备情形，他在《辽左大势久去疏》中也很沉痛地说道：

辽东见在兵有四种：一曰残兵，从主将赵甲逃阵，甲死而归钱乙，又从钱乙逃阵，乙死而归孙丙，或七八十人，或二三百人，身无片甲，手无寸械，随营糜饷，装死扮活，不肯出战，此残兵之形也。一曰额兵，开原一道，全额已亡，辽阳道所属清、宽、抚、瑷一带全额亦亡，即臣标下左右翼两营亦并亡，至于阃镇额兵或死于征战，或图厚饷逃为新兵者又皆亡去其大半，此额兵之形也。一曰募兵，佣徒厮役，游食无赖之流，或能弓马惯熟，或能膂力过人，朝投此营，领出安家月粮而暮逃彼营，暮投河东，领出安家银两，而朝投河西，点册有名，及派工役而忽去其半。领粮有名，及闻贼犯而又去其半，此募兵之形也。一曰援兵，各镇挑选，谁肯以强人壮马来？谁肯以坚甲利刃来？每一过堂，弱军羸马，朽甲钝戈，不堪入目。而事急需人，又不暇发回以另换其精壮，此援兵之形也。皇上以为有兵如此，能战乎？能守乎？自丧败以来，总兵以下副叅游都备守以至中军千把总指挥千百户死者五六百员。降者百余员，辽将援将已是一扫净尽。今残兵零碎皆无人统率，而赞画（刘国缙）募兵万数千人即求一世职为中军千把总分布管领亦不可得，况今一二见在将领，皆屡次征战存胜及新纠废之人，一闻贼至，无不心惊胆丧者，皇上以为将如此，能战乎？能守乎？良马数万，一朝而空……坚甲利刃长枪火器，丧失俱尽……军皆闻贼而逃，望贼而逃，先贼而逃……民则沈阳先已逃尽，辽阳先逃者已去不复返，见在者虽畏不敢逃，而事急之时，臣安能保……

在这样情形下，他深知除固守边疆外，别无办法。对方之努尔哈亦深知廷弼之难侮，不轻出兵。辽东复转危为安，暂保苟安的局面。可是辽东一安，朝中又复鼎沸，交章责备廷弼不事进取，以为廷弼不罢，"辽东之存亡未可知也"。赞画刘国缙、御史冯三元、给事中姚宗文等结党攻廷弼，罢任，以袁应泰代。

熊廷弼去辽东后，天启元年闰二月后金长驱陷沈阳，复进陷辽阳，尽收辽河以东七十余城。天启二年于辽阳东太子河右岸营东京城，自兴京迁都来，作进据辽西之计。

沈辽相继陷没，明廷又大急，又起熊廷弼经略辽东，以王化贞为巡抚。化贞前曾守辽西，怀柔蒙古稍有成效，受任后即联络蒙古，用蒙古兵攻后金，结李永芳为内应，分兵守三岔河。又用毛文龙领游兵恢复镇江，谋克期大举。廷弼则坚主守定而后可以进战，建三方布置策，广宁用步骑兵，于辽河沿岸列坚垒，以控制敌之全势，天津及山东之登州、莱州置海军，乘虚冲敌南部以分其势，而于山海关设经略，节制三方。又以为蒙古人不可用，李永芳不可信，进兵非时机，和化贞议论不合，因失和。时廷议多右化贞，主进战，廷弼名虽经略，实无兵可用。廷中议论未决，后金兵已于天启二年正月渡河逼广宁，围西平堡，化贞尽发广宁兵往救大败，部下孙得功以广宁降，化贞单骑出奔，与廷弼俱逃入关，并下狱论死。天启五年后金复迁都沈阳，《清太祖实录》记迁都之理由云：

三月己酉朔上欲自东京迁都沈阳，与贝勒诸臣议。贝勒诸臣谏曰：迩者筑城东京，宫室既建，而民之庐舍尚未完缮，今复迁移，岁荒食匮，又兴大役，恐烦苦我国。上不许曰：沈阳形胜之地，西征明由都尔鼻渡辽河，路直且近。北征蒙古，二三日可至。南征朝鲜，可由清河路以进。且于浑河、苏克苏浒河之上流伐木顺流下，以之治宫室为薪，不可胜用也。时而出猎，山近兽多，河中水族亦可捕而取之。

在明廷方面则自广宁陷没后，廷议纷纭，朝令夕改，经略亦不能久任，数数更易，终于尽弃山海关以外地，用全力守关。关外惟袁崇焕守宁远孤城，誓死不去。天启六年正月，后金以倾国兵来攻宁远，时明由澳门之葡萄牙人输入西洋大炮，用以守城，炮发后金军小挫，努尔哈赤亦受伤，乃焚掠觉华岛而班师，至七月努尔哈赤因伤死（1559—1625），是为清太祖。

五、朝鲜蒙古之征服与明清之对立

太祖死后，第四子皇太极自立，更积极向外发展。过去和明作战后，失去天然产物之输出市场，同时又杜塞国内必需品之输入，国民生计甚感困难。同时朝鲜为朝廷东方所余之唯一藩国，如继续向明用兵，则必需先征服朝鲜，以免后顾之虑。太祖时代曾努力和朝鲜交涉，以求得贸易上之利益，又因朝鲜降将姜弘立等之关系，和朝鲜通好。但因明将毛文龙以皮岛为根据地，活动于海上，监视朝鲜，攻击后金，数数进出于沿海一带，天启六年至出浑河袭萨尔浒城。后金和朝鲜的交通因被阻隔，时朝鲜发生政变，叛党韩润等逃入金国，劝金兵入侵，皇太极得悉半岛内情形后，即于天启七年正月举兵逼朝鲜，分兵讨毛文龙于铁山，文龙避入岛中。侵韩军连陷朝鲜义州、安州、平壤，朝鲜仁祖遁于江华岛，后金军进围江华，朝鲜乞和，在去明天启年号，以王弟为质，约为兄弟的条件之下，于三月三日交换江都誓文，缔结和议，次年二月开市于中江，十月开市于会宁，输入米谷以济军食。

朝鲜降服后，后金之兵锋又转向蒙古。先是，从万历二十一年科尔沁诸部和扈伦四部联军来攻建州，败于古勒城下后，战胜者的努尔哈赤即和科尔沁、喀尔喀通婚，发生密切关系。到萨尔浒役后，又败喀尔喀兵擒宰赛，因和喀尔喀族订攻守同盟的誓约，合力对明。天启四年（后金天命九年）科尔沁欲脱察哈尔林丹汗之羁绊，努尔哈赤则谋讨察哈尔以并内蒙，又订攻守同盟，合力对察哈尔。天启五年林丹汗出兵嫩江围科尔沁，后金闻讯往援，林丹汗遂解围西奔，后金与科尔沁因之和好益密。天启六年努尔哈赤又以弟舒尔哈赤孙女妻科尔沁酋长奥巴，奠定经营内蒙的基础。

察哈尔之林丹汗（明人称为虎墩兔，即林丹汗尊号库图克图之译音）为元昭宗后第十九代合罕，成化嘉靖间达延汗（明人称小王子，北元第十五代合罕）统一内外蒙古，分其所属地于诸子，至林丹汗继位，拥有东蒙部族，欲恢复达延汗之祖业，声势极盛。林丹汗与努尔哈赤同娶于叶赫，努尔哈赤灭叶赫后，其余众逃奔察哈尔，明廷谍知此种关系，因厚赂林丹汗，使与其他喀尔喀诸酋联络抵抗后金，林丹汗志在统一蒙古，谋阻后金西迈，万历四十七年（后金天命四年）遣使后金争广宁，其国书云：

统兵四十万众巴图鲁成吉思汗问水滨三万众金国主无恙。明与吾二国仇雠也，闻自午年来汝数苦明国，今年夏我已亲往明之广宁，招抚其诚，收其贡赋。倘汝兵往广宁，吾将牵制汝。汝吾二人非素有衅端也，但以吾已服之城为汝所得，吾名安在。若不从吾言，则吾二人是非，天必鉴之。先时二国使者常相往来，因汝使臣谓吾不以礼相遇，构吾二人，遂不复聘问。如以吾言为是，汝其令前使来，复至我国。

两方由此决裂。至天启七年（后金天聪元年）蒙古敖汉奈曼诸部归金，次年老哈河上流之喀喇沁部亦来会盟，林丹汗遂陷于孤立的地位。同年九月后金主亲率兵讨察哈尔，后金之势力遂达西剌木伦河域，从此北京东北方之藩篱被撤，后金攻明之路线不必再经险阻难攻之山海关，可直由东蒙古入明，在战略上益占最利之形势。崇祯四年（天聪五年）十一月林丹汗出兵西剌木伦河上流，后金主得报，大会内蒙古诸部于西剌木伦河上，遂过兴安岭，出多伦诺尔北方之达里泊，潜兵往袭，林丹汗知之，率所部人畜十余万遁去，经归化城西走入西藏，病死于距青海十日程之大草滩。后金乘机兼并其所属诸部，至崇祯八年（天聪九年）多尔衮收服林丹汗之子额哲及其部众，得传国玺而还，内蒙古诸部至是遂为后金所统一，明之左翼全被切断了。

后金于朝鲜与蒙古征讨之时，同时又经略黑龙江一带地域，或遣使招谕，或派兵征服，萨哈连（鄂瑷珲之东，黑龙江北）萨哈尔察部，嫩江流域之卦尔察部，黑龙江边之索伦部，喀木尼堪部先后归附，至崇德末年黑龙江全境索伦诸部均属版图。

朝鲜蒙古既定，同时和皇太极争权的从兄弟阿敏莽古尔泰先后幽死，其他拥有实力之兄弟如代善、济尔哈郎、多尔衮多为皇太极之兵力所慑伏，在政治上皇太极已获得独裁的地位，于是崇祯九年四月即帝位，受宽温仁圣皇帝之尊号，改元为崇德，改国号为大清。同时又因满住（建州酋长之尊称，由佛教文殊一名词转来）之旧称，伪造满洲一新名词为族号及国号，极力隐讳建州旧称，以表明其始终为一独立民族，从未臣服于明。又以后金一名词含有复兴女真族之金朝之意义，予汉人以不良影响，废去不用，将过去一切文件涉及后金处都改为满洲。在政治方面于崇祯四年（天聪五年）依汉制设吏户礼兵刑工六部，执行政务，以诸王为其长。崇祯九年（天聪十年）又分旧设之文馆（掌记注及翻译）为内国史院、内秘书院、内弘文院三院。内国史院掌记注、诏令及用兵、行政诸大事，纂修国史及排次一切机密文稿。内秘书院掌外国往来书札拟各衙门奏疏及词状之敕谕。内弘文院掌御前进讲及制度之颁布。在实际上三院为当时之最高行政中枢。

朝鲜虽因兵败屈服，和后金结为兄弟之国，但对明则因万历壬辰之役及历史关系，始终忠顺，谨守臣节。皇太极即帝位前，遣使至朝鲜吊丧，同时作承认尊号之交涉，改变原来之兄弟关系为君臣关系，朝鲜朝野大愤，儒生多上疏请焚房书斩虏使，政府为所动，下谕八道绝和备战。内谕平安道之教书为后金吊使英俄尔岱所夺。至举行登极典礼时，朝鲜使臣罗德宪、李廓又不肯参予，归国时又遗弃后金所发国书于中路，于是两国关系突然恶化。

崇祯九年（清崇德元年）十二月朔日，清集诸部之兵十万于盛京，翌日发程南下，十四日进围朝鲜京城，国王李倧遁入南汉山城，为清军所围，诸道勤王师多逡巡不进。至次年正月清兵陷江华岛，王族及大臣家属均被掳，不得已出城降服，传送主战论领袖吴达济、尹集，缔结称臣纳贡、去明年号、助兵攻明之降约，正月三十日国王出降于三田渡受降坛，朝鲜从此为清属国。清军凯旋时命新降之汉军及朝鲜水军攻陷毛文龙余部所据之皮岛。自此清军无东顾之忧，得一意向明进攻。

努尔哈赤死后，后金欲用兵于朝鲜，乘明宁远巡抚袁崇焕遣使来吊之机会，遣使议和，袁崇焕亦利用议和之机会，暂缓敌兵之入侵，但双方均无诚意，几度交涉后即告破裂。天启七年（后金天聪元年）正月金兵降朝鲜后，即谋大举攻宁远，报努尔哈赤创死之恨。五月皇太极亲率兵直陷辽西诸堡，进攻锦州不下，乃西向宁远，又为红夷炮（葡萄牙炮）所击败，死伤极多，七月退还沈阳图再举。

袁崇焕于宁锦大捷后，触忌于太监魏忠贤，告病去。至思宗登极，魏党尽被诛逐，复召崇焕为兵部尚书督师蓟辽，时毛文龙守东江，牵制后金后路，勾结朝廷权要，跋扈自恣，不听命令，崇祯二年六月崇焕以巡海为名，诱致文龙于双岛，数以十二罪斩。文龙死，东江骤衰，后金兵因乘机入侵，这时蒙古喀喇沁部已和后金同盟，用为向导，以宁远山海方面不能突过，取道大凌河上流出西剌木伦河上流，突破喜峰口破遵化，复由顺义至通州，进围北京。督师袁崇焕奉诏入援，后金用反间计构之下狱死。因祭金太祖世宗陵于房山，降固安，屠良乡，复趋北京城外，斩名将满桂，转掠通州及张家湾。崇祯三年陷永平府，拔迁安、滦州诸县，时孙承宗守山海关，兵力极厚，乃留贝勒阿敏守永平，大军于三月由冷口关还沈阳。永平孤立无援，不久即为孙承宗所攻陷，守将阿敏逃归。在此役中最值得注意的两件事，第一是充分地证明兵力之衰退，无抵抗能力。第二是四方勤王之师，因兵饷不发，一部分哗变溃散，加入陕甘的流寇集团，流寇声势由之愈大，直接毁坏了明廷的政治经济基础。

毛文龙被诛后，其部下孔有德、耿仲明、李九成等走山东，依登莱巡抚孙元化。崇祯四年八月后金兵围大凌河急，元化遣有德等赴援，中途哗变，还兵攻掠山东诸州县，至崇祯六年四月为明军所包围，由登州浮海至旅顺，说守将尚可喜同降后金，后金由此成立汉军，为入侵之向导。同时孙元化奉命专铸红夷炮，孔有德等降金后并携此项最新式军器来归，后金军力因之骤增数倍。

崇祯四年从孙承宗议修筑大凌河城为恢复辽东之根据，后金大发兵围攻，至十月以粮尽被陷。孙承宗被论去。崇祯七年（后金天聪八年）后金复分兵四路由内蒙入犯，山西省东南一带尽被残破。崇祯九年（清崇德元年），又越石口（山西省有一石口，此处之石口疑为独石口之误，独石口在居庸关之北，清军由此路入关常）入居庸关，过昌平，逼北京，过保定，大小五十六战，陷十二城，俘获人畜十八万。《山中闻见录》记清兵凯旋时情形说：

> 九月壬寅朔，清兵出冷口，命取所掠子女，皆艳妆乘骑，奏乐凯归。砍塞上木白书之榜于道曰官兵免送。守将崔秉德请率兵遏归路，总监高起潜不敢进，扬言当半渡击之，侦骑报清师已尽行四日，起潜始进石汀山，报斩三级。

崇祯十一年九月清兵又大举入墙子岭，转掠直隶、河南、山东三省，陷济南府，掳德王，俘虏人口六十四万，白金百余万。督师卢象升为兵部尚书杨嗣昌及太监高起潜所扼，力战贾庄死之，象升死后，清兵遂如入无人之境，纵掠至次年二月始出青山口凯旋。

清军虽几度入明内地，以为山海关所阻，除掳掠子女玉帛外，不能得尺寸地。崇祯十四年三月出兵用全力攻围锦州，为攻取山海关之计，明遣蓟辽总督洪承畴率吴三桂等八总兵以步兵十三万、骑兵四万来援，进驻松山，为清兵所大败，八总兵之兵皆溃，松山被围，至十五年二月松山陷，洪承畴被擒降敌，锦州、塔山、杏山继陷，明廷大震。

时流寇声势愈炽，李自成陷河南，杀福王，张献忠陷襄阳，杀襄王，陕督傅宗龙败没于项城，汪乔年败没于襄城，腹地无处不被兵，情势极为危殆。松山败后，内外交迫，明廷不得已，向清求和，由兵部尚书陈新甲密遣兵部职方司员外马绍愉至沈阳商和约，《东华录》记清所提出条件如下：

（一）两国有吉凶大事，须当遣使交相庆吊。

（二）每岁明馈兼金万两，银百万两。清馈人参千斤，貂皮千张。

（三）清满洲蒙古人及朝鲜人等有逃叛至明者当遣还，明人有逃叛至清者亦遣还。

（四）以宁远双树堡中间土岭为明国界，以塔山为清国界，以连山为适中之地，两国俱于此互市。

（五）陆道自宁远双树堡土岭界北至宁远北台直抵山海长城一带，海道自宁远双树堡中间土岭沿海至黄城岛，以西属明，以东属清，两国人有越境者均处死。

明廷方面对议和事严守秘密，不意因偶然之机会泄露于外，朝野哗然，主持和议之陈新甲下狱处死。《明史·陈新甲传》记：

> 初新甲以南北交困，遣使与大清议和，私言于傅宗龙。宗龙出都日以语大学士谢升，升后见疆事大坏，述宗龙之言于帝，帝诏新甲诘责，新甲叩头谢罪，升进曰：倘肯议和，和亦可恃。帝默然。寻谕新甲密图之，而外廷不知也，已，言官诘升，升言：上意主和，诸君幸勿多言。言官骇愕，交章劾升，升遂斥去。帝既以和议委新甲，手诏往返者数十，皆诫以勿泄。外廷渐知之，故屡疏争，然不得左验。一日所遣职方郎马绍愉以密语报新甲，新甲视之置几上，其家僮误以为塘报也，付之抄传。于是言路哗然，给事中方士亮首论之。帝愠甚，留疏不下，已，降严旨斥责新甲，令自陈。新甲不引罪，反自诩其功，帝益怒。至七月给事中马嘉植复劾之，遂下狱……弃市。

新甲死，和议遂告中止。同年十月清军再由界岭黄崖口毁边墙入犯，时明于关内并建二督，又设二督于昌平、保定，又有宁远、永平、顺天、保定、密云、天津六巡抚，宁远、山海、中协、西协、昌平、通州、天津、保定八总兵，星罗棋置，无地不防，而事权反不一，互相观望。警报至，急征诸镇入援，而清兵已趋蓟州，分道南向，河间以南多失守，至山东下兖州诸州，鲁王自杀，连下三府十八州六十七县，获金银数百万，俘人民三十六万余口，至崇祯十六年四月始北还，自山东至近畿，车驼亘三十余里，渡卢沟桥，十日犹未尽。时大学士周延儒自请督师，驻通州不敢战，惟与幕下客饮酒娱乐而日腾章奏捷。督师范志完尤惟怯甚，不敢一战，所在州县覆没，惟尾而呵噪，兵所到剽虏。蓟督赵光忭于清兵入犯时，奉命兼督诸路援军，诸援军观望，河间迤南皆失守，光忭不敢救，尾而南，已，闻塞上警，又驱而北。至清兵北还时，光忭合八镇兵邀截于螺山，又大败。至五月清兵复拆墙子岭数里，徐拥辎重出关，行二日始尽。

八月清帝皇太极死，是为清太宗（1627—1643）。子福临继位，睿亲王多尔衮摄政。至次年三月流寇李自成破北京，明思宗殉国，山海关守将吴三桂遣使乞师破贼，开山海关迎入清兵，清兵不费一矢而入多年不能攻下之关门，定鼎北京，接受了明廷的统治权，建立了第二次女直统治的大帝国。

（原载《越风》第二卷第一、二期，1937年1月、2月）

第十二章　晚明"流寇"之社会背景
——"殷鉴不远，在夏后之世"

一

明末流寇的兴起，是一个社会组织崩溃时必有的现象，如瓜熟蒂落一般。即使李自成、张献忠这一群暴民领袖不出来，有那贵族、太监、官吏和绅士所组成的压迫阶级，也是要被它脚底下踏着的阶级所打倒的。这阶级的对立，在当时已经有人看出。崇祯十七年（1644年）正月兵科都给事中曾应遴奏道："臣闻有国家者不患寡而患不均，不患贫而患不安。今天下不安甚矣，察其故原于不均耳。何以言之？今之绅富率皆衣租食税，安坐而吸百姓之髓，平日操奇赢以役愚民而独拥其利，有事欲其与绅富出气力，同休戚，得乎？故富者极其富而每至于剥民，贫者极其贫而甚至于不能聊生，以相极之数，成相恶之刑，不均之甚也。"[①]富者愈富，贫者愈贫，士绅阶级利用他们所有的富力，和因此而得到的政治势力，加速地把农民剥削和压迫，农民穷极无路，除自杀外只能起来反抗，用暴力推翻这一集团的吸血精，以争得生存的权利。

---

① 《崇祯长编》卷二。

390

流寇的发动和实力的扩展，自然是当时的统治者所最痛心疾首的。他们有的是过分充足的财富；舒服、纵佚、淫荡、美满的生活。他们要维持现状，要照旧加重剥削来增加他们生活上更自由的需要。然而现在眼见要被打倒，被屠杀了。他们不能不联合起来，为了他们这一阶级的安全。同时，为着个人利害的冲突，这一集团的中坚分子，即使是在火烧眉睫的时候，彼此间还是充满了嫉妒、猜疑……勾心斗角地互相计算。

在反面，农民是欢迎流寇的，因为是同样在饥饿中挣扎性命的人。他们自动做内应，请流寇进来。河曲之破，连攻城的照例手续都用不着。据《绥寇纪略》卷一："辛未（1631年）二月，上召辅臣九卿科道及各省盐司于文华殿。上问山西按察使杜乔林曰：河曲之城，何以贼到辄破？乔林曰：贼未尝攻，有饥民为内应，故失守。"和统治者的御用军队的骚扰程度相较，农民宁愿用牛酒来欢迎流寇："樊人苦左兵淫掠，杀橐桔燔烧之，良玉怒，夺巨商峨艑重装待发，身率诸军营于高阜。汉东之人，牛酒迎贼。"[①]

官兵不敢和流寇接触，却会杀手无寸铁的老百姓报功。到这田地，连剩下的一些过于老实的老百姓也不得不加入反抗者的集团了。据《烈皇小识》卷四："将无纪律，兵无行伍，淫污杀劫，惨不可言，尾贼而往，莫敢奋臂，所报之级，半是良民，民间遂有贼兵如梳，官兵如栉之谣，民安得不为盗！盗安得不日繁！"

举一个具体的例子，《平寇志》卷二记兵科给事中常自裕奏："皇上赫然振怒，调兵七万，实不满五万，分之各处，未足遏贼。凤阳焚劫四日而马扩至，归德围解三日而邓玘来，颍、亳、安、庐之贼返旆而北，尤世威等信尚杳然。至贺人龙等到处淫掠，所谓贼梳而军栉也。"

在到处残破、遍地糜烂的景况下，统治者为了军费的需要，仍然盲目地

---

① 《崇祯长编》卷九。

加重农民的负担，左捐右输，迫得百姓不能不投到对面去。《平寇志》卷八说："崇祯十七年二月甲戌，贼遣伪官于山东、河南州县。先遣牌至，士民苦征输之急，痛恨旧官，借势逐之。执香迎导，远近若狂。"也有不愿和统治者合作，消极地不肯抵抗"流寇"的，"宣府陷，巡抚朱之冯悬赏守城，无一应者。三命之，咸叩头曰：愿中丞听军民纳款。之冯独行巡城见大炮，曰：汝曹试发之，杀贼千百人，贼虽齑粉我，无恨矣。众又不应。之冯自起燃火，兵民竞挽其手，之冯叹曰：人心离叛，一至于此。"在一些地方，百姓一听见流寇是不杀人，免徭赋的，高兴得满城轰动，结彩焚香去欢迎流寇进来。①

在军事地带的人民尚受盘剥，比较安静的区域更不用说了。崇祯十四年（1641年）吴中大旱瘟疫，反加重赋，据《启祯记闻录》卷二："是岁田禾，夏苦亢旱，少不插莳，即莳亦皆后时，至秋间复为蝗虫所食。有幸免蝗祸者，又因秋杪旱寒，遂多秕死。大约所收不及十之三四。岁凶异常，抚按交章上请，不惟不蒙宽恤，征赋反有加焉，糙粮每亩二斗五升有零，折银每亩一钱七分有零。又急如星火，勒限残岁完粮，连差督饷科臣至吴中者两三员，赐剑专敕行事，人皆惶骇不安，大户役重粮多，中人支吾不给，贫民困馁死亡，井里萧条，乡城同象，非复向时全盛矣。"

苏州如此，他处可知。政府不因灾荒蠲免，地主亦复不能例外。同书又记常熟民变事："崇祯十一年（1638年）八月抚臣屡疏以旱蝗上闻，而得谕旨征粮，反有加焉。至收租之际，乡民结党混赖，田主稍加呵斥，每至起衅生乱，田主有乡居者，征租于佃户，各佃聚众焚其居，抢掠其资。"

---

① 《明史》卷二六三《朱之冯传》。

二

流寇的组成分子是，"一乱民，一驿卒，一饥黎，一难氓"。[1]这是崇祯七年（1634年）三月己丑南京右都御史唐世济疏中所说的。以陕西发难地而论，则"延绥以北为逃兵，为边盗，延绥以南为土寇，为饥民"[2]。边盗土寇可以归入乱民一类，加上逃兵，约略地可分五类。

关于乱民之起，《明史·杨鹤传》说："关中频岁祲，有司不恤下，白水王二者鸠众墨其面，闯入澄城，杀知县张耀采，由是府谷王嘉允、汉南王大梁、阶州周大旺群贼蜂起，三边饥军应之，流氛之始也。"则亦是因饥举事。

关于驿卒的加入，《明史·流寇传》说："以给事中刘懋议裁驿站，山陕游民仰驿糈者无所得食，俱从贼，贼转盛。"

《绥寇纪略》卷一引御史姜思睿疏也说："各递贫民千百为群依辇舆以续命者，饥饿待死，散为盗。"

据《明史·五行志三》："崇祯元年夏旱，畿辅赤地千里。陕西饥，延巩民相聚为盗。二年山西、陕西饥。五年淮、扬诸府饥，流殍载道。六年陕西、山西大饥，淮、扬洊饥。七年京师饥，太原大饥，人相食。九年南阳大饥，有母烹其女者，江西亦饥。十年浙江大饥，父子兄弟夫妻相食。十二年两畿、山东、山西、陕西、江西饥，河南大饥，人相食。十三年北畿、山东、河南、陕西、山西、浙江、三吴皆饥，自淮而北至畿南，树皮食尽，

---

① 《平寇志》卷一。
② 《绥寇纪略》卷一。

发瘗胔以食。十四年南畿饥，山东洊饥，德州斗米千钱，父子相食，行人断绝，大盗滋矣。"在十四年中，灾荒迭起，河北更是厉害，内中山西、陕西、河南被灾情形最严重，次数也最多，由此可以知道流寇发难于秦晋，和流寇以秦晋人为中心的原因。

关于逃兵之加入，《明史·李自成传》记："京师戒严，山西巡抚耿如杞勤王兵哗而西，延绥总兵吴自勉、甘肃巡抚梅之焕勤王兵亦溃与群盗合。"

在这样的情形之下，当时的统治者仍是蒙蒙昧昧，不但不想法补救，反而以为是"疥癣之疾"，不足致虑。地方官也未尝不知道叛乱之起是由于饥荒，而不但不加抚恤，反而很轻松地说："此饥氓，徐自定耳。"他们对于低低在下的民众，本来不屑置意，只要民众能忍辱负重地像羔羊一般供他们的宰杀剥削，他们便可以高枕而卧了。他们想不到饥民的集合暴动，最初固然是毫无政治企图，只求免于饿死；但等到一有了势力以后，他们也会恍然于敌人之无能，会来夺取政权，打倒旧日曾鱼肉他们的阶级的。

三

在叛乱起后，统治者的措施是一面愚蠢地冀图用武力削平，一面加重搜括来应付非常的军费，在叛乱发生前农民被强迫加负的有嘉靖三十年（1551年）的"加派"一百二十万，三十七年的"提编"四十万，万历四十六年（1618年）的"辽饷"三百万，前后迭增到五百二十万，在叛乱起后，崇祯三年（1630年）又增百六十五万，八年增"助饷"，十一年行"均输"及"加征"，十三年加"练饷"。统计在万历末年合九边饷止二百八十万，到崇祯时加派"辽饷"到九百万,"剿饷"到三百三十万,"练饷"七百三十万。[1]这些都是农民的血汗,有政治势力的地主绅士商人是不用负担的。

就陕西一地而论,民众的新加负担有"新饷",有"均输",有"间架",其他琐细的勒索,更无从数起。[2]关于民间的苦痛,崇祯六年(1633年)正月御史祁彪佳疏陈十四项:曰里甲,曰虚粮,曰行户,曰搜赃,曰钦提,曰隔提,曰讦讼,曰寓访,曰私税,曰私铸,曰解运,曰马户,曰盐丁,曰难民。[3]其最为农民所苦者是虚粮,据说当时纳税的则例"小民多未见闻,第据县符,便为实数。遂致贫户反溢数倍,豪家坐享余租,此飞洒之弊也。近来苦盗苦荒,迁徙载道,丁粮缺征,里甲代偿,富户化而为贫,土著化而为客,此逃亡之弊也。又有户产尽废,户粮犹存,买产之家,视若隔体,代纳之户,惨于剥肤,此赔垫之弊也"。为工人所苦者是行户:"一小民以刀锥博什一,为八口计也。有司金为铺行,上自印官,下及佐贰,硃票一纸,百物咸输,累月经年,十不偿一。又有供应上司,名曰借办,每物有行,每行有簿。"为小商人所苦者是私税:"大江以北,凡贸易之家,官为给帖,下至鸡豚,无得免者,至隘口渡头,有少年无赖借牙用为名,横加剥夺,蝇头未获,虎吻旋吞。"为一般百姓所苦者是私铸:"私铸之为钱法害,固也。而南中为甚,每钱止重七分,每百不盈三寸。更有私铸奸人控官请禁,小民畏罪,去之唯恐不速,此辈一铸一卖,一禁一收,利五六倍,而小民何以堪哉!"[4]

不但农民的负担增加,他们积欠官府的陈年烂账也不曾被放松,崇祯

---

① 《明史》卷七八《食货志二》。
② 《明史》卷三〇九《李自成传》。
③ 《明史》卷二七五《祁彪佳传》。
④ 《祁忠惠公遗集》卷一《陈民间十四大苦疏》。

八年（1635年）二月侍读倪元璐上疏说："今民最苦无若催科。未敢冀停加派，惟请自崇祯七年以前，一应逋负，悉可改从折色，此二者于下诚益，于上无损，民之脱此，犹汤火也。至发弊而追数十年之事，纠章一上，蔓延十休，扳贻而旁及数千里之人，部文一下，冤号四彻，谁以民间此苦告之陛下者。及今不图，日蔓一日，必至无地非兵，无民非贼，刀剑多于牛犊，阡陌决为战场，陛下亦安得执空版而问诸兵燹之区哉！"[①]

四

使人民愁苦的，除了捐税之项目的和数量的增加以外，还有皇帝私人的聚敛。万历以下诸帝把家族的财富比国家的富强更看得重要，努力积聚，为纵情享乐计。但是国家的财政有定额的支配，皇帝只能夺取一部分过来，为着内库的充积计不能不另外想法去收敛财货，除了可以公开地进奉献纳及临时地征发如大工大婚的费用外，皇帝也收受贿赂，捐款，更不时地想法加罪臣下，目的是为籍没他们的财产，例如万历初年张居正、冯保的得罪，张鲸的因献财免罪，天启时代的追赃。

皇帝聚敛财货的爪牙是太监，太监代表着皇帝出来剥削民众和官吏，在刘瑾用事的时候，"凡入觐出使官皆有厚献"。有许多官吏因为不能照规定的数额进贿，甚至自杀。[②]魏忠贤用事的时候，朝中宰执卿贰都甘愿做他的义子干儿，有五虎五彪十狗四十孙儿之目。[③]自万历二十四年（1596年）

---

① 《平寇志》卷二。
② 《明史·刘瑾传》。
③ 《明史·魏忠贤传》。

以后，到处派税使矿监，"大珰小监，纵横绎骚，吸髓饮血，以供进奉。大率入公帑者不及什一而天下萧然，生灵涂炭矣"。这一些皇帝代表的作恶情形，如《明史·陈增梁永传》所记："大作奸弊，称奉密旨搜金宝。募人告密，诬大商巨室藏违禁物，所破产什佰倾家。杀人莫敢问。"陈奉在荆州，恣行威虐，每托巡历，鞭笞官吏，剽劫行旅。其党至直入民家，奸淫妇女，或掠入税监署中。马堂在临清，诸亡命从者数百人，白昼手银铛夺人产，抗者辄以违禁罪之。中人之家，破者大半。梁永在陕西尽发历代陵寝，搜摸金玉，旁行劫掠，所至邑令皆逃。税额外增耗数倍。二十年中所遣内官到处苛削百姓，引起民变，毒遍天下。这种情形，皇帝不是不知道，但是他却故意放纵，来收受他的代表所剥削的十分之一的残沥。《明史》说："神宗宠爱诸税监，自大学士赵志皋、沈一贯而下，廷臣谏者不下百余疏，悉寝不报，而诸税监有所纠劾，朝上夕下，辄加重谴，以故诸税监益骄。"

五

皇帝太监之下，便是皇族、官吏和绅士。明代是以八股文取士的，人们只要认得字，会凑上几段滥调，便很容易从平民而跃登特殊阶级，加入士绅的集团，文理不通的只要花一点钱捐一个监生，也可仗着这头衔，不受普通人所受的约束，翻转头来去剥削他从前所隶属的阶级。他们不但没有普通农民所被派定的负担，并且可以利用他们的地位做种种违法的事，小自耕农受不了赋税的征索，除了逃亡以外，便只能投靠在士绅阶级的门下做佃户，借他们做护符来避免赋役。往往一个穷无立锥的八股作家，一旦得了科名，便立地变成田主，农民除了中央政府、地方官吏的两重负担外，还须做就地豪绅的俎上鱼肉。这般科举中人一做了官，气焰更是厉害，连国法也范围不住他们。《明史·杨士奇传》："士奇子稷居乡，尝侵暴杀人，言官交劾，朝廷不加法，以其章示士奇。又有人发稷横虐数十事，乃下之理。"《梁储传》："储子次摅为锦衣百户，居家与富人杨端争民田，端杀田主，次摅遂灭端家二百余人。武宗以储故，仅发边卫立功。"宰相的儿子杀人纵虐，都非政府所能干涉。杨端用大地主的地位杀小田主，梁次摅以大绅士的地位杀两百多人，大不了的罪名也只是充军。《姬文允传》："白莲贼徐鸿儒薄滕县，民什九从乱。知县姬文允徒步叫号，驱吏卒登陴不满三百，望贼辄走，存者才数十。问何故从贼？曰：祸由董二。董二者，故延绥巡抚董国光子也，居乡贪暴，民不聊生，故从贼。"王应熊做了宰相，其弟王应熙在乡作恶的罪状至四百八十余条，赃一百七十余万。[1]温体仁、唐世济的族人甚至做盗，为盗奥主。[2]土豪汤一泰倚从子汤宾尹之势，至强夺已字之女，逼之至死。[3]戴澳做顺天府丞，其家便恃势不肯输赋。[4]茅坤的家人也倚仗土势横行乡里。[5]陈于泰、陈于鼎兄弟的在乡作恶，致引起民变。[6]勋贵戚臣甚至惟意所欲，强夺民田，弘治间外戚王源令其家奴别立四至，占夺民产至二千二百余顷。[7]嘉靖中泰和伯陈万言奏乞庄田，帝以八百顷给之，巡抚刘麟、御史任洛复言不宜夺民地，勿听。[8]武定侯郭玹夺河间民田庐，又夺天

① 《明史》卷二五三《王应熊传》。
② 《明史》卷二五七《冯元飚传》。
③ 《明史》卷三〇三《徐贞女传》。
④ 《明史》卷二七八《詹兆恒传》。
⑤ 《明史》卷二八七《茅坤传》。
⑥ 《明史》卷二四五《蒋英传》。
⑦ 《明史》卷三〇〇《王镇传》。
⑧ 《明史》卷三〇〇《陈万言传》。

津屯田千亩。①潞简王庄田多至四万顷。②

六

从另一方面看来，明代官俸之薄，是历史上所仅见的。据《明史·李贤传》当时指挥使月俸三十五石者实支仅一石，当时米一石折钞十贯，钞一贯仅值钱二三文，由此知指挥使一月所得不过二三十文。推而上之，正一品月俸八十七石，折钱也不过七八十文。正七品七石，每月俸饷更仅可怜到只有二三文钱了。其后又定官俸折银例，虽然稍为好一点，可是专靠俸饷，也非饿死不可。况且上司要贿赂，皇帝要进献，太监大臣要进献，家庭要生活，层层逼迫，除了剥削民众以外更没有什么办法。要做好官，便非像潘蕃那样，做了若干年的方面大臣，罢官后连住宅也盖不起，寄住人家终老。海瑞扬历内外，死后全家产只有一两银子，连买棺木也不够。这些自然是可忽略的例外，大多数官吏很容易寻出生财的大道。

贪赃不用说了，许多官吏，或他们的戚党宗族同时也是操奇计赢的大商人。他们可以不顾国禁，到海外去贸易番货，他们可以偷关漏税，经商内地，他们可以得到种种方便，去打倒或吞并其他无背景无势力的小商家。他们独占了当时最大的企业盐和茶业。他们有的广置店房，例如郭勋在京师的店舍多至千余区。③他们也放高利债，例如会昌伯孙忠的家人贷钱给滨州的人民"规

---

① 《明史》卷一三〇《郭英传》。
② 《明史》卷一二〇《潞王翊镠传》。
③ 《明史》卷一三〇《郭英传》。

利数倍"，有司为之兴狱索偿。①他们在自己的势力范围内可以科私税。②他们为着自己的经济利益可以左右政局，更动疆吏。《明史·朱纨传》："初明祖定制，片板不许入海。承平久，奸民阑出入，勾倭人及佛郎机、葡萄牙诸国入互市。闽人李光头、歙人许栋踞宁波之双屿为之主，司其质契，势家护持之。"由海外贸易而引起倭寇的侵掠。朱纨巡海道下令禁止出海，福建人一旦失了衣食的贸源，士绅阶级失去不费力而得的重利，联合起来排斥朱纨，福建人做京官的从中主持，结果是朱纨被劾落职自杀，倭寇的毒焰自此遂一发不可收拾。启祯间郑芝龙以海盗受招抚为朝廷官吏，独占海外贸易，海舶不得郑氏令旗不能往来，每一舶例入三千金，岁入千万计。③

七

　　贵族、太监、官吏和绅士所构成的上层阶级一方面自相剥削，一方面又联合地方种种不同的方式去剥削农民。在上的在穷奢极欲，夜以继日；皇帝大臣们在讲长生，求"秘法"，肆昏淫，兴土木。绅士、豪商和其他有闲分子更承风导流。妓女、优伶、小唱、赌博、酗酒，成为日常的生活的要素。昆曲和小品文的发达正是这时代性的表现。假如一部文学作品是可以做一个时代的象征的话，无疑地《金瓶梅》是象征这一时代的。另一方面，农民却在饥饿线下挣扎着，被力役、赋税、苛捐、盗匪、灾荒、官吏、乡绅逼迫着；他们忍耐了几辈子，受苦了几十年，终于等到了大时代的来临，火山口

① 《明史》卷三○○《孙忠传》。
② 《明史》卷三○○《张峦传》。
③ 《南明野史》中。

的爆发，从火光血海中，才仿佛看见自己的出路！他们丧失了，或被天灾所迫而舍去了耕地，便成为流浪的难民。他们即使能找到别的工作，也仍不免于冻饿。据《徐氏庖言》卷一："都下贫民佣一日得钱二十四五文，仅足给食。三冬之月，衣不蔽体。"他们有生存的权利，有要求吃饱的权利。我们试一考查当时的米价：

天启四年（1624年）　苏州米一石一两二钱。[1]

崇祯二年（1629年）　苏州粮一石折银一两有余。[2]

　　四年（1631年）　延绥斗米四钱。[3]

　　十年（1637年）　苏州冬粟每石一两二钱，白粟一两一钱。[4]

十三年（1640年）　山东米石二十两，河南米石百五十两。[5]

　　　　　　　　　苏松米每石一两六钱，秋杪糙米至每石二两。[6]

十四年（1641年）　山东临清米石二十四两。[7]苏州白米每石三两零。[8]

十五年（1642年）　苏州米每升至九十文有零。[9]

这虽是一个简略不完的统计，并且只是几个地方在荒歉时的情形，不过

---

[1] 《启祯记闻录》卷一。
[2] 《启祯记闻录》卷一。
[3] 《明史·李继贞传》。
[4] 《启祯记闻录》卷二。
[5] 《明史·左懋第传》。
[6] 《启祯记闻录》卷二。
[7] 《明史·左懋第传》。
[8] 《启祯记闻录》卷二。
[9] 《启祯记闻录》卷二。

也可由此窥见当时农民苦痛情形的一斑，由此以例全国，大概是不会相距过远的。

在这种情形下的农民，陡然遇见了得救的机会，即使不很可靠的机会，也会毫不迟疑地抓住，牺牲一切，先去装饱肚皮和打倒过去曾压迫过他们的敌人。这机会便是腐溃了几十年的社会经济所产生的"流寇"暴动。

八

统治者剥削的结果是使占全人口极大多数的生产者——无告的农民陷于饥饿线下，在另一方面，流寇的口号却是"吃他娘，着他娘，吃着不尽有闯王，不当差，不纳粮"[1]，以除力役，废赋税，保障生活为号召，以所掠散饥民，百姓称这军队为李公子仁义兵。破洛阳时散福邸中库金及富人费给百姓。[2]又下令保护田禾，马腾入田苗者斩之。对于一般地方官吏和绅富阶级，却毫不矜闵地加以残杀。《平寇志》卷六："城陷若获富室仕宦，则献之巨帅，索其积而杀之。"唯一例外是有德于民的退休官吏。《明吏·王徵俊传》："崇祯十七年二月贼陷阳城，被执不屈，系之狱。士民争颂其德，贼乃释之。"《明史·忠义传》所记无数的乡官和八股家的死难殉节，被史家文饰为忠义报国的，其实不过是自己知道作恶过多，反正活不了，不如先自杀，或作困兽之斗，冀图落一个好名声而已。

流寇的初起，是各地陆续发动的，人自为战，目的只在不被饥饿所困死。后来势力渐大，始有有意识作打倒统治者的企图。最后到了李自成在

---

① 《平寇志》卷八。
② 《绥寇纪略》卷九。

1643年渡汉江陷荆襄后，始恍然于统治者之庸劣无能，可取而代之。从此后便攻城守地，分置官守，作夺取政权的步骤。[①]果然不到两年北京政府即被推翻，长江以北大部被统治在新政权之下。这是在流寇初起事时所意料不及的。其实与其说这是流寇的功绩，还不如说是这古老的社会、经济制度的自然崩溃为比较妥当。戴笠作《流寇长篇序》就统治阶级的不合作这一点来说明流寇之成功，他说："国之致亡，祖功宗德，天时人事均有之，非尽流寇之罪，贼虽凶狡绝人，亦借成就者之力也。主上则好察而不明，好佞而恶直，好小人而疑君子，好速效而无远计，好自大而耻下人，好自用而不能用人。廷臣则善私而不善公，善结党而不善自立，善逢迎而不善执守，善蒙蔽而不善任事，善守资格而不善求才能，善因循而不善改辙，善大言虚气而不善小心实事。百年以来，习为固然。有忧念国事者则共诧之如怪物。武臣非无能兵者，而必压以庸劣文臣，间有不庸劣者而又信任不深，兵食不足，畏人以偏见邪说持其后，无敢展布。至于阉侍之情况，古今同然，不必言也。煤山之祸，众力所共，闯贼独受其名耳。"以明统治权之倾覆为众力所共。

文震孟于崇祯八年（1635年）上疏论致乱之源说："堂陛之地，欺猜愈深，朝野之间，刻削日甚，缙绅蹙靡骋之怀，士民嗟束湿之困，商旅咨叹，百工失业，本犹全盛之海宇，忽见无聊之景色，此又致乱之源也。"这是说统治者的内部崩溃。"边事既坏，修举无谋，兵不精而自增，饷随兵而日益，饷益则赋重，赋重则刑繁，复乘之以天灾，加之以饥馑，而守牧惕功令之严，畏参罚之峻，不得不举鸠形鹄面无食无衣之赤子而笞之禁之……下民无知，直谓有司仇我虐我，今而后得反之也。此又致乱之源也。"[②]这是说统治者的驱民死地，自掘坟墓。李自成檄数统治者的罪状说："明朝昏主

① 《绥寇纪略》卷九，《平寇志》卷六。
② 《烈皇小识》卷四。

不仁，宠宦官，重科第，贪税敛，重刑罚，不能救民水火，日馨师旅，掳掠民财，奸人妻女，吸髓剥肤。"①前部的四项罪状都是古已有之，是这古老社会的病态，不是崇祯及其廷臣所能负责的。在檄文中他特别提出他是代表农民利益，他本人是出于农民阶级的，他说："本营十世务农良善，急兴仁义之师，拯民涂炭，士民勿得惊惶，各安生理。各营有擅杀良民者全队皆斩。"②标着显明的农民革命的旗帜向旧统治者致死命的攻击，对方则犹茫然于目前的危机，对内则互相猜嫌排斥，表现充分的不合作精神，对民则加力压榨，驱其反抗，两方的情势达于尖锐化，以一小数的溃腐的统治集团来抵抗全体农民的袭击，自然一触即摧，明室的统治权于此告了终结，同时拥护这统治权的士绅阶级的寿命也从此中断，假如没有建州部族的乘机窜入，也许这反对宦官、科举制度，诛锄绅富的新统治者会给未来的历史以新的意义和设施。然而他们终于被一更新兴的部族所粉碎，昙花一现的新统治权也跟着被消灭，给铲除未尽的八股家、地主、商人们的旧集团以更苏的机会，虽然这一旧灵魂已不复能恢复过去所有的势位，然而他们会从文字的记载来诋毁他们的已失败的故人，从此片面的历史遂决定了所谓"流寇"事件的反面意义。在文字上所见的流寇只是一些极凶极恶、杀人、放火、屠城等等惨酷残忍的记载。

最后，我们再引两条可信的记载，说明这旧社会之必然的崩溃。崇祯十六年（1643年）秋冬之间，外寇内乱，已经到了岌岌不可终日的地步，在同一国家同一祸福的江南，却仍踵事增华，作升平之歌舞。《启祯记闻录》卷三："七月二十五日，枫桥有好事者敛银于粮食行中，以为赛会之资，风闻从来未有之盛……衿绅士庶男女老幼，顷城罢市，肩舆舟楫之价，皆倍于

① 《平寇志》卷六。
② 《平寇志》卷六。

常。通国若狂。"次年三月十九日北京政府颠覆，在得到国变消息后的吴江，竟举行从来未有之盛会。同书记："四月初二日吴江赛会，目睹者云富丽异常，为郡中从来所未有。是时北都不祥之说已竞传，民间犹为此举，可见人无忧国之心！"这不是偶然的！

二十三年国庆日

（原载《大公报·史地周刊》，第五、六期，

1934年10月19日、26日）